Linguistische
Arbeiten   274

Herausgegeben von Hans Altmann, Peter Blumenthal, Herbert E. Brekle,
Gerhard Helbig, Hans Jürgen Heringer, Heinz Vater und Richard Wiese

Si-Taek Yu

Unterspezifikation in der Phonologie des Deutschen

Max Niemeyer Verlag
Tübingen 1992

Die Deutsche Bibliothek – CIP-Einheitsaufnahme

Yu, Si-Taek: Unterspezifikation in der Phonologie des Deutschen / Si-Taek Yu. – Tübingen : Niemeyer, 1992
  (Linguistische Arbeiten ; 274)
NE: GT

ISBN 3-484-30274-7   ISSN 0344-6727

© Max Niemeyer Verlag GmbH & Co. KG, Tübingen 1992
Das Werk einschließlich aller seiner Teile ist urheberrechtlich geschützt. Jede Verwertung außerhalb der engen Grenzen des Urheberrechtsgesetzes ist ohne Zustimmung des Verlages unzulässig und strafbar. Das gilt insbesondere für Vervielfältigungen, Übersetzungen, Mikroverfilmungen und die Einspeicherung und Verarbeitung in elektronischen Systemen.
Printed in Germany.
Druck: Weihert-Druck GmbH, Darmstadt
Einband: Hugo Nädele, Nehren

Inhaltsverzeichnis

Vorwort vii
1. Einleitung 1
   1.1 Der Aufbau der Arbeit 6
   1.2 Die Theorie der Unterspezifikation 7
   1.3 Prosodische Hierarchie 11
      1.3.1 Der Fuß 13
      1.3.2 Das phonologische Wort 21

2. Die prosodische Struktur des Deutschen 23
   2.1 Zur Silbifizierung 23
   2.2 Silbifizierung und die Organisation des Lexikons im Deutschen 29
      2.2.1 Die Ebenenorganisation des Lexikons im Deutschen 31
      2.2.2 Die Domäne der Silbifizierung 32
   2.3 Die Silbenstruktur des Deutschen 36
      2.3.1 Onset 36
      2.3.2 Die Konsonantencluster /Sp, St, Sk/ im Onset 40
      2.3.3 Reim 45
   2.4 Wortfinale vs. wortmediale Sequenz 48
   2.5 Silbifizierung und Akzentzuweisung 54
   2.6 Gespanntheit und Wortakzent 62
   2.7 Extrasilbische Segmente und Markiertheitstheorie 78
   2.8 Der Fuß als Domäne für phonologische Regeln 84
      2.8.1 Glottis-Einsatz 84
      2.8.2 Aspiration 89

3. Unterspezifikation der deutschen Vokale 92
   3.1 Einleitung 92
   3.2 Unterspezifikation der deutschen Vokale 99
   3.3 Kurze gespannte Vokale 102
   3.4 Gleitlaute im Deutschen 106
   3.5 Umlaut im Deutschen 112

3.5.1 Vorbemerkung..112
3.5.2 Autosegmentale Phonologie...114
3.5.3 Phonologische Repräsentation des Umlautmerkmals...........119
3.5.4 Suffixe...124
3.5.5 Markiertheitskonvention vs. Unterspezifikation................135

4. Deutsche Konsonanten..141
   4.1 Unterspezifikation der deutschen Konsonanten............................141
      4.1.1 Obstruenten...142
      4.1.2 Affrikaten..150
      4.1.3 Laryngale Laute /ʔ/ und /h/ 152
   4.2 Merkmalhierarchie..157
   4.3 Auslautverhärtung..163
      4.3.1 Entstimmlichung ("devoicing") oder Fortisierung? 163
      4.3.2 Auslautverhärtung als eine Delinking-Regel 165
      4.3.3 Vergleich mit anderen Analysen.................................173
   4.4 Sonorant-Glottalisierung...177
   4.5 Assimilationsprozesse..181
      4.5.1 Asymmetrien der Merkmale..181
      4.5.2 Nasalassimilation...187
      4.5.3 Der velare Nasal im Deutschen 197
      4.5.4 Das Problem von Ich- und Ach-Laut................................205

Literaturverzeichnis...219

Vorwort

Die vorliegende Arbeit ist die verkürzte und überarbeitete Fassung meiner Dissertation, die im Dezember 1990 von der Philosophischen Fakultät der Universität zu Köln angenommen wurde (Tag des Rigorosums: 21.12.1990, 1. Referent: Prof. Dr. Heinz Vater, 2. Referent: Prof. Dr. Jürgen Lenerz).

Den Teil der ursprünglichen Fassung über die koreanische Phonologie habe ich in die vorliegende Arbeit nicht aufgenommen, weil diese Arbeit in erster Linie als ein Beitrag zur deutschen Phonologie im Rahmen der modernen Phonologie-Diskussion konzipiert wurde und weil es mir sinnvoller erschien, die Arbeit für die nicht mit den koreanischen Daten vertrauten deutschen Leser leichter zugänglich zu machen.

An dieser Stelle habe ich verschiedenen Personen zu danken, die mir bei der Anfertigung dieser Arbeit geholfen haben. Allen voran möchte ich meinem Doktorvater, Professor Heinz Vater, für seine stets fachlich interessierte und vielsietig fördernde Betreuung dieser Arbeit und für seine persönliche Unterstüzung danken. Während meiner Studienzeit in Deutschland war er immer bereit, seine Aufgeschlossenheit allen meinen Fragen gegenüber zu zeigen und den Fortgang der Arbeit mit lebhaftem Interesse und konstruktiver Kritik zu begleiten. Auch seine menschliche Wärme war mir stets ein moralischer Halt, der oft einem, der um die halbe Erde gereist ist, so sehr fehlt. Ich möchte auch meinem zweiten Referenten, Prof. Jürgen Lenerz, für seine hilfreiche Verbesserungsvorschläge und seinen Rat für die Gestaltung dieser Arbeit herzlich danken.

Für Diskussionen zu verschiedenen Problemen der Arbeit und zahlreiche wertvolle Hinweise danke ich ferner Dr. Tracy Hall, Dr. Karl Heinz Ramers und Priv. Doz. Dr. Richard Wiese. Alle diese Personen haben dazu beigetragen, die Anzahl der Fehler und Irrtümer in der Arbeit zu verkleinern, indem sie mich unklare Ausdrücke präzisieren und Probleme in mein Blickfeld kommen ließen, deren Bedeutung ich anfangs übersehen habe.

Mein Dank gilt auch dem Land Nordrhein-Westfalen für die finanzielle Unterstüzung meines Promotionsvorhabens durch das Graduiertenstipendium.

Zum Schluß, aber nicht am wenigsten, möchte ich auch Frau Christine Riek und Frau Jeanette Chur für ihr Korrekturlesen und ihre stilistische Verbesserung der Arbeit meinen Dank aussprechen.

1. Einleitung

Eine fundamentale Frage für jede Theorie der Phonologie ist, wie phonologische Formen und Prozesse zu repräsentieren sind. In der linearen Phonologie nach Chomsky und Halle (1968) (im folgenden SPE) stellen Segmente nichts anderes als eine Menge von Merkmalen dar. Es wird keine interne Struktur der in den Segmenten gebündelten Merkmale in diesem Modell vorgesehen. Ebensowenig wird eine externe Struktur der Merkmalbündel angenommen. In diesem Modell operieren phonologische Regeln eher auf einer syntaktischen Struktur als auf einer morphologischen.

Seit SPE hat sich die Vorstellung der phonologischen Komponente unter diesen beiden Aspekten der Phonologie (Phonologische Repräsentation einerseits und Interaktion der Phonologie mit anderen Komponenten der Grammatik andererseits) grundlegend geändert.

Nachdem Siegel (1974) das Konzept der ebenengeordneten Morphologie in die Generative Grammatik eingeführt hat, gewinnt die Interaktion zwischen Morphologie und Phonologie in der Lexikalischen Phonologie (Kiparsky 1982a, 1982b, 1985; Mohanan 1982, 1986; Halle/Mohanan 1985; Booij/Rubach 1987) eine zentrale Bedeutung. In dieser Theorie sind morphologische Prozesse und lexikalische phonologische Regeln nicht zwei distinkten Komponenten zugeordnet, sondern sie interagieren innerhalb des Lexikons direkt miteinander; der Output morphologischer Prozesse bildet den Input für lexikalische phonologische Regeln, deren Output wiederum den Input für die nächste morphologische Operation bildet. Auf diese Weise wird der wesentliche Charakter der lexikalischen Regeln (sie sind "zyklisch") aus der Theorie abgeleitet. Aufgrund der Morphologie-Phonologie-Interaktion läßt sich außerdem die "positionsgebundene" Eigenschaft von Affixen in diesem Modell mit deren phonologischen Eigenschaften in Zusammenhang bringen.

Was die Natur der phonologischen Form betrifft, so hat sich in neueren Forschungen zur nichtlinearen Phonologie erwiesen, daß die phonologische Repräsentation sowohl segmentintern als auch -extern strukturiert werden muß. Im Laufe der folgenden Abschnitte werde ich vor allem diesen zweiten Aspekt (phonologische Repräsentation) näher beschreiben.

Im Mittelpunkt der modernen Phonologie-Diskussion stehen u.a. folgende Fragestellungen:

– Was sind die Prinzipien, die die phonologische Komponente charakterisieren? oder: Wie wird die Phonologie in der Universalen Grammatik (im folgenden UG) und in einer bestimmten Sprache organisiert?

- Welchen Beschränkungen unterliegt die phonologische Repräsentation? Welche davon sind universal, welche sprachspezifisch?
- Welche Relationen und Beschränkungen gelten zwischen Regeln und Repräsentationen?

Ziel dieser Arbeit ist es, auf der Grundlage der neueren Entwicklungen in der nichtlinearen Phonologie die interne Struktur der distinktiven Merkmale in der Phonologie des Deutschen zu beschreiben. Die Arbeit operiert dabei im theoretischen Rahmen der Unterspezifikation (Kiparsky 1982b, Archangeli 1984a, Archangeli/Pulleyblank 1986) und der Merkmalhierarchie (Clements 1985, Sagey 1986a, McCarthy 1988b, Dikken/Hulst 1988, Clements 1989).

In einer adäquaten Theorie der Phonologie muß es möglich sein, phonologische Formen und Prozesse zu repräsentieren, die tatsächlich in einer natürlichen Sprache vorkommen. Andererseits muß sie aber auch in der Lage sein, die Repräsentation nichtexistierender phonologischer Formen und Prozesse auszuschließen. Eine Theorie, in der es z.B. ausgeschlossen ist, einen in der menschlichen Sprache nicht vorkommenden Laut, etwa einen Verschlußlaut mit Palatal-Velar-Doppelartikulation, zu repräsentieren, ist natürlich evaluativ besser als eine Theorie, in der die Repräsentation eines solchen Lautes zugelassen ist. Innerhalb des Modells von SPE ist aber diese Repräsentation nicht a priori auszuschließen, weil distinktive Merkmale hier ungeordnet und nicht aufeinander bezogen sind. Es sei erinnert an das bekannte Problem der komplexen Segmente wie Affrikaten oder prä- oder postnasalierte Verschlußlaute, das die lineare phonologische Repräsentation von SPE mit sich bringt: Innerhalb eines Repräsentationssystems wie SPE verhindert z.B. nichts daran, zwei widersprüchliche Merkmalwerte "-" und "+" von [kont] in einem Merkmalbündel gleichzeitig zu verwenden, um eine Affrikata zu repräsentieren. Durch dieselbe Logik ist auch nicht ausgeschlossen, einen Laut mit der Merkmalspezifikation [-/+hint] zu repräsentieren, um die Palatal-Velar-Doppelartikulation dieses Lautes darzustellen.

Eine zweite zentrale Aufgabe der Theorie ist es, ein formales Mittel für die Unterscheidung zwischen markierten und unmarkierten phonologischen Formen oder Regeltypen zu liefern. Auch in dieser Hinsicht ist eine nichtlineare Theorie der Phonologie gegenüber einer linearen oder segmentalen Theorie wie SPE vorzuziehen.

Die relative Einfachheit der phonologischen Repräsentation bedeutet nicht nur eine minimale Zahl der in einer phonologischen Regel verwendeten Merkmale. Sie soll vielmehr die relative Natürlichkeit der Prozesse oder Formen, die in den Sprachen der Welt vorkommen, zum Ausdruck bringen können. Das Konzept der Einfachheit der Repräsentation läßt sich jedoch in der linearen Phonologie nicht adäquat beschreiben. Nach dem Einfachheitskriterium von SPE ist z.B. ein Assimilationsprozeß, in dem alle

Merkmale der Artikulationsstelle wechseln, markierter als ein Assimilationsprozeß, in dem nur das Merkmal der Rundung wechselt. Vgl. die folgenden Prozesse (X steht für ein Inputsegment).

(1) a. $X \rightarrow \begin{bmatrix} a\ ant \\ b\ kor \\ c\ hoch \\ d\ hint \end{bmatrix} / \underline{\qquad} \begin{bmatrix} a\ ant \\ b\ kor \\ c\ hoch \\ d\ hint \end{bmatrix}$

b. $X \rightarrow [+rund] / \underline{\qquad} [+rund]$

c. $X \rightarrow \begin{bmatrix} +nas \\ +rund \end{bmatrix} / \underline{\qquad} \begin{bmatrix} +nas \\ +rund \end{bmatrix}$

Die totale Assimilation der Artikulationsstelle in (1a) ist jedoch genauso häufig wie die partielle Assimilation in (1b) in den Sprachen der Welt zu beobachten, während eine Assimilation wie (1c), in der gleichzeitig die Merkmale [nasal] und [rund] wechseln, sehr unwahrscheinlich ist. Unter der Auffassung der Assimilation als merkmalverändernd wäre (1a) markierter als (1b) und (1c), (1c) markierter als (1b). Die Komplexität oder Markiertheit einer Regel ergibt sich in SPE einfach aus der Addition der verwendeten Merkmale. Eine solche Theorie kann aber den deutlich markierten Status von (1c) gegenüber (1a) und (1b) nicht erklären. Im Kontrast dazu bietet eine nichtlineare Theorie hierfür eine prinzipielle Erklärung. Halle/Vergnaud (1980), Steriade (1982), Clements (1985), Schein/Steriade (1986) und Hayes (1986b) – um nur einige zu nennen – haben überzeugend demonstriert, daß die Assimilation als ein "feature spreading" repräsentiert werden muß, nicht als ein merkmalverändernder Prozeß. Ein Assimilationsprozeß läßt sich danach schematisch folgendermaßen darstellen:

(2) X   Y   X   Y
     | | ->   \ /
     A   B   A

Seit Goldsmith (1976) werden einzelne Merkmale oder Merkmalgruppen als eine funktionale Einheit betrachtet, die sich in bezug auf phonologische Regeln unabhängig von anderen Merkmalen oder Merkmalgruppen verhalten. Merkmale werden auf ihrer eigenen Ebene repräsentiert ("autosegmental"). Dadurch können wir Prozesse wie Tonphänomene und Vokalharmonie direkt erfassen, in denen nur Vokale beeinflußt werden, während Konsonanten unverändert bleiben.

Wie besonders am Beispiel des Umlauts (Kap.3.5) und der Assimilationsprozesse (Kap. 4.6) im Deutschen gezeigt werden wird, bietet eine autosegmentale Repräsentation der Merkmale, in der jedes Merkmal seine eigene Ebene besitzt, viele interessante Lösungen für klassische Probleme.

Wenn sich eine bestimmte Merkmalgruppe als eine Einheit in bezug auf einen bestimmten Regeltyp konstant verhält, haben wir gute Gründe, anzunehmen, daß sie in der phonologischen Repräsentation eine Einheit konstituiert. Eine Theorie, die sich daraus entwickelte, ist die der Merkmalhierarchie (Clements 1985 und Sagey 1986a). In dieser Arbeit nehme ich das Modell von McCarthy (1988b) an, nach dem die universale interne Struktur der Segmente eine hierarchische Ordung wie (3) hat. Merkmale, die in artikulatorischer phonetischer Hinsicht in einem besonders engem Zusammenhang stehen und in der Phonologie als eine Einheit fungieren, werden dabei durch einen Knoten dominiert. Einzelne Unterschiede zwischen verschiedenen Modellen werden hier vernachlässigt (siehe dazu McCarthy 1988b, Dikken/Hulst 1988).

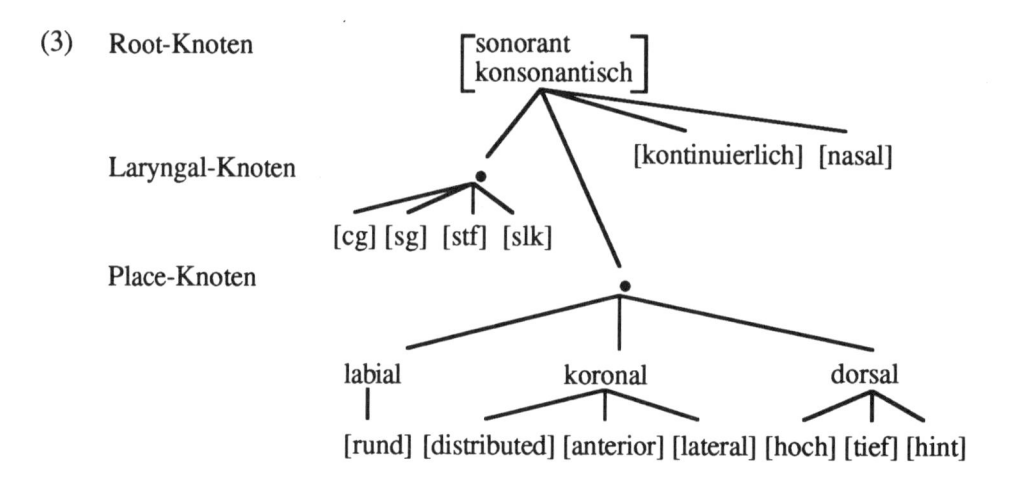

(3)   Root-Knoten

    Laryngal-Knoten

       [cg] [sg] [stf] [slk]

    Place-Knoten

       labial   koronal   dorsal
         |
       [rund] [distributed] [anterior] [lateral] [hoch] [tief] [hint]

(cg = constricted glottis, sg = spread glottis, stf = stiff vocal cord, slk = slack vocal cord)

Unter der Annahme einer Merkmalhierarchie wie (3) und der Assimilation als eines "feature spreading" läßt sich die oben erwähnte Natürlichkeit der Assimilationsprozesse einfach erklären.

Die Assimilation der Artikulationsstelle ist danach genauso natürlich wie die eines einzigen Merkmals [rund]. Denn formal gesehen gilt es für die beiden Prozesse gleichermaßen, daß sich A als eine Einheit auf das benachbarte Segment ausbreitet.

Demgegenüber ergibt sich der markierte Status des Prozesses (1c) daraus, daß A hier keine Einheit, d.h. keine natürliche Klasse bildet, weil es zwei Merkmale [nas] und [rund] enthält, die jeweils von einem unterschiedlichen Knoten dominiert werden.

Die Auffassung der Merkmalmatrix als eines ungeordneten Merkmalbündels, wie sie in SPE konzipiert ist, muß aus diesem Grund und zusätzlichen anderen Gründen aufgegeben werden.

Die phonologische Forschung der letzten Jahrzehnte zeigt genau wie in der Syntax die Tendenz, nicht das Regelsystem an sich, sondern Prinzipien, die dieses Regelsystem dominieren, in den Vordergrund der Untersuchung zu stellen.

Innerhalb der theoretischen Modelle, die in dieser Arbeit angenommen werden, ist nicht nur die Repräsentation der Segmentstruktur, sondern auch die formale Eigenschaft phonologischer Prozesse prinzipiengeleitet. Die UG enthält Prinzipien, d.h. universale Beschränkungen, die eine Grenze dafür setzen, was in einer natürlichen Sprache möglich ist. Einige solcher Prinzipien, die für die segmentinterne und -externe Struktur gelten, werden in dieser Arbeit angenommen und diskutiert:

– Die zugrundeliegende Repräsentation muß redundanzfrei sein.
– "Obligatory Contour Principle" (OCP, vgl. McCarthy 1986, Odden 1986, Yip 1988a): Zwei benachbarte identische Elemente auf der Segmentschicht sind ausgeschlossen.
– Prosodische Lizensierung (vgl. Itô 1986, Nespor/Vogel 1986): Alle phonologischen Einheiten müssen prosodisch lizensiert werden, d.h. gehören zur höheren prosodischen Struktur.

Das zentrale Thema dieser Arbeit hängt vor allem mit dem ersten Prinzip zusammen. Das Konzept der redundanzfreien Repräsentation der Lexikoneinträge spielt in der Weiterentwicklung neuerer Theorien wie der Lexikalischen Phonologie (Kiparsky 1982a, 1982b, 1985) und der Unterspezifikation (Archangeli 1984a, 1988) eine entscheidende Rolle. Im Rahmen dieser Arbeit soll gezeigt werden, welche theoretischen und empirischen Vorzüge das Prinzip der Unterspezifikation hat, wie es mit anderen konvergierenden Prinzipien wie Strukturbewahrung interagiert und wo sprachspezifische Parametrisierung festzulegen ist.

Nach dem Parameter-Modell von Archangeli/Pulleyblank (1986) unterscheiden sich Sprachen in der Festlegung einer relativ kleinen Anzahl von Parametern voneinander, wobei die Kombination verschiedener möglicher Parametersätze verschiedene Grammatiken ableitet.

1.1 Der Aufbau der Arbeit

Die Arbeit ist folgendermaßen organisiert: In den Abschnitten 1.2 und 1.3 werden Grundzüge der Theorie der Unterspezifikation und der Zuweisung der prosodischen Einheit (Fuß und phonologisches Wort) beschrieben, die in der folgenden Diskussion die theoretische Basis bilden.

Kap. 2 bietet eine ausführliche Diskussion der Silbenstruktur im Deutschen, wobei einige von früheren Arbeiten vernachlässigte Probleme einer neuen Analyse unterworfen werden. Sie betreffen u.a. die Domäne der Silbifizierung und das asymmetrische Verhältnis zwischen wortfinaler und wortinterner Silbenstruktur. Die Annahme des phonologischen Wortes wird im Deutschen vor allem dadurch motiviert, daß es nicht nur eine wichtige Konstituente bei der Beschreibung prosodischer Pänomene wie Akzent, sondern auch die Domäne für die Silbifizierung und andere segmentale Regeln darstellt. Unter der Annahme des phonologischen Wortes als der Domäne für die Silbifizierung kann man die Silbifizierung von morphologisch unterschiedlich komplexen Wörtern erklären, ohne auf sprachspezifische Resilbifizierungsregeln zurückgreifen zu müssen. Was das asymmetrische Verhältnis zwischen wortfinaler und wortinitialer Silbenstruktur angeht, wird hier die Hypothese vertreten, daß es im Rahmen der Lexikalischen Phonologie dadurch erklärbar ist, daß die Silbifizierung im Deutschen auf verschiedenen Ebenen des Lexikons unterschiedlichen Restriktionen unterliegt. Die asymmetrische Distribution der Konsonantencluster läßt sich dann als eine Konsequenz aus dieser ebenenspezifischen Silbifizierung betrachten. Einige Probleme wie Akzentzuweisung und extrasilbische Segmente, die mit der Silbifizierung unmittelbar interagieren, werden in diesem Zusammenhang diskutiert.

Ein weiterer theoretischer Punkt, den ich in diesem Kap. diskutiere, bezieht sich auf die Repräsentation der kurzen gespannten Vokale. Es wird gezeigt, daß die Existenz dieser Vokale durch ihr Verhalten im Wortakzent motiviert wird und daß die Gespanntheitsopposition in der deutschen Vokale lexikalisch redundant und somit unspezifiziert bleibt. Abschließend wird Evidenz für die Annahme des Fußes als Regeldomäne erbracht.

Die unterspezifizierten Vokalmerkmale spielen in der Diskussion des Umlauts eine wichtige Rolle (Kap. 3). In diesem Kap. demonstriere ich zuerst die in den früheren Analysen des Umlauts auftauchenden Probleme, um anschließend zu zeigen, wie die Theorie der Unterspezifikation eine adäquatere Erklärung für die Beschreibung des Umlauts bieten kann.

In Kap. 4 wird neben dem Effekt der Unterspezifikation auch die interne Struktur der segmentalen Merkmale anhand einiger repräsentativer phonologischer Prozesse im deutschen Konsonantismus untersucht. Es stellt sich heraus, daß die Theorie der

Unterspezifikation zusammen mit anderen konvergierenden Theorien wie Prosodie und die Merkmalhierarchie interessante Lösungen für viele klassische Probleme bietet, die sich in der früheren generativen Phonologie oft unbefriedigend oder gar nicht erklären lassen. Das gilt z.B. für die Beschreibung der Domäne für die Regelanwendung (Auslautverhärtung, Nasalassimilation), für die Erklärung der asymmetrischen Relation zwischen Artikulationsmerkmalen in der Place-Assimilation und für die nicht-arbiträre Bestimmung eines Phonems (/ç/-/x/-Laute).

1.2 Die Theorie der Unterspezifikation

Die generative Phonologie à la SPE unterscheidet zwischen zwei distinkten Repräsentationsebenen: zugrundeliegende Repräsentation und Oberflächenrepräsentation [1]. Das Ziel dieser Unterscheidung ist es, linguistisch signifikante Generalisierungen zu erfassen, die u.a. darin bestehen, daß sich die distributionelle Regularität der Segmente in Form der Alternation bewahrt. Alle Informationen im Lautsystem einer Sprache, die sich durch phonologische Regeln ausdrücken lassen, werden aus der zugrundeliegenden Repräsentation eliminiert. So ist z.B. die Silbenstruktur vorhersagbar und durch die Regeln der lexikalischen Phonologie abzuleiten, wie in dieser Arbeit und in vielen anderen demonstriert wird. Auch die Akzentzuweisung ist in vielen Sprachen voraussagbar (siehe z.B. Hayes 1981 für das Englische und Giegerich 1985 für das Deutsche), weil sie auf der Grundlage der Silbenstruktur erfolgt. In der zugrundeliegenden Repräsentation müssen daher Informationen über die Silben- und Akzentstruktur aus der lexikalischen Repräsentation eliminiert werden. Ein sich daraus ergebender Aspekt der lexikalischen Repräsentation spielt in der Lexikalischen Phonologie eine fundamentale Rolle: Im Laufe der lexikalischen Derivation darf ein nicht-distinktives Merkmal nicht eingeführt werden (das Prinzip der Strukturbewahrung, vgl. Kiparsky 1985).

Das Konzept der redundanzfreien Repräsentation der Lexikoneinträge ist eine der wichtigsten Konsequenzen der Lexikalischen Phonologie und wird weiter durch die Theorie der Unterspezifikation motiviert, die u.a. von Kiparsky (1982a, 1982b),

---

[1] In der Lexikalischen Phonologie unterscheidet man dagegen zwischen drei verschiedenen Repräsentationsebenen: zugrundeliegende Repräsentation, lexikalische Repräsentation und phonetische Repräsentaion. Zugrundeliegende Repräsentation ist die Repräsentaion der Morpheme. Lexikalische Repräsentation ist die phonologische Repräsentation der Lexikoneinträge, d.h. der Output des Lexikons. Phonetische Repräsentation ist der Output des phonologischen Moduls (vgl. Mohanan 1986:11).

Archangeli (1984a, 1988), Pulleyblank (1986a) und Archangeli/Pulleyblank (1986) entwickelt wurde.

Die Idee, nichtdistinktive Merkmale aus der zugrundeliegenden Repräsentation zu eliminieren, ist gar nicht neu. Sie ist bereits im Strukturalismus mit dem "Archiphonem" und in der generativen Phonologie, z.B. SPE und Kean (1975), mit der "Markiertheitskonvention" verbunden. Ein fundamentaler Unterschied zwischen diesen Theorien und der, die im Rahmen der Unterspezifikation entwickelt wurde, muß jedoch hervorgehoben werden. In der generativen Phonologie bildet allein der distributionelle Aspekt die Basis für die Unterspezifikation der phonologischen Repräsentation. So sind z.B. die Merkmalspezifizierungen [-rund, +hint] für einen tiefen Vokal voraussagbar, weil ein tiefer Vokal universal /a/ ist. Diese Merkmale brauchen daher in der zugrundeliegenden Repräsentation des Vokals /a/ nicht spezifiziert zu werden. Sie werden durch die UG, d.h. Markiertheitskonventionen in SPE und Kean (1975) geliefert. Innerhalb der Markiertheitstheorie von SPE und Kean wird die Markiertheit bzw. Unmarkiertheit eines Segments oder eines Segmentinventars ausschließlich universal festgelegt. Der Begriff der "sprachspezifischen" Markiertheit existiert in dieser Theorie nicht. Die Theorie der Unterspezifikation geht hier einen Schritt weiter. Die Unterspezifikation der Merkmale erfolgt nicht nur unter universalem distributionellem Aspekt, sondern auch unter derivationellem Aspekt in einzelnen Sprachen. Wenn z.B. eine bestimmte Sprache eine lexikalische Regel wie /e/-Epenthese hat, bleiben alle Merkmale von /e/ nach dieser Theorie in der zugrundeliegenden Repräsentation unspezifiziert. Es ist genau dieser Punkt, in dem sich die Markiertheitstheorie von SPE und Kean (1975) und die Theorie der Unterspezifikation voneinander unterscheiden.

Unten wird die Strategie der Unterspezifikation anhand der Vokalmatrix im Yawelmani illustriert. Archangeli (1984a) repräsentiert die Vokale im Yawelmani folgendermaßen:

(4)

	i	a	o	u
hoch	−			−
rund			+	+

Der Vokal /i/ wird in dieser Sprache durch eine Epenthese-Regel eingeführt. Das bedeutet nach Archangeli, daß alle Merkmale für das /i/ in der zugrundeliegenden Repräsentation unspezifiziert bleiben müssen. Sie werden durch Redundanzregeln eingeführt. Zwei Merkmale sind ausreichend, um vier Vokalphoneme voneinander unterscheiden zu können. Eine vollspezifizierte Merkmalmatrix der Vokalsegmente wird durch folgende Redundanzregeln abgeleitet:

(5) a. [ ] -> [+hoch]
   b. [+rund, -hoch] -> [-tief]
   c. [-α hoch] -> [α tief]
   d. [+tief] -> [+hint, -rund]
   e. [ ] -> [-rund]
   f. [-tief, α rund] -> [α hint]

Es sind zwei Typen von Redundanzregeln zu unterscheiden: (i) Komplement-Regeln und (ii) Default-Regeln. Komplement-Regeln weisen den Segmenten den Gegenwert der zugrundeliegenden Repräsentation zu (vgl. Regeln (5a) und (5e)). Diese Regeln werden also automatisch generiert, wenn die gegebene zugrundeliegende Repräsentation der Einzelsprachen gelernt wird. Default-Regeln sind nach Archangeli nicht einzelsprachlich. Sie werden wie in SPE und Kean (1975) durch universale Markiertheitskonventionen bestimmt (vgl. alle übrigen Regeln in (5)). Die beiden Typen von Redundanzregeln gehören zur UG. Sie müssen nicht gelernt werden.

Eine wichtige Eigenschaft der Redundanzregeln ist, daß sie die zugrundelegend spezifizierten Merkmale nicht ändern können; sie können nur die Werte für zugrunde- liegend unspezifizierte Merkmale in einem bestimmten Kontext liefern. Dies wird durch die "Distinctness Condition" (Archangeli 1984a: 46) ausgedrückt:

(6) Distinctness Condition
   Der Input einer Redundanzregel ist nicht distinkt vom Output nach der Anwendung dieser Redundanzregel.

Nach der Theorie von Archangeli (1984a) enthält die UG außer dieser Bedingung noch Prinzipien für die Regelordnung wie die "Elsewhere Condition" und den "Redundancy Rule Ordering Constraint":

(7) Elsewhere Condition (EC) (Kiparsky 1982a: 136)
   Zwei Regeln A und B in einer Komponente werden disjunktiv auf eine Form ϕ angewandt genau dann, wenn:
   (i) die Strukturbeschreibung von A (der speziellen Regel) in der Struktur- beschreibung von B (der generellen Regel) echt enthalten ist;
   (ii) der Output von A auf ϕ distinkt vom Output von B auf ϕ ist.
   In diesem Fall wird A zuerst angewandt und B nicht mehr.

(8) Redundancy Rule Ordering Constraint (Archangeli 1984a: 85)
Eine Redundanzregel, die einem Merkmal [F] "a" ("a" ist "+" oder "–") zuweist, wird automatisch vor der ersten Regel angeordnet, die in der Strukturbeschreibung auf [aF] referiert.

Aufgrund der Elsewhere-Condition wird z.B. die Regel (5b) vor der Regel (5c) angewandt; aufgrund des "Redundancy Rule Ordering Constraints" werden die Regeln (5b) und (5c) vor den Regeln (5d, f) appliziert.

Der Abschied von der ausschließlich distributionell begründeten Markiertheitstheorie hat u.a. folgende Konsequenzen für die lexikalische Repräsentation und die lexikalische Derivation:

— Die Frage, welches Phonem in einer bestimmten Sprache am wenigsten spezifiziert werden muß oder wie die Merkmalspezifikation für die einzelnen Phoneme aussieht, muß sprachabhängig beantwortet werden. Denn "it is this partial dependence on language particular alternations which allows the underspecified matrices and the redundancy rules to simplify the grammar" (Archangeli 1984a: 12-13).
— Innerhalb von SPE operiert eine phonologische Regel auf der Grundlage der vollspezifizierten Merkmalmatrix. Markiertheitsregeln interagieren in diesem Modell nicht mit phonologischen Regeln, weil die ersteren vor den letzteren angewandt werden. Im Kontrast dazu interagieren Redundanzregeln nach dem Modell der Unterspezifikation mit phonologischen Regeln, weil hier die Redundanzregeln möglichst spät angewandt werden.

Mit dem letzten Punkt unmittelbar verbunden sind Prinzipien wie "Strukturbewahrung" und "Strikte Zyklizität". Da der Lexikoneintrag nur die distinktiven Merkmale enthält und da lexikalische Regeln keine nichtdistinktiven Merkmale in lexikalische Prozesse einführen dürfen, muß der Output einer lexikalischen Regel konsequenterweise "strukturbewahrend" sein.

Wie an verschiedenen Stellen dieser Arbeit gezeigt wird, ergibt sich der strukturbewahrende Charakter der lexikalischen Regeln automatisch aus den Prinzipien der Unterspezifikation und dem Prinzip der strikt zyklischen Anwendung der lexikalischen Regeln. So ist z.B. das Merkmal der Aspiration für das deutsche Konsonantensystem nichtdistinktiv. Dieses Merkmal kann daher nicht durch eine lexikalische Regel eingeführt werden.

Der Vorteil einer Theorie, in der die oben genannten Prinzipien angenommen werden, besteht darin, daß sie voraussagen kann, welche Regeln lexikalisch oder postlexikalisch sind, und daß sie auf diese Weise ein restriktiveres Konzept für die phonologische Komponente im Lexikon ermöglicht. Außerdem ist die Theorie der Unterspezifikation in zweierlei Hinsicht gegenüber anderen Theorien vorzuziehen; (a) die Repräsentation der Lexikoneinträge wird einfacher, indem nur die echt distinktiven Merkmale eingetragen werden, während die prädiktablen Merkmale durch Redundanzregeln eingeführt werden; (b) der wesentliche Charakter eines phonologischen Prozesses wird direkt erfaßt, was für eine Analyse mit vollspezifizierten Merkmalen oft nicht möglich ist. Diese beiden Punkte sollen in dieser Arbeit durch die Analyse verschiedener phonologischer Prozesse im Deutschen konkretisiert werden.

Zum theoretischen Rahmen dieser Arbeit ist schließlich noch zu bemerken, daß sie auf der These der "radikalen" Unterspezifikation aufbaut, die von Kiparsky (1982b, 1985), Pulleyblank (1983), Archangeli (1984a, 1988) und Archangeli/Pulleyblank (1986) vertreten wird. Diese Variante der Unterspezifikation unterscheidet sich von den anderen alternativen Modellen der Unterspezifikation (Halle 1959, Steriade 1987a, Clements 1988, Christdas 1988, Mester/Itô 1989) darin, daß sie streng an dem Prinzip festhält, keinen Default-Wert in der zugrundeliegenden Repräsentation zuzulassen, während dieses Prinzip in den letzteren theoretischen Modellen kein absolutes Gebot darstellt. Hier sind daher sowohl "+"- als auch "–"-Werte für einige Merkmale in der zugrundeliegenden Repräsentation erlaubt.

Angesichts der phonologischen Alternationen im Deutschen und der Asymmetrien zwischen den Merkmalen scheint mir die radikale Unterspezifikation plausibler zu sein als die anderen theoretischen Varianten, die eine Version der kontrastiven Unterspezifikation darstellen (zu einem ausführlichen Vergleich beider Modelle und weiteren Argumenten für die radikale Unterspezifikation siehe Archangeli 1988). Welches von beiden Modellen vorzuziehen ist, muß jedoch weiteren Untersuchungen überlassen werden.

1.3 Prosodische Hierarchie

Das SPE-Modell hat nicht nur die segmentinterne Struktur, sondern auch die segmentexterne Struktur vernachlässigt. Prosodische Phänomene wie Ton und Akzent lassen sich innerhalb dieses Modells nicht adäquat beschreiben, weil es dafür kein geeignetes Beschreibungsmittel bietet. Dieser Mangel wurde in der Entwicklung der Prosodie-Forschung in verschiedenen Richtungen wie in der autosegmentalen Phonologie oder der metrischen Phonologie weitgehend behoben.

Nach dem universalen Prinzip des "prosodic licensing" (Itô 1986) oder der "strict layer hypothesis" (Nespor/Vogel 1986) müssen alle phonologischen Einheiten zur höheren prosodischen Struktur gehören. In einer Reihe von Arbeiten zur prosodischen Phonologie (Selkirk 1980a, 1982b, 1984b; Booij 1983, 1985; Hayes 1982; Nespor/Vogel 1986) ist gut begründet, daß die phonologische Repräsentation mit einer hierarchischen Struktur versehen ist. Nach dem Modell von Nespor/Vogel (1986) bilden neben der Silbe Konstituenten wie der Fuß, das phonologische Wort, die klitische Gruppe, die phonologische Phrase, die Intonationsphrase und die Äußerung eine Hierarchie, wobei die Silbe die niedrigste und die Äußerung die höchste Konstituente der Hierarchie darstellt.

Einer der Hauptgründe für die Annahme einer solchen reichen Hierarchie besteht darin, daß die Einheiten der prosodischen Hierarchie nicht notwendigerweise in einem Eins-zu-eins-Verhältnis zu den Konstituenten der morphosyntaktischen Hierarchie stehen. Dies läßt sich einfach an einem Wort wie *Hilflosigkeit* illustrieren.

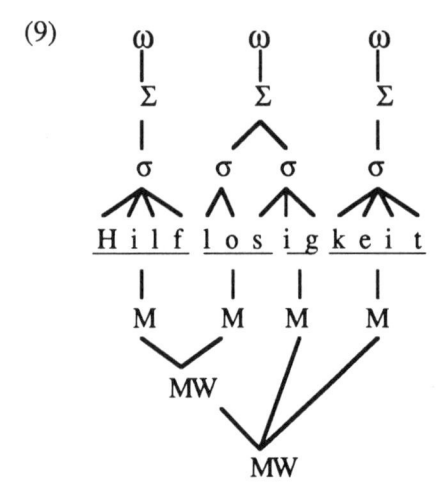

(9)

$$
\begin{array}{c}
\omega \quad \omega \quad \omega \\
| \quad | \quad | \\
\Sigma \quad \Sigma \quad \Sigma \\
| \quad \wedge \quad | \\
\sigma \quad \sigma \; \sigma \quad \sigma \\
\end{array}
$$

H i l f l o s i g k e i t

| | | | |

M   M   M   M

MW

MW

(σ = Silbe, Σ = Fuß, ω = Phonologisches Wort, M = Morphem, MW = Morphologisches Wort)

Die Einzelheiten über die Errichtung einzelner prosodischen Konstituenten sollen in nächsten Abschnitten besprochen werden.

Wie Abbildung (9) zeigt, bestehen hier zwischen phonologischer und morphosyntaktischer Hierarchie Asymmetrien verschiedener Art. Die Silbengrenze stimmt nicht notwendigerweise mit der Morphemgrenze überein: Bei dem Suffix *-losig* steht z.B. die Silbengrenze vor dem /s/, die Morphemgrenze aber danach. Auch zwischen phonologischem Wort und morphologischem Wort gibt es kein Eins-zu-eins-Verhältnis: *Hilflosigkeit* bildet als Ganzes ein morphologisches Wort, aber drei phonologische Wörter. *hilflos* ist ein morphologisches Wort, aber zwei phonologische Wörter. *losig* und *keit* sind mögliche phonologische Wörter im Deutschen. Sie sind jedoch keine morphologischen Wörter (Die interne Struktr eines phonologischen Wortes wird hier vernachlässigt. Innerhalb eines phonologischen Wortes können weitere untergeordnete phonologische Wörter vorkommen. So bilden sowohl das Suffix *-los* allein als auch dessen suffigierte Form *-losig* ein phonologisches Wort. Zur genaueren Definition des phonologischen Wortes siehe 1.3.2).

Wie in Kapitel 2 ausführlich diskutiert wird, spielt diese Diskrepanz zwischen morphologischer und prosodischer Hierarchie eine wichtige Rolle bei der Erklärung der Silbifizierung. So ist jede Wurzel ein phonologisches Wort, nicht aber jedes Suffix. Wurzeln bilden daher ihre eigene Domäne für die Silbifizierung. Dies gilt aber nicht für alle Suffixe.

In diesem Zusammenhang stellt sich die Frage, welche von den oben aufgeführten Kategorien für die Beschreibung der prosodischen Struktur in einzelnen Sprachen relevant sind. Die Debatte über Anzahl und Typen der erforderlichen prosodischen Kategorien ist noch nicht abgeschlossen. Außer der Silbe, deren Rolle in der Phonologie nicht bezweifelt wird, ist der Status anderer Einheiten nicht ganz klar. In dieser Arbeit werden Einheiten wie die Silbe, der Fuß und das phonologische Wort untersucht. Konstituenten, die höher als das phonologische Wort anzusetzen sind, sind nicht Gegenstand dieser Arbeit.

Für das phonologische Wort und den Fuß wird in dieser Arbeit Evidenz aus dem Deutschen aufgeführt (siehe Kap. 2, 2.8.1, 2.8.2, 4.6.4).

1.3.1 Der Fuß

Der Fuß (im folgenden wird das Symbol "Σ" für Fuß verwendet) wird nach der gängigen Auffassung als eine Sequenz von Silben definiert, von denen eine metrisch stärker ist als die anderen. Die Prominenz-Relation zwischen Silben ("strong" vs. "weak") und die Struktur der metrischen Füße wird vor allem durch die Akzentzuweisung motiviert (vgl. Liberman/Prince 1977, Selkirk 1980a, 1980b, Hayes 1981 für das Englische; Giegerich 1985, Féry 1989 für das Deutsche). Wie Hayes (1981) zeigt, variiert die Gruppierung der Silben in einem Fuß von Sprache zu Sprache. Eine Sprache kann entweder einen binären Fuß haben, der aus zwei Silben besteht, oder einen unbeschränkten Fuß, der aus einer bestimmten Anzahl von Silben besteht.

Hier wird davon ausgegangen, daß ein metrischer Fuß im Deutschen maximal aus vier Silben bestehen kann (z.B. der zweite Fuß in einem Wort wie *entscheidenderes*), wobei die erste Silbe eines metrischen Fußes akzentuiert (schwer) ist, während die anderen unakzentuiert (leicht) sind. Zur leichten vs. schweren Silbe siehe unten. Für die Zuweisung der prosodischen Einheit Fuß schlägt Giegerich (1985: 35) den folgenden Algorithmus vor, der ähnlich wie der Algorithmus von Liberman/Prince (1977) für das Englische ist. Ich modifiziere diesen Algorithmus später, wie in der folgenden Diskussion gezeigt wird.

(10) Metrische Struktur der deutschen Wörter
    a. Das "Designated Terminal Element (= DTE)" und alle Silben, die rechts vom DTE stehen, bilden einen sich nach links verzweigenden (metrischen) Baum. Silben, die links vom DTE stehen, werden in die sich jeweils nach links verzweigenden Bäume organisiert.
    b. Die in (a) erzeugten Bäume werden in einen sich nach rechts verzweigenden Baum organisiert, dessen Root M (= "mot") mit einem syktaktischen Knoten assoziiert ist, der das ganze Wort dominiert.
    (DTE ist das metrisch stärkste Element in einem Wort)

(10a) legt die interne Struktur eines Fußes fest. Zur Wortakzentregel komme ich gleich unten zurück. Die fußinitiale Silbe ist danach immer stärker als die anderen. So ergibt die Verbindung eines Fußes mit weiteren Silben durch morphologische Prozesse immer einen sich nach links verzweigenden Baum, wenn sie zusammen einen Fuß bilden, Dies wird in (11) illustriert. Die interne Struktur der Silben wird hier vernachlässigt. σs steht für die starke Silbe, σw für die schwache Silbe.

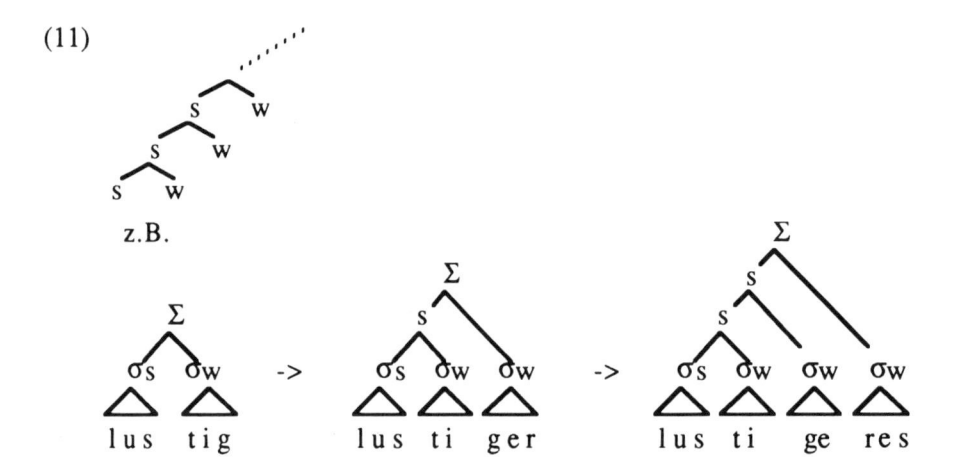

(11)

z.B.

$$\begin{array}{c} \Sigma \\ \sigma s \quad \sigma w \\ \triangle \quad \triangle \\ lus \quad tig \end{array} \rightarrow \begin{array}{c} \Sigma \\ s \\ \sigma s \quad \sigma w \quad \sigma w \\ \triangle \quad \triangle \quad \triangle \\ lus \quad ti \quad ger \end{array} \rightarrow \begin{array}{c} \Sigma \\ s \\ s \\ \sigma s \quad \sigma w \quad \sigma w \quad \sigma w \\ \triangle \quad \triangle \quad \triangle \quad \triangle \\ lus \quad ti \quad ge \quad res \end{array}$$

Die Regel (10b) bestimmt dagegen die metrische Struktur oberhalb von Füßen in einem phonologischen Wort ("mot" bei Giegerich). Hier gilt die folgende Prominenzrelation zwischen Füßen ("Lexical Category Prominence Rule" nach Liberman/Prince (1977)). Zur Zuweisung des phonologischen Wortes komme ich unten noch zurück.

(12) In einem Paar der Tochterknoten [N$_1$, N$_2$] ist N$_2$ nur dann stark, wenn es sich verzweigt.

Die gleiche Regel wird von Giegerich (1985: 139) für die Erklärung des Akzents der Nomen-Komposita im Deutschen angenommen. Bei einem Kompositum wie [[Atomwaffen] [sperrvertrag]] erhält [sperr] z.B. den Worthauptakzent, weil es sich in dem rechten Knoten befindet, der sich verzweigt ([[sperr] [vertrag]]) und weil es sich selber nicht verzweigt. Wie Giegerich bemerkt, hat eine solche Regel den Vorteil, daß sie ausdrücken kann, daß die Prominenzrelation unterhalb eines phonologischen Wortes parallel zu der oberhalb eines phonologischen Wortes ist. Ich teile diese Annahme nicht und postuliere eine Akzentregel, nach der immer der rechte Fuß in einem Wort stark ist, siehe unten.

Die möglichen Fußtypen im Deutschen illustriere ich in (13). Einfachheitshalber werden hier die Notationen C und V verwendet. Sie stehen jeweils für ein X, das mit [+kons] oder [-kons] assoziiert ist.

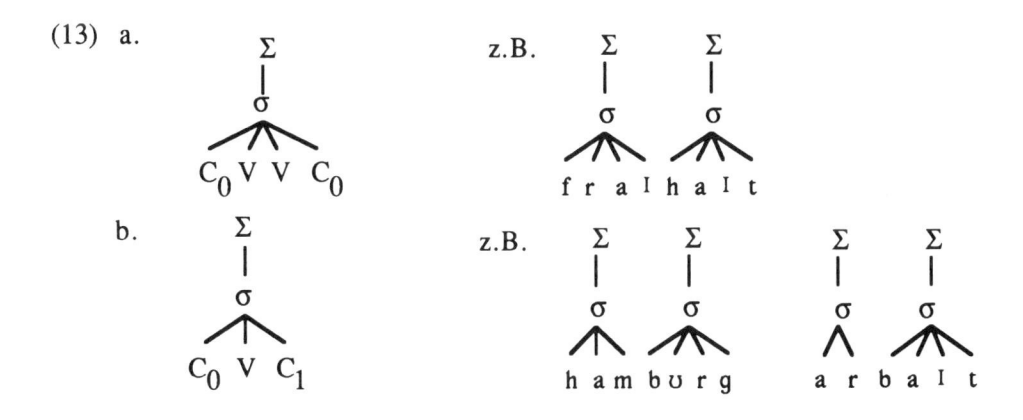

(13) a.
Σ
|
σ
C_0 V V C_0

z.B.
Σ Σ
| |
σ σ
f r a ː h a ː t

b.
Σ
|
σ
C_0 V C_1

z.B.
Σ Σ
| |
σ σ
h a m b ʊ r g

Σ Σ
| |
σ σ
a r b a ɪ t

Ähnliche Fuß-Templates sind von Selkirk (1980a) für das Englische vorgeschlagen worden. Folgend Selkirk nehme ich an, daß die Fuß-Templates in (13) als Wohlgeformtheitsbedingungen im Lexikon gelten. Für die folgende Diskussion der Fuß- und Akzentzuweisung des Deutschen gehe ich davon aus, daß der Wortakzent im Deutschen quantitätssensitiv ist. D.h. in einem Wort kann nur eine schwere Silbe akzentuiert werden, eine leichte dagegen nicht. Ich muß aber gleich betonen, daß dieses Verhältnis zwischen schwerer und leichter Silbe in bezug auf die Akzentzuweisung nur in unmarkiertem Fall gilt. Eine leichte Silbe kann auch akzentuiert werden, wenn keine anderen schweren Silben in einem Wort vorhanden sind, z.B. die ersten Silben in Wörtern wie *Kámera, Mútti, Ótto*. Dazu komme ich unten noch zurück. Eine schwere Silbe definiere ich als eine Silbe, deren Reim mindestens aus zwei X-Elementen auf der Skelett-Schicht besteht. Eine leichte Silbe dagegen besteht aus nur einem X. Wie die Abbildung in (13) zeigt, kann ein Fuß minimal aus einer Silbe bestehen [2]. Eine schwere Silbe bildet einen Fuß.

Ein Problem für den Mechanismus der Fußzuweisung in (10) besteht darin, daß er die vorherige Lokalisierung von DTE voraussetzt, obwohl DTE von der metrischen Struktur eines Wortes ableitbar ist. Es ist dieses Element, das in einem metrischen Baum ausschließlich durch "s" (strong)-Knoten dominiert wird. Ein anderes Problem für die Lokalisierung von DTE hängt mit der Repräsentation der kurzen gespannten Vokale im Deutschen zusammen. Hall (1991a) argumentiert dafür, daß diese Vokale zugrundeliegend als lang repräsentiert werden müssen (d.h. Sie werden zugrundeliegend mit zwei Xs auf der Skelett-Schicht assoziiert). Als eine Folge dieser Annahme postuliert er eine Akzentregel, die verneint, daß der Wortakzent im Deutschen quantitätssensitiv ist. Betrachten Wir den Wortakzent in folgenden drei- oder viersilbigen Wörtern.

(14) Mónika, Léxikon, Márathon, Harmónika, América, Elísabeth, Kompósitum, Napóleon

Eine quantitätssensitive Wortakzentregel im Deutschen weist der letzten schweren Silbe unter den letzten drei Silben eines Wortes den Akzent zu (siehe z.B die von Giegerich (1985: 31) vorgeschlagene Akzentregel; zur genaueren Interpretation dieser Regel vgl. Abschnitt 2.5). Wenn die kurzen gespannten Vokale zugrundeliegend lang sind, würde diese Akzentregel unkorrekterweise der Pänultima-Silbe der in (14) genannten Wörter

---

[2] Vgl. aber Giegerich (1985), der dafür argumentiert, daß ein wohlgeformter Fuß im Deutschen minimal aus einem "s" (strong) und "w" (weak) bestehen muß. Dies bedeutet, daß ein zweisilbiges Wort wie Dekan wie in (b) strukturiert sein muß, nicht wie in (a).

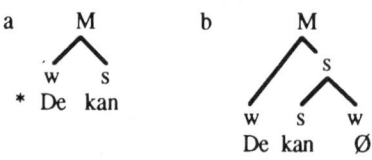

```
  a     M              b        M
       / \                     / \
      w   s                   /   s
    * De kan                 /   / \
                            w   s   w
                            De kan  Ø
```

Wenn man den Geist der metrischen Phonologie ernst nimmt, nach dem der Akzent ausschließlich durch die lokale Prominenzrelation zu bestimmen ist, müßte man wohl Giegerich recht geben, denn sonst kann eine Prominenzrelation für ein monosilbisches Wort nicht ausgedrückt werden. Andererseits muß aber Giegerich in Kauf nehmen, die Existenz einer Null-Silbe anzunehmen, die die phonologische Repräsentation um eine Kategorie erweitert.

zuweisen, weil diese Silbe schwer ist. Aus diesem Grund nimmt Hall (1991a: Kap. 1.3.4) eine quantitätsinsensitive Akzentregel für das Deutsche an, nach der der Akzent in den oben genannten Wörtern unabhängig vom Silbengewicht der Pänultima-Silbe zugewiesen wird.

Wie Ramers (1991) bemerkt, erfaßt aber eine solche Regel eine wichtige Regularität des deutschen Wortakzents nicht, daß in drei- und viersilbigen Wörtern die Pänultima nur akzentuiert wird, wenn sie schwer ist (siehe die Akzentregel von Giegerich (1985) und die "Penult Rule" von Vennemann (1990b), die alle diese Regularität zum Ausdruck bringen). Dies wird deutlich, wenn man die Wörter in (14) mit den folgenden vergleicht. Die Pänultima-Silben in (15) – im Gegensatz zu denen in (14) – sind alle schwer.

(15) a. V: Koréa, Aréna, Kerámik
    b. VV   Zigéuner, Eléusis, Alráune
    c. VC   Organísmus, Mephísto, Esperánto

Aufgrund dieser Regularität des Wortakzents, der von der Silbenschwere der Pänultima abhängt, nehme ich an, daß die gespannten kurzen Vokale im Deutschen zugrundeliegend kurz sind (zur ausführlichen Diskussion der kurzen gespannten Vokale im Zusammenhang mit dem Wortakzent siehe Abschnitt 2.6).

Um den ableitbaren Charakter des Wortakzents aufgrund der metrischen Struktur direkt zu erfassen, modifiziere ich den Algorithmus für die Fuß-Zuweisung in (10) folgendermaßen:

(16) Wortakzentregel im Deutschen
    a. Errichte Füße entsprechend den Fuß-Templates in (13) von rechts nach links.
    b. Verbinde Füße in ein phnologisches Wort, wobei die folgende Wohlgeformtheitsbedingung gilt:

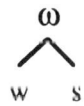

$$\begin{array}{c} \omega \\ \wedge \\ w \quad s \end{array}$$

    c. Integriere die übriggebliebenen Silben mit dem linken Fuß.

Die Bedingung in (16b) besagt, daß von den unmittelbar durch ω dominierten Tochterknoten der rechte stark ist. Zu (16c) muß noch Folgendes gesagt werden: Leichte Silben, die nach der Fußzuweisung übrig bleiben, werden in einen vorangehenden Fuß integriert. Wenn eine Silbe rechts vom Fuß steht, wird sie direkt mit ω assoziiert. Wegen der Bedingung (16b) wird diese Silbe dabei zum "w"-Knoten. Wenn es aber mehrere leichte Silben gibt und wenn es links von diesen Silben oder überhaupt keinen Fuß gibt, in den sie integriert werden können, erfolgt die Fußzuweisung durch die folgende Regel, die ich "Default-Fußzuweisung" nenne.

(17) Default-Fußzuweisung
   Errichte einen sich nach links verzweigenden Fuß bei den Wörtern, die durch (15a) keinen Fuß zugewiesen bekommen haben.

Durch diese Regel läßt sich der Akzent in zweisilbigen Wörtern wie *Mútti*, *Ótto*, *Róggen*, *Kláppe* und in dreisilbigen Wörtern wie *Kámera*, *Zéppelin* erklären, in denen die akzentuierte Silbe leicht ist. Da die Fußzuweisung in (16) bis zu letzten oder vorletzten Silben keine schwere Silbe gefunden haben, müssen die vorletzten oder drittletzten Silben einfach den Wortakzent tragen (durch "Default"). Die Fußzuweisung und die Assoziation der übriggebliebenen Silben mit Fuß illustriere ich in (18).

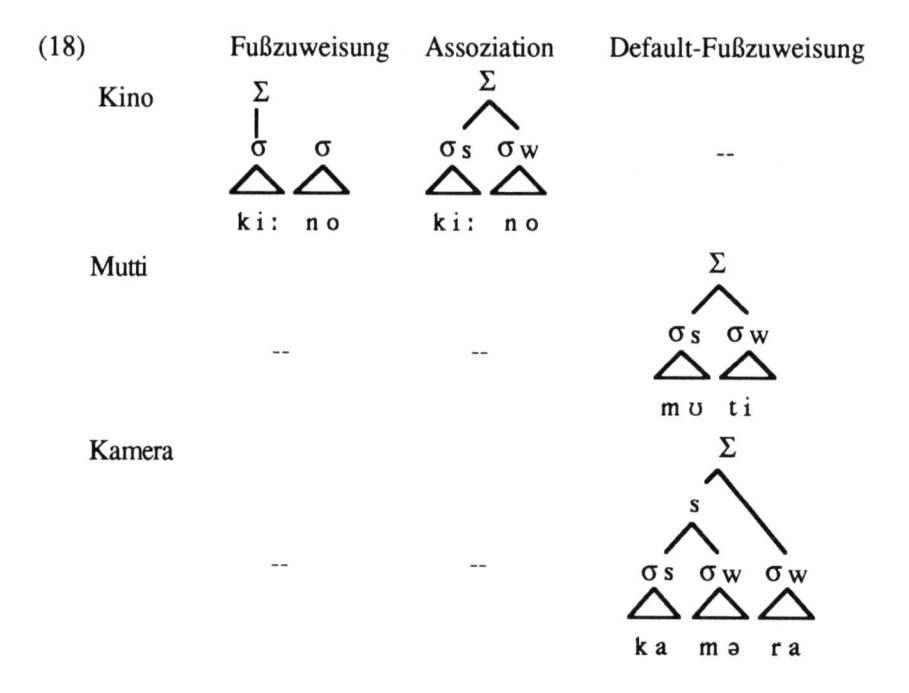

(18)   Fußzuweisung   Assoziation   Default-Fußzuweisung

Kino   Σ   Σ
                | ╱╲
                σ   σ   σs   σw   --
               △   △   △   △
              ki: no   ki: no

Mutti   Σ
                                                     ╱╲
                --   --   σs   σw
                                                   △   △
                                                   mʊ   ti

Kamera   Σ
                                                    ╱s ╲
                --   --   σs   σw   σw
                                                △   △   △
                                                ka   mə   ra

In *Kino* wird der ersten Silbe ein Fuß zugewiesen. Die zweite Silbe wird dann mit diesem Fuß assoziiert. In *Mutti* dagegen wird zuerst kein Fuß errichtet, weil alle Silben schwach sind. Durch die Default-Fußzuweisung werden Silben in einen Fuß integriert. Dasselbe gilt auch für *Kamera*.

Unten illustriere ich die Wortakzentregel in (16) anhand einiger Beispiele, in denen der Akzent auf die letzte Silbe, auf die Pänultima- und auf die Antipänultima-Silbe jeweils fällt.

(19) a. Konzért, Protést

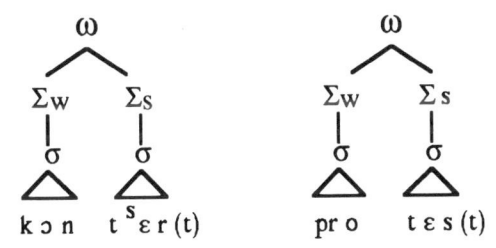

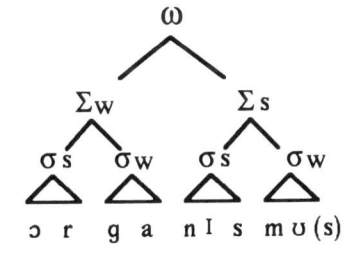

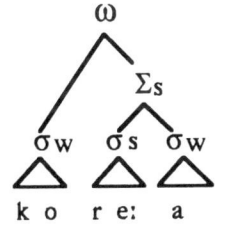

```
        ω                        ω
       / \                      / \
      Σw  Σs                   Σw  Σs
      |    |                    |   |
      σ    σ                    σ   σ
      △    △                    △   △
    kɔn  tˢɛr(t)              pr o  tɛs(t)
```

b. Orgánismus, Koréa

```
              ω                       ω
             / \                      / \
           Σw   Σs                   /   Σs
          / \   / \                 /   / \
         σs  σw σs  σw             σw  σs  σw
         △   △  △   △              △   △   △
         ɔ r ga nI s mʊ(s)         k o r e:  a
```

c. Harmónika, Mónika, Amérika

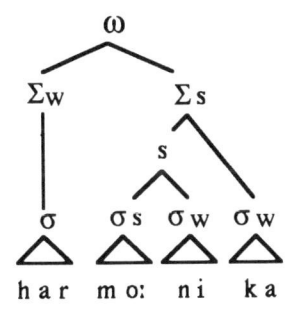

```
              ω
             / \
           Σw   Σs
           |    /|
           |   s |
           σ   σs σw σw
           △   △  △  △
          har mo: ni ka
```

Bei der Fußbildung von den Wörtern *Konzert*, *Protest* und *Organismus* spielt der Begriff der Extrametrizität eine Rolle. Das wortfinale /t/ oder /s/ in diesen Wörtern ist extrametrisch, d.h. es wird bei der Fußbildung nicht berücksichtigt (oben wird es durch Klammer gekennzeichnet). Die letzte Silbe in *Organismus* kann daher allein keinen Fuß bilden, während die letzte Silbe in *Konzert* und *Protest* ihren eigenen Fuß bildet. Für das Deutsche scheinen sich einige Phonologen darüber einig zu sein, daß extrametrische Segmente angenommen werden müssen, um den Wortakzent erklären zu können, siehe Wiese (1988, 1991a), Giegerich (1985, 1989) und Hall (1991a). Die

Frage, was genau im Deutschen extrametrische Segmente sind, ist jedoch umstritten (siehe auch den Abschnitt 2.5 dieser Arbeit).

Systematische Ausnahmen zu der Wortakzentregel in (16) stellen folgende Wörter dar:

(20) Arbeit, Heimat, Heirat, Monat, Urlaub, Antwort, Hamburg, Ameise

Diese Wörter unterliegen nicht der Wohlgeformtheitsbedingung in (16b), weil sie den Akzent auf der ersten Silbe tragen. Auch wenn wir auf den Begriff der Extrametriziät (vgl. Abschnitt 2.5) zurückgreifen, bleiben die meisten dieser Wörter Ausnahmen. So kann der Wortakzent in *Heimat, Heirat, Monat* durch die Regel (16) erklärt werden, wenn das finale /t/ in diesen Wörtern als extrametrisch behandelt wird. Wörter wie *Arbeit, Antwort* bleiben jedoch trotzdem problematisch, weil die letzte Silbe in diesen Wörtern nach der Regel (16) der stakre Fuß und damit akzentuiert sein muß. In Anlehnung an Giegerich (1985) nehme ich an, daß sich die Wörter in (20) in bezug auf den Akzent wie Komposita verhalten. Für diese Wörter gilt daher nicht die Wortakzentregel in (16), sondern die "Lexical Category Prominence Rule" in (12). Es wird hier weiter angenommen, daß die zugrundeliegende Repräsentation dieser Wörter mit zwei phonologischen Wörter markiert sind: *Arbeit* wird z.B. zugrundeliegend als (/ar/)ω (/baɪt/)ω repräsentiert (Die Klammer kennzeichnet die Grenze zwischen phonologischen Wörtern). Dies bedeutet, daß die Zuweisung des phonoloigschen Wortes in diesen Wörtern unvoraussagbar ist und daß diese Eigenschaft der lexikalischen Ausnahme direkt in die zugrundeliegende Repräsentation integriert wird. Ich illustriere in (21) die metrische Struktur der oben genannten Wörter nach der Zuweisung von Fuß und phonologischem Wort.

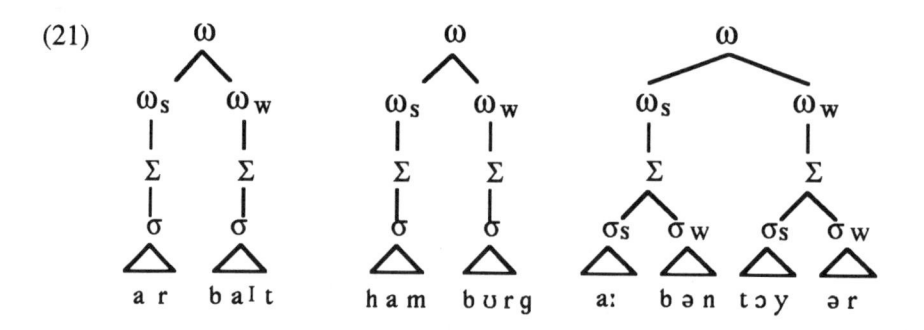

(21)

ω
ωs ωw
Σ   Σ
σ   σ
△   △
ar   baɪt

ω
ωs ωw
Σ   Σ
σ   σ
△   △
ham bʊrg

ω
ωs   ωw
Σ   Σ
σs σw   σs σw
△ △   △ △
aː bən   tɔy ər

Das Wort *Abenteuer* verhält sich parallel zu den Wörtern in (20). Es muß daher in der zugrundeliegenden Form auch als zwei phonologische Wörter repräsentiert werden. Die Prominenzrelation zwischen phonologischen Wörtern wird hier durch die "Lexikal

Category Prominence Rule" bestimmt. Von den zwei Tochterknoten, die durch ω dominiert werden, ist danach der linke stark. Die Bedingung in (16b) gilt nur auf Ebene 1, wo die Akzentzuweisung stattfindet. Sie kann für die Wörter in (20) nicht angewandt werden, weil diese Wörter zwar monomorphemisch, aber von der prosodischen Struktur her gleich wie Komposita oder Wörter mit Klasse-II-Suffixen (z.B. *Frei-heit*) sind. Sie unterliegen daher der Komposita-Akzentregel.

1.3.2 Das phonologische Wort

Im vorangehenden Abschnitt habe ich diese prosodische Einheit bereits mehrfach verwendet, ohne sie dabei genau zu definieren. In diesem Abschnitt will ich daher den Begriff "das phonologische Wort" und den Mechanismus für die Zuweisung dieser Einheit etwas näher beschreiben. Das phonologische Wort ist die prosodische Einheit, die unmittelbar über den Füßen steht. Wie Nespor/Vogel (1986) in bezug auf verschiedene prosodische Einheiten gezeigt haben, ist die Prominenzrelation innerhalb einer prosodischen Einheit einer der wichtigen Gründe dafür, solche Einheit als eine Konstituente anzunehmen. Die Prominenzrelation, die innerhalb eines phonologischen Wortes gilt, habe ich oben durch die Wortakzentregel im Deutschen begründet: Der rechte Fuß in einem phonologischen Wort ist danach immer stärker als der linke. Zwischen phonologischen Wörtern gilt dagegen die "Lexikal Category Prominence Rule" von Liberman/Prince (1977) (siehe (12)). Das phonologische Wort hat daher in der Formulierung der Wortakzentregel im Deutschen eine besondere Funktion. Mit Hilfe dieser Kategorie läßt sich der Hauptakzent in einem Wort definieren: Innerhalb eines phonologischen Wortes erhält die erste Silbe des letzten Fußes den Hauptakzent (siehe das *Harmonika* -Beispiel in (19c)). Keine andere phonologische oder morphologische Einheit kann diese Funktion des phonologischen Wortes bei der Angabe der Wortakzentregel ersetzen.

Bei der Bestimmung der Prominenzrelation weist das phonologische Wort nicht nur sein unabhängiges Organisationsprinzip auf. Es spielt auch eine wichtige Rolle in der lexikalischen Ableitung, indem es als Domäne für verschiedene lexikalische Regeln fungiert. So bildet das phonologische Wort z.B. die Domäne für die Silbifizierung. Wie oben diskutiert, fällt die Morphemgrenze nicht immer mit der Silbengrenze zusammen. Die Domäne für die Silbifizierung bilden nicht beliebige morphologisch komplexe Wörter, sondern bestimmte morphologische Klassen (Stämme, Präfixe oder Suffixe, die mit einem Konsonanten beginnen (siehe die Ausführung in Abschnitt 2.2.2).

Mit Wiese (1991b) gehe ich davon aus, daß das phonologische Wort vor der Silbifizierung errichtet wird, wobei die Zuweisung eines phonologischen Wortes ausschließlich von der morphologischen Struktur und der segmentalen Information abhängig ist. Stämme, Präfixe und Suffixe mit initialem Konsonanten bilden ihre eigenen phonologischen Wörter. Alle anderen morphologischen Einheiten werden in das vorangehende phonologische Wort integriert. Man kann die Zuweisung des phonologischen Wortes als ein Übersetzungsmechanismus betrachten, der morphologische Struktur in die phonologische umwandelt. Zwei repräsentative Beispiele in (22) und (23), die aus Wiese (1991b) stammen, illustrieren die Zuweisung des phonologischen Wortes (Die geschweifte Klammer symbolisiert die Grenze der phonologischen Wörter).

(22) a. Ver+sicher+ung+en   Morpheme
       b. {Ver} {sicher} ung+en   Zuweisung der phonologischen Wörter
       c. {Ver} {sicherungen}   Integrierung des übriggebliebenen Materials
(23) a. lieb+lich+er   Morpheme
       b. {lieb} {lich} er   Zuweisung der phonologischen Wörter
       c. {lieb} {licher}   Integrierung des übriggebliebenen Materials

Die Funktion des phonologischen Wortes als einer Regeldomäne zeigt sich nicht nur bei der Silbifizierung. Auch für eine Reihe segmentaler Regeln fungiert das phonologische Wort als relevante Regeldomäne [3]. Wie ich in späteren Abschnitten (siehe 4.5.3 und 4.5.4) zeigen werde, bildet das phonologische Wort die Domäne für segmentale Regeln wie die Nasalassimilation und die [ç]-[x]-Alternation. Weitere Untersuchungen könnten zeigen, daß phonologische Regeln im Deutschen, deren Domäne das phonologische Wort ist, möglicherweise über diese beiden Prozesse weiter hinaus reichen.

---

[3] Nespor/Vogel (1986) begründen die Existenz des phonologischen Wortes durch die Analyse verschiedener segmentaler phonologischer Regeln, in denen das phonologische Wort die relevante Domäne für die Regelanwendung darstellt. Für das Deutsche wird diese Funktion des phonologischen Wortes bei Wiese (1991b) durch die Analyse des Tilgungsphänomens in koordinativen Konstruktionen wie *mütter-* und *väterlich* weiter motiviert (zum ähnlichen Vorschlag vgl. auch Booij (1985)).

2. Die prosodische Struktur des Deutschen

2.1 Zur Silbifizierung

Die Einführung der Einheit Silbe in die nichtlineare Phonologie ist nicht nur für den repräsentationellen Aspekt phonologischer Formen von Bedeutung. Die Zuweisung der Silbenstruktur und ihre Interaktion mit lexikalischen phonologischen Regeln zeigen, daß die Silbe auch für den derivationellen Aspekt eine außerordentlich wichtige Rolle spielt. Arbeiten in der Silbentheorie (z.B. Steriade 1982, Clements/Keyser 1983, Harris 1983, Levin 1985, Itô 1986) haben überzeugend demonstriert, daß die Silbenstruktur einer phonologischen Form nicht in der zugrundeliegenden Repräsentation existiert, sondern daß sie als ein Teil der phonologischen Derivation im Laufe der lexikalischen Ableitung zugewiesen wird. Diese Auffassung der Silbifizierung, d.h. der Zuweisung der Silbenstruktur zu einer Segmentkette, wird auch in der hier vorgelegten Arbeit angenommen und durch die deutschen Daten unterstützt.

Im Zusammenhang mit Regeltypen hat die Silbifizierung einen besonderen Status innerhalb der Lexikalischen Phonologie: Die Silbifizierung findet ganz früh in der lexikalischen Ableitung statt. Sie ist die erste Regel, die im ersten Zyklus der ersten lexikalischen Ebene ("Stratum") angewandt wird, da viele lexikalische phonologische Regeln (z.B. Schwa-Epenthese) gegenüber der Silbenstruktur sensitiv sind. Silbifizierung ist in diesem Sinne eine lexikalische strukturaufbauende Regel; d.h. sie verändert nicht Merkmale, sondern sie leitet eine prosodische Struktur ab, die zugrundeliegend unspezifiziert ist.

Eine weitere Eigenschaft der Silbifizierung liegt darin, daß sie – im Unterschied zu anderen lexikalischen Regeln – zyklisch, aber nicht strikt zyklisch ist [1]: Die Errichtung einer Silbenstruktur findet sowohl in abgeleiteter als auch in nichtabgeleiteter Umgebung statt. Diese beiden Grundzüge der Silbifizierungsregel innerhalb der Lexikalischen Phonologie sollen in der weiteren Diskussion anhand des Deutschen noch spezifiziert werden.

Für die Analyse der deutschen Silbenstruktur nehme ich eine hierarchische, binär verzweigende Version des Silbenmodells an (vgl. Steriade 1982, Levin 1985). Innerhalb der nichtlinearen Phonologie wird eine Silbe dreidimensional repräsentiert: Silbe (σ), X-Schicht ("skeleton") und Melodieschicht, wobei X eine "timing"-Einheit ("skeleton slot") darstellt, die für die Silbischkeit unspezifiziert ist (vgl. Levin 1985).

---

[1] Zu dem Effekt der zyklischen Silbifizierung für das Deutsche siehe Hall (1991a) und Wiese (1991b).

Dies wird in (1) illustriert.

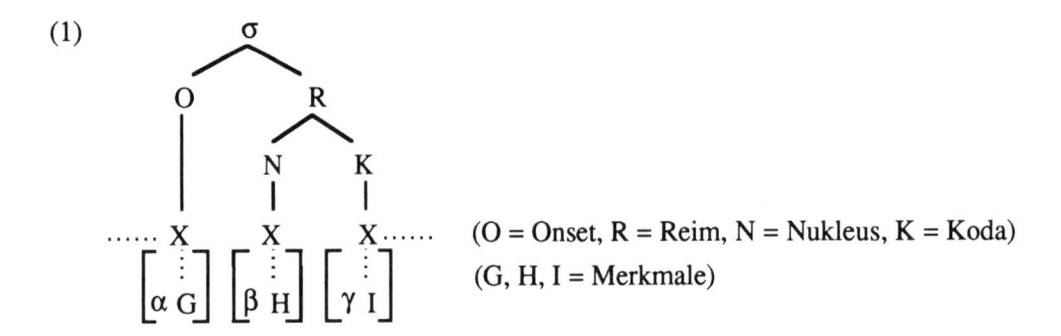

(1)

```
            σ
          /   \
         O     R
         |    / \
         |   N   K
         |   |   |
    .... X   X   X ....      (O = Onset, R = Reim, N = Nukleus, K = Koda)
       ⎡ ⋮ ⎤⎡ ⋮ ⎤⎡ ⋮ ⎤        (G, H, I = Merkmale)
       ⎣α G⎦⎣β H⎦⎣γ I⎦
```

Ob die Silbe subsilbische Konstituenten wie Onset und Reim enthalten soll oder nicht, scheint letzten Endes eine empirische Frage zu sein. Während Harris (1983) anhand der spanischen Daten Evidenz für die Konstituenten Onset und Reim liefert, nehmen Clements/Keyser (1983) keine internen Konstituenten an (für das Deutsche wird diese Auffassung von Wiese (1988) vertreten). Für die Behandlung der segmentalen Regeln des Deutschen, die im Rahmen dieser Arbeit diskutiert werden, scheint es keinen wesentlichen Unterschied zwischen beiden Modellen (hierarchisch vs. flach) zu geben. Einige phonologische Regeln wie Auslautverhärtung (siehe 4.3) und Glottis-Einsatz (siehe 2.8.1) referieren zwar auf die Subkonstituenten Reim und Onset, lassen sich aber auch ohne Bezugnahme auf diese Subkonstituenten erklären. In diesem Zusammenhang ist die von Nespor/Vogel (1986) aufgestellte Hypothese von besonderem Interesse, nach der die kleinste Domäne für die segmentalen Regeln die Silbe sein muß. Wenn diese Hypothese sich als richtig erweist, müssen Subkonstituenten wie Onset und Reim, die kleiner als der Silbenknoten (σ) sind, in der Grammatik des Deutschen verschwinden. Denn eine Grammatik, die gleichzeitig zwei kompatible Beschreibungsapparate für die Domäne einer bestimmten phonologischen Regel zuläßt, ist weniger restriktiv und führt zu Duplikation. Andererseits gibt es phonologische Phänomene, die auf eine höhere prosodische Ebene als die Silbe Bezug nehmen, wie etwa Fuß oder phonologisches Wort. Die Annahme einer solchen prosodischen Struktur hat ihren Vorteil darin, daß manche Probleme, die unter Anwendung der Silbe als Regeldomäne entstehen, systematisch erklärt werden können. Für das Deutsche scheint dies für die Silbifizierung, die Auslautverhärtung, den Glottis-Einsatz, die Aspiration und die [ç]-[x]-Alternation der Fall zu sein, wie ich im folgenden diskutieren werde.

Vor diesem Hintergrund gehe ich zum Algorithmus der Silbifizierung über. Die Zuweisung der Silbenstruktur zu einer Segmentkette wird durch drei verschiedene Typen von Prinzipien bzw. Regeln bestimmt: die universale Sonoritätshierarchie, generelle Silbifizierungsregeln ("core syllable rules" im Sinne von Steriade (1982)) und Filter. Diese Prinzipien bzw. Regeln machen Angaben über die Wohlgeformtheitsbedingung einer Silbenstruktur in einer Sprache. Jedes Prinzip oder jede Regel zeigt dabei eine sprachspezifische Instantiierung. Der Regeltyp Filter, der in der Literatur als positive und negative Silbenstrukturbedingung bekannt ist (vgl. Clements/Keyser 1983), ist z.B. typisch für die einzelsprachliche Parametrisierung der universalen Sonoritätshierarchie. Diese Bedingungen sind erforderlich, weil nicht alle von der Sonoritätshierarchie zugelassenen Segmentsequenzen in jeder einzelnen Sprache vorkommen. Für das Deutsche ist z.B. die Kombination /tr/ im Silbenanlaut (*Traum*) wohlgeformt, Kombinationen wie /tl/, /dl/, /dn/, /zl/, /zr/ etc. sind dagegen wortinitial nicht zugelassen, obwohl sie das Prinzip der Sonoritätshierarchie nicht verletzen. Wortmedial kommen sie jedoch vor, z.B. *Handlung* [han.dlʊŋ], *Ordner* [ɔr.dnər], *unsere* [ʊn.zrə] etc. Auf diese ungleiche Distribution der Onsetcluster komme ich in Abschnitt 2.3.1 zurück.

Für die Silbifizierung im Deutschen nehme ich eine modifizierte Version des von Kahn (1976) vorgeschlagenen Algorithmus an [2].

(2) a. Nukleus-Zuweisung/ Silbenknotenerrichtung
    (i) Assoziiere X mit Nukleus, Nukleus mit dem Silbenknoten (σ)
                 |
              [-kons]
    (ii) Assoziiere X   X mit Nukleus, Nukleus mit dem Silbenknoten (σ)
                   | |
             [-kons] [-kons]

  b. Onset-Regel
    Assoziiere alle Xs links vom Nukleus mit Onset, wenn sie die Silbenstrukturbedingungen nicht verletzen.

  c. Koda-Regel
    Assoziiere alle Xs rechts vom Nukleus mit Koda, wenn sie die Silbenstrukturbedingungen nicht verletzen.

---

2 Die von Kahn (1976) postulierte Onset- und Kodaregel bezieht sich auf mögliche wortinitiale und wortfinale Cluster. Eine solche Silbifizierungsregel vernachlässigt oft die asymmetrische Distribution der komplexen Koda in wortmedialer Position, siehe 2.3. Neben den Silbifizierungsprinzipien in (2) nimmt Hall (1989b) für das Deutsche noch zwei sprachspezifische Regeln an. Im Unterschied zu seiner Analyse gehe ich davon aus, daß das Prinzip "onset maximation" grundsätzlich im Laufe der zyklischen Anwendung der Silbifizierung gilt. Die Silbifizierung der wortmedialen Cluster, die wortinitial nicht zugelassen sind, läßt sich durch eine sprachspezifische Onset-Bedingung erklären, die nur auf Ebene 1 gilt (siehe Abschnitt 2.3.1) Als Folge brauche ich die von ihm vorgeschlagenen Resilbifizierungsregeln nicht.

d. Reim-Zuweisung
Assoziiere Nukleus und Koda mit Reim.

Die Silbifizierungsregeln werden in dieser Reihenfolge angewandt (bei der Nukleus-Zuweisung hat jedoch (2aii) Vorrang vor (2ai) siehe unten). Silbifizierung findet nach jeder morphologischen und phonologischen Operation erneut statt. So wird z.B. ein morphologisch komplexes Wort wie [[kind] isch] im Laufe der lexikalischen Ableitung zweimal silbifiziert: Der Stamm *Kind* wird zuerst einmal im ersten Zyklus auf Ebene 1 silbifiziert. Nach der Suffigierung von *-isch* auf Ebene 2 wird die ganze Segmentkette nochmal silbifiziert (zu diesem Effekt der zyklischen Anwendung siehe Hall 1991a: Kap. 2.8, Wiese 1991b).

Für die folgende Diskussion der Silbenstrukturzuweisung gehe ich davon aus, daß die Assoziation zwischen Skelett-Schicht und dem Root-Knoten der Segmentschicht zugrundeliegend vorhanden ist, weil es m.E. im Deutschen keine phonologische Evidenz dafür gibt, diese Assoziation abzuleiten (vgl. jedoch Wiese (1991b), der eine solche Ableitung als Teil des Silbifizierungsalgorithmus annimmt). Kurzvokale, Langvokale und Diphthonge werden danach zugrundeliegend wie (3) repräsentiert, wobei Langvokale durch Zwei-zu-eins-Assoziation von Kurzvokalen und Diphthongen unterschieden werden.

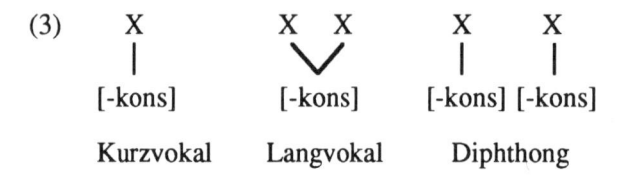

(3)   X   X X   X   X
      | \ / | |
     [-kons]   [-kons]   [-kons] [-kons]

    Kurzvokal   Langvokal   Diphthong

Die Regel (2ai) weist einem Monophthong (kurz oder lang) einen Nukleus zu. Ich folge Levin (1985: 85) in der Annahme, daß die beiden Hälfte einer Geminata durch eine strukturaufbauende Regel gleichermaßen betroffen werden. Ein zugrundeliegender Langvokal unterliegt daher der Regel (2ai). Dies muß daher in der Regel (2ai) nicht explizit angegeben werden. Ein Nukleus über einem Diphthong wird dagegen durch die Regel (2aii) errichtet [3]. Ich nehme an, daß die zwei Regeln für die Nukleus-Zuweisung

---

[3] Für die Realisierung der Diphthonge an der Oberfläche ist folgende sprachspezifische Redundanzregel anzunehmen, die in der phonetischen Komponente angewandt wird. Diese Regel interpretiert das zweite Element der fallenden Diphthonge (/ai, au, ɔy/) oder das erste Element der steigenden Diphthonge (z.B. /io:/ in *Nation*) als [-silbisch].

durch die Elsewhere-Condition geordnet sind: die Regel (2aii), eine spezifischere Regel, wird vor der Regel (2ai), einer generelleren Regel, angewandt.

Unter den Silbenstrukturbedingungen in (2) sind das universale Prinzip der Sonoritätshierarchie (siehe (4)) und die oben erwähnten sprachspezifischen Silbenstrukturbedingungen zu verstehen. Innerhalb der Konstituenten Onset und Reim gelten im Deutschen eine Reihe von Bedingungen (siehe dazu Kap. 2.3 und 2.4).

(4) Sonority Sequencing Generalization (SSG) (Selkirk 1984a: 116)
   Innerhalb einer Silbe gibt es ein Segment, das den Gipfel der Sonorität bildet und dem eine Sequenz von Segmenten mit fallender Sonorität vorangeht oder folgt.

In Anlehnung an Hall (1991a) nehme ich an, daß die universale SSG für das Deutsche folgendermaßen instantiiert ist:

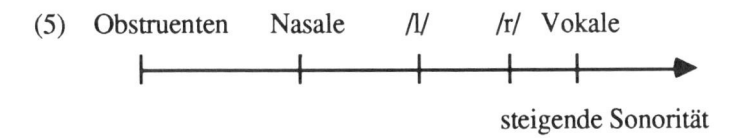

(5)   Obstruenten   Nasale   /l/   /r/   Vokale
      |─────────────|────────|─────|─────|────────►
                                          steigende Sonorität

Nach dieser Sonoritätsskala werden alle Obstruenten zusammen als eine Klasse eingeordnet (vgl. dagegen Vennemann (1982) und Wiese (1988), die annehmen, daß Verschlußlaute weniger sonor als Frikative sind). Die Sonoritätsskala in (5) erklärt zusammen mit der SSG, warum Wörter wie *Kerl* und *Köln* einsilbig sind, Wörter wie *Keller* und *Tunnel* dagegen zweisilbig: Im ersteren Fall nimmt die Sonoritätsskala der beiden Segmente in der Silbenkoda ab, während sie im letzteren Fall zunimmt.

In (6) illustriere ich den oben vorgestellten Silbifizierungsalgorithmus anhand einiger Beispiele.

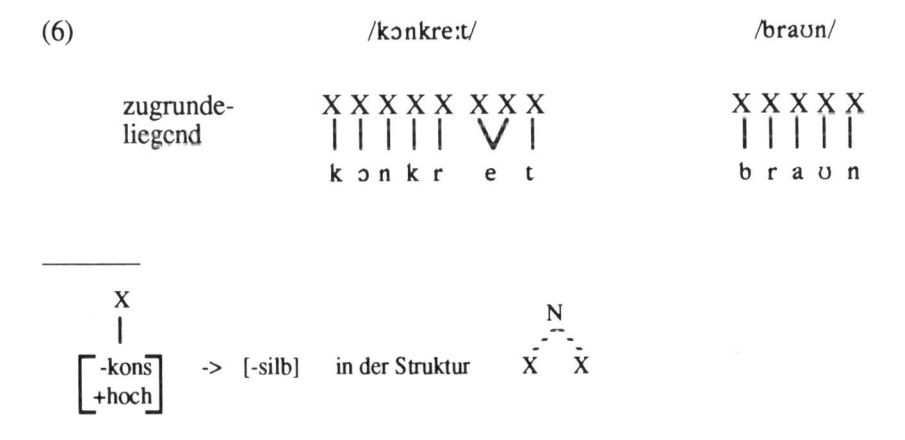

(6)   /kɔnkreːt/   /braʊn/

zugrunde-   X X X X X   X X X   X X X X X
liegend | | | | | V | | | | | |
                         k ɔ n k r   e   t   b r a ʊ n

      X
      |
   ⎡ -kons ⎤ -> [-silb]   in der Struktur   N
   ⎣ +hoch ⎦   ˙-˙
                                             X   X

Regel (2a ii)

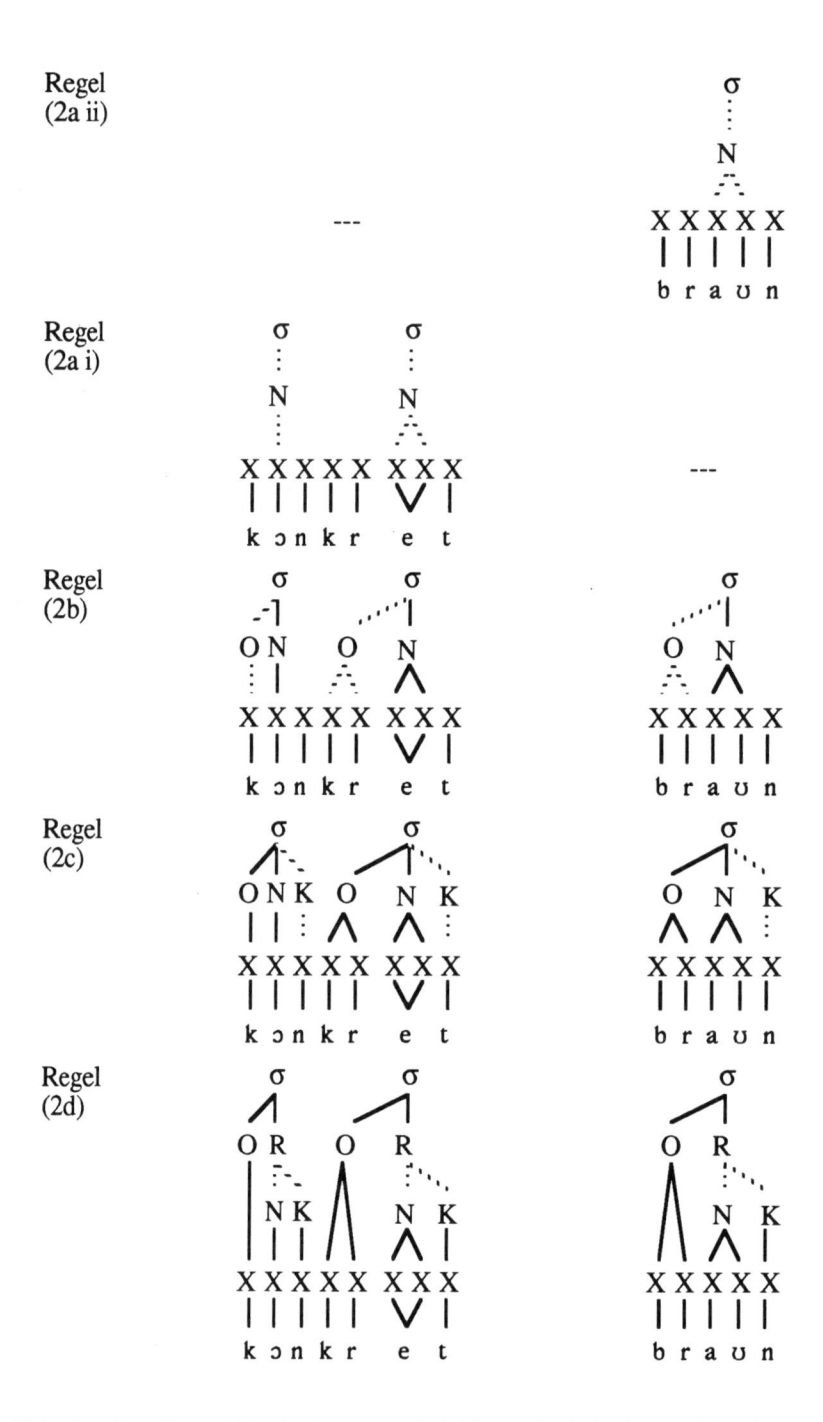

Regel (2a i)

Regel (2b)

Regel (2c)

Regel (2d)

Das Prinzip der Onset-Maximierung wird hier wie bei Kahn (1976) und Steriade (1982) durch die Regelordnung von (2b) und (2c) gewährleistet. Eine Silbifizierung wie [kɔnk.reːt] wird dadurch vermieden. Die Sonoritätsbedingung schließt andererseits eine Silbifizierung wie [kɔ.nkreːt] aus.

Es sei hier bemerkt, daß nicht alle Segmente durch den Algorithmus in (2) – der gegenüber der Sonoritätsbedingung sensitiv ist – silbifiziert werden. Einige Segmente am Wortrande, die die Sonoritätsbedingung verletzen, bleiben in einem Teil der lexikalischen Ableitung extrasilbisch. Das ist der Fall bei dem initialen [ʃ] oder [s] von zwei- oder dreielementigen Onsetclustern ((7a)) und bei dem finalen [s], [t] oder [st] von finalen Clustern ((7b).

(7) a. Skelett, Staat; Sklave, Sprache, Straße
    b. reist, erreichst; Obst, Herbst

Extrasilbische Segmente werden am Ende des Lexikons entweder wieder in die Silbe integriert oder getilgt (vgl. das Prinzip des "prosodic licensing" von Itô (1986)). Für das Deutsche nehme ich an, daß die oben genannten extrasilbischen Segmente auf der Wortebene durch die folgenden Adjunktionsregeln silbifiziert werden:

(8)   a. Initial   b. Final

           σ   σ
          ╱│   │╲
         ╱ O   R ╲
        ╱ │   │ ╲   (X' = extrasilbisches Segment)
       X' X   X X'

(8a) wird nicht iterativ angewandt, (8b) dagegen iterativ, weil in finaler Position mehr als eine X-Position extrasilbisch vorkommen kann.

2.2 Silbifizierung und die Organisation des Lexikons im Deutschen

Aufbauend auf den Arbeiten von Wiese (1988, 1991b), Giegerich (1989) und Hall (1989b, 1991a) will ich hier versuchen, die Silbenstruktur des Deutschen und die Silbifizierung im Lexikon (einschließlich der Interaktion der Silbifizierung mit anderen phonologischen Regeln) zu beschreiben. Die folgende Analyse operiert im theoretischen Rahmen der Lexikalischen Phonologie.

Mit Hall (1991a) nehme ich an, daß das Lexikon des Deutschen aus zwei Ebenen besteht (siehe (9)). Diese spezifische Annahme der Ebenenorganisation wird bei Hall rein durch phonologische Prozesse motiviert. Morphologische Regeln sind untereinander nicht geordnet (zu dieser Auffassung vgl. Booij/Rubach (1987)).

(9) Ebene 1: Klasse I-Suffixe
 Ebene 2: Klasse II-Suffixe
    Komposition
    Flexion

Die Derivationsmorphologie des Deutschen wird nach diesem Modell wie im Englischen (vgl. Kiparsky 1982b, 1985; Mohanan 1982, 1986, Halle/Mohanan 1985) auf zwei Ebenen (Ebene 1 & 2) verteilt. Eine klare Evidenz für diese Zweiteilung der Suffixklassen im Deutschen liefert – wiederum wie im Englischen – das Verhältnis des Wortakzents (vgl. Giegerich 1985). Die Ebene-1-Morphologie beeinflußt den Wortakzent. Die Ebene-2-Morphologie ist dagegen in bezug auf den Wortakzent neutral. Im Deutschen gibt es außerdem eine Reihe von Allomorphie-Regeln, die gegenüber der prosodischen Struktur des Inputmaterials, d.h. eines Stamms oder einer abgeleiteten Form sensitiv sind, wobei die Ebenenorganisation in (9) oder eine ähnliche Version wie diese unterstützt wird. Einige repräsentative Beispiele für die prosodisch bedingten morphologischen Prozesse im Deutschen sind in Wiese (1991b) ausführlich diskutiert. Die Suffigierung von *-ei*, die Präfigierung von *be-*, *ge-* und die Allomorphie von *-heit* und *-keit* brauchen alle nach Wiese eine bestimmte prosodische Information der Basisform, weil diese Information für die jeweilige Suffigierung oder Präfigierung eine wichtige Beschränkung konstituiert: So muß eine Basisform, an die *-ei* angehängt wird, auf einen zweisilbigen Fuß enden. *Atm-er-ei* ist möglich, *Atm-ei* dagegen nicht. Das Präfix *ge-* (Partizip Präteritum) kann nur angehängt werden, wenn die Basisform ein phonologisches Wort ist, das aus einem einzigen Fuß besteht (vgl. *ge-lernt*, aber *ge-diskutiert, wobei die Basisform des letzteren aus zwei Füßen besteht). Ähnlich wird auch die Allomorphie von *-heit* und *-keit* erklärt: *-heit* kann nur an einem Adjektiv angehängt werden, das auf einen monosilbischen Fuß endet; sonst wird *-keit* angehängt. Vgl. *Neu-heit*, vs. *Neu-ig-keit*. Zu weiteren Argumentationen über die Phonologie-Morphologie-Interaktion siehe Wiese (1991b).

Die hier vorgeschlagene Analyse der Silbifizierung im Deutschen weicht in Einzelheiten von den Analysen der oben genannten Autoren ab, wie noch zu zeigen sein wird. Ich will dafür argumentieren, daß das Deutsche eine sprachspezifische Reimbedingung hat, die die Reimstruktur auf der Ebene 1 auf nur **zwei** Segmentpositionen beschränkt, und daß diese Reimbedingung nach der Ebene 1 außer Kraft gesetzt wird, weil die Strukturbewahrung hier nicht mehr gilt. Die Interaktion zwischen Strukturbewahrung und Reimbedingung erklärt, daß die Reimstruktur auf der Ebene 2 weniger restriktiv ist als die auf der Ebene 1.

Daraus ergibt sich ein System der Silbifizierung, das auf Ebene 1 und auf Ebene 2 unterschiedlich angewandt wird. Diese Auffassung der Silbifizierung hat eine wichtige Konsequenz für die Ebenenorganisation des Lexikons im Deutschen: Im Gegensatz zu Wiese (1988), der drei lexikalische Ebenen (siehe unten) annimmt, unterstützen die Fakten der deutschen Silbifizierung die von Borowsky (1989) für das Englische postulierte Hypothese, daß nur die Ebene 1 zyklisch ist. Ebene 2 und Ebene 3 sind dagegen postzyklisch, weil auf diesen Ebenen das Prinzip der Strukturbewahrung nicht mehr gilt.

2.2.1 Die Ebenenorganisation des Lexikons im Deutschen

Im Unterschied zu dem Lexikonmodell in (9) gehen einige Arbeiten im Rahmen der Lexikalischen Phonologie (Giegerich 1987, Wiese 1988, Hall 1989b) davon aus, daß das Lexikon des Deutschen aus drei Ebenen besteht, wie in (10) dargestellt.

(10) Ebene 1: Klasse I-Derivation, irreguläre Flexion
    Ebene 2: Klasse II-Derivation, Komposition
    Ebene 3: reguläre Flexion

Diese Ebenenorganisation wird in Wiese (1988) vor allem durch die Schwa-Epenthese-Regel im Deutschen motiviert. Hall (1989b) liefert weitere Evidenz für das Modell (10) in seiner Analyse des velaren Nasals im Deutschen (/ɡ/ wird früh auf Ebene 2 und Ebene 3 getilgt). In Giegerich (1987) wird das Modell (10) in einer modifizierten Form angenommen, nach der nur die erste der drei Ebenen zyklisch ist. Die einzelnen Argumente für die Ebenenorganisation (10) will ich hier nicht kommentieren; ich verweise auf die oben genannten Arbeiten.

Ein signifikanter Vorzug der ebenengeordneten Morphologie gegenüber der Standardtheorie in SPE besteht darin, daß sie die "positionsgebundene" Eigenschaft von Affixen mit deren phonologischen Eigenschaften in Zusammenhang bringt.

Wie Siegel (1974) und Allen (1978) für das Englische gezeigt haben, ist die morphologische Tatsache, daß Klasse II Suffixe nur nach Klasse-I-Suffixen erscheinen, mit einer phonologischen Eigenschaft dieser beiden Suffixtypen verbunden: Klasse-I-Suffixe sind akzentbeeinflussend, Klasse-II-Suffix dagegen akzentneutral.

Die beiden Komponenten Morphologie und Phonologie sind nach dieser Auffassung miteinander verzahnt: Morphologische Operationen sind gegenüber phonologischen Informationen sensitiv, und umgekehrt. Zwei einfache Beispiele mögen diese Interaktion zwischen Phonologie und Morphologie verdeutlichen. Erstens sind im Deutschen die Ebene-2-Suffixe -*igkeit* und -*keit*, die deadjektivische Nomen bilden, in bezug auf den Akzent ihrer Basis komplementär distribuiert (vgl. auch Giegerich 1985: 109): -*igkeit* wird an den Stamm mit finalem Haupt- oder Nebenakzent angehängt (z.B. *Müdigkeit*, *Lebhaftigkeit*), während -*keit* nur an den Stamm mit finaler akzentloser Silbe angehängt wird (z.B. *Eitelkeit*)[4]. Zweitens kann das Dativ-Singular-Suffix -*e* für bestimmte Maskulinum- und Neutrum-Nomina nur mit einem Stamm verbunden werden, der nicht auf eine akzentlose Silbe endet. So sind Formen wie *dem Manne, dem Kinde* grammatisch, **Gartene, *Vogele* aber nicht. Aus diesen Beispielen wird klar, daß die morphologische Operation auf die phonologische Information (hier Akzent) Bezug nimmt.

Obwohl die zwei Suffixtypen (Klasse-I & II) sich im Hinblick auf die Akzentzuweisung systematisch voneinander unterscheiden (vgl. dazu Giegerich 1985), gibt es noch keinen Konsensus darüber, welche Affixe genau welcher Ebene zugeordnet werden sollen. Ebensowenig geklärt ist die Frage, ob eine Ebenenorganisation wie (10) auch in bezug auf die Silbifizierung gerechtfertigt werden kann. Wie oben gesagt, will ich hier nicht versuchen, eine Ebenenorganisation des Lexikons im Deutschen festzulegen. Was die Regularitäten der Silbifizierung angeht, erscheint mir aber, daß das Modell in (10) modifiziert werden muß. Bevor ich die Silbenstruktur des Deutschen diskutiere, sollten einige Probleme der Silbifizierung kurz erläutert werden.

2.2.2 Die Domäne der Silbifizierung

Die im vorangegangenen Abschnitt dargestellte Ebenenorganisation des Lexikons im Deutschen ist nicht dadurch motiviert, daß die Silbifizierung auf verschiedenen Ebenen unterschiedlich angewandt werden kann. In diesem Abschnitt will ich dafür argumentieren, daß die Domäne für die Silbifizierung (und für die Fußzuweisung) das phonologische Wort ist. Die unterschiedliche Silbifizierung auf verschiedenen Ebenen läßt sich dadurch erklären. Die Hypothese, daß auf verschiedenen Ebenen unterschiedliche Bedingungen für die Silbifizierung gelten, wird weiterhin durch die asymmetrische Distribution der Konsonantencluster in wortmedialer und wortfinaler Position motiviert, wie ich später zeigen werde.

Eine Segmentkette, die eine Sequenz ...VCV... als ihre Teilmenge enthält, wird

---

[4] Im Gegensatz zu dieser Auffassung geht Wiese (1991b) davon aus, daß es zwei Suffixe -*ig* und -*keit* in einer Bildung wie *Neuigkeit* gibt. Die zwei Suffixformen -*heit* und -*keit* sind nach seiner Meinung komplementär verteilt, nicht -*igkeit* und -*keit*. Zur näheren Begründung siehe Wiese (1991b: Kap. 4.1.4).

nach dem Prinzip "Onset Maximation" als [...V]σ [CV...]σ silbifiziert (vorläufig verwende ich die eckige Klammer als Silbengrenze). Dies gilt für die monomorphemischen Wörter (11a) und die Wörter mit vokalisch anlautenden Klasse-I- und Klasse-II-Suffixen (11b) und (11c). Onset-Maximierung wird aber auf Wörter mit konsonantisch anlautenden Klasse-II-Suffixen, Komposita und Wörter mit sog. Suffixoiden [5] nicht angewandt ((11d), (11e) und (11f)). In (11) kennzeichnet das Symbol "+" die Morphemgrenze. Die Symbole in eckigen Klammern sind orthographisch.

(11) a. Dekan   ->   [de]σ [kan]σ
     b. Dekan+at   ->   [de]σ [ka]σ [nat]σ
     c. freud+ig   ->   [freu]σ [dig]σ
     d. glaub+lich   ->   [glaub]σ [lich]σ (*[glau]σ [blich]σ)
     e. Tag+arbeit   ->   [tag]σ [arbeit]σ (*[ta]σ [garbeit]σ)
     f. blut+arm   ->   [blut]σ [arm]σ (*[blu]σ [tarm]σ)

Wie diese Beispiele zeigen, wird die Silbifizierung nicht immer in der gleichen Weise auf die Segmentkette angewandt, sondern sie ist gegenüber der morphologischen Struktur der betreffenden Segmentkette sensitiv. In (11d) wird z.B. der stammfinale Konsonant /b/ nicht als Onset der zweiten Silbe silbifiziert, obwohl das Cluster /bl/ im Deutschen einen wohlgeformten Onset darstellt. Nach dem Prinzip der Onset-Maximierung würde man erwarten, daß eine Sequenz wie VCCV als V.CCV silbifiziert wird. Dies ist jedoch in (11d) nicht der Fall. Auch zwischen Klasse-II-Suffixen mit initialem Konsonanten wird die Onset-Maximierung nicht angewandt. Die Silbifizierung in komplexen Wörtern wie *Lieb+ling* und *elend+ig+lich+keit* erzeugt nicht Cluster wie [bl] oder [gl] als Silbenonset, obwohl sie im Deutschen zugelassen sind. Wenn man die Silbifizierung einer Segmentkette ...VCCV... betrachtet, ist das Gleiche festzustellen wie bei der Silbifizierung einer Segmentkette ...VCV... Eine mediale intervokalische Sequenz Nasal + Obstruent in monomorphemischen Wörtern ist im Deutschen heterosilbisch. So wird z.B. *Imbiß* als [im]σ [bis]σ silbifiziert, *Imker* als [im]σ [kɛr]σ. Dies gilt auch für das wurzelfinale Nasal + Obstruent-Cluster, wenn dem Stamm ein vokalisch anlautendes Suffix folgt. Die Silbifizierung bei konsonantisch anlautenden Suffixen, Präfix + Stamm, Suffixoiden und Komposita teilt

---

[5] Der Begriff "Affixoid" (d.h. "Präfixoid" und "Suffixoid") wird in der Literatur als Bezeichnung für diejenigen kombinatorischen Wortbildungselemente gebraucht, die sich im Übergangsbereich zwischen Kompositionsglied und Ableitungsmorphem befinden (vgl. Vögeding 1981, Olsen 1988).

jedoch die Sequenz Nasal + Obstruent nicht in zwei Silben auf, wie in (12) illustriert.

(12) a. Stamm + Klasse-I- und Klasse-II-Suffix (vokalisch anlautend)
    Dozent+ur   ->   [dozen]σ [tur]σ
    Wand+ung   ->   [wan]σ [dung]σ
  b. Stamm + Flexionssuffix
    kämpf+en   ->   [käm]σ [pfen]σ
  c. Stamm + Klasse-II-Suffix (konsonantisch anlautend)
    end+lich   ->   [end]σ [lich]σ
                       (*[en]σ [dlich]σ)
  d. Präfix + Stamm
    ent+ehren   ->   [ent]σ [eh]σ [ren]σ
                       (*[en]σ [teh]σ [ren]σ)
  e. Stamm + Suffixoid
    sand+artig   ->   [sand]σ [ar]σ [tig]σ
                       (*[san]σ [dar]σ [tig]σ
  f. Komposita
    Handarbeit   ->   [hand]σ [ar]σ [beit]σ
                       (*[han]σ [dar]σ [beit]σ)

Die sich aus den Fakten in (11) und (12) ergebende Generalisierung ist folgende: Die Domäne der Silbifizierung ist das "phonologische Wort" (ω), wobei ω als Stämme, Präfixe oder Suffixe mit initialem Konsonanten identifiziert werden kann. Suffixe mit initialem Vokal oder Suffixe, die aus nur Konsonanten bestehen, bilden dagegen nicht ihr eigenes ω. Zu den letztern gehören alle Flexions- und Derivationssuffix, die das Schwa enthalten; siehe Beispiel (12d). Die Elemente, die kein phonologisches Wort bilden, werden in die vorangehende Silbe integriert (siehe Abschnitt 1.3.2).

Es ist hier festzustellen, daß das Prinzip der Onset-Maximierung nur innerhalb eines phonologischen Wortes gilt. Dieses Prinzip wird nicht auf eine größere Domäne angewandt, die mehr als ein ω enthält. Die von Booij (1983), van der Hulst (1984) und Nespor/Vogel (1986) aufgestellte Hypothese, daß die Domäne der Silbifizierung das "phonologische Wort" sein muß, wird damit auch durch die deutschen Daten unterstützt. Wenn eine prosodische Einheit wie das phonologische Wort nicht angenommen wird, läßt sich diese Regularität der Silbifizierung im Deutschen nicht adäquat erklären.

Eine Ebenenorganisation wie (10) bringt nicht zum Ausdruck, daß sich z.B. Kompositionsglieder und vokalisch anlautende Klasse-II-Suffixe in bezug auf die Silbifizierung unterschiedlich verhalten. Nach diesem Modell, in dem die beiden morphologischen Prozesse der gleichen Ebene (Ebene 2) zugewiesen werden, ist eher zu erwarten, daß sie sich bei der Silbifizierung gleich verhalten. Um die unterschiedlichen Regularitäten der Silbifizierung in Komposition und Klasse-II-Derivation zu erklären, könnte man sprachspezifische Resilbifizierungsregeln oder Konventionen einführen, die die Silbifizierung von Wurzeln nach dem morphologischen Prozeß reparieren (zu diesem Ansatz siehe Hall (1989b)). Solche Mechanismen sind aber oft nicht aus den generellen Prinzipien für die prosodische Struktur abzuleiten, erfassen daher den wesentlichen Charakter der Silbifizierung nicht. Wenn man dagegen das phonologische Wort als Domäne für die Silbifizierung annimmt, ist die Regularität der Silbifizierung einheitlich zu beschreiben: Resilbifizierung findet innerhalb **eines** ω statt, nicht aber über ein ω hinaus. Die Annahme des phonologischen Wortes als einer prosodischen Einheit entspricht außerdem der in Untersuchungen zur prosodischen Phonologie (vgl. Itô 1986, Nespor/Vogel 1986) generell angenommenen Auffassung, daß alle phonologischen Einheiten zu höheren prosodischen Einheiten gehören müssen. So gehört die Silbe zum phonologischen Fuß, der phonologische Fuß zum phonologischen Wort usw. Unter der Annahme des phonologischen Wortes können wir z.B. den Kontrast zwischen [han]σ [dlʊŋ]σ (*Handl-ung*) und [frɔynt]σ [lɪç]σ (*freund-lich*) oder den zwischen [ne:]σ [blɪç]σ (*nebl-ig*) und [li:p]σ [lɪç]σ (*lieb-lich*) direkt erklären, ohne dabei auf sprachspezifische Konventionen Bezug zu nehmen. Aufgrund der Reimbedingung, die auf der Ebene 1 nur einen Konsonanten als Koda zuläßt (siehe 2.4), wird der Stamm *Handel* im ersten Zyklus als *han.dl* silbifiziert, *Freund* als *Freu.nd*. Wenn diese Wörter nach der morphologischen Operation auf der Ebene 2 resilbifiziert werden, hat *Handlung* ein phonologisches Wort, *freundlich* dagegen zwei, wie in (13) dargestellt. Auf dieser Ebene gilt die Reimbedingung nicht mehr. Die Re-Struktuierung der Silbenstruktur erfolgt hier wie in jedem weiteren Zyklus innerhalb eines ω. Die in dem Silbifizierungsalgorithmus (siehe (2)) ausgedrückte Onset-Maximierung läßt sich dabei aufrechterhalten. Sie gilt nur innerhalb eines ω. Das Cluster /dl/ in *Handlung* bildet daher den Onset der zweiten Silbe. Dies ist aber in *freundlich* nicht zugelassen, weil /d/ und /l/ hier zu zwei separaten ωs gehören, die jeweils eine Domäne der Silbifizierung darstellen [6].

---

[6] /N/ in *Handlung* steht für einen Nasallaut, der zugrundeliegend in bezug auf die Artikulationsstelle unspezifiziert ist, siehe die Diskussion über die Nasalassimilation in Abschnitt 4.5.2.

(13) a.

```
          ω
      ╱       ╲
     σ         σ
   ╱│╲       ╱│╲
  X X X     X X X X
  │ │ │     │ │ │ │
  h a n     d ʊ N g
```

b.

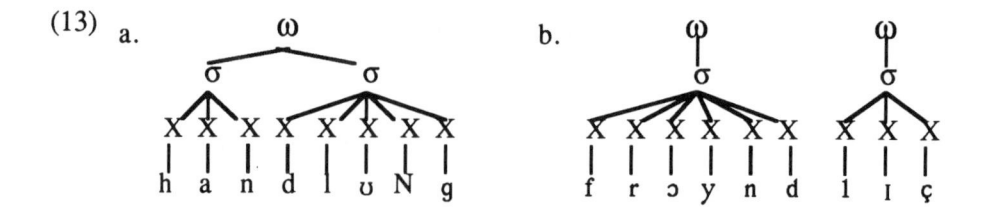

```
       ω                    ω
       │                    │
       σ                    σ
     ╱╱│╲╲                ╱ │ ╲
   X X X X X X           X  X  X
   │ │ │ │ │ │           │  │  │
   f r ɔ y n d           l  ɪ  ç
```

2.3 Die Silbenstruktur des Deutschen

2.3.1 Onset

Bei den Anlautclustern des Deutschen können wir zwei Typen unterscheiden: die Cluster mit initialem /s/ und /ʃ/ (/ʃp/, /ʃt/ etc.) und die ohne /s/ und /ʃ/, siehe (14) [7]. Die in Klammer stehenden Cluster sind marginal. Sie werden daher bei der Formulierung der Silbenstrukturbedingung nicht berücksichtigt.

(14) a. pl   pr   bl   br   fl   fr   (vr)   p^f l   p^f r   –
         –   tr   –   dr   –   –   –   –   –   t^s v
         kl   kr   gl   gr   –   –   –   –   –   kv

b. (ps) (pn)   –   –
    –   –   –   –
    (ks) kn   (gm)   gn

c. ʃp [8] ʃm   ʃv   ʃl   ʃr   ʃpr   –
    ʃt   ʃn   ʃtr   –
    sk   –   –   skl

Die Onsets in (14) lassen sich folgendermaßen klassifizieren:

---

[7] Die mit Klammern versehenen Kombinationen haben marginalen Status. Hierzu gehören /ps/, /pn/, /gm/, /ks/ und /vr/. Die Affrikaten /p^f/ und /t^s/ werden jeweils mit einer Segmentposition assoziiert. Phonologisch verhalten sie sich wie eine Einheit (vgl. Wiese 1988, Giegerich 1989).

[8] Vor /t/ und /p/ kommt ein /ʃ/ vor, vor /k/ dagegen ein /s/; bei Fremdwörtern kommen auch /sp/ und /st/ vor.

```
    O      O      O      O
   / \    / \    / \    / \
  P  L   P  N   F  L   F  N
```

(O = Onset, P = Plosiv, F = Frikativ/Affrikata, L = Liquid, N = Nasal)

Betrachten wir zunächst die Onsetcluster ohne /s/ oder /ʃ/ als ersten Konsonanten. An erster Stelle kommen Verschlußlaute, Frikative oder Affrikaten vor, an zweiter Stelle Sonoranten.

Bei den Onsettypen PL und PN ist festzustellen, daß das zweite Glied hauptsächlich mit einem dentalen Konsonanten besetzt wird, vorausgesetzt, daß das zugrundeliegende /r/ apikal ist. Ein labialer Nasal als Zweitglied ist extrem selten, z.B. *Gmünd*, *Dmitri*, *Tmesis*. Der velare Nasal ist in dieser Position ausgeschlossen (es gibt kein silbeninitiales Cluster wie [gŋ] oder [kŋ], vgl. damit *Gnade* oder *Knie*). Dies läßt sich erklären, wenn der velare Nasal zugrundeliegend als /Ng/ repräsentiert wird (siehe Abschnitt 4.5.3). Das bedeutet, daß der velare Nasal zugrundeliegend mit zwei X-Positionen assoziiert ist. Er kann daher im Onset zusammen mit einem anderen Konsonanten nicht vorkommen, weil die Silbenstrukturbedingung im Deutschen mit Ausnahme der /ʃ/ oder /s/-initialen Cluster nur zwei X-Positionen im Onset zuläßt (siehe unten).

Auch bei den marginalen Clustern /ps/ und /ks/ zeigt sich, daß nur ein dentaler Konsonant als zweiter Teil des Onsets zugelassen ist. Bei den Onsettypen FL und FN lassen sich viel stärkere Vorkommensbeschränkungen als bei PL und PN beobachten. Vor den Liquiden kommen nur labiale oder alveopalatale Frikative vor, aber kein dentaler (*/sl/, */sr/, */zl/, */zr/), palataler oder uvularer (*/çl/, */çr/, */xl/, */xr/); vor den Nasalen kommt nur /ʃ/ oder /s/ vor (Cluster wie */tn/, */dn/, */fn/ sind nicht zugelassen). Bei dem letzteren Onsettyp ist zu bemerken, daß hier im Gegensatz zum PN-Onset auch ein labialer Nasal als Zweitglied zugelassen ist (vgl. *Smoking*, *Snob*, *schmeißen*, *Schnabel*). Ich muß aber gleich hinzufügen, daß diese Beschränkungen nur in der wortinitialen Silbe gelten. Wortmedial können die Cluster vorkommen, die wortinitial ausgeschlossen sind. So kommen unter den oben genannten Clustern, die wortinitial nicht zugelassen sind, Cluster wie [pn, bn, tl, dl, tn, dm, dn, zl, zr, zn, sl, sr] wortmedial vor. Die ungleiche Distribution der Konsonantencluster in wortinitialer und wortmedialer Silbe wird in Hall (1991b), Giegerich (1991) und Yu (1991) ausführlich behandelt, obwohl alle in bezug auf die Silbifizierung im Lexikon unterschiedlicher Auffassung sind. Statt das Problem hier zu diskutieren, verweise ich auf diese Arbeiten.

Aus den oben genannten Fakten ist deutlich zu sehen, daß sich die Distribution der /sC/-Cluster ((14c)) gegenüber anderen Clustern ((14a) und (14b)) asymmetrisch verhält. Wenn wir das /sC/-Cluster vorläufig vernachlässigen, läßt sich die Wohlgeformtheitsbedingung für den komplexen Onset folgendermaßen darstellen.

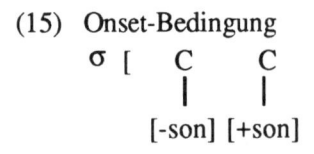

(15) Onset-Bedingung

$$\sigma\,[\quad\begin{array}{cc} C & C \\ | & | \\ [-son] & [+son] \end{array}$$

Der Onset einer Silbe kann natürlich aus nur einer Segmentposition, entweder aus einem [-son]- oder aus [+son]-Segment, bestehen. (15) erfaßt fast alle Cluster in (14a) und (14b), erlaubt aber auch nicht vorkommende Cluster wie */tl/, */dl/ etc (Diese Cluster sind jedoch, wie oben erwähnt, wortmedial zugelassen, z.B. *eitles* [aɪ.tləs], *Handlung* [han.dlʊŋ]). Diese Bedingung muß daher, wie im folgenden geschieht, durch eine negative Bedingung ergänzt werden.

Betrachten wir jetzt die Lücken der Onsetcluster in (14). Das Silbenschema und die Sonoritätsbeschränkung allein reichen noch nicht aus, um alle Fälle von Lücken zu erfassen. So sind zwar Cluster wie /tn, dn, fn, vn, tl, dl, pm, gm, km .../ nach dem Silbenschema und nach der Sonoritätsbeschränkung zugelassen, kommen aber wortinitial nicht vor. Um diese Übergenerierung zu vermeiden, müssen neben der generellen Sonoritätsbeschränkung und dem Silbenschema noch eine Reihe von Filtern spezifiziert werden, die die Distribution der Onsetcluster weiter beschränken sollen. In Wiese (1988: 94-95) sind zwei solcher Filter vorgeschlagen worden, eine positive Silbenstrukturbedingung ((16a)) und eine negative ((16b)).

(16) a. $\begin{bmatrix} C & C \\ & | \\ & \begin{bmatrix} +son \\ -nas \end{bmatrix} \end{bmatrix}_\sigma$ b. $*\begin{bmatrix} C & C \\ | & | \\ [\alpha\,Ort] & [\alpha\,Ort] \end{bmatrix}_\sigma$

Im Unterschied zu unserer Onset-Bedingung (11) erfaßt (16a) das Vorkommen der Cluster mit Nasal als zweitem Konsonanten nicht (z.B. *Knie*, *Gnade*, marginal auch /pn, gm/). Auf der anderen Seite erklären die Silbenstrukturbedingungen in (16) das Nicht-Vorkommen des Clusters /nr/ nicht (Wiese 1988: 94 nimmt für die r-Laute ein zugrundeliegend velares /ʁ/ an, damit Cluster wie /tr/ nicht von (16b) erfaßt werden). Wenn ein zugrundeliegend velares /ʁ/ angenommen wird, entsteht ein anderes Problem: Die [x]-[ç]-Alternation im Deutschen möchte man immer als eine Assimilation des /x, ç/ an den vorangehenden Vokal in bezug auf das Merkmal [±hint] ansehen, wobei ein zugrundeliegendes r-Phonem sich wie ein vorderer Vokal verhält (vgl. *Licht*, *euch, Milch, Kirche* mit [ç]-Realisierung) (siehe dazu Abschnitt 4.6.4). Aus diesem Grund nehme ich ein zugrundeliegendes apikales /r/ an. Das Nicht-Vorkommen des Clusters /nr/ ist dann parallel zu anderen homorganen Clustern (*/pv, fv, tl, dl, tn, dn, fn, vn/), die durch die negative Silbenstrukturbedingung (16b) erklärt werden. Um die anderen Fälle zu erfassen, schlage ich folgende Onset-Bedingung vor, die außer den labialen Frikativen (/f, v/) keinen [+kont]-Konsonanten als erstes Glied zuläßt [9].

(17) $\quad *$
$\quad \sigma$ [C   C
$\qquad\qquad\;\,|$
$\qquad\quad\begin{bmatrix}-\text{lab}\\+\text{kont}\end{bmatrix}$

Die Onset-Bedingung in (17) erklärt, daß die Konsonanten /s, z, x, h/ vor einem Konsonanten im Onset nicht vorkommen. Das Cluster /tˢv/ in *Zwei* wird von dieser Onset-Bedingung nicht erfaßt, weil die Affrikata /tˢ/ eine Segmentposition besetzt, die mit zwei Merkmalwerte ("+" und "-") von [kont] assoziiert ist. Nach Hayes (1986a) unterliegt die Interpretation der Assoziationslinien in der Strukturbeschreibung dem sog. "Linking Constraint", das ich in (18) wiedergebe:

(18) Linking Constraint (Hayes 1986a: 331)
Assoziationslinien in der Strukturbeschreibung müssen erschöpfend interpretiert werden.

Aufgrund dieser Konvention wird die Merkmalstruktur der Affrikaten von der negativen Silbenstrukturbedingung (17) nicht erfaßt. Die Kombination /tˢv/ wird daher als Onset zugelassen.

---

[9] Es müssen im Deutschen außer der hier angegebenen noch viele anderen negativen Silbenstrukturbedingungen vorgesehen werden. Alle diesen Silbenstrukturbedingungen, die nichtvorkommende wortinitiale Onsetcluster (z.B. /tl/, /dl/, /pɩ/, /bn/ etc.) ausschließen, habe ich hier vernachlässigt. Genau genommen sind jedoch viele von diesen negativen Bedingungen keine Silbenstrukturbedingungen, sondern wortinitiale Bedingungen, weil die Distribution der Onsetcluster in wortmedialer Silbe weniger restriktiv ist als in wortinitialer Position. Zu den Einzelheiten über die Restriktionen der Onsetcluster in wortinitialer vs. wortmedialer Position siehe Yu (1991).

2.3.2 Die Konsonantencluster /Sp, St, Sk/ im Onset

Die /sC/-Cluster in (14c) lassen sich in zweierlei Hinsicht nicht in das generelle Silbenschema CCVC integrieren. Erstens überschreiten sie die maximale Zahl der Segmentpositionen im Onset; vgl. die CCC-Cluster in *Sprache*, *Straße*, *Sklave* usw. Zweitens verletzen Cluster wie [ʃp, ʃt, sk] das universale Prinzip der "Sonority Sequencing Generalization".

Das exzeptionale Verhalten von /S/ in den wurzelinitialen Clustern beschreibe ich, wie es in vielen anderen Analysen (vgl. Vennemann 1982, Wiese 1988, Giegerich 1989) auch getan wurde, mit Hilfe der Extrametrizität [10]. /S/ ist nicht Teil einer "core syllable", sondern gehört "extra" dazu ("Präpendix" in Vennemann 1982). Die Rechtfertigung für die Analyse des silben-initialen Präobstruenten-/s/ als extrametrisch sieht Giegerich (1989: 18) darin, daß /S/ nur zusammen mit solchen Clustern vorkommt, die selbst mögliche Onsets sind; /Spl/, /Str/ etc. sind wohlgeformt, Cluster wie */Stl/ aber nicht. Eine Regel, die ein extrametrisches [s] oder [ʃ] ableitet, braucht man nicht zu stipulieren. Denn der extrametrische Status des /S/ in wortinitialer Position ergibt sich automatisch aus dem Silbifizierungsalgorithmus in (2) und der Silbenstrukturbedingung in (15).

Nach dem Prinzip des "prosodic licensing" von Itô (1986) bleiben extrametrische Segmente (sowohl silbeninitiale als auch silbenfinale) nicht immer extrametrisch. Sie müssen später in der Ableitung wieder in die prosodische Domäne integriert ("lizensiert") werden. Wie wir später sehen werden, gilt dies auch für die Silbifizierung im Deutschen. Extrasilbische Segmente im Reim, die auf der Ebene 1 unsilbifiziert bleiben, werden nach der Ebene 1 durch die Resilbifizierung wieder in die Reimstruktur aufgenommen. Ähnlich wird /S/ auf der Ebene 1 durch die Option der "Extrametrizität" lizensiert, nach der Ebene 1 wird es aber in die Silbe integriert.

Eine alternative Analyse zum extrametrischen /S/ bestünde darin, Segmentsequenzen wie /ʃp, ʃt, sk/ als komplexe Segmente zu betrachten (vgl. Fudge 1969, Selkirk 1982a, Ewen 1982 für das Englische; Giegerich 1989, Wiese 1991a für das Deutsche). Nach dem von Selkirk (1982a) vorgeschlagenen Konstituentenmodell der Silbe sind die /sC/-Cluster mit Hilfe eines Subtemplate wie (19) (der durch Kreis gekennzeichnete Teil) zu beschreiben.

---

[10] Mit Giegerich (1989), Hall (1991a) und Wiese (1991a) nehme ich an, daß [ʃ] in Onsetclustern aus dem zugrundeliegenden /S/ abgeleitet wird, das in bezug auf das Merkmal [hoch] unspezifiziert ist.

(19)   Onset
            ⟋   ⟍
      [-son]   [+son]
      ⟋ ⟍
    s   [-kont]

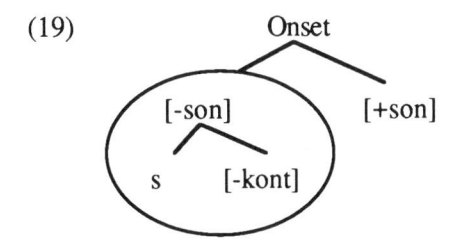

Da das generelle Silbenschema des Deutschen nur zwei Segmente im Onset erlaubt (die Merkmalknoten [-son] und [+son] stehen jeweils für ein terminales Element, d.h. für eine X-Position), müssen die Onsetcluster /ʃp, ʃt, sk/ als komplexe Segmente betrachtet werden. Sie können also nur eine X-Position besetzen (parallel zu Affrikaten, vgl. /pᶠl, pᶠr/). Auf diese Weise werden dreiteilige Anlautcluster ins Anlautsystem integriert, statt außerhalb des Systems stehenzubleiben. Das initiale [ʃtr] in *Strand* besetzt dann zwei C-Positionen. Die Verletzung des maximalen Silbenschemas, das nur zwei pränukleare C-Positionen erlaubt, kann man dadurch vermeiden. Auch die Verletzung der Sonoritätsbedingung ist nicht mehr problematisch, indem diesen Clustern ein einelementiges Segment zugesprochen wird. Für das Deutsche ist diese Analyse der /sC/-Cluster als komplexer Segmente von Wiese (1991a) weiter begründet worden.

Im folgenden argumentiere ich aber dafür, daß das /sC/-Cluster kein komplexes Segment ist. Das Hauptargument für die einelementige Analyse von /sC/-Clutern besteht in der phonotaktischen Beschränkung: Die Segmente im Onset, die nach /p, t, k/ vorkommen können, sind identisch mit denen, die nach /sC/-Clustern vorkommen können. So kann z.B. /r/ nach /t/ auftreten (*Trasse*), wie es nach /st/ erscheinen kann (*Straße*). /l/ kann dagegen nicht nach /t/ vorkommen, wie es auch nach /st/ nicht vorkommen kann. Sowohl die Einzelsegmente /p, t, k/ als auch die Konsonantencluster /sC/ scheinen also der gleichen phonotaktischen Beschränkung zu unterliegen. Dies trifft aber im Deutschen nur z.T. zu: Obwohl die Segmente /v/ und /n/ nach /k/ erscheinen können (*quer*, *Knapp*), können sie nach /sk/ nicht auftreten (*/skv/, */skn/)[11]; /s/ kann nach /p/ vorkommen (*Psyche*), dagegen nicht nach /sp/ (*/sps/); /l/ und /r/ können nach /t/ vorkommen (*Frucht*, *Flucht*), dagegen nicht nach /ʃf/ (*/ʃfl/, */ʃfr/), obwohl das Cluster /ʃf/ selbst im Deutschen marginal ist (*Sphinx*, *Sphäre*). Wenn das /sC/-Cluster ein Element wäre, bleibt dieser Teil der phonotaktischen Beschränkung unerklärt.

---

[11] Für die /skv/-Sequenz gibt es jedoch einige Ausnahmen, die aus dem Englischen stammen, z.B. *Squash*, *Squaw*, *Square*.

Ein anderes Argument gegen die einelementige Analyse von /sC/-Clustern stammt von Twaddell (1939, 1940). Er hat beobachtet, daß es im Deutschen die phonotaktische Beschränkung in der /S/-Konsonant-Vokal-Konsonant-Silbe gibt, nach der die beiden Konsonanten mit Ausnahme von koronalen Lauten nicht homorgan sein können, siehe (20).

(20) a. *Spip, Spaf, Spav
   b. *Skik, Skach
   c. Stadt, stets

In Anlehnung an Davis (1990), der aufgrund ähnlicher Fakten im Englischen für die Unterspezifikation des Place-Knotens bei koronalen Lauten argumentiert, formuliert Hall (1991a: Kap. 2.1) die folgende Morphemstrukturbedingung:

(21) * [-son] [-son] [-kons] [-son]   Root Knoten

        •   Place Konten

Nach (21) können zwei Konsonanten vor und nach dem Vokal nicht dasselbe Place-Merkmal haben. /t/ wird von dieser Beschränkung nicht betroffen, weil es zugrundeliegend keinen Place-Knoten trägt (zu dieser Annahme vgl. auch Paradis/Prunet 1989). Wörter wie (20c) sind daher wohlgeformt. Die Morphemstrukturbedingung in (21) ist nun wichtig im Zusammenhang mit der oben aufgeführten phonotaktischen Argumentation: Wenn sich das initiale /sC/ wie ein Element verhält, ist nicht erklärbar, warum es keine Wörter wie (20a-b) gibt, während Wörter wie *Papst*, *Täter*, *gucken* vorkommen. Dies führt dazu, daß /p, t, k/ nicht der gleichen phonotaktischen Beschränkung unterliegen wie das /sC/-Cluster. Das Gegenteil wird aber durch die Analyse von /sC/ als ein Element vorhergesagt.

Es gibt aber auch ein externes Argument, das gegen die Analyse von /sC/ als eine Einheit spricht. Externe Argumente aus Sprachfehlern und Wortspielen, die die Einteilung der Silbe in eine Reihe von subsilbischen Konstituenten wie Onset, Reim, Nukleus und Koda unterstützen, sind in der Literatur bekannt (Stemberger 1983, 1984; Fudge 1987) [12]. Wenn /sC/ eine Einheit wäre, müßte man erwarten, daß sich dieser

---

[12] Im Gegensatz zu Fudge (1987) argumentiert Davis (1989a) gegen die Einteilung der Silbe in Onset und Reim. Externe Evidenz aus Wortspielen und Sprachfehlern bestätigt nach Davis nicht die Annahme der Reim-Konstituente.

Teil des Onsets bei Sprachfehlern auch so verhält. Dies ist aber nicht immer der Fall. Laubstein (1988) hat aufgrund der Daten aus Sprachfehlern gezeigt, daß /s/ und /C/ auch getrennt ausgetauscht werden können. Obwohl das Silbenschema des Englischen nicht mit dem des Deutschen identisch ist, ist dies ein Indiz dafür, daß sich die /sC/-Cluster wie zwei Einzelsegmente verhalten. Ich zitiere folgende Beispiele aus Laubstein (1988: 98-99):

(22) a. strive for perfection -> sprive ...
　　　b. stick shift -> shtick sift
　　　c. _paint the studio -> spaint the tudio

Die Fehler in (22) beziehen sich auf einen Teil des /sC/-Clusters im Onset. Er kann antizipiert (vgl. (a)), ausgetauscht (vgl. (b)) oder bewegt (vgl. (c)) werden. Diese Fehler sind nach Laubstein dann erklärbar, wenn man den Onset als eine Sequenz von drei Konstituenten wie in (23) betrachtet.

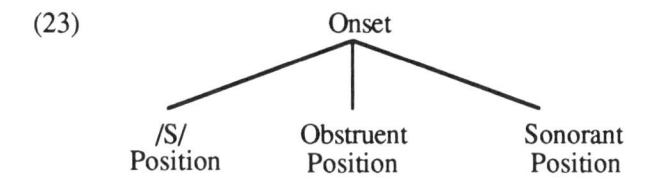

(23)　　　　　　　　　Onset
　　　　　　　／　　　　｜　　　　＼
　　　　　　/S/　　　Obstruent　　Sonorant
　　　　Position　　Position　　Position

Alle Fehler, die sich auf den Onset-Teil der Silbe beziehen, sind dann als die Ersetzung einer Konstituente im Onset durch dieselbe Konstituente zu analysieren, wobei die Konstituenten phonetisch null oder durch ein Segment besetzt sein können. Zwei Beispiele aus Laubstein (1988: 103-4) illustrieren dies.

(24) a. /S/-Position Fehler
　　　　stick shift -> shtick sift

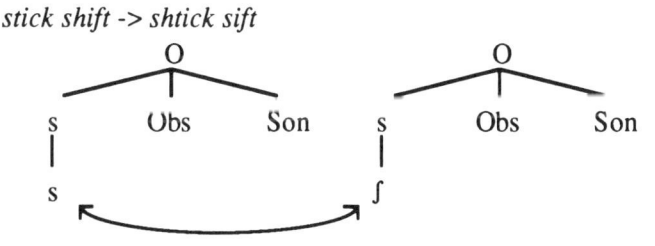

　　　　　　O　　　　　　　　　O
　　　／　｜　＼　　　　　／　｜　＼
　　s　　Obs　Son　　　s　　Obs　Son
　　｜　　　　　　　　　｜
　　s　　　　　　　　　ʃ

　　b. Obstruent-Position Fehler
　　　　how much time you want to spend -> ...stend

```
      O                    O
    ┌─┼─┐                ┌─┼─┐
  s  Obs  Son         s  Obs  Son
  │   │    │          │   │    │
  t   s    p
```

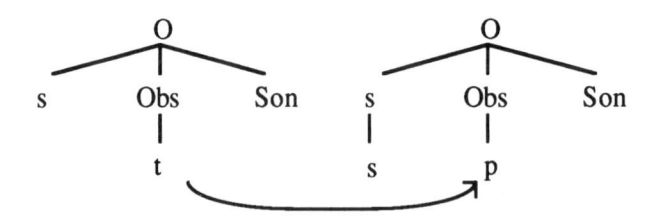

Wenn das /sC/-Cluster eine Subkonstituente des Onsets wäre, hätte man sicherlich Schwierigkeiten bei der Erklärung der Fakten aus den Sprachfehlern.

Während das bisher besprochene Verhalten von /sC/ bei der Silbifizierung auf die wortinitiale Position bezogen ist, betrachte ich jetzt das wortmediale bzw. wortfinale /sC/-Cluster. Auch hier gibt es Evidenz dafür, dieses Cluster als zwei C-Positionen zu analysieren. Das silbenfinale /sC/ kann nur nach einem kurzen Vokal erscheinen. Nach einem langen Vokal oder Diphthong ist es – mit Ausnahme von [st] (*Trost, Knust, Faust*) – ausgeschlossen. Hypothetische Wörter wie [knoːsp], [veːsk], [faʊsk] kommen im Deutschen nicht vor. Nach der einelementigen Analyse ist aber das Vorkommen des /sC/ in dieser Position gerade zu erwarten. Denn für die silbenfinale C-Position nach einem Langvokal oder Diphthong gibt es keine Beschränkung bei der Artikulationsstelle. Wenn wir dagegen /sC/ als zwei X-Positionen analysieren, ist unmittelbar zu erklären, warum es nach einem Langvokal nicht vorkommen kann. Es gibt nämlich im Deutschen eine Wohlgeformtheitsbedingung für die Silbe, die besagt, daß nach einem maximalen Reim nur koronale Obstruenten vorkommen können. In hypothetischen Wörtern wie [knoːsp], [veːsk], [faʊsk] sind [p] und [k] nicht koronal. Solche Wörter sind daher ausgeschlossen.

Unabhängig von den oben aufgeführten Argumenten spricht auch der Wortakzent dafür, daß das wortmediale /sC/ zwei X-Positionen besetzen muß. Betrachten wir die Akzentuierung bei den mehrsilbigen Wörtern von (25).

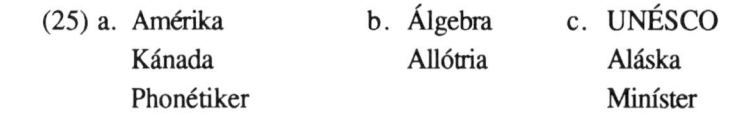

(25) a. Amérika   b. Álgebra   c. UNÉSCO
        Kánada   Allótria   Aláska
        Phonétiker   Miníster

In (25a) und (25b) sind die letzten beiden Silben leicht, weil sie auf ein einfaches V enden. Sie können daher keinen Wortakzent tragen. In (25c) sind die Pänultima-Silben schwer, weil sie – im Vergleich zu den Pänultima-Silben in (25b) – einen verzweigenden Reim VC enthalten. Die Regularität des Wortakzents in diesen Wörtern ist folgendermaßen zu beschreiben (zur Wortakzentregel im Deutschen siehe Abschnitte 1.3.1 und 2.5):

(26) Der Akzent fällt auf die Penultima-Silbe, wenn sie geschlossen ist. Sonst erhält die Antepenultima-Silbe den Akzent.

Wenn das mediale /sC/ in *UNESCO* tautosilbisch wäre, ist der Wortakzent nicht erklärbar, weil die Pänultima-Silbe dann leicht ist. Stattdessen müßte der Akzent auf die Antepänultima-Silbe fallen (*[ú.nɛ.sko]). Daraus wird klar, daß das mediale /sC/ nach einem betonten kurzen Vokal heterosilbisch sein muß. Wenn das mediale /sC/ eine X-Position hätte, wären wir gezwungen, ein Wort wie *drastisch* wie in (27a) zu silbifizieren, um den Wortakzent dieses Wortes erklären zu können. Wie Hall (1991a: Kap. 2.2) und Vennemann (1990a) begründet haben, gibt es jedoch im Deutschen keine Evidenz dafür, ein ambisilbisches Segment in der lexikalischen phonologischen Komponente anzunehmen. Die richtige Silbifizierung des genannten Wortes ist stattdessen die in (27b).

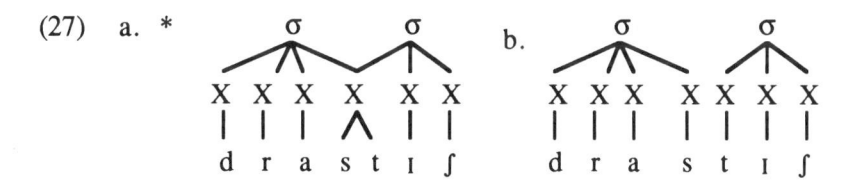

(27) a. * σ   σ   b.   σ   σ
        ╱╲   ╱╲   ╱╲   ╱╲
      X X X X X X   X X X X X X
      │ │ │ Λ │ │   │ │ │ │ │ │
      d r a s t ɪ ʃ   d r a s t ɪ ʃ

Aus den bisherigen Überlegungen ergibt sich, daß das /sC/-Cluster weder in der wortinitialen noch in der wortmedialen Position ein komplexes Segment darstellt.

2.3.3 Reim

Der obligatorische Teil eines Reims ist ein Vokal, der zugleich das initiale Segment des Reims ist. Die initiale Position des Reims kann auch durch silbische Sonoranten (/l, r, m, n, Ng/) besetzt werden (vgl. dazu Höhle/Vater 1978). Anders als bei Vokalen ist aber für Sonoranten charakteristisch, daß sie sowohl als Teil des Nukleus wie auch als Teil der Koda zu betrachten sind. Auf einen (kurzen) Vokal können im Deutschen maximal vier Konsonanten folgen (z.B. *Herbst*), unter der Annahme, daß Flexionsmorpheme wie /s/ in *Herbsts* nicht gezählt werden. Für die Konsonantensequenzen in der Silbenkoda gilt offenbar folgende Tatsache: Die Restriktion für die Kodacluster ist etwas weniger streng, wenn sie mit einem Sonoranten beginnen, während die mit einem Nicht-Sonoranten beginnenden Cluster einer viel stärkeren Beschränkung unterliegen. Dies erklärt sich automatisch aus der Sonoritätsbeschränkung im Auslaut. Vgl. dazu die Kodacluster in (28a-c) mit denen in (28d):

(28) a. Korb, hart, Dorf, Kern, Kerl
   b. gelb, Hals, Film
   c. Hemd, Kampf
   d. Akt, Abt
   e. Sphinx, Arzt (dreigliedriges Cluster)
   f. Herbst (viergliedriges Cluster)

In (28) können wir feststellen, daß es keinen Langvokal vor einem viergliedrigen Cluster gibt. Vor einem dreigliedrigen Cluster ist ein Langvokal noch zu beobachten (z.B. *Obst, Papst, Propst*). Wiese (1988) und Hall (1989b) nehmen aufgrund der Phonotaktik des Deutschen ein Silbenschema ("syllable template") CCVCC an. Die Kodacluster in *Obst* usw. sind nicht mit diesem Silbenschema zu vereinbaren, weil sie die maximale Zahl der Segmentpositionen überschreiten. Um das Silbenschema aufrechtzuerhalten, schlägt Wiese (1988: 99ff) vor, die kritischen Konsonanten /s/, /t/ und /st/ im Silbenauslaut als extrasilbisch zu behandeln und damit aus der generellen Regularität der Phonotaktik auszuklammern. Da ein solches extrasilbisches Element auch am Wortanfang möglich ist (siehe 2.3.1), enthält ein Wort wie *streichst* im Modell von Wiese (1988) zwei extrasilbische Elemente, das wortinitiale /ʃ/ und das wortfinale /st/, siehe (29) [13].

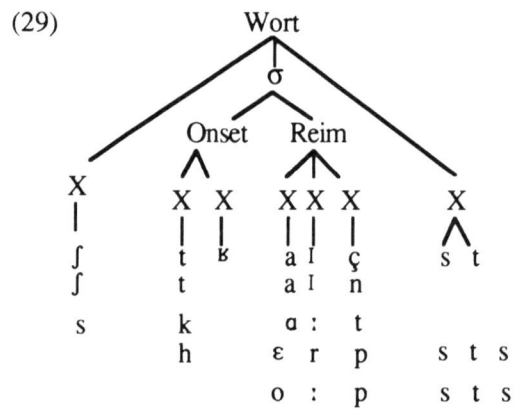

(29)
```
              Wort
               |
               σ
             / | \
        Onset Reim
          /\   /\
   X     X X  X X X    X
   |     | |  | | |    /\
   ʃ     t ʁ  a I ç   s t
   ʃ     t    a I n
   s     k    ɑ : t
         h    ɛ  r p   s t s
              o : p    s t s
```

Die Lösung, Extrasilbizität für ein bestimmtes Segment anzunehmen, führt aber zu

---

[13] Da Wiese (1988) ein flaches Silbenmodell von Clements/Keyser (1983) annimmt, gibt es in seinem Modell keine subsilbische Konstituenten wie Onset und Reim. Wiese weist extrasilbische Segmente dem Wort zu, nicht dem Silbenknoten. Diese Analyse kann problematisch sein, weil die Aspiration im Deutschen nur bei silbeninitialen Verschlußlauten stattfindet, wie Hall (1991a: Kap. 2.4.2) zeigt. Wenn das /ʃ/ in *Stein* nicht silbeninitial, sondern wortinitial wäre, müßte die Aspirationsregel hier unkorrekterweise für das /t/ angewandt werden.

einer arbiträren Silbifizierung. Ist z.B. /t/ in *gut* extrasilbisch oder nicht? Wiese (1988) entscheidet in diesem Fall für eine nichtextrasilbische Analyse, aus dem Grund, daß sie gegenüber der extrasilbischen Analyse einfacher ist, wobei allerdings nicht klar ist, was mit Einfachheit gemeint ist. Die extrasilbische Analyse des wortfinalen /t/, /s/ oder /st/ ist außerdem problematisch für die Auslautverhärtung, weil ein finales /d/ wie in *Mond* nicht durch eine Auslautverhärtungsregel erfaßt wird, die die Silbengrenze als ihre Domäne hat (siehe die Diskussion in 4.3).

Aus noch zu erörternden Gründen lehne ich die Analyse von Wiese (1988) ab, nach der ein Reim maximal aus drei Segmentpositionen bestehen kann, denen ein koronaler Appendix folgen kann. Stattdessen wird hier die in der Untersuchung zum Akzent (Hayes 1982, Harris 1983) gut begründete These angenommen, daß alle wortfinalen Konsonanten extraprosodisch sind. In Sprachen wie dem Englischen werden finale Konsonanten in Nomen bei der Akzentzuweisung ignoriert, d.h. sie werden in der Kalkulation der Silbenschwere nicht berücksichtigt. Auch für das Deutsche ist die Situation ähnlich (siehe 2.4). Die Tabelle (30) zeigt die möglichen CC-Cluster in der Koda; sie stammt aus Giegerich (1989: 5) [14].

(30)

	r	l	n	m	h	x	ʃ	z	s	v	f	g	k	d	t	tˢ	d	p	pᶠ
r		+	+	+		+	+	+	+		+	+	+	+	+	+	+	+	+
l			+	+		+	+	+	+		+	+	+	+	+	+		+	+
n				+		+	+	+	+		+	+	+	+	+				
m						+	+				+		+	+				+	
h																			
x														+					
ʃ														+					
z																			
s														+					
v																			
f																			
g																			
k							+		+						+				
d							+												
t																			
ts																			
b																			
p							+		+						+				
pf																			

---

[14] Heterosilbische Konsonantencluster wie in /ampl/ *Ampel* in seiner Liste sind hier nicht aufgenommen, vgl. dazu Giegerich (1989: 5).

Die Reimstruktur des Deutschen in wortfinaler und wortmedialer Position ist Gegenstand des nächsten Abschnitts.

2.4 Wortfinale vs. wortmediale Sequenz

Arbeiten zur Silbenstruktur konzentrieren sich meistens auf Generalisierungen über die Distribution der wortinitialen und wortfinalen Konsonantencluster [15]. Die möglichen Konsonantensequenzen in dieser Position sind jedoch keineswegs als echter Reflex der möglichen Sequenz in silbeninitialer und silbenfinaler Position anzusehen. So sind z.B. Cluster wie /dl/ in *Handlung* [han.dlʊŋ] oder /dn/ in *Ordnung* [ɔr.dnʊŋ] in wortinitialer Position nicht zugelassen, aber mögliche Silbenonsets. Die Diskrepanz zwischen wortmedialer und wortfinaler Reimstruktur ist von früheren Analysen der deutschen Silbenstruktur (z.B. Vennemann 1982, 1986, Wiese 1988, Hall 1989b) wenig beachtet worden.

In diesem Zusammenhang will ich das von Wiese (1988) vorgeschlagene Silbenmodell des Deutschen diskutieren. Im Rahmen der CV-Phonologie stellt er u.a. folgende zwei Thesen für die Silbenstruktur des Deutschen aus [16]:

(31) (i) Silbenschema: Die kanonische Silbenform für das Deutsche ist CCVCC. Eine Silbe kann danach maximal zwei C-Positionen vor und nach dem Silbenkern enthalten.

(ii) Kernbedingung: Silben im Deutschen enthalten ohne Ausnahme die Struktur (a) als Minimum. Es gibt keine Silben der Art (b).

(a)   Kern   (b)   *   σ
       ∧   ∧
      V C   C V

Das Silbenschema (31i) begründet Wiese (1988: 58ff) durch die Quantitätsverhältnisse in den Silben des Deutschen, wie sie Moulton (1956) analysiert hat: Einem Langvokal (z.B. *viel*) oder einem Diphthong (z.B. *fein*) kann in wortfinaler Position ein (Nicht-Appendix-)Konsonant folgen, einem Kurzvokal (z.B. *Film*) dagegen zwei Konsonanten. Wiese (1988: 58) zieht daraus den Schluß, daß die Reimstruktur des

---

[15] Das von Vennemann (1972) postulierte Prinzip "Law of Initials" ("Mediale silbeninitiale Cluster müssen mögliche wortinitiale Cluster sein") scheint hierfür maßgebend zu sein (vgl. auch Giegerich 1989).

[16] Das Silbenschema CCVCC für das Deutsche wird auch von Hall (1989b) angenommen, allerdings mit anderen Silbifizierungsregeln, siehe Fußnote 22 in diesem Abschnitt.

Deutschen maximal aus drei Segmentpositionen bestehen kann [17]. Cluster wie in (32) sind also nicht-wohlgeformt.

(32) *v̄ k k   *v_i v_j k k   *v k k k
(v und k sind Variablen für vokalische und konsonantische Segmente; v̄ steht für einen kurzen Vokal; i und j müssen ungleich sein)

Wenn man aber die Reimstruktur in wortmedialer Position betrachtet, ist festzustellen, daß die Distribution eines VCC-Reims oder eines VVC-Reims hier sehr beschränkt ist, z.B. *extra* [ɛks.tra], *Mixtur* [mɪks.tʊr]. Eine mediale Silbe in monomorphemischen Wörtern hat meistens die Form V(X), nicht eine längere Sequenz: *A.bend, Tu.gend, Hei.rat, A.mei.se, Ar.beit, je.mand, Kie.bitz, Mo.nat, Va.ter, u.vu.lar, Kon.so.nant* etc. Wie diese Beispiele zeigen, ist die mediale Reimstruktur im Regelfall VX, eine Reimstruktur wie VVC oder VCC ist dagegen nur wortfinal zugelassen [18]. In abgeleiteten Wörtern zeigt sich dasselbe vor Klasse-I-Suffixen: *Mu.si.kant, De.ka.nat, na.tio.nal, Dro.gist, Funk.tio.när, Phan.ta.sie, Or.ga.nis.mus, ul.ti.ma.tiv, mu.si.zie.ren, Do.zen.tur* etc. Lange Vokale in der Wurzel werden vor Klasse-I-Suffixen gekürzt, z.B. *Musik* [muzíːk] -> *Musikant* [muzikánt], *Dekan* [dekáːn] -> *Dekanat* [dekanáːt]. Als Folge wird der Wortakzent verschoben. Vor Klasse-II-Suffixen ist dagegen ein Reim des Typs VXC zugelassen. Lange Vokale in der Wurzel werden nach der Suffigierung nicht gekürzt. Hier findet daher auch keine Akzentverschiebung statt, vgl. *gemüt.lich, Ah.nung, zahl.bar* etc. Daraus ergibt sich folgende Generalisierung: In nichtabgeleiteten Wörtern oder vor Klasse-I-Suffixen kommt eine wortmediale VV-Reimstruktur (d.h. lange Vokale oder Diphthonge) nur in offener Silbe vor. Medial geschlossene Silben sind kurz, d.h. hier gibt es nur die VC-Reimstruktur. In wortfinaler Position sind dagegen VXC-Reime zugelassen, in denen lange Vokale auch in geschlossener Silbe vorkommen, vgl. *Hahn, Bein*. In abgeleiteten Wörtern wird ein Langvokal vor Ebene-1-Suffixen kurz. Er wird aber vor einem tautomorphemischen wortfinalen Konsonant nicht gekürzt, vgl. *Mus[íː]k* vs. *Mus[i]k[áː]nt*.

Wenn das Silbenschema des Deutschen CCVCC ist, ist die asymmetrische Distribution der komplexen Koda in wortmedialer und wortfinaler Position unerklärbar. Während die VXC-Reimstruktur wortfinal oder vor Klasse-II-Suffixen

---

[17] Wiese (1988) nimmt keine Subkonstituenten der Silbe wie Onset und Reim an. Hier referiert der Reim daher nicht auf eine Konstituente innerhalb seines Modells.

[18] Die meisten nativen Morpheme des Deutschen sind in ihrer zugrundeliegenden Repräsentation monosilbisch (vgl. Wurzel 1970: 170). Beispiele aus monomorphemischen nativen Wörtern sind daher schwer zu belegen.

vorkommt, ist sie wortmedial ausgeschlossen, wenn man von Fällen wie *extra*, *Mixtur* absieht.

Im Gegensatz zur Analyse von Wiese (1988) will ich im folgenden dafür argumentieren, daß diese Asymmetrie der Koda-Struktur im Rahmen der Lexikalischen Phonologie dadurch erklärbar ist, daß das Deutsche eine sprachspezifische Reimbedingung hat, die auf der Ebene 1 nur **einen** postnuklearen Konsonanten zuläßt. Auf der Ebene 1 wird der Reim auf die Struktur (33a) beschränkt. Es wird hier nur eine postnukleare Position zugelassen, nicht zwei, wie von Wiese (1988) und Hall (1989b) angenommen. Eine Struktur wie (33b) kommt dagegen nur wortfinal nach der Ebene 1 vor. So bleiben nach meiner Analyse die wortfinalen Konsonanten /n/ und /t/ in einem VXC-Reim wie *Magazin*, *Konsonant* auf der Ebene 1 unsilbifiziert, weil hier die Bedingung (33a) gilt. Auf der Ebene 1 werden sie als extrametrisch behandelt (zur Begründung dafür siehe 2.5). Nach der Ebene 1 wird die Bedingung (33a) ausgeschaltet. Die extraprosodischen Segmente in den genannten Wörtern werden daher auf Ebene 2 resilbifiziert.

(33) a. Medial: Reim   b. Final: Reim
                  /\   /|\
                  V X   V X C

Die Beschränkung der Reimstruktur in (33) impliziert folgende Kodabedingung, nach der im Deutschen wortmedial nur ein Konsonant in der Silbenkoda zugelassen ist.

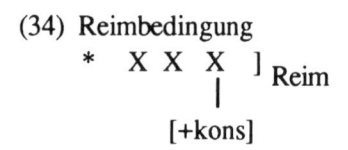

(34) Reimbedingung

$$* \quad X \ X \underset{|}{X} \quad]_{Reim}$$

[+kons]

Diese Bedingung gilt nur auf der Ebene 1. Auf der Ebene 2 wird sie außer Kraft gesetzt. Wie eingangs angedeutet, hat die unterschiedliche Beschränkung der Reimstruktur in wortmedialer und wortfinaler Position eine Konsequenz für die Organisation des Lexikons im Deutschen. Innerhalb der Lexikalischen Phonologie müssen Beschränkungen, die für die zugrundeliegende Repräsentation gelten, auch für abgeleitete Repräsentationen gelten. Nach diesem Prinzip ("Strukturbewahrung") darf eine lexikalische Regel im Laufe der Derivation kein nichtdistinktives Merkmal einführen. So ist z.B. das Merkmal der Aspiration im Deutschen nicht phonemisch, kann daher nur postlexikalisch zugewiesen werden. Die in (33) postulierte Kodabedingung ist in diesem Sinne strukturbewahrend, weil sie eine Beschränkung für die

Wohlgeformtheit der lexikalischen Repräsentation setzt. Evidenz für diese Beschränkung der Reimstruktur wird im Zusammenhang mit Vokalkürzung und Wortakzent in Abschnitt 2.4 behandelt.

Wenden wir uns jetzt der Kernbedingung (31ii) zu. Innerhalb des Modells von Wiese (1988) werden die Vokale des Deutschen zugrundeliegend in zwei Klassen eingeteilt: lange gespannte und kurze ungespannte Vokale. Die gespannten kurzen Vokale haben in seiner Theorie keinen Platz. Seine Kernbedingung und die Relation zwischen Länge und Gespanntheit schließt eine Struktur wie (35c) aus.

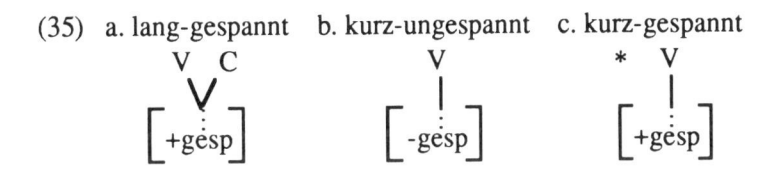

(35) a. lang-gespannt   b. kurz-ungespannt   c. kurz-gespannt

$$\begin{matrix} V & C \\ \diagdown\diagup \\ [+gesp] \end{matrix} \qquad \begin{matrix} V \\ | \\ [-gesp] \end{matrix} \qquad \begin{matrix} * & V \\ & | \\ & [+gesp] \end{matrix}$$

Mit der Kernbedingung behauptet Wiese (1988: 67), daß keine Silbe im Deutschen auf einen kurzen ungespannten Vokal enden darf. Eine Konsequenz daraus ist, daß alle Silben im Deutschen 'schwere' Silben sein müssen. Diese Annahme erscheint schon auf den ersten Blick zweifelhaft. Denn eine phonologische Regel der Akzentzuweisung ist normalerweise gegenüber der Distinktion der Silbenstruktur 'leicht' vs. 'schwer' sensitiv. Die Kernbedingung von Wiese impliziert aber, daß eine solche Regel im Deutschen nicht existieren kann [19]. Die Frage ist dann, auf welcher Basis der Wortakzent, der ja eine prosodische Eigenschaft ist, zugewiesen werden kann.

Unter der Annahme der Kernbedingung ist eine weitere inadäquate Konsequenz unvermeidbar: Silben mit Schwa müssen auch als schwere Silben betrachtet werden. Der asymmetrische Charakter des Schwa gegenüber allen anderen Vokalen zeigt sich aber gerade dadurch, daß es unbetonbar ist. Die Tatsache, daß die Silben mit Schwa bei der Akzentzuweisung systematisch ignoriert werden, kann innerhalb der Theorie von Wiese (1988) von einer generellen Akzentregel – welcher auch immer – höchstens als Zufall aufgefaßt werden. Nach der hier vorgeschlagenen Analyse ergibt sich dagegen die Unbetonbarkeit der Schwa-Silbe unmittelbar aus der Silbifizierung. Ich nehme an, daß die Silbifizierung und die Fußzuweisung auf der Ebene 1 stattfindet, wobei die letztere für den Wortakzent verantwortlich ist. Wenn man Schwa als ein epenthetisches Segment betrachtet (vgl. Giegerich 1987, Wiese 1988 und Hall 1989b), hat ein Wort wie *Atem* zugrundeliegend das wurzelfinale Konsonantencluster /tm/. Auf Ebene 1 wird die prosodische Struktur errichtet. Nach der Silbifizierung und Fußzuweisung im

---

[19] Wiese (1988: 105) deutet auf eine Akzentregel hin, die dem Anfang oder Ende eines Wortes Hauptakzent zuweist.

ersten Zyklus bleibt das Konsonantencluster /tm/ unsilbifiziert, weil hier – wie oben dargestellt – nur die Reimstruktur VX zugelassen ist. Nach der Ebene 2-Morphologie wird die Kodabedingung außer Kraft gesetzt, weil die Strukturbewahrung hier nicht mehr gilt. Der im ersten Zyklus unsilbifizierte Konsonant /t/ kann daher in die erste Silbe aufgenommen werden, /m/ in die zweite Silbe. Diese Prozesse erfolgen automatisch nach den oben dargestellen Silbifizierungsalgorithmus (2) und der Reimbedingung (34). Dies erklärt genau die Tatsache, daß Silben mit Schwa unakzentuierbar sind. D.h. sie sind im Moment der Zuweisung der Fußstruktur einfach unsilbifiziert. (36) illustriert den Aufbau der prosodischen Struktur von *Atem*.

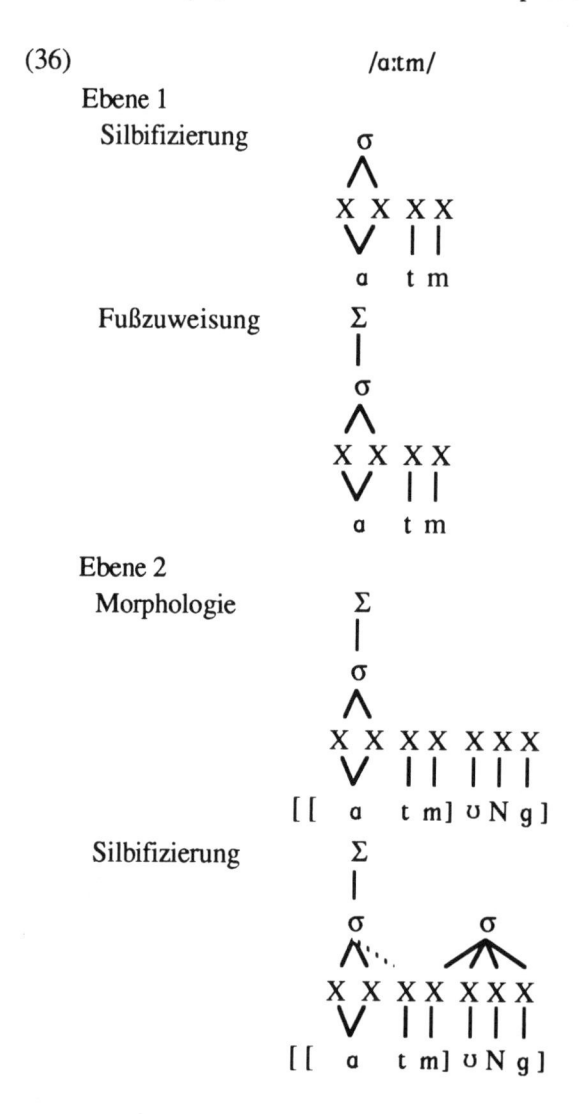

(36) /aːtm/

Ebene 1
Silbifizierung

$$\sigma$$

X X X X
a t m

Fußzuweisung

$$\Sigma$$
|
$$\sigma$$

X X X X
a t m

Ebene 2
Morphologie

$$\Sigma$$
|
$$\sigma$$

X X X X X X X
[[a t m] ʊ N g]

Silbifizierung

$$\Sigma$$
|
σ   σ

X X X X X X X
[[a t m] ʊ N g]

Die Interaktion zwischen der Kernbedingung und der Struktur (35a, b) erzwingt dagegen, einen intervokalischen Konsonanten in wortmedialer Position immer als ambisilbisch zu analysieren, wenn der vorangehende Vokal kurz ist [20]. Als ein Argument für seine Kernbedingung diskutiert Wiese (1988: 67f) die in der Umgangssprache häufig anzutreffende Vokalkürzung. Ich zitiere einige dort aufgeführte Daten (Silbengrenze ist mit Punkt gekennzeichnet, ambisilbische Konsonanten mit dem Punkt unter den Konsonanten).

(37) Afrika: [ɑː.friː.kaː] vs. [af.rɪka̬ː]
    Metall: [meː.tal] vs. [mɛt̬al]
    Philosophie: [fiː.lo.zoː.fiː] vs. [fɪl̬oːzɔfiː]

Ein langer gespannter Vokal wird in der Umgangssprache als kurzer ungespannter Vokal realisiert. Man beachte, daß die offene Silbe in den links stehenden Aussprachevarianten (Standardaussprache) nach seiner Analyse immer lang sein muß, obwohl die Aussprachewörterbücher für diese Fälle einen kurzen gespannten Vokal vorschreiben (z.B. [áː.fri.ka], [me.tál], [fi.lo.zo.fíː]). Diese letzten Varianten sind aber innerhalb von Wieses Modell ausgeschlossen. Die Argumentation von Wiese für die Kernbedingung besteht nun darin, daß bei der Vokalkürzung der folgende Konsonant in den Auslaut der ersten Silbe übernommen werden muß, denn sonst entsteht ein Silbentyp, der auf einen kurzen Vokal endet. Da die Kernbedingung eine solche Silbe nicht zuläßt, muß der folgende Konsonant den gekürzten Vokal schließen, wobei der Konsonant selbst ambisilbisch wird. Diese Analyse hinterläßt zumindest zwei Fragen. Erstens: Gibt es einen zwingenden Grund, anzunehmen, daß die Vokalkürzung einen ungespannten Vokal erzeugt, nicht aber einen gespannten?

Das Argument von Wiese läuft in diesem Zusammenhang zirkulär: Seine Kernbedingung wird durch die in (35) dargestellte Korrelation zwischen Länge und Gespanntheit motiviert, diese wiederum durch die Kernbedingung. Die zweite Frage steht im gleichen Kontext: Warum wird der lange Vokal vor Klasse-I-Suffix gekürzt, nicht aber vor Klasse-II-Suffix? Wenn der gekürzte Stammvokal mit dem folgenden Konsonanten tautosilbisch ist, warum verschiebt sich der Wortakzent? Die dritte Silbe in *Philosophie* hat z.B. nach der Vokalkürzung die gleiche Reimstruktur VC wie die letzte Silbe. Wieses Kernbedingung führt notwendigerweise dazu, daß der Wortakzent nicht sensitiv gegenüber der Reimstruktur ist. Einer Analyse mit Vokalkürzung wie in (37) kann man nur dann recht geben, wenn es im Deutschen keine Klasse von

---

[20] Ich will hier nicht auf die Problematik der Ambisilbigkeit eingehen. Vgl. dazu Kahn (1976) für das Englische; Wiese (1988) und Ramers (1991) für das Deutsche.

gespannten kurzen Vokalen gibt. Da diese Analyse außerdem den wesentlichen Charakter des Wortakzents im Deutschen nicht erfaßt, lehne ich die Kernbedingung von Wiese ab. Eine starke Evidenz für die Annahme der kurzen offenen Silbe liefert m.E. die Akzentzuweisung im Deutschen. Mit Giegerich (1985, 1989) gehe ich davon aus, daß die Wortakzentregel im Deutschen auf die Distinktion der Reimstruktur Bezug nimmt.

2.5 Silbifizierung und Akzentzuweisung

In der folgenden Diskussion wird die in früheren Analysen (Giegerich 1985, 1987; Wiese 1988; Hall 1989b) erbrachte Einsicht als gegeben angenommen, daß die Silbifizierung voraussagbar ist. Die Silbenstruktur ist in der zugrundeliegenden Repräsentation nicht vorhanden. Sie ist durch lexikalische Regeln abzuleiten (Vennemann 1982; 1986 und Laeufer 1985 vertreten dagegen die Meinung, daß die Silbenstruktur zugrundeliegend ist; zur Argumentation gegen diese Auffassung siehe Hall (1989b, 1991a)). Silbifizierung ist nach dieser Auffassung eine struktur-aufbauende Regel. In bezug auf die Frage, wie diese Regel für das Deutsche genau aussieht, unterscheiden sich die Vorschläge der oben genannten Autoren voneinander [21]. In diesem Abschnitt soll die oben dargestellte Silbenstruktur des Deutschen weiter durch die Akzentverhältnisse im Deutschen begründet werden.

Langvokale werden vor Klasse-I-Suffixen gekürzt, wie die Beispiele in (38) zeigen.

---

[21] Hall (1989b) nimmt zwei sprachspezifische Silbifizierungsregeln, (a) und (b), für das Deutsche an:
(a) Silbifizierung nach dem "root"-Zyklus läßt nur eine X-Position zu.
(b) σ   σ
    /\ |
   V C [+son]] V

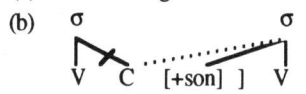

Unter Annahme dieser Regeln läuft die Silbifizierung von einem abgeleiteten Wort wie *freudig* folgendermaßen ab: Das /d/ in /frɔyd/ wird im "root cycle" als Koda silbifiziert. Nach der Suffigierung wird dieses Segment dann als Onset der zweiten Silbe resilbifiziert (Regel (b)). Die gleichen Prozesse erfährt das Wort *neblig* nach der Ebene-2-Morphologie. Die Silbifizierung *neb.lig* wird dann durch die Regel (b) repariert, damit /b/ mit /l/ tautosilbisch werden kann. Hall führt diese Regel speziell für die Erklärung des Kontrasts zwischen *ne.blig* und *Lieb.ling* ein: Nur vor vokalinitialer Silbe wird (b) angewandt. Die Analyse von Hall (1989b) enthält folgende Nachteile: Komposita wie *Tagarbeit* werden auf der Ebene 2 durch die Regel (a) unkorrekterweise als *ta.gar.beit* silbifiziert. Um dies zu vermeiden, ist das von ihm angenommene Modell der Ebenenorganisation unumgänglich (vgl. Hall 1989b: FN 7). Zweitens wird die Tatsache, daß die Vokalkürzung vor Klasse-I-Suffix stattfindet, nicht aber vor Klasse-II-Suffix, nicht durch seine Regeln erfaßt. Eine Folge davon ist, daß die zwei Silbifizierungsregeln (a) und (b) den Wortakzent (siehe unten) nicht adäquat erklären können.

(38) Musik -> Musikant, Dekan -> Dekanat, Nation -> National -> Nationalität, Funktion -> Funktionär, Musik -> musizieren, Phantast -> Phantasie, Organ -> Organismus

Die Vokalkürzung scheint auf eine abgeleitete Umgebung (hier vor einem Klasse-I-Suffix) beschränkt zu sein, vgl. *Nati[o:]n -> nati[o]n[a:]l -> nati[o]n[a]lität*. Lange Vokale wie in *Magaz[i:]n, Dek[a:]n* dagegen werden vor dem silbenfinalen Konsonant nicht gekürzt. Das Gleiche gilt auch vor Klasse-II-Suffixen und Komposita, vgl. *z[a:]lbar, gem[ü:]tlich, B[a:]nhof*. In nichtabgeleiteten Wörtern findet aber auch die Vokalkürzung statt (allerdings im Gegensatz zu den Wörtern in (38) hier optional), siehe (39).

(39) Rad   [ra:t] oder [rat]
     Gras   [gra:s] oder [gras]
     Zug   [tˢu:k] oder [tˢʊk]

Die Regel für die lexikalische Vokalkürzung formuliere ich in (40) ("w" über den Pünktchen bedeutet, daß der Nukleus durch einen "weak"-Knoten in der Fußstruktur dominiert wird).

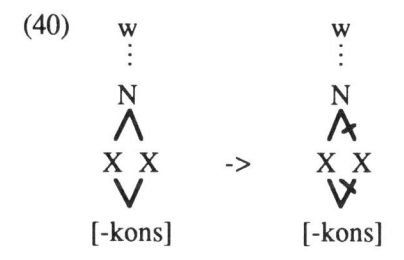

(40)
```
      w                w
      ⋮                ⋮
      N                N
     ╱╲               ╱╳
    X  X      ->     X  X
     ╲╱               ╲╳
   [-kons]          [-kons]
```

Da die Reimbedingung in (34) nur auf Ebene 1 gilt, kann ein Konsonant nach einem VX-Reim auf Ebene 2 in die vorangehende Silbe integriert werden. So wird z.B. /l/ in *zahl-bar* auf Ebene 2 in die erste Silbe integriert. Hier findet aber keine Vokalkürzung statt, weil die erste Silbe durch "strong"-Knoten dominiert wird.

Sowohl nichtabgeleitete als auch abgeleitete Wörter bekommen den Worthauptakzent auf der Ebene 1, nachdem die prosodische Struktur errichtet ist. Auf dieser Ebene wird ein wichtiger Unterschied zwischen VX-Reim und V-Reim gemacht. Die Wortakzentregel des Deutschen ist speziell gegenüber der Reimstruktur sensitiv (nicht gegenüber der Struktur des Silbennukleus).

Informell kann die verantwortliche Regel für die Akzentzuweisung wie folgt lauten (vgl. auch Giegerich 1985: 52):

(41) Suche eine schwere Silbe (d.h. eine Silbe, die VXC-Reimstruktur hat) von rechts nach links und weise der letzten schweren Silbe den Wortakzent zu. Wenn die letzte und die vorletzte Silbe beide leicht sind, erhält die drittletzte Silbe den Akzent, egal, ob sie schwer oder leicht ist.

Die Daten in (42) illustrieren diese Regel.

(42) [kɔmpóːzitʊm]   [fáːtˢɪt]   [elemént]
     [kámǝra]   [kɔ́nzʊl]   [magatˢíːn]
     [léksikɔn]   [agénda]   [byróː]

In wortfinaler Silbe ist das Verhältnis der Silbenschwere anders als in wortmedialer Silbe. Ein VVC- oder VCC-Reim bildet wortfinal eine schwere Silbe, erhält den Worthauptakzent (z.B. *Magazín*, *Elemént*). Ein kürzerer Reim als dieser (V oder VC) bildet in dieser Position eine leichte Silbe, erhält keinen Hauptakzent (z.B. *Léxikon*, *Kámera*; *Agénda*, *Aróma*). Wortmedial bilden dagegen Reime der Form VC schwere Silben. Man vergleiche *Léxikon* und *Agénda*. Im ersteren ist ein wortfinaler VC-Reim leicht, im letzteren ein wortmedialer VC-Reim schwer. Schematisch läßt sich die Distribution der Silbenschwere folgendermaßen darstellen.

(43) wortmedial   wortfinal
     V   V(C)   –   leichte Silbe
     VC   VCC ⎫
     Vː   Vː(C) ⎬   schwere Silbe
                          ⎭

Ein langer Vokal bekommt immer den Wortakzent, gleich, ob er wortmedial oder wortfinal steht. Der Unterschied der Silbenschwere in den beiden Positionen liegt in der VC-Reimstruktur: Ein VC-Reim ist wortmedial schwer, wortfinal dagegen leicht. Diese asymmetrische Distribution der Silbenschwere läßt sich erklären, wenn man die von Hayes (1982) vorgeschlagene Regel annimmt, nach der alle wortfinalen Konsonanten extrametrisch sind:

(44) C -> [+extrametrisch] / __]

Unter der Annahme der Regel (44) wird ein wortfinaler VCC-Reim identisch mit einem wortmedialen VC-Reim. D.h. das letzte C eines wortfinalen VCC-Reims ist in dem Moment der Akzentzuweisung unsichtbar, wird nicht gezählt. Damit können wir die Reimstruktur in der Akzentzuweisung einheitlich erklären. Unter der Annahme dagegen, daß nur ein bestimmtes Segment extrametrisch sein kann (vgl. Wiese 1988), ist diese Regularität des Wortakzents schwer zu erklären. Warum trägt ein Wort wie *Lexikon* auf der ersten Silbe den Hauptakzent, nicht auf der letzten? Die beiden Silben haben die gleiche Reimstruktur, nämlich VC. Vergleicht man es mit einem Wort wie *Element*, merkt man gleich, daß der entscheidende Unterschied zwischen beiden Wörtern bei der Akzentzuweisung in der Reimstruktur der finalen Silbe (VCC vs. VC) liegt. Die Akzentregel (41), die von rechts nach links eine schwere Silbe absucht, ignoriert einfach die Elemente am Wortrand (hier den finalen Konsonanten /n/ in *Lexikon* und /t/ in *Element*).

Betrachten wir die Ableitung von *Dekanat*. Auf der Ebene 1, im ersten Zyklus, ist der finale Konsonant /n/ extrametrisch. Er wird daher nicht silbifiziert. Im zweiten Zyklus, nach der morphologischen Operation, findet die Vokalkürzung statt. /n/ ist nicht mehr extrametrisch, weil es jetzt nicht am Wortende steht. Es wird zum Onset der folgenden Silbe. Auf der Ebene 2 gilt die Reimbedingung in (34) nicht mehr. Das silbenfinale /t/ kann daher in die Silbe aufgenommen werden. Auf die Silbifizierung folgt automatisch eine neue Fuß- bzw. Akzentzuweisung. Diese Ableitungsschritte sind in (45) illustriert.

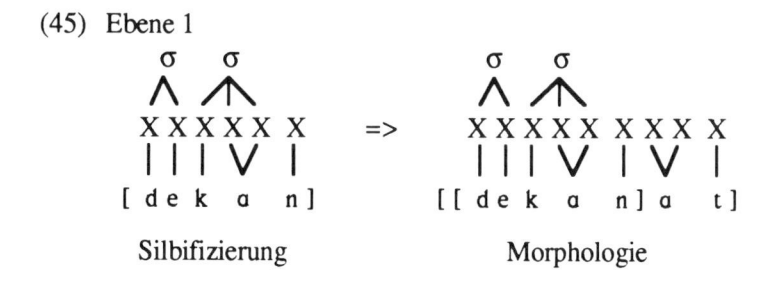

(45) Ebene 1

    σ   σ   σ   σ
    /\ /|\   /\   /|\
  X X X X X X   =>   X X X X X X X X X
   | | | V | | | | V | V |
  [d e k a n]   [[d e k a n] a t]

    Silbifizierung   Morphologie

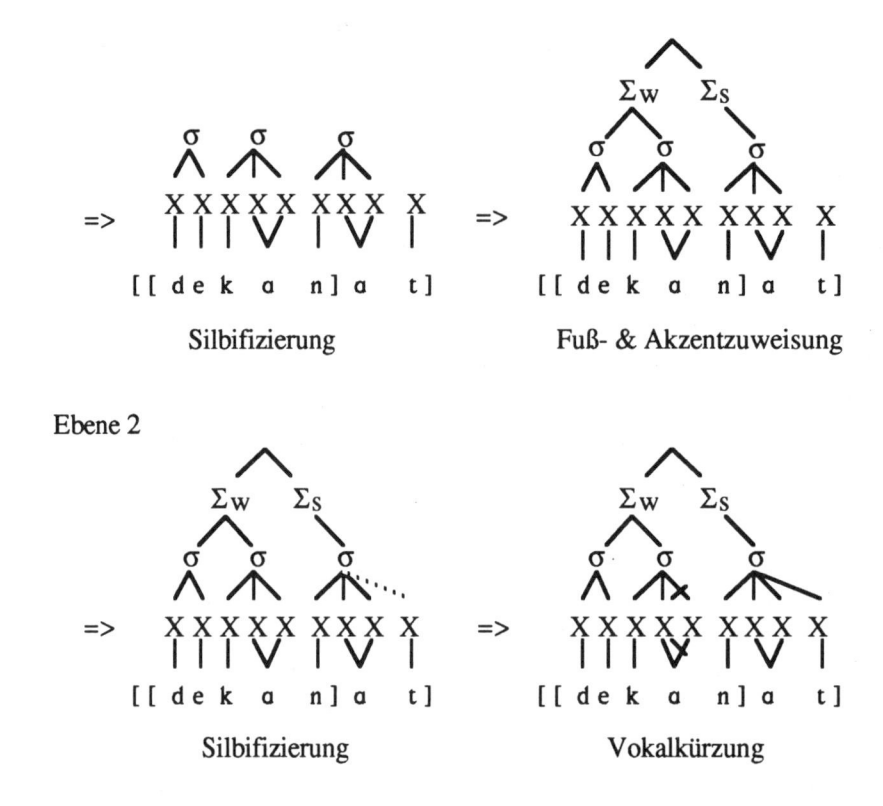

$\Rightarrow$ [figure: Silbifizierung] $\Rightarrow$ [figure: Fuß- & Akzentzuweisung]

Ebene 2

$\Rightarrow$ [figure: Silbifizierung] $\Rightarrow$ [figure: Vokalkürzung]

Die extrametrische Analyse der wortfinalen Konsonanten ist nach meiner Analyse eine Konsequenz aus der Reimbedingung (34), die auf der Ebene 1, auf der der Wortakzent zugewiesen wird, nur einen VX-Reim erlaubt, aber keinen längeren. Jedes Segment kann danach prinzipiell extrametrisch sein, wenn es diese Reimbedingung verletzt. Giegerich (1989: 12) nimmt dagegen eine Regel wie (46) an, nach der nur koronale Obstruenten am Wurzelende extrametrisch sein können [22].

---

[22] Im Unterschied zu Giegerich (1985) unterscheidet Wiese (1988: 105) Extrametrizität von Extrasilbizität. Ein wortfinaler ("extrasilbischer") Appendix ist bei Wiese (1988) auf die Segmente /t/, /s/ oder /st/ beschränkt. Extrametrisch sind dagegen der Vokal /a/ am Wortende oder das Suffix /ɔr/ wie in *Doktor*. Wiese (1988) glaubt, daß Akzentphänomene im Deutschen unter Verwendung der Extrametrizitätsmarkierung durch eine einfache Regel zu beschreiben sind, die der ersten oder der letzten betonbaren Silbe den Wortakzent zuweist. In Abschnitt 2.6 werden Einwände gegen diese Annahme vorgetragen. Nach der Theorie von Wiese muß jeder Lexikoneintrag in bezug auf Anfangs- oder Endbetonung spezifiziert werden, was an sich schon die Voraussagbarkeit des Wortakzents verneint.

(46) Appendix Extrametricality ((15) in Giegerich 1989)
$$\begin{bmatrix} -son \\ +kor \end{bmatrix} \rightarrow [+extrametrical] \;/\; C \underline{\;\;} \;]$$

Obwohl diese Regel durch das asymmetrische Verhalten der koronalen Obstruenten in der Phonotaktik des Deutschen motiviert wird (die einzigen Obstruenten, die auf einen nicht-homorganen Nasal folgen können, sind [+koronal]: /nt/ und /mt/ sind mögliche finale Cluster, /np/, /mk/ und /nk/ aber nicht, vgl. Giegerich 1989: 12), kann sie die Regularität des Wortakzents nicht adäquat erklären, siehe unten.

Auch die Zuweisung der Silbenstruktur in seiner Theorie beruht auf anderen Prinzipien als den von mir angenommenen. In (47) sind Unterschiede zwischen seinem und meinem Modell hinsichtlich der für die Silbifizierung verwendeten Prinzipien grob dargestellt.

(47)

	a. Giegerich 1989	b. meine Analyse
Syllable-template: CCVC	ja	ja
SSG (siehe (4))	nein	ja
Maximal Syllable Onset Principle	ja	nein
"syllable mapping"-Regel	nein	ja

In meinem Modell ist der Algorithmus für die Silbifizierung durch die Regel (siehe (2)) vorgeschrieben. In Giegerich (1989) ist dagegen "syllable mapping" aus dem metrischen Silbenschema abzuleiten, das die relative Prominenz (s/w-Relation) zwischen Elementen der Silbe ausdrückt. Der Effekt der Onset-Maximierung ist aber nicht aus diesem s/w-Schema abzuleiten. Denn eine CVCCV-Sequenz wird nach dem "maximal onset"-Prinzip als CV.CCV silbifiziert, während das Syllabletemplate allein sowohl CV.CCV als auch CVC.CV zuläßt. Das "maximal onset"-Prinzip wird daher in seinem Modell unabhängig vom Syllabletemplate explizit in der Grammatik angegeben:

(48) Maximal Syllable Onset Principle ((18) in Giegerich 1989)
Der Onset einer Silbe wird maximiert, solange er die Prinzipien für die Komposition der Silbenstruktur nicht verletzt.

Dieses Prinzip ist in meiner Analyse aus der relativen Ordnung der Silbifizierungsregeln in (2) voraussagbar. Das "maximal onset"-Prinzip gilt in Giegerichs Modell auf Ebene

1, nicht aber auf den Ebenen 2 und 3. Wie in meiner Analyse wird auch in seinem Modell nur ein VX-Reim (d.h. V:, VV, V und VC) auf Ebene 1 zugelassen. Dies wird bei Giegerich – im Unterschied zu meiner Analyse – durch die Kombination der Appendix-Regel (46) und des "maximal onset"-Prinzips gewährleistet. In (49) sind einige Beispiele für die Ableitung der Silbenstruktur in seinem Modell gegeben (Die in Klammer stehenden Segmente sind extrametrisch).

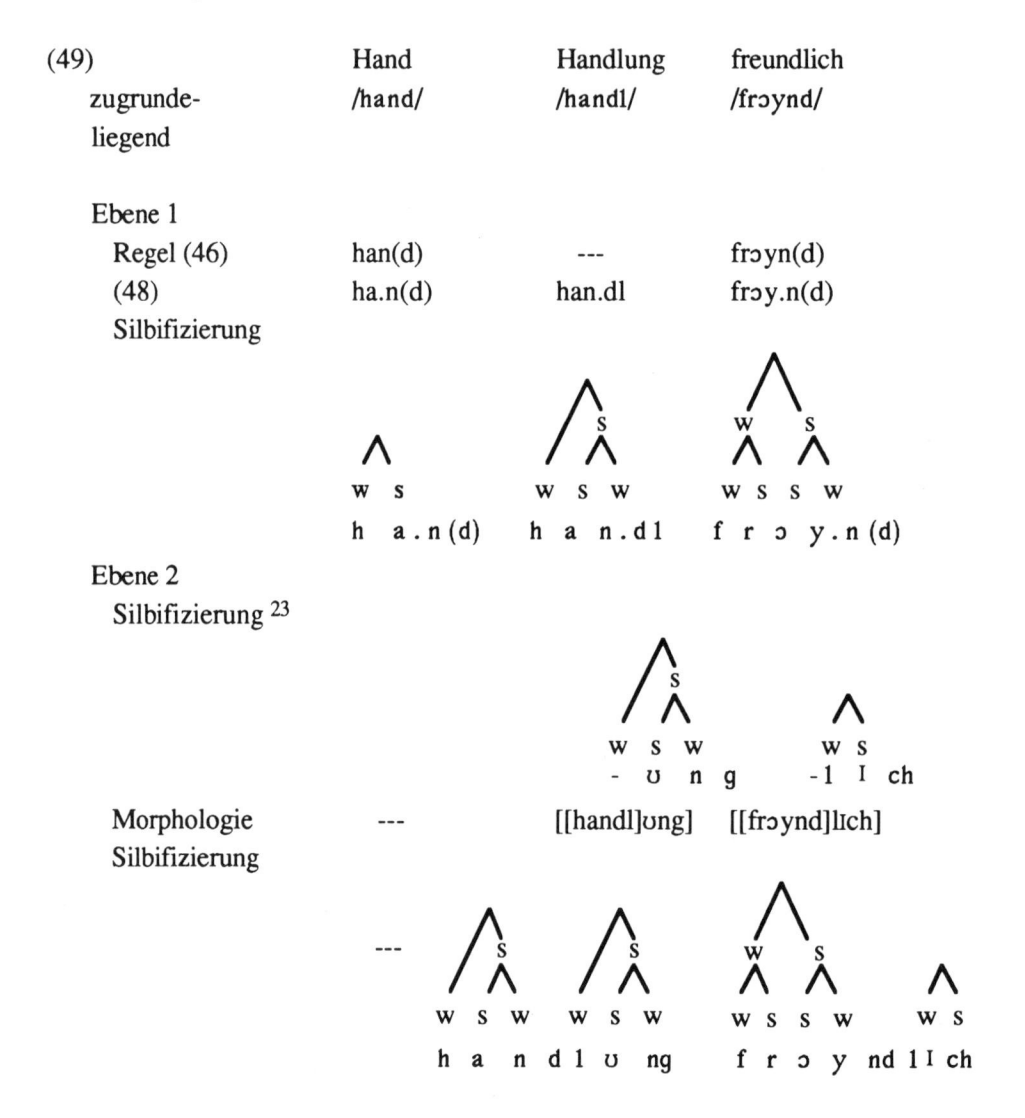

(49)   Hand   Handlung   freundlich
zugrunde-   /hand/   /handl/   /frɔynd/
liegend

Ebene 1
  Regel (46)   han(d)   ---   frɔyn(d)
  (48)   ha.n(d)   han.dl   frɔy.n(d)
  Silbifizierung

                        h a . n (d)   h a n . d l   f r ɔ y . n (d)

Ebene 2
  Silbifizierung [23]

                                        - ʊ n g   -l I ch

Morphologie   ---   [[handl]ʊng]   [[frɔynd]lIch]
Silbifizierung

                        ---   h a n d l ʊ ng f r ɔ y nd l I ch

---

[23] Giegerich (1989: 30) nimmt an, daß Ebene-2-Affixe ihre prosodische Struktur erhalten, bevor sie an den Stamm angehängt werden.

Auf der Ebene 1 bleibt die wurzelfinale Sequenz C $\begin{bmatrix} +\text{kons} \\ +\text{son} \end{bmatrix}$ unsilbifiziert
(/dl/ in /handl/).
Sie wird später durch die folgende Bedingung silbifiziert:

(50) Nukleus Condition I ((20) in Giegerich 1989)

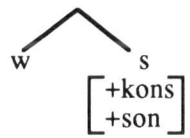

```
      w   s
       \ /
    [+kons]
    [+son ]
```

Für das /n/ in /hand/ wird diese Bedingung nicht angewandt. Es wird aufgrund des Prinzips (48) als Onset silbifiziert; *ha.n(d)*. Auf das finale Cluster /dl/ in /handl/ wird (50) angewandt. Eine Silbifizierung wie [ha.ndl], die das "maximal onset"-Prinzip erzeugen würde, ist ausgeschlossen, weil das Cluster /ndl/ in wurzelinitialer Position nicht möglich ist. Die Segmentkette /handl/ wird daher nach der Anwendung von (48) als /han.dl/ silbifiziert. Nach dem "syllable mapping" und vor der Zuweisung der Fußstruktur auf der Ebene 1 bleibt das Cluster /dl/ unsilbifiziert, was die Unbetonbarkeit der Schwa-Silbe (d.h. [dəl] nach der Schwa-Epenthese) erklärt. Die Interaktion zwischen den Regeln (46) und (48) ist aber für die Erklärung der Akzentverhältnisse inadäquat. Die Ableitungen von *Logarithmus* und *Elemént* würden nach seiner Analyse wie (51) aussehen:

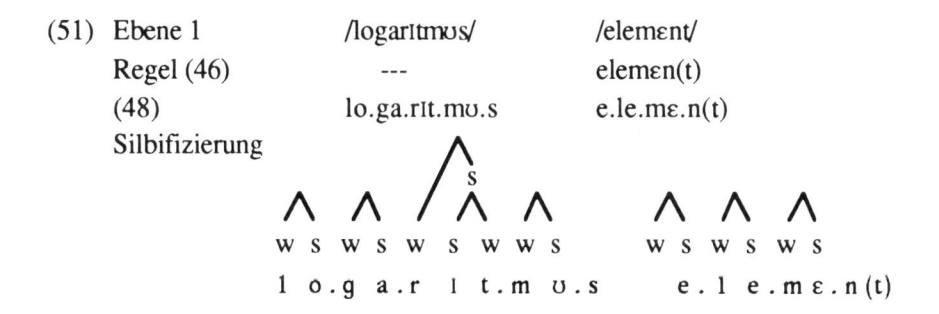

(51) Ebene 1   /logarɪtmʊs/   /elemɛnt/
      Regel (46)   ---   elemɛn(t)
      (48)   lo.ga.rɪt.mʊ.s   e.le.mɛ.n(t)
      Silbifizierung

```
         ∧ ∧ ∧ ∧ ∧          ∧ ∧ ∧
         w s w s w s w s    w s w s w s
         l o.g a.r ɪ t.m ʊ.s   e.l e.m ɛ.n(t)
```

Man vergleiche die letzten Silben in *Logarithmus* und *Element*. Beide haben die gleiche Reimstruktur V. Bei der Zuweisung der Fußstruktur (nach der Silbifizierung) bekommt eine schwere Silbe (ein VX-Reim) den Wortakzent. So erhält die Pänultima-Silbe in *Logarithmus* den Akzent. In *Element* sind aber alle Silben leicht, die Zuweisung der Fußstruktur erzeugt daher eine unkorrekte Form wie **Élement*. Die distinktive Silbenschwere VC vs. VCC im wortfinalen Reim (siehe (43)) wird durch die Interaktion zwischen den Regeln (46) und (48) neutralisiert.

Betrachten wir jetzt die Silbifizierung von morphologisch komplexen Wörtern in (49). Giegerich (1985, 1989) nimmt einen obligatorischen Onset an. Vokalisch anlautende Suffixe wie *-ig, -ung* erhalten danach bei der Silbifizierung ein Null-Segment im Silbenonset. Der stammfinale Konsonant besetzt dann bei der Resilbifizierung diese Position des Suffixes. Nach der Suffigierung wird *Handlung* als [han]σ d [lʊng]σ silbifiziert. Das unsilbifiziert bleibende /d/ wird später durch die "Stray Segment Adjunction" (siehe (52)) in die Koda der vorangehenden Silbe aufgenommen.

(52) Stray Segment Adjunction ((37) in Giegerich 1989)

$$\sigma \quad C \quad \rightarrow \quad \overset{\overset{\frown}{s \quad w}}{\sigma \quad C}$$

Die Anwendung der SSA auf die Segmentkette /handlʊng/ erzeugt aber eine unkorrekte Form wie *[hand]σ [lʊng]σ wobei /d/ auslautverhärtet wird. Dasselbe gilt auch für Wörter wie *regnen, Ordnung* etc. Der in (49) angenommene Mechanismus impliziert außerdem, daß alle Suffixe ihre eigene Domäne für die Silbifizierung bilden. Vokalisch anlautende Suffixe werden ebenso wie konsonantisch anlautende Suffixe vor der morphologischen Operation silbifiziert. Silbifizierung von morphologisch abgeleiteten Wörtern stellt in dem Modell von Giegerich (1989) einfach die Zusammensetzung von zwei vorher fertig errichteten Silbenstrukturen dar. Diese Analyse kann dem oben betrachteten Phänomen der Vokalkürzung nicht Rechnung tragen. Lange Vokale von Wurzeln werden vor Klasse-I-Suffixen gekürzt, vor Klasse-II-Suffixen dagegen nicht. Innerhalb der Analyse von Giegerich (1989) ist aber keine Änderung der prosodischen Struktur des Wurzelvokals zu erwarten.

2.6 Gespanntheit und Wortakzent

Vokale werden nach der hier vorgenommmenen Analyse paarweise wie in (53) im Lexikoneintrag repräsentiert.

(53) a. /iː/ /eː/ /yː/ /øː/ /uː/ /oː/ /ɑː/
b. /ɪ/ /ɛ/ /ʏ/ /œ/ /ʊ/ /ɔ/ /a/

Wir vernachlässigen hier vorläufig die Frage, welches Merkmal ([gespannt] oder [lang]?) für die Unterscheidung der zwei Gruppen der Vokale in (53) relevant ist. Diese

Frage wird in Abschnitt 3.1 noch näher behandelt. Auch die in (53) nicht aufgenommenen Vokale /ə/ und /ɛː/ kommen dort zur Sprache. Hier soll die Frage der Vokalklassifikation nur im Zusammenhang mit dem Wortakzent diskutiert werden.

Das Merkmal der Vokallänge hat suprasegmentalen Charakter, wird daher aus der Merkmalspezifikation auf der Segmentschicht eliminiert. Die Vokalreihe in (53a) wird danach zugrundeliegend wie in (54a) repräsentiert, die Vokalreihe in (53b) dagegen wie in (54b).

(54) a. X X   b. X
      \ / |
      /i/   /i/

Im Deutschen gibt es neben den zwei Vokalgruppen, für die die Formel [α lang] -> [α gespannt] gilt, noch eine dritte Gruppe, kurze gespannte Vokale /i, e, y, ø, u, o, a/. In (55) sind Beispiele für diese Vokalgruppe gegeben (Vokale mit Fettdruck).

(55) **Ele**mént, **Me**dizín, **ü**bersétzen, **Ö**konomíe, **Pho**nologíe, **Ru**dimént, **Re**publík.

Die Existenz dieser Vokalgruppe macht das Vokalsystem des Deutschen komplizierter. Kurze gespannte Vokale (neben dem langen ungespannten /ɛː/) widersprechen nämlich der Formel [α gesp] -> [α lang]. Für die Analyse dieser Vokalgruppe müssen daher zwei Fragen beantwortet werden: Die erste Frage ist, ob die Merkmalkombination [-lang, +gesp] zugrundeliegend repräsentiert werden soll. Wenn dies der Fall ist, muß die Repräsentation in (54) das Merkmal [α gesp] auf der Segmentschicht enthalten. Wenn dies nicht der Fall ist, – und das ist die zweite Frage – muß geklärt werden, ob die Vokale in (55) Varianten der zugrundeliegenden [+lang, +gesp]-Vokale oder der zugrundeliegenden [-lang, -gesp]-Vokale bilden.

Moulton (1962), Kloeke (1982a) und Giegerich (1985) nehmen die Gespanntheit als distinktives Merkmal an: Im Ablauf der Derivation geht die Distinktion der Vokallänge verloren, während die Gespanntheit erhalten bleibt, vgl. *t[yː]pisch - T[y]pologie, L[iː]nie - l[i]niieren*. Bei Nichtvorhandensein des Hauptakzents werden lange gespannte Vokale gekürzt. In Wiese (1988) ist dagegen das Merkmal [gesp] für die Klassifikation der Vokalpaare in (53) nicht distinktiv. Nur das Merkmal der Vokallänge, das übrigens autosegmental repräsentiert wird, ist distinktiv. Dies wird in Wiese (1988) durch die phonotaktischen Verhältnisse zwischen langen und kurzen Vokalen begründet. Wie ich oben (in Abschnitt 2.4) gezeigt habe, kann aber sein Silbenmodell nicht durch die Regularität des Wortakzents motiviert werden. Innerhalb seines Modells ist eine offene Silbe ausgeschlossen, die auf einen kurzen gespannten

Vokal endet (siehe die Kernbedingung in Abschnitt 2.4). Als Folge ist eine Wortakzentregel im Deutschen gegenüber der Silbenstruktur insensitiv. Die Regularität des Wortakzents ist unter dieser Annahme schwer zu erklären: Wörter wie *Harmónika* erhalten ihren Hauptakzent auf der Antepänultima-Silbe, Wörter wie *Analýse* auf der Pänultima-Silbe. Wenn alle Silben mit gespanntem kurzem Vokal schwer wären, ist die unterschiedliche Akzentzuweisung in diesen Wörtern nicht zu erklären. Eine von Wiese (1988: 105) angenommene Akzentregel, nach der die erste oder die letzte betonbare Silbe den Wortakzent erhält, kann den Wortakzent bei mehrsilbigen Wörtern nicht genau lokalisieren. Sie erlaubt auch zu viel Ausnahmen. Dies zeigt sich schon in oben genannten Wörtern. Erhält z.B. ein Wort wie *Harmonika* den Endakzent (Harmoníka – der Vokal /a/ am Wortende ist in Wiese (1988: 104) extrametrisch) oder den Anfangsakzent (Hármonika)?

Hier wird daher – mit Giegerich (1985) – davon ausgegangen, daß die Akzentregel des Deutschen wie im Englischen gegenüber der Silbenschwere sensitiv ist. Giegerich schlägt folgende Akzentregel für das Deutsche vor:

(56) Main Stress Rule (Giegerich 1985: 31)

$$\sigma \rightarrow \overset{S}{\underset{|}{\sigma}} \: / \: \_\_\_\_ \: ((\text{leichte Silbe}) \text{ leichte Silbe}) \:]$$

In Abschnitt 1.3.1 habe ich eine Akzentregel für das Deutsche postuliert, die von dieser Regel abweicht. Der Unterschied zwischen beiden Regeln betrifft vor allem die Fußzuweisung und die Bestimmung der Prominenzrelation zwischen Füßen. Hier will ich auf einen weiteren Unterschied zwischen beiden Regeln eingehen.

Die Annahme einer Akzentregel wie (56) impliziert, daß Silben mit finalem gespanntem kurzem Vokal im Deutschen zugelassen sind und daß sie eine leichte Silbe konstituieren. Im Gegensatz zu Giegerich (1985) nehme ich an, daß sich die Distinktion der Silbenschwere ausschließlich auf den Unterschied der Segmentposition bezieht, d.h. auf die Vokallänge in einer lexikalischen Repräsentation wie (54). Giegerich (1985) geht davon aus, daß die zugrundeliegende Distinktion der Gespanntheit für die unterschiedliche Zuweisung der Silbenstruktur verantwortlich ist. Nach dieser Auffassung sind eine Reihe von Zusatzmechanismen (neben der "Main Stress Rule") notwendig, um korrekte Merkmalwerte der Gespanntheit und der Länge an der Oberfläche zu erhalten. Sie machen dabei z.T. falsche Voraussagen (siehe unten). Hier wird daher die Position vertreten, daß das Merkmal der Gespanntheit kein lexikalisches Merkmal ist. Die Korrelation der Vokallänge mit der Gespanntheit wird durch folgende Redundanzregeln ausgedrückt:

(57) a. X X   X X
         \/ ->   \/
        [-kons] [+gesp]

  b. X   X
      | -> |
    [-kons] [-gesp]

Die mit zwei X assoziierten vokalischen Segmente erhalten den Default-Wert [+gesp], die mit einem X assoziierten dagegen [-gesp]. Diese Redundanzregeln für das Merkmal [gesp] sollen mit einer zusätzlichen Regel erweitert werden, wie in der folgenden Diskussion gezeigt wird.

Ich komme jetzt auf die eingangs gestellte Frage der formalen Repräsentation der kurzen gespannten Vokale zurück. Wie können diese Vokale im Lexikon repräsentiert werden? Da die Gespanntheit in dieser Analyse ein redundantes Merkmal darstellt, weist die Redundanzregel (57b) einem kurzen Vokal automatisch den Merkmalwert [-gesp] zu. Wie können dann kurze gespannte Vokale von kurzen ungespannten unterschieden werden? Bevor ich ein formales Mittel für die Repräsentation der kurzen gespannten Vokale postuliere, möchte ich auf einige generelle Eigenschaften der Gespanntheit hinweisen. Daß die Gespanntheit phonologisch zumindest ein sehr unstabiles Merkmal ist, zeigt sich in ihrer asymmetrischen Distribution: [±gesp] ist nur für die nicht-niedrigen Vokale distinktiv. Für die /a/-Vokale ist der distinktive Charakter dieses Merkmals umstritten. Die oben vorgeschlagenen Redundanzregeln für die Gespanntheit implizieren, daß die Gespanntheitsopposition auch für die /a/-Vokale gilt. Wenn das nicht der Fall ist, brauchen die Regeln leicht modifiziert zu werden, so daß sie nur für die [-tief]-Vokale gelten. Der Vokal /ɛ:/ ist lang, aber ungespannt. Eine vergleichbare asymmetrische Distribution ist bei anderen Vokalmerkmalen nicht zu beobachten.

Zweitens gibt es die Tendenz, daß sich kurze gespannte Vokale in kurze ungespannte umwandeln und damit dem System (lang-gespannt vs. kurz-ungespannt) anpassen (vgl. Wurzel 1970; Meinhold/Stock 1982: 81, 90; Wurzel 1981: 914 ff). In umgangssprachlicher Form werden oft gespannte kurze Vokale als ungespannt realisiert, wie die Pänultima-Vokale in Wörtern wie *Kommuníst*, *Medizín* zeigen. In Wörtern wie *Mathematik* und *Katechet* alterniert außerdem der Vokal /e/ mit [ə] [24]. Schließlich kommen kurze gespannte Vokale nur in Silben vor, die keinen

---

[24] Wenn eine unakzentuierte Silbe reduziert wird (oft zwischen zwei rhythmisch prominenten Silben), verliert der Vollvokal seine Distinktion. Er wird dann als Schwa realisiert (vgl. Vennemann 1990b); z.B. *App[ə]rat, Mol[ə]kül, Lok[ə]motive, Asp[ə]rin* etc.

Worthauptakzent tragen. Diese letzte Eigenschaft der kurzen gespannten Vokale ist in der jetzigen Diskussion am wichtigsten. Denn dadurch kann eine Analyse motiviert werden, die kurze gespannte Vokale zugrundeliegend als Kurzvokale behandelt, nicht als Langvokale. Wenn kurze gespannte Vokale dagegen zugrundeliegend als lang repräsentiert werden, ist der Antepänultima-Akzent in Wörtern wie *Mónika, Harmónika, Elísabeth, Amérika, Ánanas, Léxikon, Kompósitum* etc. schwer zu erklären. Um den Akzent in diesen Wörtern zu erklären, müßte eine Akzentregel postuliert werden, die auf das Silbengewicht keinen Bezug nimmt. Das Silbengewicht der Pänultima, das für die Regularität des Akzents in drei- oder mehrsilbigen Wörtern eine entscheidende Bedeutung hat, wird dabei völlig ignoriert (zur Annahme, daß das Deutsche eine Akzentregel hat, die gegenüber der Silbenschwere insensitiv ist, vgl. Wiese (1988) und Hall (1991a)) [25].

An dieser Stelle will ich die distributionelle Eigenschaft der kurzen gespannten Vokale im Zusammenhang mit dem Wortakzent etwas näher betrachten. Kurze gespannte Vokale kommen nach Giegerich (1985: 56) in der folgenden Umgebung vor:

(58) (i) Sie können keinen Hauptakzent (='DTE' (Designated Terminal Element) in Giegerich 1985) tragen.

(ii) Sie können sowohl in nebenbetonter Silbe (in diesem Fall sind sie auf die wortinitiale Silbe beschränkt) als auch in unbetonter Silbe vorkommen, z.B. trägt das /e/ in *Mèdizín* Sekundärakzent, das /i/ in der zweiten Silbe ist dagegen unbetont.

(iii) Sie können nur in offener Silbe vorkommen, nicht in einer CVC-Silbe: *Lektión, Friktión, Zensúr* haben alle ungespannte Vokale in ihren initialen Silben.

(iv) Unter den Bedingungen (i) bis (iii) kommen sie ohne weitere Beschränkung links von DTE vor.

(v) Rechts vom DTE sind wortfinale Vokale invariabel kurz und gespannt: *Véto, Mótto, Deménti* etc.

(vi) Rechts vom DTE erscheinen kurze gespannte Vokale noch in folgenden Wörtern: *Génesis, Análysis, Metáthesis* (Vokale mit Fettdruck).

---

[25] Für die Annahme, daß die Akzentregel für das Deutsche auf das Silbengewicht Bezug nimmt, ist ein Wort wie *Tálisman* problematisch. Hier fällt der Akzent auf die Antepänultima-Silbe auf, obwohl die Pänultima-Silbe schwer ist. Wörter wie diese können echte Ausnahmen zu der in Abschnitt 1.3.1 vorgeschlagenen Akzentregel sein. Eine alternative Lösung besteht darin, solche Wörter als Pseudo-Komposita zu behandeln. Bei den Eigennamen ist dies oft der Fall, vgl. *Fúchsberg, Léopold, Méndelssohn* etc. Wörter wie *Tálisman* unterliegen dann analog zu *Ábenteuer* der Komposita-Akzentregel (siehe Abschnitt 1.3.1).

In Giegerich (1985) ist die Distinktion der Silbenschwere von dem lexikalischen segmentalen Merkmal [±gesp] abhängig: gespannte Vokale werden als lang silbifiziert, ungespannte als kurz. Schwere und leichte Silben werden innerhalb des metrischen Modells formal wie in (59) repräsentiert (vgl. Giegerich 1985: 60). Die Silbenstruktur wird im Modell von Giegerich (1985) aus der segmentalen Information, [±gesp], abgeleitet: [+gesp] löst eine Multi-Assoziation mit der metrischen Struktur aus, [-gesp] dagegen eine einfache Assoziation. Alle Vorkommnisse der kurzen gespannten Vokale auf der Oberfläche werden von Giegerich (1985: 58) als "low-stress surface forms of underlying long tense vowels" behandelt.

Ein Problem mit dieser Analyse ist, daß die Merkmalspezifikation von [±gesp] in der lexikalischen Repräsentation in manchen Fällen arbiträr entschieden werden muß.

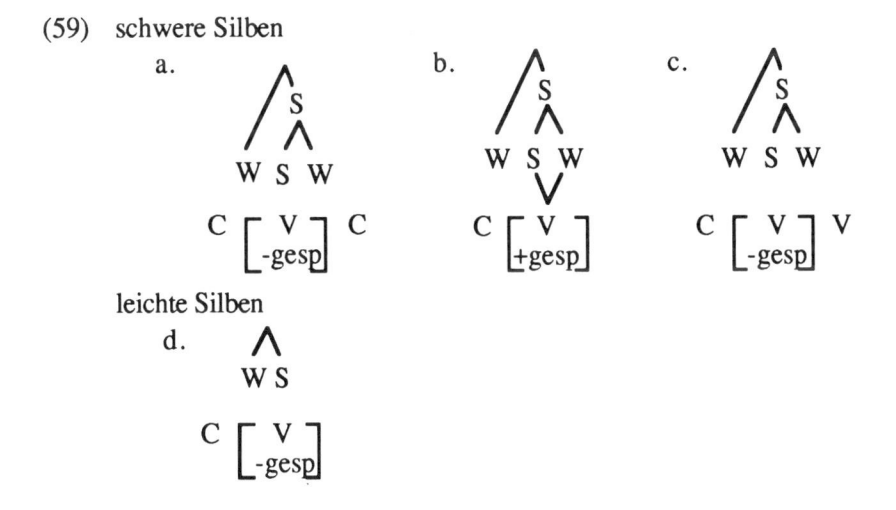

(59) schwere Silben

a.
$$\begin{array}{c} \wedge \\ /\ S \\ /\ \wedge \\ W\ S\ W \\ C\ \begin{bmatrix} V \\ -gesp \end{bmatrix}\ C \end{array}$$

b.
$$\begin{array}{c} \wedge \\ /\ S \\ /\ \wedge \\ W\ S\ W \\ \vee \\ C\ \begin{bmatrix} V \\ +gesp \end{bmatrix} \end{array}$$

c.
$$\begin{array}{c} \wedge \\ /\ S \\ /\ \wedge \\ W\ S\ W \\ C\ \begin{bmatrix} V \\ -gesp \end{bmatrix}\ V \end{array}$$

leichte Silben

d.
$$\begin{array}{c} \wedge \\ W\ S \\ C\ \begin{bmatrix} V \\ -gesp \end{bmatrix} \end{array}$$

Die Wörter in (60a) enthalten links vom DTE eine offene Silbe mit kurzem Vokal (fett ausgedruckt). Giegerich (1985: 57) nimmt an, daß ungespannte kurze Vokale auch in offener Silbe vorkommen können. Die Merkmalspezifikation der Gespanntheit bei den betreffenden Vokalen ist daher arbiträr zu entscheiden, weil innerhalb seines Modells jede lexikalische Repräsentation der Gespanntheit (ob "+" oder "-") den korrekten phonetischen Output erzeugt. Die arbiträre Merkmalspezifikation der Gespanntheit betreffen auch die rechts vom DTE vorkommenden offenen Silben, siehe (60b). Wenn alle Vokale in offener Silbe [+gesp] wären, würde die "Main Stress Rule" (im folgenden MSR) einen unkorrekten Akzent erzeugen. Der finale Vokal und der Pänultima-Vokal in *Harmónika* müssen daher in der lexikalischen Repräsentation als [-gesp] spezifiziert werden.

Wie Giegerich (1985: 71) selber anmerkt, bleibt aber unklar, wie die zugrundeliegende Distinktion zwischen gespannten und ungespannten Vokalen rechts vom DTE bestimmt werden soll. Man vergleiche damit eine Gruppe von Wörtern wie *Génesis, Análysis, Metáthesis*. Der Pänultima-Vokal in diesen Wörtern scheint im Vergleich zu denen in (60b) [+gesp] zu sein, weil die eingedeutschten Entsprechungen (*Genése, Analýse, Metathése*) den Hauptakzent auf diesem Vokal tragen. Giegerich (1985: 68) behandelt aus diesem Grund diese Wörter als unassimilierte Lehnwörter, die Ausnahmen zur MSR bilden.

(60) a. Disziplín, Trikót, Katechét
  b. Harmónika, Úterus, úvular

Das Problem der arbiträren Merkmalspezifikation von [±gesp] verschwindet natürlich dann, wenn dieses Merkmal überhaupt nicht in der lexikalischen Repräsentation existiert. Wie in (58) dargestellt, können kurze gespannte Vokale nicht den Worthauptakzent tragen. D.h. sie kommen nur in einer leichten und offenen Silbe CV vor, nicht in einer schweren und geschlossenen Silbe CVC. Geschlossene Silben CVC enthalten invariabel ungespannte kurze Vokale. Lange Vokale oder Diphthonge kommen dagegen nur in offener Silbe vor, wie es von der Reimbedingung in meinem Modell (siehe 2.4) vorausgesagt wird (es sei daran erinnert, daß die finale Silbe in Mediz[í:]n im Moment der Akzentzuweisung offen ist, weil der finale Konsonant extrametrisch ist). Die komplementäre Distribution des Merkmals [±gesp] in bezug auf die Silben- und Fußstruktur läßt sich folgendermaßen darstellen [26].

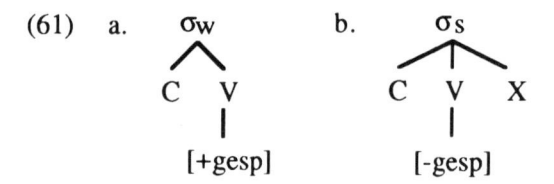

(61) a.   σw   b.   σs
       ╱╲   ╱╱╲
      C V   C V X
      | |
   [+gesp]   [-gesp]

Die Symbole "w" (weak) und "s" (strong) beziehen sich auf die Prominenz-Relation zwischen Silben innerhalb eines Fußbaums. Das erste Element eines Diphthongs ist

---

[26] Im Gegensatz zu Giegerich (1985) nehme ich an, daß ungespannte kurze Vokale im Laufe der lexikalischen Derivation nicht in offener Silbe vorkommen können. Die Tatsache, daß der zugrundeliegende kurze gespannte Vokal mit folgendem Konsonant geschlossen wird, wenn der Vokal Hauptakzent bekommt, unterstützt diese Auffassung. Vgl. [me.tál] neben [métal] (/t/ in der zweiten Variante ist ambisilbisch). Die ambisilbische Realisierung von /t/ ist postlexikalisch.

[-gesp] (vgl. Kloeke 1982a, Giegerich 1985). Dies wird in (61b) durch die Reimstruktur VX ausgedrückt. (61) stellt eine Wohlgeformtheitsbedingung dar. Gegeben eine Strukturbedingung wie (61), ist das Merkmal der Gespanntheit voraussagbar. Dies ist wichtig. Denn alle voraussagbaren Informationen müssen nach dem Modell dieser Arbeit aus der lexikalischen Repräsentation eliminiert werden. Aus (61) können wir eine Redundanzregel ableiten, die kurze gespannte Vokale an der Oberfläche erzeugt.

(62) $\begin{matrix} X \\ | \\ [-kons] \end{matrix}$ -> [+gesp] / $\begin{matrix} w \\ | \\ \underline{\quad} \end{matrix}$] σ

Die Regel (62) besagt, daß ein kurzer Vokal [+gesp] ist, wenn er in einer metrisch schwachen Silbe ("w"-Knoten in einem Fußbaum) erscheint. Die Strukturbeschreibung dieser Regel referiert auf die Prominenz-Relation im Fußbaum, während die der Redundanzregeln in (57) nur auf die Assoziation mit der Segmentposition Bezug nimmt. Damit wird die Tatsache direkt erfaßt, daß ein kurzer gespannter Vokal niemals einen Hauptakzent tragen kann.

Mit Hilfe der Regeln (57) und (62) können wir die redundante Merkmalspezifizierung von [±gesp] aus der lexikalischen Repräsentation eliminieren. Die Regel (62) wird aufgrund der "Elsewhere-Condition" vor (57b) appliziert. Die Redundanzregeln (57) und (62) spielen im Lauf der lexikalischen Derivation keine bedeutende Rolle und werden daher postlexikalisch angewandt. Sie sind nur für die "low-level"-Realisierung der Gespanntheit von vokalischen Segmenten verantwortlich. Die Regelordnung zwischen (57b) und (62) erklärt außerdem die Merkmalspezifikation [-gesp] für das Schwa. Alle wortfinalen Vokale außer Schwa sind im Deutschen gespannt. Nach der Akzentzuweisung auf Ebene 1 wird die Regel (62) angewandt. Wortfinale Vokale werden hier als [+gesp] spezifiziert, wenn sie die Strukturbedingung von (62) erfüllen. Silben mit Schwa bleiben nach unserem Modell auf Ebene 1 unsilbifiziert und erhalten daher auch keinen Akzent. Nach der Ebene 1 spezifiziert dann die Default-Regel (57b) Schwa als [-gesp].

Betrachten wir jetzt Problemfälle, die auf den ersten Blick der Regel (62) zu widersprechen scheinen. Nach dieser Regel ist die Merkmalspezifizierung von [+gesp] für die zugrundeliegend kurzen Vokale nur dann voraussagbar, wenn sie am Ende einer Silbe, die einen "weak"-Knoten in der Fußstruktur darstellt, vorkommen. Wörter wie *Kámera, Árrak, Vílla, Phílipp, Téppich, Zéppelin* zeigen aber, daß der zugrundeliegende kurze Vokal, der in einer offenen Silbe steht, den Hauptakzent trägt. Die Zuweisung der Fußstruktur (siehe auch die MSR in (56)) identifiziert diese offene Silbe als "s" (strong). Die Redundanzregel (62) kann hier nicht angewandt werden, da sie auf den "weak"-Knoten eines Fußes beschränkt ist. Stattdessen wird die Redundanzregel (57b) angewandt. Es ergibt sich dann ein Output, der einen ungespannten kurzen Vokal in einer offenen Silbe enthält. Diese Konstellation verletzt die Wohlgeformtheitsbedingung in (61). Das Problem ist aber lösbar, wenn wir annehmen, daß in den betreffenden Wörtern eine Resilbifizierung nach der Zuweisung der Fußstruktur stattfindet. Eine leichte Silbe wird nämlich zu einer schweren, wenn ihr der Hauptakzent zugewiesen wird, d.h. wenn sie zur fußinitialen Silbe wird. Der auf einen kurzen Vokal folgende Konsonant wird dabei charakteristischerweise ambisilbisch (vgl. auch Giegerich 1985: 74-75). Die erste Silbe in *Arrak* ([árak]) ist z.B. bei der Silbifizierung vor der Akzentzuweisung offen ([a]σ). Nach der Akzentzuweisung wird sie aber geschlossen, indem der folgende Konsonant /r/ als Koda der ersten Silbe (neben Onset der zweiten Silbe) resilbifiziert wird. Die Regel für diese Strukturänderung gebe ich in (63), ein Ableitungsbeispiel in (64). Die Regel (63) wird wie die Redundanzregeln (57) und (62) postlexikalisch angewandt. Um die Beschreibung der Regel und der Ableitung zu vereinfachen, verwende ich hier die CV-Notation statt der X-Notation. Es sei daran erinnert, daß der Akzent auch einer leichten Silbe zugewiesen werden kann (durch die Default-Fußzuweisung, siehe Abschnitt 1.3.1), wenn es keine anderen Kandidaten für die Fußzuweisung gibt. Das gilt für die ersten Silben in Wörtern wie *Ebbe*, *Philipp*, *Klappe*, *Kamera*.

(63)   σ
        ╱│⋱
    C   V   C   / $_\Sigma$ [___ ...]

Die Regel (63) besagt, daß nach der Akzentzuweisung eine leichte Silbe zu einer schweren modifiziert wird. Durch diese Operation wird der Konsonant, der auf eine leichte Silbe folgt, zu einem Teil dieser Silbe und auf der phonetischen Oberfläche als ambisilbisch realisiert. Wie Giegerich (1985: 27) beobachtet, ist dies die einzige Umgebung, in der ambisilbische Konsonanten im Deutschen vorkommen. Sie machen die zugrundeliegende leichte Silbe schwer. Die Geminaten-Konsonanten, die in vielen Wörtern (siehe oben) in der Orthographie vorkommen, deuten auch auf den ambisilbischen Status der betreffenden Konsonanten hin.

(64)   *Arrak*

        zugrundeliegend   V C V C
                            | | | |
                            a r a k

Silbifizierung

```
        σ     σ
        |    /\
        V C  V C
        | |  | |
        a r  a k
```

Akzentzuweisung

```
           Σ
          /\
        σs  σw
        |   /\
        V C V C
        | | | |
        a r a k
```

Regel (63)

```
           Σ
          /\
        σs  σw
        |⸍⸍/\
        V C V C
        | | | |
        a r a k
```

[árak] ([r̯] = ambisilbisches [r])

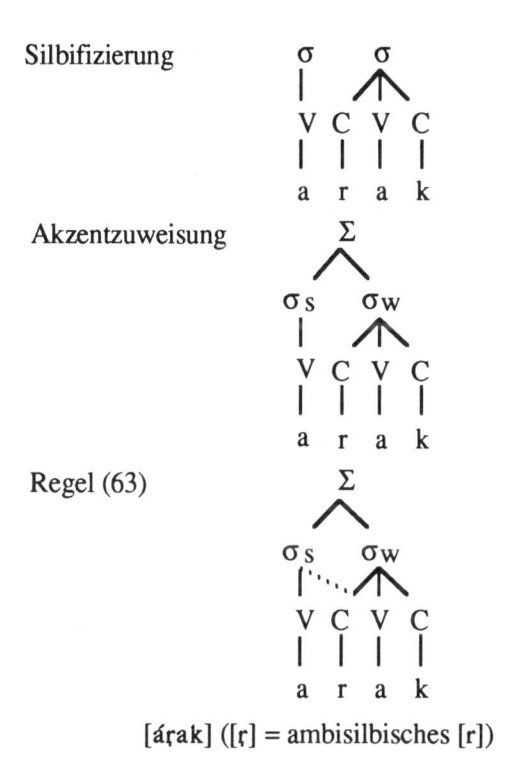

Unter Annahme der Regel (63) bekommen kurze Vokale in Wörtern wie *Kámera*, *Árrak* usw. den Merkmalwert von [gesp], wie er von den Redundanzregeln (57) und (62) vorausgesagt ist. Sie entsprechen auch der in (61) dargestellten Wohlgeformtheitsbedingung.

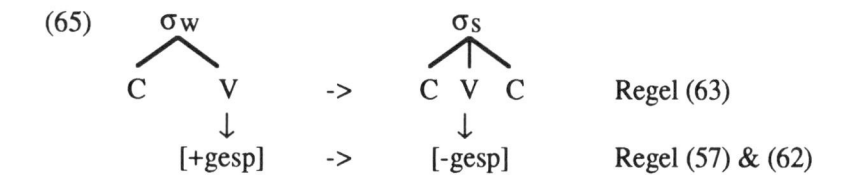

(65)
```
     σw              σs
    /\              /|\
   C  V    ->      C V C
   ↓               ↓
  [+gesp]  ->    [-gesp]
```
                                              Regel (63)

                                              Regel (57) & (62)

An dieser Stelle ist noch eine wichtige Bedingung für die lexikalische Repräsentation im Deutschen zu diskutieren. Sie steht im unmittelbaren Zusammenhang mit dem von der Regel (63) ausgedrückten Phänomen. Wie oben dargestellt, wird der Konsonant ambisilbisch, wenn er auf einen kurzen Vokal folgt und wenn dieser Vokal Hauptakzent erhält. Ein Obstruent, der in dieser Position auftritt, ist dabei invariabel [+gesp] (vgl. *Téppich*, *Zéppelin*). Noch genereller ausgedrückt: Ein Obstruent, der auf einen kurzen ungespannten Vokal folgt, ist [+gesp]. Es gibt im Deutschen kein Wort wie */lɪb/ (vgl. *Liebe*, *Liebling*) oder */bad/ (vgl. *Bade*), in dem ein silbenfinaler

[-gesp]-Obstruent nach einem kurzen ungespannten Vokal vorkommt (zur Begründung dafür, daß die Obstruenten hier als [+gesp] oder als [-gesp] klassifiziert werden, nicht als [±sth], siehe Abschnitt 4.3). Diese Bedingung gilt natürlich postlexikalisch nicht. Denn ein [-gesp]-Obstruent kann postlexikalisch nach einem kuzen ungespannten Vokal vorkommen, wenn der Obstruent nach der Anwendung der Regel (63) ambisilbisch wird, z.B. *Ebbe*, *Bagger*, *Roggen* etc. Auf dieses Problem komme ich unten noch zurück.

Man vergleiche damit eine Gruppe von Wörtern wie *Mitte*, *Deppen*, *Wasser*, *backen*. Diese zweisilbigen Wörter enthalten einen intervokalischen Konsonanten, dessen Zugehörigkeit zur Silbe (der ersten oder der zweiten?) ambig ist (zur Annahme dieser Konsonanten als ambisilbischer Segmente siehe auch Wiese 1988: 78-79). Das Vorkommen ambisilbischer Konsonanten ist – wie oben dargestellt – in meiner Analyse aus einem unabhängigem Grund, nämlich Wortakzentverhältnissen, motiviert worden: Sie erscheinen nach einem kurzen Vokal in einer betonten Silbe. Dies ist die einzige Umgebung, in der ambisilbische Konsonanten erscheinen. Der ambisilbische Status solcher Konsonanten – auch wie oben erwähnt – spiegelt sich in gewissem Maße auch in der Doppelschreibung in den genannten Wörtern wider. Nun unterliegen Obstruenten, die ambisilbisch vorkommen können, der oben genannten Beschränkung. Sie sind ohne Ausnahmen [+gesp]. Das Merkmal der Gespanntheit für die Obstruenten in dieser Position ist also voraussagbar. Für die lexikalische Repräsentation im Deutschen gilt daher die Markiertheitsbedingung (66), die besagt, daß das Merkmal der Gespanntheit für die Obstruenten unspezifiziert bleiben muß, wenn sie nach einem kurzen Vokal am Ende einer akzentuierten Silbe (hier durch "S" (metrisch "stark") gekennzeichnet) stehen.

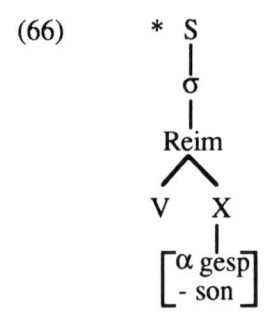

(66)   * S
         |
         σ
         |
        Reim
        /\
       V X
          |
       ⎡α gesp̄⎤
       ⎣- son ⎦

Diese Bedingung impliziert ihrerseits folgende Redundanzregel:

(67)
$$\begin{array}{c} S \\ | \\ \sigma \\ | \\ \text{Reim} \\ | \end{array}$$

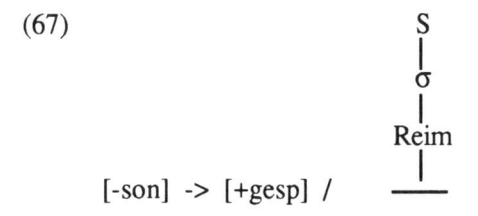

[-son] -> [+gesp] / ─────

Die Bedingung in (66) und die Redundanzregel in (67) stellen in Wirklichkeit nur einen speziellen Fall der Auslautverhärtung dar; sie sollten daher generalisiert werden. Die genaue Regelformulierung der Auslautverhärtung wird ausführlich in Abschnitt 4.3 diskutiert. Nach der dort vorgeschlagenen Analyse ist das Merkmal [±gesp] von Obstruenten im Silbenauslaut generell voraussagbar. Die oben dargestellte Kontextbedingung für die Auslautverhärtung muß danach vereinfacht werden. Hier geht es aber zunächst darum, die Distribution der Gespanntheit für die Obstruenten im Kontext des vorangehenden kurzen Vokals zu zeigen und das Nichtvorkommen einer Alternation wie *[lɪp] - [lɪbə] oder *[knap] - [knabə] im Deutschen deutlich zu machen. Scheinbare Ausnahmen zur Regel (67) sind Wörter wie *Ebbe*, *Widder*, *Roggen*, *Kladde*, *eggen* usw. Hier erscheinen nach einem kurzen ungespannten Vokal ungespannte Obstruenten. Die Nicht-Anwendung der Regel (67) für diese Wörter läßt sich aber aus der Linking-Bedingung (vgl. Hayes 1986a, Itô 1986, Borowsky 1986) erklären. Dieses Prinzip beschränkt die Anwendung einer phonologischen Regel auf eine bestimmte Weise, und zwar so, daß die Strukturbeschreibung der Regel erschöpfend interpretiert werden muß. Die Obstruenten in den genannten Wörtern werden nach der Anwendung der Regel (63) ambisilbisch, d.h. sie sind mit zwei Silbenknoten assoziiert. Die Kontextbedingung der Regel (67) referiert aber auf eine X-Position, die nur mit einer Silbe assoziiert ist. Die Regelanwendung wird aufgrund der Linkingbedingung blockiert. Wörter wie *Ebbe*, *Widder* usw. sind daher keine Ausnahmen. Die Nicht-Anwendung der Regel (67) für diese Wörter läßt sich aus einem Prinzip herleiten, das auch sonst für eine Doppelassoziation (z.B. Geminaten oder Segmentsequenzen mit partieller Assimilation) die Anwendung einer phonologischen Regel generell beschränkt. In (68) ist die Ableitung von *Ebbe* illustriert [27]:

---

[27] Die Repräsentation des ambisilbischen Konsonanten in *Ebbe* hat bei Wiese (1988: 80) die gleiche Form wie der Geminaten, siehe (a). Eine alternative Repräsentation wie (b) wird von ihm abgelehnt.

(a)
$$\begin{array}{c} \sigma \quad \sigma \\ \wedge \quad \wedge \\ V\ C\ C\ V \\ |\ \vee\ | \\ \varepsilon\ b\ \ \ \ \partial \end{array}$$

(b)
$$\begin{array}{c} \sigma \quad \sigma \\ \wedge \quad \wedge \\ V\ C\ V \\ |\ \ |\ \ | \\ \varepsilon\ b\ \partial \end{array}$$

(68) Zugrundeliegend:

```
X   X   X
|   |   |
ɛ   b   ə
```

Silbifizierung:

```
σ       σ
|      /\
X   X   X
|   |   |
ɛ   b   ə
```

Akzentzuweisung:

```
     Σs
    /  \
    |   Σw
    |   |
    σs  σw
    |  /\
    X X  X
    | |  |
    ɛ b  ə
```

Regel (63):

```
     Σs
    /  \
    |   Σw
    |   |
    σs  σw
    |⋯⋯/\
    X X  X
    | |  |
    ɛ b  ə
```

Regel (67)   nicht anwendbar

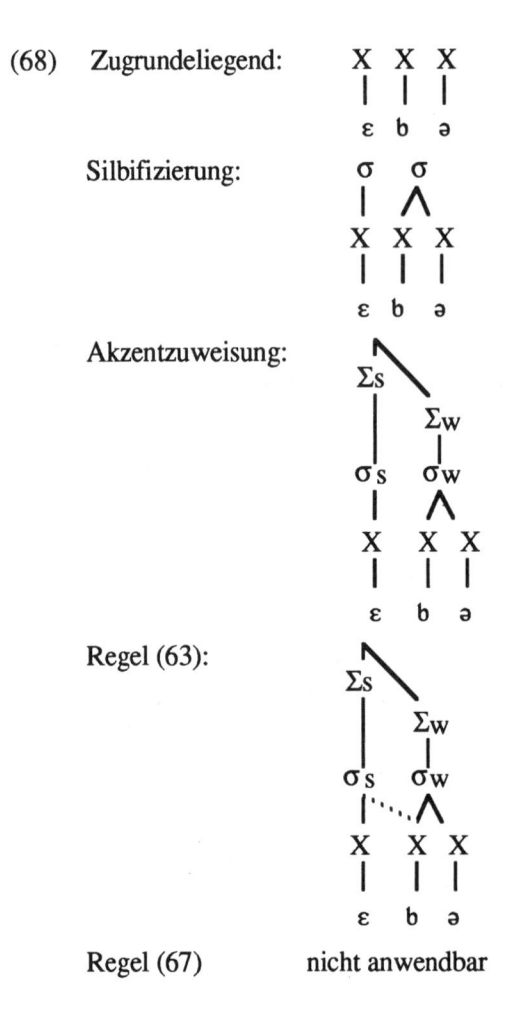

Meine Analyse, die das Merkmal [±gesp] bei Vokalen nicht als zugrundeliegend annimmt und die Distribution dieses Merkmals durch Redundanzregeln voraussagt, braucht bei der Beschreibung des Wortakzents im Deutschen nicht komplexere Mechanismen als die von Giegerich (1985) angenommenen. Die beiden Analysen machen aber auch empirisch andere Voraussagen. Betrachten wir folgende alternie-

---

Die Ambisilbizität von /b/ in *Ebbe* ist bei Wiese durch die Kernbedingung vorhergesagt, die von mir nicht angenommen wird (siehe 2.4). Sie führt aber nicht notwendigerweise dazu, *Ebbe* wie in (a) zu silbifizieren und eine Silbifizierung wie in (b) auszuschließen. Um nur die Repräsentation (a) zuzulassen, muß /b/ zugrundeliegend mit zwei Segmentpositionen assoziiert sein. Das bedeutet, daß der Lexikoneintrag /ɛbə/ das zugrundeliegende ambisilbische /b/ (vor der Silbifizierung!) enthält. Im Gegensatz dazu gehe ich davon aus, daß die Ambisilbizität eines Konsonanten ausschließlich aus Silbifizierungsregeln abzuleiten ist.

renden Wortpaare (alle Daten stammen aus Giegerich 1985: 62-64):

(69) a. Partíe   -   Párty
       Kanú   -   Kánu
       Haschée -   Háschee
       Café   -   Káffee
       Dämón   -   Dâmon
       Motór   -   Mótor
    b. Pláto   -   platónisch, Platónik
       Jápan   -   Japáner, japánisch
       Dâmon   -   Dämónen
       Áutor   -   Autóren

Die Wörter in (69a) sind freie Varianten. Sie können End- oder Anfangs-Akzent tragen. In (69b) alterniert dagegen der Wortakzent. Vor den Suffixen *-isch*, *-er*, *-or* wird der Akzent verschoben. Zur Behandlung der Akzentverhältnisse dieser Wörter verwendet Giegerich (1985) außer der MSR folgende Mechanismen:

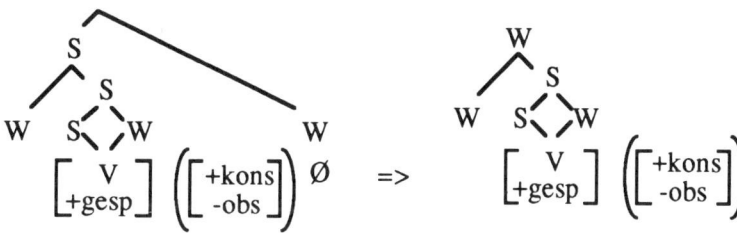

(70) a. Stress Shift

b. Syllable Weight Adjustment (I)

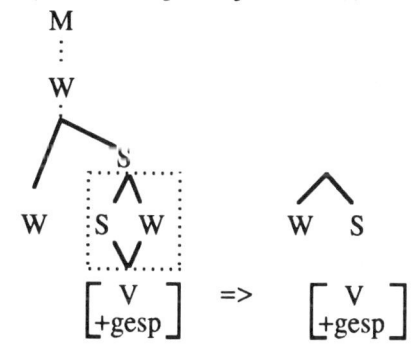

c. Pre-consonant Laxing (optional)

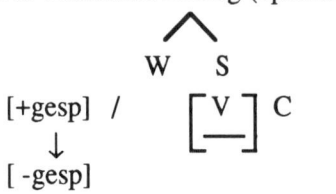

$$[+\text{gesp}] / \underset{W\ \ S}{\left[\underline{}V\right]C}$$
$$\downarrow$$
$$[-\text{gesp}]$$

Die lexikalische Repräsentation der Wörter in (69) enthält gespannte Vokale rechts von DTE. Dies verletzt die MSR, weil diese Regel automatisch dem finalen gespannten Vokal den Hauptakzent zuweist. Unter Annahme der Mechanismen in (70) sind aber die Wörter in (69) keine Ausnahmen mehr. Die finalen Vokale, die zugrundeliegend gespannt und lang sind, erhalten ganz regulär nach der MSR den Hauptakzent. Damit werden die links stehenden Varianten in (69a) und die rechts stehende Variante in (69b) erfaßt. Wörter, die den Hauptakzent nicht in finaler Silbe haben, unterliegen dann der metrischen Transformation (Regel (70a)), wobei der Hauptakzent von rechts nach links verschoben wird. Die darauf folgenden Regeln, (70b) und (70c), sorgen dafür, daß finale Vokale als kurz-ungespannt realisiert werden. Die Beispiele in (71) illustrieren diese Ableitungsprozesse. Einfachheitshalber werden hier statt einer metrischen Struktur die üblichen phonetischen Zeichen für die Kennzeichnung der Gespanntheit und der Länge verwendet.

(71) zugrundeliegend -> MSR -> Stress Shift ->
/kɑnu/   kɑːnú: kɑ́ːnuː
/jɑpɑn/   jɑːpɑ́ːn   jɑ́ːpɑːn
Syllable Weight Adjustment -> Laxing
kɑ́ːnu   ---
jɑ́ːpɑn   jɑ́ːpɑn

In *Kánu* wird die Laxing-Regel nicht angewandt, weil der wortfinale Vokal fast invariabel als gespannt realisiert wird, vgl. *Véto*, *Mótto*, *Mútti* etc. Man beachte, daß der finale Vokal in den letztgenannten Wörtern (*Véto* etc.) zugrundeliegend als ungespannt repräsentiert werden muß, damit die MSR funktionieren kann. Denn diese Wörter zeigen weder Akzentvarianten wie (69a) noch eine Alternation wie (69b). Die voraussagbare Gespanntheit des wortfinalen Vokals wird damit verdunkelt (siehe auch die oben erwähnte arbiträre Merkmalspezifikation der Gespanntheit). Die metrische Transformation (Regel (70a)) kann zwar die scheinbaren Ausnahmen zur MSR, die Wörter in (69), erklären. Sie erlaubt aber ihrerseits eine große Gruppe von Ausnahmen. Wörter wie *Ökonóm*, *Disziplín*, *Dekán* usw., die finalen Akzent haben, müssen als Ausnahme zur "stress shift"-Regel im Lexikon markiert werden. Ausnahmen hören aber nicht bei morphologisch einfachen Wörtern auf. Sie vermehren sich beliebig bei abgeleiteten Wörtern mit Klasse-I-Suffixen. Vgl. dazu *Natión - nationál, Millión - Millionä´r, Dozént - Dozentúr* usw. Alle abgeleiteten Formen wie diese müssen auch im Lexikon als Ausnahmen markiert werden. Die Alternationen in diesen Wörtern sind von mir durch die Vokalkürzung (siehe 2.5) behandelt worden. Vokalkürzung dient dabei als Input zur Akzentzuweisung für die abgeleitete Form. In Giegerichs Modell dagegen findet die Akzentzuweisung zuerst statt und dann die Vokalkürzung. So bekommt ein Wort wie *Ökonomíe* nach der MSR auf der finalen Silbe den Hauptakzent. Die ersten drei Vokale (zugrundeliegend lang und gespannt) werden später durch "Syllable Weight Adjustment" gekürzt, wenn sie keinen Hauptakzent tragen. Die beiden Analysen implizieren empirisch andere Voraussagen. Die Regel "Syllable Weight Adjustment" von Giegerich erfaßt nicht nur die alternierenden Vokale (das dritte /o/ in *Ökonóm* vs. *Ökonomíe*), sondern auch die Vokale, die niemals in der Alternation auftreten (das /ø/ und /o/ in *Ökonomíe*). Die Vokalkürzungsregel in meiner Analyse erfaßt dagegen nur die wirklich alternierenden Vokale. Der zweite Unterschied bezieht sich auf die Rolle der Gespanntheit bei der Akzentzuweisung. Nach meiner Analyse ist das Merkmal [gesp] zugrundeliegend unspezifiziert. Bei Giegerich ist es dagegen lexikalisch. Die Akzentzuweisung hat jedoch nur mit der Silbenschwere zu tun. Das segmentale Merkmal der Gespanntheit spielt dabei keine Rolle. Wie wir oben diskutiert haben, zeigt sich dies vor allem darin, daß eine leichte Silbe zu einer schweren modifiziert wird, wenn sie einen Hauptakzent zugewiesen bekommt. Diese Änderung betrifft nur die Silbenstruktur, nicht das segmentale Merkmal. In Giegerichs Modell müssen zugrundeliegende lange gespannte Vokale (z.B. die ersten drei Vokale in *Ökonomie*) bei der Modifikation der Silbenschwere (durch die Regel (70b)) zuerst in kurze gespannte Vokale umgewandelt werden. Dann modifiziert die Laxing-Regel ((70c)) kurze gespannte Vokale zu kurzen ungespannten. Die Tatsache, daß die Vokalkürzung automatisch auch die Merkmaländerung von [+gesp] zu [-gesp] mit sich bringt, kommt dabei nicht zum Ausdruck. In meinem Modell ist diese Relation zwischen Silbenstruktur und [gesp] vorhersagbar. Da dieses Merkmal im Lexikoneintrag unspezifiziert ist, erweist sich die Laxing-Regel als überflüssig.

2.7 Extrasilbische Segmente und Markiertheitstheorie

In Abschnitt 2.3.2 habe ich das wortinitiale [ʃ] und [s] wie in *Sprache*, *Sklave* als extrametrische Segmente betrachtet. Extrametrische Segmente (auch "Appendices" genannt) kommen aber auch im Wortinlaut und -auslaut vor. In (72) sind sie zusammengestellt.

(72) a. /ʃp/: Spiel, spotten, Spion
/ʃt/: Stein, stoßen
/sk/: Skelett, Skat, Skorpion, Skala, skeptisch
/ʃpr/ : Sprache, springen
/ʃtr/ : Straße, streichen, Streit
/skl/ : Sklave
b. /s/ : Fenster, Husten, erste, extra
c. /t/: Akt, wirft, legt
/s/: Wegs, rechts, Schranks
/st/: Herbst, Papst, legst, beschränkst

Obwohl der Begriff "Extrasilbizität" in den Arbeiten zur Akzenttheorie (z.B. Hayes 1982, Harris 1983) gut motiviert ist, scheint er jedoch in einiger Hinsicht unplausibel und ad-hoc zu sein. In diesem Teil wird daher eine alternative Erklärung extrametrischer Segmente unter dem Aspekt der Markiertheit in Erwägung gezogen. Abgesehen von der unbeantworteten Frage, warum nur eine extrasilbische C-Position erlaubt ist, kann die Theorie der Extrasilbizität vor allem nicht erklären, warum die so häufig vorkommenden Segmente /ʃ/ und /s/ in den Anlautclustern /ʃp/, /ʃt/ und /sk/, die auch in vielen anderen Sprachen systematisch vertreten sind, als extrasilbisch betrachtet werden sollen. Wenn diese Cluster eine spezifische Entbindung wie "Extrasilbizität" erfordern, weil sie das universale Prinzip der Sonoritätshierarchie verletzen, würde man erwarten, daß sie selten vorkommen. Eine denkbare Extrasilbizität, die z.B. Liquid-Verschlußlaut-Cluster im Onset erlauben soll, ist jedoch in der Tat extrem selten. Unter dem Gesichtspunkt der Markiertheit kann also die Behandlung von /ʃ/ und /s/ als extrasilbisch nicht gerechtfertigt werden. Eine Theorie, in der die Sonoritätshierarchie eine fundamentale Rolle spielt, hat sicherlich Probleme mit Anlautclustern wie /ʃp/, /ʃt/ und /sk/ [28]. Der Sonderstatus von /ʃ/ und /s/ am Wortanfang wird aber aufgehoben,

---

[28] Kiparsky (1979: 434) z.B. argumentiert dafür, daß die Grammatik des Englischen einen spezifischen Dispens enthalten muß, der die Cluster der abnehmenden Sonorität im Onset erlauben soll. Dadurch können Silben mit den Anlautclustern /sp/, /st/ und /sk/ beginnen, obwohl /s/

wenn man sie statt unter dem Aspekt der Sonoritätshierarchie unter dem der Markiertheit betrachtet.

Wie in Abschnitt 2.1 dargestellt, wird in dieser Arbeit eine Reihe subsilbischer Konstituenten angenommen. Universale Phrasenstrukturregeln für die Generierung von Silben sehen danach so aus:

(73) a. σ -> (Onset) Reim
　　 b. Reim -> Nukleus (Koda)

Obwohl ein einfacher Nukleus mit nichtverzweigendem Reim eine segmental minimal mögliche Silbe, V, konstituiert, ist er nicht am wenigsten markiert. Denn das Vorkommen einer solchen Silbe setzt in (fast) allen Sprachen das Vorkommen einer CV-Silbe (nichtverzweigender Reim mit einfachem Onset) voraus. Es ist oft beobachtet worden, daß Sprachen mit einem einzigen Silbentyp immer CV-Silben besitzen. Mit Hilfe von Markiertheitsregeln können wir diese Eigenschaften der Konstituenten darstellen.

(74) a. σ -> Onset Reim　　unmarkiert
　　 b. σ -> 　　　Reim　　markiert

Die Reim-Konstituente kann durch die folgenden Markiertheitskonventionen definiert werden.

(75) a. Reim -> Nukleus　　　　unmarkiert
　　 b. Reim -> Nukleus Koda　markiert

Es wird hier angenommen, daß m (= "markiert") einem Knoten zugeschrieben wird, der durch eine markierte Regel expandiert wird. So wird der Silbenknoten (σ) als [m On] gekennzeichnet, wenn er durch die markierte Option (74b) generiert wird, der Reimknoten als [m Cd], wenn er durch (75b) generiert wird. Weiter wird angenommen, daß die Merkmale, die einen bestimmten Knoten kennzeichnen, nach unten zu allen Knoten und schließlich bis zu allen Segmenten perkolieren, die von diesem Knoten dominiert werden. Dadurch ist es möglich, die Restriktionen für die Segmentklassen innerhalb einer bestimmten Silbenkonstituente zu erklären [29].

---

　　sonorer ist als /p/, /t/ oder /k/.
[29] Die Beschränkungen für die möglichen Segmentklassen innerhalb einer Silbenkonstituente zeigen sich z.B. darin, daß viele Sprachen in geschlossener Silbe weniger Vokale zulassen als in offener

Unter dieser Voraussetzung wende ich mich nun der Struktur und der relevanten Markiertheit des Onset zu. Von den verschiedenen Onsettypen (siehe Cairns/Feinstein 1982: 198 und Greenberg 1966) sind insbesondere zwei Typen für die vorliegende Diskussion wichtig: Der erste Onset besteht aus Obstruenten und Liquiden oder Nasalen. Der zweite Onset besteht aus Frikativen und Verschlußlauten [30]. Die Repräsentationen dieser beiden Onsettypen können nach dem Vorschlag von Cairns/Feinstein (1982: 200-201) mit den Strukturen in (76) wiedergegeben werden, wobei die Konstituente Onset eine Reihe von Knoten dominiert.

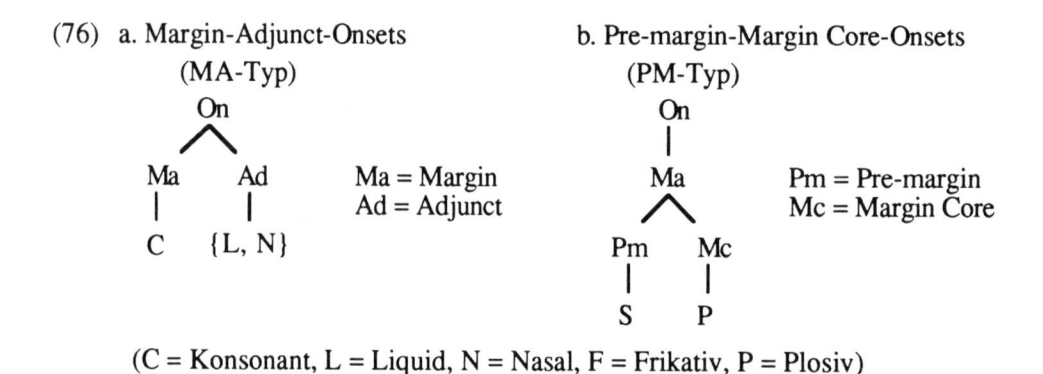

(76) a. Margin-Adjunct-Onsets   b. Pre-margin-Margin Core-Onsets
         (MA-Typ)   (PM-Typ)
           On   On
          / \ |
         Ma Ad   Ma = Margin   Ma   Pm = Pre-margin
         | | Ad = Adjunct   / \   Mc = Margin Core
         C {L, N}   Pm   Mc
                                          | |
                                          S   P

(C = Konsonant, L = Liquid, N = Nasal, F = Frikativ, P = Plosiv)

Um die beiden Onsettypen zu erfassen, können wir folgendes Schema ("Onset-template") postulieren.

(77)   On
           / \
          Ma (Ad)
         / \
       (Pm) Mc

Ma ist ein obligatorischer Onset-Knoten. Mc ist eine obligatorische Konstituente des Onsets. In (78) sind die Phrasenstrukturregeln für den Onset gegeben.

Silbe. Cairns/Feinstein (1982: 198) nennen als ein typisches Beispiel hierfür das Sinhalese (gesprochen in Sri Lanka). In dieser Sprache können alle 15 Vokalphoneme in offener Silbe vorkommen, während nur sechs davon in geschlossener Silbe vorkommen.

[30] Der Onsettyp, der aus Nasalen und stimmhaften Verschlußlauten besteht, wird hier vernachlässigt, weil dieser Typ im Deutschen nicht vorkommt. Alle Sprachen, die neben den stimmlosen und stimmhaften Verschlußlauten auch die Sequenz Nasal + stl. Verschlußlaut besitzen, lassen auch die Sequenz Nasal + sth. Verschlußlaut zu (vgl. Cairns/Feinstein 1982: 199, Anm.6, Feinstein 1979).

(78) a. On -> Ma (Ad)
     b. Ma -> (Pm) Mc

Die Ma-Konstituente kann zum markierten Pm expandiert werden. D.h. SP- und ND-Cluster können ein einziges Segment im MA-Onset ersetzen. Onset-Cluster sind im allgemeinen markierter als der Onset mit einem einzigen Segment. Daraus ergeben sich die folgenden Markiertheitskonventionen:

(79) a. On -> Ma   u
     b. On -> Ma Ad   m
     c. Ma -> Mc   u
     d. Ma -> Pm Mc   m

Innerhalb der silbischen Konstituenten muß nun der relative Markiertheitswert der verschiedenen Phonemklassen definiert werden. Das am häufigsten vorkommende Mc-Segment ist ein Obstruent, wobei stimmlose Verschlußlaute die unmarkierte Kategorie der Obstruenten darstellen. Viele Sprachen erfordern Obstruenten (meist Verschlußlaute) im MC, wenn der Onset durch Expansion markiert wird, wie im MA- oder PM-Typ. Daraus folgen zwei Markiertheits-konventionen:

(80) a. [u son] -> [-son] $\left[\overline{\text{Mc}}\right]$

     b. [u kont] -> [-kont] / $\left[\begin{array}{c} -\text{son} \\ \text{Mc} \end{array}\right]$

Nach Kean (1975) gibt es eine intrinsische Ordnung zwischen (80a) und (80b): b kann nicht angewandt werden, bevor der Wert von [son] durch a spezifiziert worden ist.

Wenden wir uns nun dem PM-Onsettyp zu. Wir können zunächst beobachten, daß zwei Segmente dieses Onsetclusters ko-variieren: stimmlose Verschlußlaute werden nach /s/ am meisten bevorzugt, während nach Nasalen stimmhafte Verschlußlaute bevorzugt werden. Für die ND-Onsets (N = Nasal, D = stimmhafte Verschlußlaute) gilt generell, daß die zwei Segmente immer homorgan sind. Folgende Konventionen sind festzustellen:

(81) a. Ma -> [α T] / $\left[\overline{\text{M Pm}}\right]$

b. Ma -> [α Ort] / $\begin{bmatrix} -T \\ M\,Pm \end{bmatrix}$

Mit Hilfe eines arbiträren Merkmals [T] werden SP-Onset ([+T]) und ND-Onset ([-T]) unterschieden (S = Frikative, P = Verschlußlaute). Eine Sprache kann einen von diesen beiden Typen wählen. Ein Ma, das den Pm-Knoten dominiert, wird danach für das Merkmal [T] entweder als "+" oder als "-" markiert. Da das Deutsche keinen ND-Onset besitzt, brauchen wir die Konvention (81b) nicht.

Die Markiertheitskonventionen in (80) unterliegen den Komplementskonventionen (vgl. Kean 1975) in (82). (82a) besagt, daß α der unmarkierte Wert des Merkmals F in der Umgebung von X ist. Der markierte Wert in derselben Umgebung ist - α (82b). In allen anderen Umgebungen außer X ist der Markiertheitswert umgekehrt (82c und 82d). Aufgrund dieser Komplementskonventionen können wir (80b) folgendermaßen interpretieren: Der unmarkierte Wert für das Merkmal [kontinuierlich] ist "+" in den Umgebungen außer Mc.

(82) Komplementskonventionen
 a. u F -> α F / X
 b. m F -> -α F / X
 c. u F -> α F / -X
 d. m F -> -α F / -X

Dadurch läßt sich erklären, daß /ʃ/ und /s/ in der Pm-Position unmarkiert sind. Nach dem initialen /s/ wird dagegen ein Verschlußlaut bevorzugt, weil dieser in der Mc-Position unmarkiert ist. Der unmarkierte Wert für das Merkmal [kontinuierlich] ist nur dann "-", wenn Obstruenten in der Mc-Position vorliegen. Dies ist eine Evidenz dafür, daß Subkategorien erforderlich sind, um die Markiertheit adäquat zu formulieren.

Die Annahme der verschiedenen Knoten innerhalb des Onsets kann natürlich nur dann gerechtfertigt werden, wenn sie sich für die Erklärung der Silbenregularitäten als unabhängige Kategorien erweisen. Aber gerade die Tatsache, daß die zwei oben vorgestellten Onsettypen in bezug auf die Markiertheit unterschieden werden müssen, scheint diese Annahme zu stützen.

Greenberg (1966) hat bereits beobachtet, daß in Anlautsystemen die Existenz des Clusters Obstruent + Nasal die des Clusters Obstruent + Liquid impliziert. Auch im Deutschen sind die Kombinationen der Obstruenten mit /l/ und /r/ in den Anlautclustern viel systematischer vertreten als die Kombinationen der Obstruenten mit Nasalen. Aus diesem Grund beschreibt Wiese (1988: 93) die ersteren Konsonantencluster mit einer generellen positiven Silbenstrukturbedingung, während die letzteren, die nicht direkt durch diese SSB erfaßt werden können (z.B. *Knie, Gnade*; marginal /pn/ und /gm/), den einzelsprachlichen SSBen unterliegen.

Unter dem Aspekt der Markiertheit lassen sich diese Fakten so interpretieren, daß der Onsettyp CN markierter ist als der Typ CL, der wiederum markierter ist als der einfache Onset, der aus nur einem einzigen Konsonanten besteht. Zwischen den Onsettypen (76a) und (76b) bestehen jedoch keine Markiertheitsrelationen. Hier lassen sich keine Verhältnisse feststellen, in denen der eine Typ den anderen impliziert. Die beiden Onsettypen existieren somit parallel. D.h. es gibt zwei Parameter, nach denen eine Sprache das Inventar des Silbenonsets verkomplizieren kann: Nach dem ersten Parameter kann eine Sprache entweder nur C (z.B. das Koreanische) oder C und CL (z.B. das Englische) oder C, CL und CN (z.B. das Deutsche) als mögliche Onsetformen besitzen. Unabhängig von dem ersten weist der zweite Parameter einer Sprache den Onsettyp ST zu. Die Unabhängigkeit der zwei Parameter läßt sich dadurch begründen, daß der SP-Onset C im CL-Onset ersetzen kann. So kommt in Sprachen wie dem Deutschen neben den Onsets /ʃt/ und /tr/ auch ein komplexer Onset /ʃtr/ vor. Im Kontrast dazu gibt es keinen Onset, in dem C im CL-Onset durch einen CN-Onset ersetzt wird, oder umgekehrt C im CN-Onset durch einen CL-Onset, siehe (83).

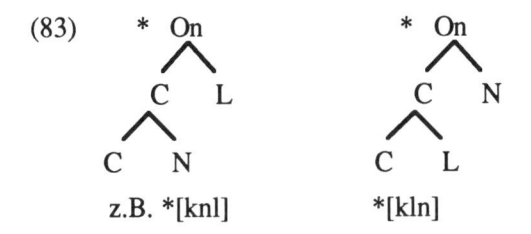

(83) * On   * On
      / \   / \
     C   L   C   N
    / \   / \
   C   N   C   L
   z.B. *[knl]   *[kln]

Das Prinzip der Sonoritätshierarchie kann den Onsettyp SP nicht erklären, weil Frikative sonorer als Verschlußlaute sind. Anderseits kann es auch nicht erklären, warum eine Sequenz wie /knl/ im Onset, die unter der Sonoritätsbedingung möglich sein soll, nicht erlaubt ist. Wie oben erwähnt, kommt jedoch die Sequenz /s/ + Obstruent in vielen Sprachen vor, während eine Sequenz wie /knl/ kaum zu beobachten ist.

Die Analyse dieser Cluster mittels Sonoritätsbeschränkungen unterscheidet sich in dieser Hinsicht von der Analyse mittels der Markiertheitstheorie. Die beiden Analysen enthalten empirisch distinkte Ansprüche. Die "Extrasilbizität" der wortinitialen Segmente /ʃ/ und /s/ läßt sich innerhab der Markiertheitstheorie dadurch erklären, daß der Onsettyp (76b) durch andere Markiertheitskonventionen gesteuert wird als die, die den Onsettyp (76a) oder den mit einem einzigen Konsonanten steuern.

2.8 Der Fuß als Domäne für phonologische Regeln

2.8.1 Glottis-Einsatz

Wie in Abschnitt 2.2.2 dargestellt, findet bei morphologisch komplexen Wörtern die Resilbifizierung über die Suffixgrenze hinaus regulär statt, wenn die Suffixe vokalisch anlauten. So wird ein abgeleitetes Wort wie *Freund+in* als [frɔyn]σ [dɪn]σ resilbifiziert, *freund+lich* dagegen als [frɔynt]σ [lɪç]σ. Es stellt sich heraus, daß die Domäne der Silbifizierung ein "phonologisches Wort" (ω) ist und daß das Prinzip der "onset maximation" nur innerhalb eines phonologischen Wortes gilt. Dies erklärt die unterschiedliche Silbifizierung des medialen Clusters /dl/ in [frɔynt]σ [lɪç]σ vs. [Han]σ [dlʊŋ]σ. Beim ersten Wort bildet das konsonantisch anlautende Suffix *-lich* ein phonologisches Wort für sich, so daß die Onset-Maximierung über die Morphemgrenze hinaus blockiert wird. Beim zweiten dagegen ist das vokalisch anlautende Suffix *-ung* allein kein phonologisches Wort. Dieses Suffix wird zusammen mit dem Stamm in ein phonologisches Wort integriert, so daß das Cluster /dl/, das in dem Moment der Suffigierung unsilbifiziert bleibt, zum Onset der zweiten Silbe wird. Präfix und Affixoid bilden ebenso wie der Stamm ihr eigenes phonologisches Wort. Resilbifizierung findet nicht über die Präfix- oder Affixoidgrenze hinweg statt. Vgl. [aɪn]σ [aːt]σ [mən]σ für *einatmen* (*[aɪ]σ [naːt]σ [mən]σ), [aɪ]σ [gən]σ [ar]σ [tɪç]σ für *eigenartig* (*[aɪ]σ [gə]σ [nar]σ [tɪç]σ), [ʊr]σ [alt]σ für *uralt* (*[ʊ]σ [ralt]σ). Es ist gut bekannt, daß die vokalisch anlautenden Silben in diesen Beispielen einen CV-Silbentyp gegenüber einem VC-Typ favorisieren, wobei der Silbenonset phonetisch als [ʔ] (Glottis-Verschluß) realisiert wird. In (84) gebe ich eine Regel für den festen Einsatz (CG steht für das Merkmal [constricted glottis]) [31]. Die Rechtfertigung dieser Regel soll aus der folgenden Diskussion folgen.

(84) Ø -> X / Σ [__ V
           |
         [+CG]

---

[31] Nach dem Prinzip der Strukturbewahrung (vgl. Kiparsky 1985) kann eine lexikalische Regel kein nicht-distinktives Segment ableiten. /ʔ/ ist im Deutschen nicht distinktiv. Diese Regel ist daher postlexikalisch anzuwenden.

Zunächst einige Bemerkungen zur Distribution des Glottisverschlußlautes: Vor der Morphem- oder Wortgrenze ist die Distribution von [ʔ] meistens vorhersagbar wie in [vɛɐ̯-ʔaltən] *veralten* und [gə-ʔɪmpft] *geimpft*. Hier scheint die verantwortliche Umgebung für das Vorkommen von [ʔ] eine Morphemgrenze zu sein. Die Morphemgrenze löst aber nicht immer den festen Einsatz aus, vgl. *Staub* [ʃtaup], *Staubes* [ʃtaubəs], *Staubig* [ʃtaubɪç]. Hier kommt [ʔ] trotz der Morphemgrenze gar nicht vor (*[ʃtaubʔəs], *[ʃtaubʔɪç]). Als Folge findet auch keine Auslautverhärtung statt. Bei den vokalisch anlautenden Suffixen sind zwei weitere Gruppen zu unterscheiden. Neben den oben genannten Suffixen, vor denen der feste Einsatz niemals vorkommt, gibt es auch Suffixe, wo der feste Einsatz zugelassen ist, z.B. *kontinu*[ʔ]*ieren*, *virtu*[ʔ]*éll* (neben *rituéll*), *bisexu*[ʔ]*éll* (neben *sexuéll*) usw. [32] Morphemintern erweist sich [ʔ] als ein flüchtiges Segment. In der Tradition des Strukturalismus beschreibt Moulton (1962: 142-143) das morpheminterne [ʔ] mittels des Begriffs "open juncture" [33].

Kloeke (1982: 233) formuliert zwei Regeln für den vokalischen Neueinsatz: der stilistisch bedingte /ʔ/-Einsatz mit fakultativer Anwendung (Wortpaare wie *virtu*[ʔ]*éll* vs. *rituéll* usw.) wird auf der Ebene der Silbe beschrieben, siehe (85a). Der feste Einsatz im Anlaut von Präfixen und Wurzelmorphemen wird dagegen durch eine morphologisch bedingte Regel erfaßt, die obligatorisch ist, siehe (85b) (ś in diesen Regel symbolisiert eine akzentuierte Silbe).

---

[32] Diese stilistisch bedingten Varianten (vgl. Kloeke 1982a: 46) beeinträchtigen die von mir postulierte Regel für den festen Einsatz nicht. Diese Varianten sind auf die unterschiedliche Realisierung der Silbenstruktur zurückzuführen. Eine Aussprache mit festem Einsatz wie in *virtu[ʔ]éll* hat drei Silben, eine Aussprache ohne festen Einsatz wie in *rituéll* dagegen zwei Silben. Der Vokal /u/ im ersten Wort ist silbisch, der im zweiten Wort dagegen unsilbisch. Im letzteren Fall ist daher der prävokalische Gleitlaut [u̯] mit folgendem Vokal tautosilbisch. Die Strukturbeschreibung der Regel (84) wird hier nicht erfüllt, vgl. dazu *Ling[u̯í]st* vs. *Ling[uʔí]st*, wobei die erstere Variante in der Umgangssprache zu beobachten ist.

[33] "open juncture" bei Moulton (1962: 139) ist ein abstraktes Phonem, es markiert " the grammatical boundary between two words, between the constituents of compound words, or between a word stem and a prefix or suffix". Wenn zwei Phoneme in offener Junktur zueinander stehen, gibt es eine deutliche Silbengrenze ("syllable break", vgl. S. 143) zwischen ihnen. Das Vorkommen von offener Junktur ist meistens mit langsamer, präziser Aussprache verbunden, während in informeller Rede oder in der Umgangssprache eine "close juncture" statt einer offenen auftritt, vgl. *Kann ich gehen?* wird in der Umgangssprache als /kán Iç gé:ən/ mit geschlossener Junktur realisiert. Wenn der initiale Vokal von *ich* (in einer bestimmten Sprechsituation) betont wird, wird es dagegen mit offener Junktur realisiert; [kán [ʔ]íç gé:ən].

(85) a. Vokalischer Neueinsatz

$$\begin{matrix} \acute{s} \\ | \\ 1 \quad 2 \end{matrix} \quad <=> \quad 1 \begin{bmatrix} \text{-kons} \\ \text{-kont} \end{bmatrix} \begin{matrix} \acute{s} \\ \diagup\diagdown \\ \text{E} \quad 2 \end{matrix} \quad / \text{ wo } \begin{bmatrix} 1 \\ \text{-kons} \\ \text{+son} \end{bmatrix} \begin{bmatrix} 2 \\ \text{-kons} \\ \text{+son} \end{bmatrix}$$

b. Fester Einsatz im Anlaut

$$\emptyset \quad \rightarrow \quad \begin{bmatrix} \text{-kons} \\ \text{-kont} \end{bmatrix} \quad / \text{ Pref, WR } \begin{bmatrix} \text{-segm} \end{bmatrix} \underline{\quad\quad} \begin{bmatrix} \text{-kons} \\ \text{+son} \end{bmatrix}$$

Die zwei Regeln in (85) lösen den gleichen Effekt aus, nehmen aber auf zwei verschiedene Ebenen (Silben- und Morphemgrenze) Bezug. Die Regeln scheinen also eine gewisse Redundanz zu enthalten. Kloeke (1982a: 234) meint aber, daß diese Redundanz nur scheinbar ist, und bemerkt dazu: "Es ist zu beachten, daß die Regel (85b) eine natürliche Silbeneinteilung CV $ CV verhindert, während die rechte Variante in (85a) sie gerade begünstigt, indem sie die Leerstelle vor dem Silbennukleus, also den Einsatz, ausfüllt". Mir scheint dies keine Rechtfertigung für die Annahme zweier Regeln in (85) zu sein. Kloeke meint mit dem ersten Abschnitt des obigen Zitats Kontrastpaare wie *verreisen* vs. *ver[ʔ]eisen*. Man beachte aber, daß die Silbifizierung der Sequenz VCCV in *ver[ʔ]eisen* eben die Realisierung des favorisierten CV-Silbentyps zeigt. Aus diesem Grund argumentiere ich dafür, daß der feste Einsatz im Deutschen statt zwei getrennter Regeln wie in (85) mit einer einzigen zu beschreiben ist und daß diese Regel auf die prosodische Einheit "Fuß" in relevanter Weise Bezug nimmt.

Die Regel (84) besagt, daß eine Segmentposition X, die mit [+CG] auf der Segmentschicht assoziiert ist, vor fußinitialem Vokal eingefügt wird. Da diese Regel auch auf der phrasalen Ebene angewandt werden kann, ist sie postlexikalisch. "Fester Einsatz" erfolgt dann, wenn eine fußinitiale Silbe vokalisch anlautet. Ob diese Silbe den Worthauptakzent trägt oder nicht, ist dabei nicht relevant, vgl. *The[ʔ]áter*, *[ʔ]O[ʔ]áse*. Beim ersten Wort findet fester Einsatz vor einer hauptbetonten Silbe statt, beim zweiten sowohl vor einer hauptbetonten als auch vor einer unbetonten Silbe. Wenn der feste Einsatz nur auf eine akzentuierte Silbe als relevante Kontextbedingung Bezug nimmt (vgl. oben die von Kloeke (1982a) postulierte Regel), ist das Vorkommen des festen Einsatzes vor einer unbetonten Silbe nicht erklärbar. Unter Annahme des Fußes als relevanter Regeldomäne ist es dagegen direkt voraussagbar. Zwei Kontextbedingungen in Kloekes Analyse, die zueinander in keiner Relation stehen, fallen unter Verwendung des Fußes in eine zusammen. Die Tatsache, daß das

Phänomen "fester Einsatz" nicht zwei getrennte Prozesse, sondern einen einheitlichen darstellt, findet damit auch formal ihren adäquateren Ausdruck. Unten illustriere ich die Interaktion zwischen Silbifizierung und dem festen Einsatz innerhalb des hier entwickelten Modells.

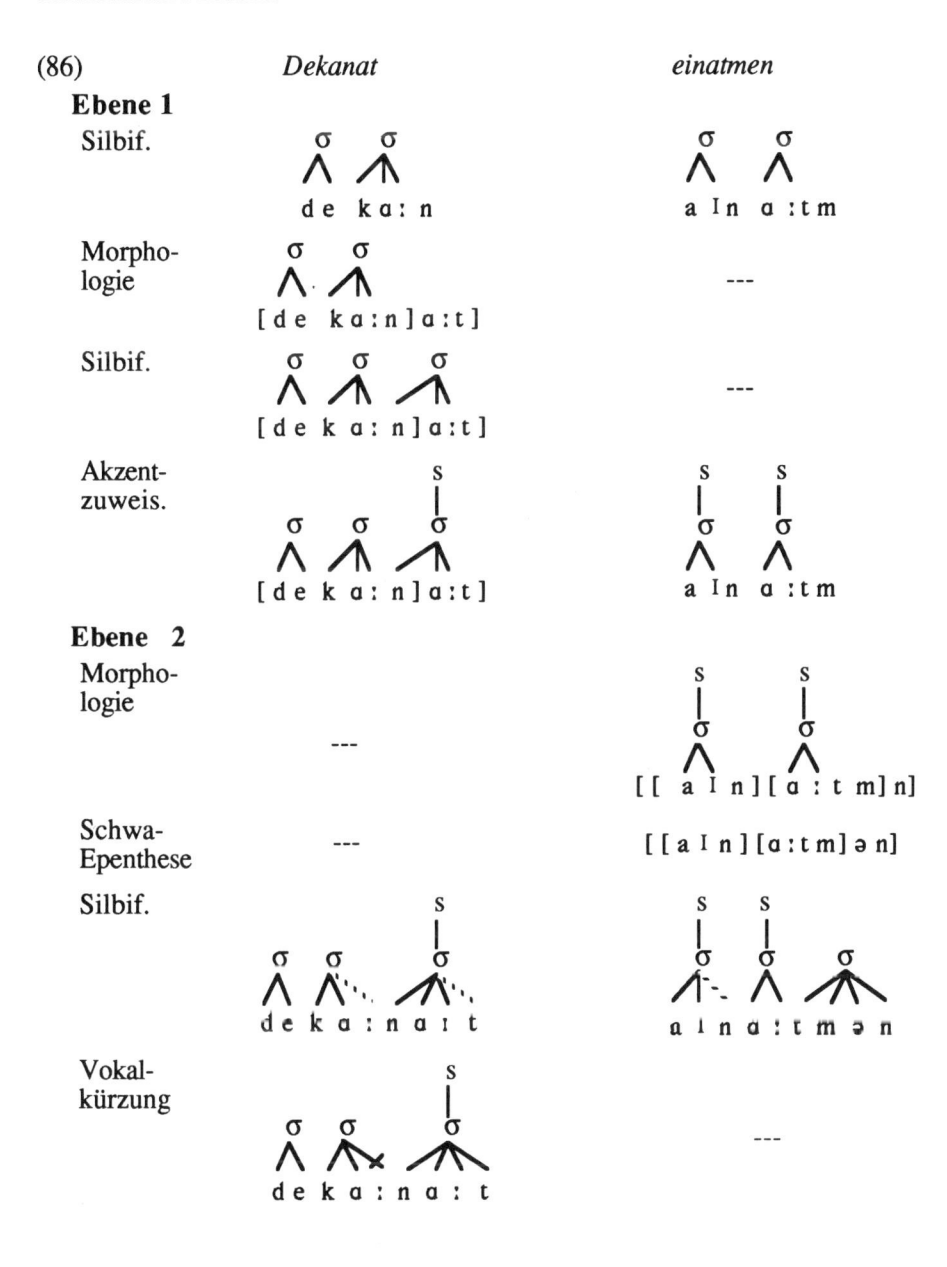

(86)   *Dekanat*   *einatmen*

Ebene 1

Silbif.

     σ   σ   σ   σ
     ∧   ∧   ∧   ∧
    d e   k ɑ : n   a ɪ n   ɑ : t m

Morpho-
logie

     σ   σ
     ∧   ∧   ---
   [d e   k ɑ : n] ɑ : t]

Silbif.

     σ   σ   σ
     ∧   ∧   ∧   ---
   [d e   k ɑ : n] ɑ : t]

Akzent-
zuweis.

             s   s   s
             | | |
     σ   σ   σ   σ   σ
     ∧   ∧   ∧   ∧   ∧
   [d e   k ɑ : n] ɑ : t]   a ɪ n   ɑ : t m

Ebene 2

Morpho-
logie

                          s   s
                          | |
         ---   σ   σ
                          ∧   ∧
                         [[a ɪ n] [ɑ : t m] n]

Schwa-
Epenthese

         ---   [[a ɪ n] [ɑ : t m] ə n]

Silbif.

             s   s   s
             | | |
     σ   σ   σ   σ   σ   σ
     ∧   ∧   ∧   ∧   ∧   ∧
     d e   k ɑ : n ɑ ɪ t   a ɪ n ɑ : t m ə n

Vokal-
kürzung

             s
             |
     σ   σ   σ
     ∧   ∧× ∧   ---
     d e   k ɑ : n ɑ : t

Regel (84)

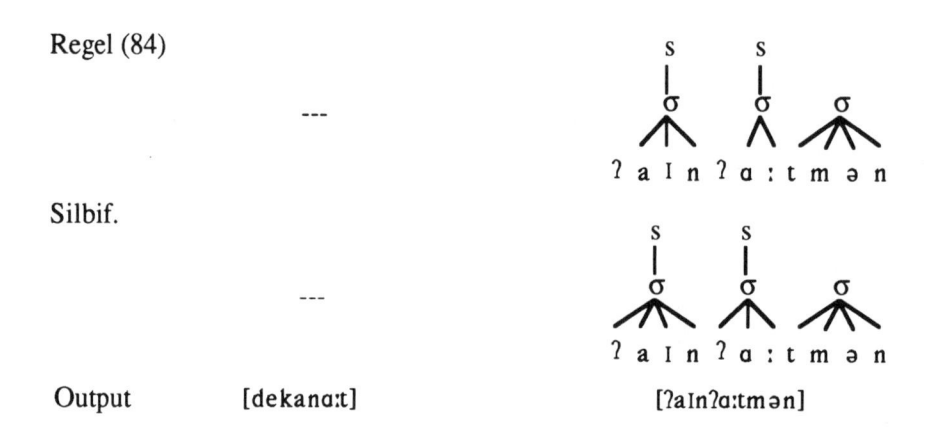

```
                    s       s
                    |       |
                    σ       σ      σ
                   /|\     /|\    /|\
                  ʔ a ɪ n ʔ ɑ ː t m ə n
```

Silbif.

```
                    s       s
                    |       |
                    σ       σ      σ
                   /|\     /|\    /|\
                  ʔ a ɪ n ʔ ɑ ː t m ə n
```

Output   [dekanɑːt]   [ʔaɪnʔɑːtmən]

Wie in den Abschnitten 2.4 und 2.5 dargestellt, gilt auf der Ebene 1 die Kodabedingung, die nur einen VX-Reim zuläßt. Auf der Ebene 2 wird diese Bedingung ausgeschaltet. Die Domäne für die Silbifizierung ist ein phonologisches Wort.

Die Resilbifizierung nach der Ebene-1-Morphologie macht das wurzelfinale /n/ in *Dekan+at* zum Onset der finalen Silbe. Die Strukturbeschreibung der Regel (84) wird nicht mehr erfüllt, weil die fußinitiale Onset-Position schon besetzt ist. Umgekehrt wird die Resilbifizierung des stammfinalen Konsonanten vor einem vokalisch anlautenden Kompositionsglied oder Präfix (vgl. *Tagarbeit, einatmen*) durch den festen Einsatz blockiert. Es ist zu beachten, daß es bei der Komposition oder der Präfigierung jeweils zwei phonologische Wörter gibt (*[taːg]ω [ʔarbaɪt]ω* und *[ʔaɪn]ω [ʔɑːtm]ω*). Eine Silbifizierung über die ω-grenze hinaus (*[gʔar]σ, *[nʔɑː]σ) ist daher unmöglich.

Die Akzentzuweisung wird hier durch s-Knoten über der Silbe gekennzeichnet (zum metrischen Baum mit s/w-Relation siehe Abschnitt 1.3.1). Präfixe und Kompositionsglieder erhalten auf der Ebene 1 ihren Wortakzent nach der in Abschnitt 1.3.1 vorgestellten Regel. Auf der Ebene 2 gilt dagegen die Akzentregel für die Komposita, die hier nicht behandelt worden ist (siehe dazu Giegerich 1985). Die Domäne für den festen Einsatz kann nicht ein phonologisches Wort sein. Wenn dies so wäre, könnte man den Kontrast zwischen [dekanɑ́ːt] und [kɔntinuʔíːrən] nicht erklären. In beiden Fällen bekommen Suffixe den Hauptakzent. In beiden Fällen haben wir es nur mit einem phonologischen Wort zu tun. Nach stammfinalem Vokal und vor vokalisch anlautendem Suffix tritt der feste Einsatz auf, um den Vokalhiatus zu vermeiden (vgl. auch *Oáse, Theáter, Beáte*), nach stammfinalem Konsonanten aber nicht (vgl. **Kapital[ʔ]íst, *Stáub[ʔ]es, *stáub[ʔ]isch*). Es wird daraus klar, daß die relevante Kontextbedingung für den festen Einsatz einen speziellen Bezug auf die fußinitiale Silbe nehmen muß. Das Phänomen "fester Einsatz" liefert damit die Evidenz für eine zwischen der Silbe (σ) und dem phonologischen Wort (ω) bestehende prosodische Einheit.

2.8.2 Aspiration

Im vorigen Abschnitt habe ich gezeigt, daß die prosodische Einheit "Fuß" (Σ) für die Beschreibung der segmentalen Regeln eine signifikante Rolle spielt. Die Aspiration liefert eine weitere Evidenz dafür. Relevante Umgebungen für die Aspiration sind die folgenden:

Die stimmlosen Verschlußlaute /p, t, k/ werden vor oder nach einem akzentuierten Vokal in gleicher Silbe aspiriert, vgl. A[p^h]éll, As[p^h]ík, [p^h]áß, [t^h]éil; Belé[k^h], Gewál[t^h], Háup[t^h]. In Wörtern wie *Kontrást* und *akút* kommt daher zweimal Aspiration vor, vgl. kon[t^h]rás[t^h] und a[k^h]ú[t^h]. In wortfinaler Position werden Verschlußlaute im Deutschen normalerweise gesprengt. Hier stehen aspiriertes und unaspiriertes Allophon aber oft in freier Variation. So kann *Hut* z.B. als [hu:t] oder als [hu:t^h] gesprochen werden. Steht aber ein Konsonant vor dem wortfinalen Verschlußlaut, ist die aspirierte Realisierung obligatorisch, wie das letzte /t/ in *Kontrást* zeigt. Dies kann durch eine Redundanzregel wie (87) ausgedrückt werden.

(87) $\begin{bmatrix} -son \\ -kont \end{bmatrix}$ -> [+SG] / (C) ___]

(Bedingung: wenn C, dann obligatorisch, sonst optional; SG = spread glottis)

Unten sind Beispiele für die Kontexte zusammengestellt, in denen aspirierte und unaspirierte Verschlußlaute vorkommen. Diese Beispiele stammen aus Moulton (1947) (zitiert nach 1970: 441). Ich habe sie mit der Fußstruktur wiedergegeben. Da die Silbigkeit der Diphthonge hier irrelevant ist, wird sie nicht gekennzeichnet.

(88) Aspiriert   Unaspiriert
 a. Schipreis   Liebreiz
     [ʃi:]Σ [p^hraɪs]Σ   [li:p]Σ [raɪts]Σ
 b. antrat   Landrat
     [ʔan]Σ [t^hrɑ:t]Σ   [lant]Σ [rɑ:t]Σ
 c. Bauklotz   Streiklohn
     [bau]Σ [k^hlɔtz]Σ   [ʃtraɪk]Σ [lo:n]Σ
 d. Seekrank   Stegreif
     [se:]Σ [k^hraŋk]Σ   [ʃte:k]Σ [raɪf]Σ
 e. einquetschen   Tankwart
     [ʔaɪn]Σ [k^hvetʃən]Σ   [taŋk]Σ [vart]Σ
 f. Tauschpreis   Zwiesprache
     [t^hauʃ]Σ [p^hraɪs]Σ   [tsvi:]Σ [ʃprɑ:xə]Σ

g. Fleischtopf Bleistift
   [flaɪʃ]Σ [tʰɔpf]Σ [blaɪ]Σ [ʃtɪft]Σ
h. das Kleid [34] die Sklaven
   [das]Σ [kʰlaɪt]Σ [diː]Σ [sklaːvən]Σ

Der Kontrast zwischen aspirierten und nichtaspirierten Varianten in (88) zeigt uns, daß Verschlußlaute nur dann aspiriert werden, wenn sie das erste Segment eines Fußes bilden. Wenn ihnen ein anderes Segment /ʃ/ oder /s/ vorangeht, werden sie nicht aspiriert (vgl. (88g-h)). Ich formuliere die Regel folgendermaßen:

(89) $\begin{bmatrix} -son \\ -kont \end{bmatrix}$ -> [+SG] / Σ [___

Moulton (1947) erklärt die Aspiration in (88) dadurch, daß die Verschlußlaute /p, t, k/ nur unmittelbar nach dem Ansatz der Betonung (einschließlich des Nebenakzents) aspiriert werden. Wenn die Betonung mit einem dem Verschlußlaut vorangehenden Phonem anfängt, bleibt dagegen die Aspiration aus. So wird z.B. /p/ in *Zwiesprache* nicht aspiriert, weil der Nebenakzent in diesem Fall mit /ʃ/ anfängt. Die von Moulton beschriebene Umgebung "unmittelbar nach dem Ansatz der Betonung" entspricht fast dem, was ich in meinem Modell mittels eines phonologischen Fußes ausdrücken. Genau genommen ist sie jedoch nicht äquivalent zu der in (89) dargestellen Regelumgebung für die Aspiration. Denn der Akzent hat zwar offensichtlich mit der Aspiration zu tun, ist aber nicht der einzige Faktor. Es gibt auch Fälle, in denen Verschlußlaute in nichtakzentuierter Silbe aspiriert werden, siehe (90). Eine Analyse, die nur unter Bezugnahme auf den Akzent das Phänomen der Aspiration beschreibt, würde unvermeidlich zwei separate Umgebungen erfordern, eine für die akzentuierte Silbe und eine für die unakzentuierte.

(90) Paróle   [pʰa]Σ [roːlə]Σ
     Planét   [pʰla]Σ [neːtʰ]Σ
     probíeren [pʰro]Σ [biːrən]Σ
     Tablétt   [tʰa]Σ [bletʰ]Σ
     Klavíer   [kʰla]Σ [viːr]Σ

---

[34] Ich nehme an, daß die Resilbifizierung im Deutschen nicht über das phonologische Wort hinaus angewandt wird. Das /s/ in der Phrase *das Kleid* kann nicht als Onset der zweiten Silbe resilbifiziert werden. Es bleibt am Ende der ersten Silbe und das folgende /k/ wird aspiriert.

Kloeke (1982a: 33) formuliert die folgende Regel für die Aspiration:

(91)
$$\begin{bmatrix} -son \\ +gesp \\ -kont \end{bmatrix} \rightarrow [+SG] / \begin{Bmatrix} [-seg] X \underline{\quad} \left(\begin{bmatrix} +kons \\ +son \end{bmatrix} \right) \begin{matrix} V \\ [+str] \end{matrix} \\ \begin{matrix} V \\ [+str] \end{matrix} C_o \underline{\quad} \# \end{Bmatrix}$$

Bedingung: $X \neq ... [-seg] \begin{bmatrix} -son \\ +kont \end{bmatrix} ...$

Die zweite Teilregel wird nach meiner Analyse als eine Redundanzregel ausgedrückt (siehe (87)). Obwohl die Regel (91) recht kompliziert ist, erfaßt sie die Fakten in (90), Aspiration in unbetonter Silbe, nicht. Wenn die Aspiration in dieser Position mit berücksichtigt wird, müßte die Regel erweitert werden, und zwar in der oben dargestellten unplausiblen Weise. Die von mir postulierte Regel (89) ist nicht nur formal einfacher, sondern sie vermeidet auch die inadäquate Akzentangabe in der Regelformulierung, indem der Fuß als relevante Domäne für die Aspiration herangezogen wird [35]. Auch die Bedingung in (91), die die Nicht-Aspiration von Verschlußlauten nach /s/ oder /ʃ/ beschreibt, erweist sich dabei als überflüssig.

---

[35] Kloeke (1982a: 232) formuliert später die Regel (5) neu mit Hilfe der Silbengrenze. Auch hier wird die Aspiration in unbetonter Silbe nicht berücksichtigt, vgl. die Regel unten, in der nur die akzentuierte Silbe (mit ś gekennzeichnet) die relevante Umgebung für die Aspiration darstellt. x bedeutet, daß in dieser Position kein tautosilbisches Segment mehr vorliegt.
Behauchung:

a. ![diagram] $\Longleftrightarrow$![diagram] [+SG]   (wobei $\begin{matrix} 1 \\ \begin{bmatrix} -son \\ -kont \end{bmatrix} \end{matrix} \begin{matrix} 2 \\ [+son] \end{matrix}$)

b. ![diagram] $\Longleftrightarrow$![diagram] [+SG]   (wobei $\begin{matrix} 1 \\ \begin{bmatrix} -son \\ -kont \end{bmatrix} \end{matrix} \begin{matrix} 2 \\ \text{Pause} \end{matrix}$)

3. Unterspezifikation der deutschen Vokale

3.1 Einleitung

In nativen Wörtern des Deutschen ist das Vokalsystem in zwei Teilsysteme zu klassifizieren: kurze ungespannte und lange gespannte Vokale. 14 Vokale, die sich sowohl qualitativ wie quantitativ unterscheiden, sind in (1) gegeben. Das lange offene [ɛː] ist der einzige Vokal, der sich in diese Zweiteilung des Vokalsystems nicht integrieren läßt. Bei Kloeke (1982a) wird es als ein mittlerer Vokal eingestuft, der mit Hilfe eines diakritischen Merkmals [+L] unter Betonung gelängt wird. Ein Nachteil dieser Analyse ist, daß die Umlautregel in ihrer strukturellen Veränderung neben der Frontierung noch die Höhenänderung enthalten muß. Bei der Umlautung von langem [ɑː] wird außerdem das Merkmal [gespannt] geändert, da bei Kloeke Gespanntheit statt Länge als klassifizierendes distinktives Merkmal verwendet wird. Der eigentliche Prozeß ("Frontierung der hinteren Vokale") wird dadurch verdunkelt (siehe die Ausführung in Abschnitt 3.4).

(1)   lang - gespannt   kurz - ungespannt

     iː   yː   uː   ɪ   ʏ   ʊ

     eː   øː   oː   ɛ   œ   ɔ

     ɛː   ɑː   a

Zu den beiden Vokalklassen in (1) gibt es im Deutschen noch eine dritte Klasse von Vokalen, kurze gespannte Vokale. Diese Vokale treten hauptsächlich in nichtnativen Wörtern auf. Sie kommen aber auch in nativen Wörtern wie *lebendig* vor.

(2)   kurz - gespannt

     i   y   u

     e   ø   o

                ɑ

Die Frage, welches von den beiden Merkmalen [lang] und [gespannt] als zugrundeliegendes distinktives Merkmal anzusehen ist, stellt ein Hauptproblem bei der Vokalklassifikation im Deutschen dar.

    Die Kombination von zwei Merkmalen ergibt logisch vier Möglichkeiten: i) kurz - ungespannt, ii) kurz - gespannt, iii) lang - gespannt und iv) lang - ungespannt. Die drei Vokalreihen mit den Merkmalkombinationen von (i) bis (iii) sind im Deutschen systematisch vertreten, während die Reihe (iv) als ihre einzige Realisierungsform [ɛː] (oder auch [aː], wenn man keine Gespanntheitsdistinktion bei a-Lauten annimmt) hat. In betonter Stellung erscheinen die Vokalklassen (i), (iii) und (iv). Die Vokalklasse (ii) kommt nie in betonter Silbe vor. Von (iv) abgesehen unterscheiden sich (i) und (iii) sowohl qualitativ als auch quantitativ. In unbetonter Stellung dagegen kommen nur kurze Vokale, (i) und (ii), vor. Lange Vokale sind hier ausgeschlossen. Die Tatsache, daß der Quantitätsunterschied in unbetonter Stellung zugunsten der Kürze aufgehoben wird, während der Qualitätsunterschied weiter erhalten bleibt, liefert immer das Hauptargument für die Annahme der Gespanntheit als zugrundeliegendes distinktives Merkmal (siehe z.B. Kloeke 1982a, Vennemann 1982, Wurzel 1981).

Die Vokallänge wird nach dem hier vorgelegten nichtlinearen Modell nicht auf der Segmentschicht, sondern auf der X-Schicht repräsentiert. Da die Vokallänge nicht mehr ein segmentales Merkmal ist, lassen sich die 15 Vokale in (1) auf 7 (/i, e, u, o, a, y, ø/) reduzieren, die sich nur in den segmentalen Merkmalen voneinander unterscheiden. Das Problem der Repräsentation der /ɛ/-Vokale wird weiter unten diskutiert. Die Argumente für die Vokalklassifikation mittels [±lang] (statt [±gespannt]) sind im wesentlichen die gleichen wie die von Wiese (1988: 64) : Mit Hilfe der nichtlinearen Repräsentation des Merkmals [±lang] können wir die Tatsache direkt erfassen, daß sich lange Vokale phonotaktisch wie Diphthonge und Kurzvokal-Konsonant-Sequenzen verhalten. Die in dieser Arbeit vorgeschlagenen Redundanzregeln für das Merkmal [α gesp] sind jedoch anders formuliert als bei ihm (siehe dazu Abschnitte 2.6 und 3.3). Auch die Kernbedingung von Wiese (1988) wird hier nicht angenommen. Eine wichtige Konsequenz daraus ist, daß die phonologische Repräsentation der gespannten kurzen Vokale in meinem Modell möglich ist, während das in Wiese (1988) nicht der Fall ist. Wie in Abschnitt 2.4 gezeigt, sagt die Korrelation zwischen Länge und Gespanntheit in Wiese (1988: 65) voraus, daß es im Deutschen keine Vokalklasse kurz-gespannt gibt. Die Strukturbedingung der Vokale wird in (3) wiederholt: Lange Vokale sind gespannt, kurze Vokale ungespannt. Das lange ungespannte [ɛː] ist als explizite Ausnahme zu (3a) markiert (siehe 3c). Innerhalb der Theorie von Wiese (1988) ist es ausgeschlossen, einen gespannten kurzen Vokal wie (3d) auf der phonetischen Oberfläche zu erhalten. Diese Analyse ist aber zumindest nicht durch phonetische Fakten motivierbar (siehe dazu die Diskussion über die Vokalkürzung in Abschnitt 2.3.3).

Das Merkmal der Gespanntheit ist nach der hier vorgelegten Analyse redundant. Dieses Merkmal wird daher in der lexikalischen Repräsentation nicht spezifiziert. Redundanzregeln spezifizieren die Gespanntheit der Vokale nach der lexikalischen Derivation (siehe 3.3).

(3) a. V C   b. V   c. V C   d. * V
        \\/ | \\/ |
      [+gesp]   [−gesp]   [−gesp]   [+gesp]
                               ([ɛ:])

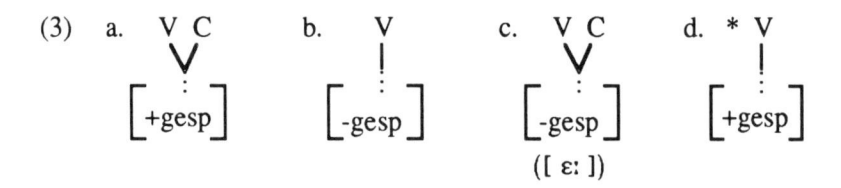

In Wiese (1988) wird die Beschreibung der segmentalen Merkmale weitgehend vernachlässigt. Wie in den nächsten Abschnitten gezeigt wird, ist die adäquate Beschreibung des repräsentationellen Aspekts jedoch eine der wichtigsten Konsequenzen aus der Lexikalischen Phonologie (vgl. Kiparsky 1982b, 1985). Die Forderung nach Unterspezifikation der lexikalischen Repräsentation ist nichts anderes als eine dieser Konsequenzen. Sie ergibt sich automatisch aus allgemeinen Prinzipien wie zyklische Anwendung und Strukturbewahrung, die innerhalb der Lexikalischen Phonologie das ganze Lexikon auf bestimmte Weise beschränken. Dabei sind die zwei Aspekte des Lexikons, Derivation und Repräsentation, voneinander untrennbar. Auf die Relation zwischen diesen Prinzipien werde ich im Zusammenhang mit dem Umlaut im Deutschen eingehen. In diesem Abschnitt will ich das hier verwendete Merkmalsystem der deutschen Vokale kurz erläutern. Ein Vergleich mit den einzelnen in der Literatur vertretenen Merkmalsystemen ist nicht Gegenstand dieser Arbeit. Zwei wesentliche Unterschiede zu den bisherigen Analysen zur deutschen Phonologie, die sich unmittelbar aus den hier zugrundegelegten Rahmentheorien (vgl. Archangeli 1984a; Kiparsky 1982a, 1982b, 1985; Clements 1985; Sagey 1986a; McCarthy 1988b) ergeben, verdienen jedoch, hier erwähnt zu werden: (1) Merkmale sind unterspezifiziert, (2) Merkmale sind hierarchisch organisiert.

An der Oberfläche kommen neben den oben genannten 7 Vokalen, deren Länge mit der Gespanntheit korreliert, noch die ungespannten ä-Vokale und das Schwa [ə] vor. Schwa nimmt wegen seiner Unbetonbarkeit eine von allen anderen Vokalen isolierte Stellung ein. Unabhängig von ihrem Phonemstatus lassen sich diese 9 Vokale qualitativ unterscheiden. Eine voll spezifizierte Merkmalsmatrix für diese Vokale ist in (4) gegeben.

(4)

	i	y	e	ɛ	ø	ə	a	o	u
hoch	+	+	−	−	−	−	−	−	+
tief	−	−	−	+	−	−	+	−	−
hinten	−	−	−	−	−	−	+	+	+
vorn	+	+	+	+	+	−	−	−	−
rund	−	+	−	−	+	−	−	+	+

Das Merkmal [vorn] (neben dem [hint]) ist erforderlich, um /e/ von Schwa zu unterscheiden. Diese Merkmalmatrix muß noch unterspezifiziert werden.

Wie in den nächsten Abschnitten gezeigt wird, wird die Unterspezifikation der lexikalischen Repräsentation durch eine Reihe von phonologischen Regeln (z.B. Umlaut, Alternation zwischen Ich- und Ach-Laut, Assimilation etc.) motiviert. So verhalten sich a-Laute in bezug auf den Umlaut ganz analog zu den u- und o-Lauten: Alle hinteren Vokale werden durch den Umlautprozeß frontiert, was auch der Intuition am nächsten liegt. Der wesentliche Charakter des Umlauts, die "Frontierung der hinteren Vokale", ist aber gar nicht selbstverständlich, wenn die Vokale wie in (4) zugrundeliegend voll spezifiziert werden. Innerhalb der generativen Phonologie, wo eine voll spezifizierte Merkmalmatrix wie (4) angenommen wird, enthält eine Umlautregel oft neben dem Merkmal [+vorn] bzw. [-hinten] noch ein Höhenmerkmal in der Strukturveränderung (vgl. unten die Analyse von Kloeke (1982a)). Eine solche Umlautregel bringt aber nicht nur die Frontierung eines hinteren Vokals zum Ausdruck, sondern auch eine Höhenveränderung dieses Vokals, was sicherlich intuitiv unerwünscht ist. Wenn die Merkmale eines Segments dagegen in der zugrundeliegenden Matrix unterspezifiziert sind, läßt sich eine Umlautregel nicht nur formal einfacher postulieren. Sie erfaßt vor allem auch den wesentlichen Charakter dieser phonologischen Erscheinung. Ein unterspezifiziertes Merkmalsystem der Vokale wird im nächsten Abschnitt vorgestellt. Eine ausführliche Diskussion des Umlautprozesses soll in 3.4 stattfinden.

Bevor ich zur Analyse des Umlauts im Deutschen zurückkomme, will ich hier anhand der von Kloeke (1982a) postulierten Umlautregel den Unterschied zwischen voll spezifizierten und unterspezifizierten Merkmalmatrizen deutlich machen. Kloeke (1982a: 14) postuliert die folgende Umlautregel:

(5) $\begin{bmatrix} -\text{kons} \\ <+\text{tief}> \end{bmatrix} \rightarrow \begin{bmatrix} -\text{hint} \\ -\text{tief} \\ <-\text{gesp}> \end{bmatrix} / \underline{\quad} C_0 \begin{bmatrix} +e \\ +\text{Plur} \end{bmatrix}$

Das kurze ungespannte [a] wird nach dieser Regel zum kurzen ungespannten [ɛ] umgelautet, z.B. *Hand - Hände*. Das lange gespannte [ɑ:] wird dagegen zum langen ungespannten [ɛ:], z.B. *Kahn -Kähne*. Da Kloeke (1982a) einen Gespanntheitsunterschied bei den /a/-Vokalen (wie bei anderen Vokalen) annimmt, wird der Vokal /ɑ/ in *Kähne* durch den Umlaut nicht nur frontiert, sondern er wird auch zu [-gesp]. Eine mit Fischangeln versehene Ergänzung, die speziell für diesen Fall vorgesehen ist, impliziert daher eine gesonderte Behandlung der a-Vokale (genauer eines langen /ɑ/) in bezug auf den Umlaut. Diese Analyse enthält das folgende Problem: Warum wird das kurze /a/ ohne den Gespanntheitswechsel umgelautet, das lange Gegenstück dagegen mit diesem Wechsel? Für die beiden Vokale handelt es sich ja um denselben Prozeß, in dem die Vokale jeweils 'frontiert' werden. Die Regel (5) enthält außerdem eine redundante Strukturveränderung in ihrer ersten Teilregel (siehe, (6a)), in der der Wechsel zu [-tief] nur für das ungespannte /a/ gilt, nicht aber für die Vokale /u/ und /o/. (5) läßt sich in zwei Teilregeln in (6) zergliedern, wobei /a/ in (6a) ein ungespanntes, /ɑ/ in (6b) ein gespanntes ist [1].

(6) a. $\begin{Bmatrix} u \\ o \\ a \end{Bmatrix}$ -> $\begin{bmatrix} \text{-hint} \\ \text{-tief} \end{bmatrix}$

b. ɑ -> $\begin{bmatrix} \text{-hint} \\ \text{-tief} \\ \text{-gesp} \end{bmatrix}$

Da ä-Vokale mittlere Vokale sind, müssen die a-Vokale beim Umlaut neben der Frontierung noch einem anderen Merkmalwechsel ([-tief]) unterliegen (bei langem /ɑ/ kommt [-gesp]-Wechsel hinzu). Diese beiden Merkmaländerungen scheinen jedoch mit dem hier vorliegenden phonologischen Prozeß ("Frontierung") in keinem Zusammenhang zu stehen. Auch für die Frage, warum sich die /a/-Vokale anders als andere hintere Vokale verhalten und warum das Merkmal [gesp] in einem Umlautprozeß aktiv ist, in einem anderen aber nicht, kurz, warum eine solche Asymmetrie zwischen Vokalen bzw. zwischen Merkmalen existiert, bietet die Analyse von Kloeke keine prinzipielle Erklärung. Kloeke (1982a: 7) argumentiert, daß ein langer Vokal monosegmental (/v/) repräsentiert werden muß, da eine sequentielle Analyse (/vv/) die Umlautregularität nicht adäquat beschreiben kann (bei den Diphthongen wird immer nur **ein** Segment umgelautet, nicht zwei; bei einem Langvokal /vv/ muß aber der Umlaut zwei Segmente betreffen). Dieses Argument wird durch die Annahme der Gespanntheitsdistinktion geschwächt. Denn daraus ergibt sich die Zweiteilung von /a/-Lauten, wie in (6) dargestellt. Die eigentliche Argumentation, daß sich die langen Vokale in bezug auf die Umlautregularität wie einfache Segmente verhalten, verliert somit zumindest für langes /ɑ/ ihre Bedeutung.

Innerhalb der Analyse von Kloeke (1982a), wo die Merkmale in der phonologischen Regel voll spezifiziert werden, ist es andererseits unvermeidbar, [-gesp] oder [-tief] in der strukturellen Veränderung anzugeben, was aber gerade den echten

---

[1] Das Problem wird noch deutlicher, wenn man in (6a) zwischen gespannten und ungespannten Vokalen trennt. D.h. /ɑ/ ist der einzige Vokal, der angeblich entspannt wird. Für diesen Hinweis danke ich Wiese.

Charakter der Umlautregel verdunkelt. Wenn die Vokale dagegen zugrundeliegend als unterspezifiziert angenommen werden, wie in der hier vorgeschlagenen Analyse, brauchen wir keine strukturelle Veränderung wie [-tief] oder [-gesp] in der Umlautregel. Der Vokal /a/ hat z.B. nach der hier vorgelegten Analyse zugrundeliegend nur die Merkmalspezifikation [+tief]. Alle anderen Merkmale sind unspezifiziert. Die Umlautalternation wie in *Vater - Väter* läßt sich dann einfach dadurch erklären, daß der Vokal /a/ in *Vater*, der hinsichtlich des Merkmals [hint] zugrundeliegend unspezifiziert ist, durch den Umlaut das Merkmal [-hint] zugewiesen bekommt. Der umgelautete Vokal /a/ hat dann praktisch die gleiche Merkmalspezifikation wie das zugrundeliegende /ɛ/. Auf diese Weise können wir dem Problem entkommen, das eine Analyse mit voll spezifizierten Merkmalen wie in (5) mit sich bringt: Bei der Umlautung von /a/ spielen Merkmale wie [tief] oder [gesp] keine Rolle. Indem die Vokale zugrundeliegend unterspezifiziert sind, wird auch das Problem gelöst, ob die Gespanntheit für die /a/-Vokale distinktiv ist. Obwohl Kloeke (1982a) [gesp] als ein distinktives Merkmal annimmt, hat dieses Merkmal jedoch nicht für alle Vokale die gleiche Funktion. So wird die Gespanntheit bei den /a/-Vokalen offenbar als Diakritikum gebraucht (Vgl. Kloeke 1982a: 15). Dies zeigt sich z.B. in den Ableitungen (8), wo die /a/-Vokale in der zugrundeliegenden Form entweder als [±gesp] oder als [+L] spezifiziert sind. Die Relation zwischen Gespanntheit und Vokallänge wird durch die Regel (7) hergestellt, die besagt, daß ein gespannter Vokal oder ein Vokal mit einem diakritischen Merkmal [+L] unter Betonung gelängt wird. Wörter mit <ä>-Schreibung erhalten das Merkmal [+L] (genauer, [-gesp, +L]), z.B. *Bär*, *zäh*. Obwohl die Regel (7) ihrer Natur nach eine redundante Regel ist, muß sie vor der Umlautregel (5) angewendet werden, weil in der umgekehrten Regelordnung eine unkorrekte Form wie *[kɛnə] erzeugt wird (vgl. (8a)).

In (8) ist deutlich, daß das Merkmal [gesp] für die a-Vokale diakritisch verwendet wird: Ein und derselbe Vokal (hier kurzes /a/) wird zugrundeliegend einmal als [-gesp] (8b) repräsentiert, zum andern als [+L] (8c). Man beachte, daß das Merkmal [+L] in (c) nur dazu dient, das kurze /a/ vor dem Umlaut zu längen. Wenn aber kein Umlaut stattfindet, dürfte es auch keine Längung geben. Denn ein nichtabgeleitetes Wort wie *Stadt* lautet ja [ʃtat] mit kurzem [a] (vs. *Staat*). Die Repräsentation in (8c) und die beiden Regeln (5) und (7) können aber nicht vermeiden, eine unkorrekte Form wie [ʃtaːt] zu erzeugen. Das Merkmal [+L], das eigentlich nichtalternierenden Wörtern wie *zäh* zugewiesen werden sollte, erhalten nun auch Wörter wie *Stadt*. Die verschiedenen Repräsentationen des zugrundeliegenden kurzen /a/ führen dazu, daß Lexikoneinträge unnötig verkompliziert werden und daß die Umlautregularität nicht einheitlich zu beschreiben ist.

(7) Vokallängung (Kloeke 1982a: 13) [2]

$$\begin{bmatrix} V \\ \left\{ \begin{matrix} +\text{gesp} \\ +L \end{matrix} \right\} \end{bmatrix} \rightarrow [+\text{lang}] \; / \; \begin{bmatrix} \overline{} \\ 1 \text{ stress} \end{bmatrix}$$

(8)
                                     Längung   Umlaut

a. *Kahn*   /kan/   ->   kɑːn   ->   kɛːnə
               |
            [+gesp]

b. *Hand*   /hand/ ->   ---   ->   hɛndə
               |
            [-gesp]

c. *Stadt*   /ʃtat/   ->   ʃtɑːt   ->   ʃtɛːtə
                |
            [+L]

Wenn man das Merkmal der Vokallänge (statt Gespanntheit) als distinktiv annimmt und es autosegmental repräsentiert, läßt sich der Umlaut einheitlich beschreiben. Wörter wie *Stadt* brauchen dann im Gegensatz zu Kloekes Analyse nicht als Sonderfälle behandelt zu werden. Sie sind genauso wie andere umlautalternierende Wörter zu analysieren. Die hier vorzuschlagende Analyse des Umlauts kommt außerdem ohne ein diakritisches Merkmal aus, dessen Verwendung ohnehin umstritten ist.

---

[2] Für die Verwendung von [+L] (statt [+ lang]) plädiert Kloeke (1982a: 16) folgendermaßen: "Es wäre ja schon von vornherein implausibel, daß ein prosodisches Merkmal für Dauer die inhärente phonologische Eigenschaft eines Segments sein könnte". Die Frage ist aber, wie eine Akzentregel zu postulieren ist, wenn das Merkmal [α lang] redundanterweise aus [α gesp] abzuleiten ist, wie es die Regel (7) voraussagt. Kloeke gibt keine genaue Akzentregel für das Deutsche an. Akzentzuweisung ist nach der Vorstellung der nichtlinearen Phonologie von der früheren Anwendung der Silbifizierungsregel abhängig (für das Deutsche siehe z.B. Giegerich 1985 und Féry 1989). Die Silbifizierung bezieht sich auf die Länge der Vokale, die autosegmental repräsentiert wird, nicht auf die Gespanntheit. Aus der Regel (7) ist aber unklar, worauf sich die Akzentzuweisung beziehen muß.

3.2 Unterspezifikation der deutschen Vokale

Die Merkmalmatrix (4) ist vollspezifiziert. Sie soll im folgenden weiter unterspezifiziert werden. Nach der allgemeinen Vorstellung der Unterspezifikation ist ein Segment, das getilgt oder eingeschoben wird, als das am wenigsten markierte anzusehen (vgl. Archangeli 1984a, 1988; Archangeli/Pulleyblank 1986). Im Deutschen ist nun ein solches Segment bekanntlich das Schwa. Unter der Annahme, daß alle Merkmale des am wenigsten markierten Segments in der zugrundeliegenden Repräsentation unspezifiziert bleiben (hier die Merkmale von Schwa [-hoch, -tief, -hint, -vorn, -rund]), erhalten wir die folgende Merkmalmatrix:

(9)

	i	y	e	ɛ	ø	a	o	u	ə
hoch	+	+						+	
tief				+		+			
hint						+	+	+	
vorn	+	+	+	+	+				
rund		+			+		+	+	

Es werden hier nur die Merkmale [hoch], [tief], [hint], [vorn] und [rund] spezifiziert. Alle anderen Merkmale wie [nasal], [stimmhaft] usw. weisen für alle Vokale den gleichen Wert auf [3]. Sie werden daher ignoriert. Folgende Redundanzregeln vervollständigen dann die fehlenden Merkmalwerte der Vokale in der zugrundeliegenden Repräsentation:

(10) Komplementregeln:
    a. [ ] -> [-hoch]
    b. [ ] -> [-tief]
    c. [ ] -> [-hint]
    d. [ ] -> [-vorn]
    e. [ ] -> [-rund]

In der Merkmalmatrix (9) sind sowohl das Merkmal [hint] als auch das Merkmal

---

[3] Alle Vokale sind als [-nasal] spezifiziert. Die aus dem Französischen übernommenen Wörter wie *Balkon*, *Bassin* werden entweder mit Nasalvokal oder mit nichtnasalem Vokal plus velarem Nasal gesprochen. In der lexikalischen Repräsentation können diese Wörter mit einem Vokal und einer folgenden C-Position präsentiert werden, die nur hinsichtlich der Artikulationsart spezifiziert ist.

[vorn] verwendet. Eines von diesen Merkmalen ist jedoch redundant, weil es nach der folgenden universalen Default-Regel voraussagbar ist.

(11) Default-Regel
   [α hint] -> [-α vorn]

Ich wähle arbiträr das Merkmal [hint] für die Repräsentation der zugrundeliegenden Form. Das Merkmal [vorn] wird dagegen durch die Redundanzregeln spezifiziert (zu einigen Begründungen zu dieser Wahl siehe die Diskussion über den Umlaut in Abschnitt 3.5). Wegen der "Redundancy Rule Ordering Constraint" (vgl. Archangeli 1984a; Archangeli/Pulleyblank 1986) wird die Komplement-Regel (10c) vor der Defaul-Regel (11) angewandt.

Wie oben erwähnt, unterscheiden sich /e/ und das Schwa nur durch das Merkmal [α vorn]. Das Schwa ist phonetisch [-hint, -vorn], /e/ dagegen [-hint, +vorn]. Wenn die Vokalmerkmale in der zugrundeliegenden Repräsentation hinsichtlich des [hint] repräsentiert werden, weist die Default-Regel (11) dem Vokal /e/ das korrekte Merkmal [+vorn] zu, dem Schwa dagegen unkorrekterweise [+vorn]. Um die phonetische Realisierung der beiden Vokale voneinander zu unterscheiden, brauchen wir daher eine weitere Redundanzregel. Hier gehe ich davon aus, daß alle sog. Vollvokale in der zugrundeliegenden Repräsentaion einen Root-Knoten tragen, während das Schwa nur eine X-Position hat, die mit keinem Root-Knoten assoziiert ist (zu der internen Merkmalhierarchie siehe (3) in Kap. 1). Unter dieser Annahme kann eine Redundanzregel wie (12) postuliert werden, die das Schwa als [-vorn] spezifiziert (ein X, das mit keinem Root-Knoten assoziiert ist, wird hier durch ein gekreistes X symbolisiert).

(12)   ⊗   ->   X
                |
              [-vorn]

Im Gegensatz zu Schwa unterliegen alle Vollvokalen den Redundanzregeln in (10) und (11). Diese Analyse wird auch dadurch begründet, daß das Schwa für das Deutsche kein zugrundeliegender Vokal ist und daß es im Laufe der lexikalischen Derivation durch eine Epenthese-Regel (vgl. Giegerich 1987, Wiese 1988) eingefügt wird.

(9) kann mit Hilfe der Default-Regel in (11) weiter unterspezifiziert werden. Es enthält auch redundante Merkmale für die Vokale /o/ und /u/. Alle hinteren [-tief]-Vokale sind rund.

Unter Berücksichtigung dieser weiteren redundanten Informationen ergibt sich eine Merkmalmatrix in (13).

(13)

	i	y	e	ɛ	ø	a	o	u	ə
hoch	+	+						+	
tief				+		+			
hint						+	+	+	+
vorn				+					
rund		+			+				

Für die vollständige Spezifizierung der Merkmalmatrix (13) ist neben den Komplementregeln in (10) noch die folgende Default-Regel erforderlich.

(14) (Fortsetzung von (10))

    f. [ ] -> [α rund] / $\begin{bmatrix} \overline{\alpha\ \text{hint}} \\ -\text{tief} \end{bmatrix}$

Diese Regel weist den nicht-niedrigen Vokalen den gleichen Merkmalwert für [rund] wie für [hint] zu (vordere [-tief]-Vokale sind unmarkierterweise [-rund], hintere [-tief]-Vokale dagegen [+rund]). Die Komplementregel (10c) muß vor der Regel (14) angewandt werden (aufgrund der "Redundancy Rule Ordering Convention", siehe 1.1)

Insgesamt sind die folgenden Redundanzregeln erforderlich, um die zugrundeliegende Merkmalmatrix voll zu spezifizieren. Die Regeln sind in dieser Reihenfolge anzuwenden. Das Deutsche macht von universalen Defaultregeln nicht so viel Gebrauch, weil die meisten Merkmalwerte durch die Komplementregeln zu spezifizieren sind. So ist weder eine Defaultregel für die Höhenmerkmale [ ] -> [-α hoch] / [__, α tief] noch die für die Spezifizierung von /a/ nötig.

(15) a. [ ] -> [-hoch]   CR
     b. [ ] -> [-tief]   CR
     c. [ ] -> [-hint]   CR
     d. [ ] -> [α rund] / $\begin{bmatrix} \overline{\alpha\ \text{hint}} \\ -\text{tief} \end{bmatrix}$ DR
     e. [α hint] -> [-α vorn]   DR
     f. [ ] -> [-rund]   CR

g. Ⓧ -> X   CR
         |
       [-vorn]

Einige Prinzipien für die Regelanwendung, die bereits in Abschnitt 1.2 vorgestellt worden sind, stellen sicher, daß die Redundanzregeln intrinsisch geordnet sind. So wird beispielsweise die Regel (15d) wegen der Elsewhere-Condition vor der Regel (15f) angewandt. Die Regel (15c) wird wegen des "Redundancy Rule Ordering Constraint" vor der Regel (15d) appliziert.

Dem Vokal /e/ werden zunächst durch die Komplementregeln (15b) und (15c) die Merkmale [-tief, -hint] zugewiesen. Die Defaultregel (15d) spezifiziert dann das Merkmal [-rund], weil /e/ [-hint] ist. Auf gleiche Weise bekommt /ø/ auch zunächst die Merkmale [-tief, -hint]. Die Defaultregel (15d) ist aber hier nicht anzuwenden, weil das Merkmal [+rund] in der zugrundeliegenden Repräsentation schon vorhanden ist (siehe "Distinctivness Condition" in Abschnitt 1.2).

Nach der Theorie von Archangeli (1984a) erfolgt autosegmentales "Spreading" eines Segments im unmarkierten Fall unbeschränkt, wenn sich ein zugrundeliegend spezifizierter Merkmalwert ausbreitet. Die Ausbreitung unspezifizierter Merkmalwerte ist hingegen beschränkt. Denn vor der Ausbreitung eines in der zugrundeliegenden Repräsentation unspezifizierten Merkmals muß der Wert dieses Merkmals festgelegt werden. Sobald aber der Wert spezifiziert wird, kann die Ausbreitung des betreffenden Merkmals wegen der Assoziation zwischen X und Melodieeinheit nicht angewandt werden. Für die Ausbreitung der Merkmale [+hoch], [+tief], [+hint] und [+rund] wäre dann keine Beschränkung zu erwarten. Dies trifft z.B. für die Rundungsassimilation im Deutschen zu, nicht aber für den Umlaut, in dem sich das Merkmal [-hint] ausbreitet.

3.3 Kurze gespannte Vokale

Die Existenz der kurzen gespannten Vokale und des langen [ɛ:] macht die Vokalklassifikation im Deutschen schwierig, weil diese Vokale nicht mit der generell geltenden Formel [α lang] -> [α gespannt] in Einklang zu bringen sind.

Das Problem des langen offenen [ɛ:] wird oft mit Hilfe der Ausnahmemarkierung erklärt. So verwendet z.B. Kloeke (1982a: 16) ein Alphabetmerkmal [+L] für die nichtalternierenden Wörter mit langem [ɛ:] (z.B. *zäh*), damit dieser Vokal – wie gespannte Vokale – auch unter Akzent gelängt werden kann. Wiese (1988) weist ebenfalls dem /ɛ:/ einen Ausnahmestatus zu (siehe (3)). Kurze gespannte Vokale sind aber, wie oben erwähnt, nach seiner Analyse auf der phonetischen Oberfläche nicht abzuleiten, obwohl er angeblich die Existenz dieser Vokale nicht leugnet. In zwei Punkten unterscheidet sich meine Analyse von diesen beiden:

(A) Sowohl das Merkmal [α lang] als auch [α gesp] bleibt in der zugrundeliegenden Matrix unspezifiziert.

(B) Der Silbentyp $\overset{\sigma}{\underset{C\ V}{\wedge}}$ ist im Deutschen wohlgeformt.

(A) ist die Konsequenz aus der Unterspezifikation der Vokalmerkmale. Das Merkmal der Gespanntheit ist nach der hier vorgeschlagenen Analyse zugrundeliegend nicht distinktiv und daher aus der Merkmalmatrix eliminiert. Während die Vokallänge, die phonologisch distinktiv ist, auf der Ebene der Segmentposition repräsentiert wird, wird das Merkmal der Gespanntheit in der phonetischen Komponente spezifiziert. Im Laufe der lexikalischen Ableitung spielt daher dieses Merkmal für Vokale keine bedeutende Rolle (für die Konsonanten ist es jedoch distinktiv, siehe Auslautverhärtung in Abschnitt 4.3). Das Problem der Klassifizierung von kurzen gespannten Vokalen läßt sich m.E. besser erklären, wenn man die zwei Merkmale in zwei verschiedenen Komponenten der Grammatik interpretiert, nämlich [±lang] in der phonologischen, [±gesp] in der phonetischen Komponente. Dadurch kann man auch der Tatsache Rechnung tragen, daß die Vokallänge der kurzen gespannten Vokale phonologisch nicht von der der kurzen ungespannten Vokale distinkt ist. Auf der phonetischen Ebene sind aber kurze gespannte Vokale etwas länger als kurze ungespannte Vokale und kürzer als gespannte lange Vokale. Nach dieser Auffassung braucht das ungespannte lange /ɛː/ gar nicht markiert zu werden. Die Verwendung eines diakritischen Merkmals für diesen Vokal ist nicht nötig (vgl. dagegen Kloeke 1982a). Daß sich dieser Vokal in bezug auf die Akzentzuweisung ganz regulär wie die anderen Langvokale verhält, wird auf der Ebene der Segmentposition (zwei Xs) ausgedrückt. Für die Spezifikation des Merkmals [gesp] für die Vokale sind die folgenden Redundanzregeln verantwortlich, die ich in Abschnitt 2.6 vorgeschlagen habe und hier wiederhole.

(16) a. $\underset{[-kons]}{\overset{X\ X}{V}}$ -> $\underset{[+gesp]}{\overset{X\ X}{V}}$ b. $\underset{[-kons]}{\overset{X}{|}}$ -> $\underset{[-gesp]}{\overset{X}{|}}$

(16) bringt die generelle Korrelation zwischen [lang] und [gesp] zum Ausdruck. Im

Unterschied zu (15) ist diese Regel eine strukturbezogene. Die Zuweisung von [-gesp] für /ɛ:/ erfolgt dagegen durch die folgende Redundanzregel:

(17) (Fortsetzung von (15))
$$\begin{bmatrix} +\text{tief} \\ -\text{hint} \end{bmatrix} \rightarrow [-\text{gesp}]$$

Die /a/-Vokale werden von dieser Regel nicht betroffen, weil sie zugrundeliegend als [+hint] spezifiziert sind. Sie unterliegen den Redundanzregeln in (16), so daß die Gespanntheitsopposition auch für die /a/-Vokale gilt.

Der Unterschied zu Wiese (1988) (siehe (3)) besteht darin, daß hier die Zuweisung von [-gesp] zu [ɛ] von den Merkmalen auf der Segmentschicht abhängig ist, nicht von dem (autosegmental repräsentierten) [±lang]. Ob ein Segment mit der Merkmalspezifikation [+tief, -hint] mit einer V-Position assoziiert ist oder mit zwei V-Positionen, spielt keine Rolle. Der Versuch dagegen, das Merkmal [gesp] für das lange [ɛ:] direkt mit [lang] zu verbinden, führt notwendigerweise zu einer Ausnahmemarkierung dieses Vokals. Mit Hilfe der Unterspezifikation können wir dagegen die Distinktion von [ɛ:] problemlos sicherstellen, ohne dabei Bezug auf [gesp] zu nehmen.

(B) stellt einen weiteren Unterschied zu Wieses (1988) Theorie dar, nach der keine Silbe im Deutschen auf einen kurzen Vokal enden darf. Bei der Beschreibung der Akzentregel im Deutschen erweist sich jedoch die Annahme kurzer offener Silben als notwendig (siehe Abschnitte 1.3.1 und 2.4). Das V in einer CV-Silbe erhält das Merkmal [+gesp] durch folgende Redundanzregel, die ich ebenfalls in Abschnitt 2.6 formuliert habe:

(18) (Fortsetzung von (15))

$$\begin{matrix} X \\ | \\ [-\text{kons}] \end{matrix} \rightarrow \begin{matrix} X \\ | \\ [+\text{gesp}] \end{matrix} \Big/ \begin{matrix} W \\ | \\ \underline{} \end{matrix}]\, \sigma$$

Wie die Strukturbeschreibung zeigt, nimmt diese Redundanzregel auf die Silben- und Fußstruktur (metrisch schwache Silbe) Bezug, in der ein kurzer Vokal vorkommt. Die Zuweisung des Merkmals [±gesp] bei anderen Vokalen erfolgt dagegen über die Regeln (16) und (17), die entweder auf die Assoziation mit der Segmentposition oder nur auf die segmentalen Merkmale referieren, nicht aber auf die Silben- oder Fußstruktur. Da die Regel (18) eine speziellere Regel gegenüber den Regeln (16) und

(17) darstellt, wird sie vor den letzteren angewandt ("Elsewhere-Condition").

Die Strukturbeschreibung der Regel (18), "metrisch schwache Silbe", ist wichtig, weil sie dadurch die kurzen gespannten Vokale, die keinen Worthauptakzent tragen, vom Schwa unterscheidet, das überhaupt nicht betonbar ist (mit Ausnahmen der Kontrastbetonung wie in *béladen, nicht éntladen*). Um die Anwendung der Regel (18) für die Wörter mit Schwa (*Miete, Ende, Mütze* usw.) zu blockieren, nehme ich an, daß die Regel (18) nach der Akzentzuweisung auf Ebene 2 angewandt wird. Die phonetische Realisierung von [-gesp] für das Schwa erfolgt im Gegensatz zu anderen kurzen ungespannten Vokale über die Redundanzregel (15g).

Insgesamt haben wir damit drei verschiedene Typen von Redundanzregeln für das Merkmal [gesp] aufgestellt. Die relevante Umgebung für die Anwendung dieser Regeln ist unterschiedlich: Assoziation mit der Segmentposition in (16), Merkmalspezifikation auf der Segmentschicht in (17) und prosodische Struktur in (18). Mit diesen Regeln wird sichergestellt, daß sich die Silbifizierung nur auf die Segmentposition (mit der ja [α lang] assoziiert ist) bezieht, nicht auf das Merkmal [α gesp]. Die Ableitung eines Wortes wie *Universität* sieht so aus:

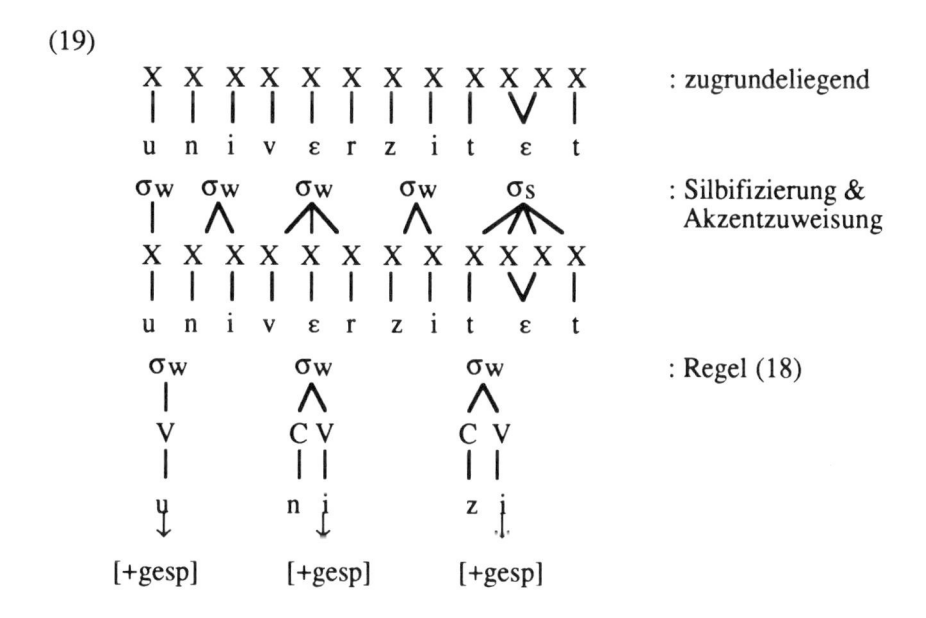

(19)

Unter der Annahme von (B) ist hier – im Gegensatz zu Wiese (1988) – die Entscheidung gefallen, daß die Silbe C + gespannter kurzer Vokal im Deutschen einen lexikalischen Silbentyp darstellt. Die Ausklammerung dieses Silbentyps ist weder phonologisch noch phonetisch begründbar. Sie ist vielmehr in Wiese (1988) eine theorieinterne Konsequenz aus der Strukturbedingung der Silbe (siehe (3)), die

die Relation [α lang] -> [α gesp] voraussagt. Wo die Vokalkürzung aber nicht vom entsprechenden Merkmalwechsel von [gesp] begleitet wird, läßt sich seine Strukturbedingung nicht aufrechterhalten. Eine Alternation dieser Art ist keine umgangssprachliche Variation, sondern sie ist in der Standardaussprache hinreichend belegt, vgl. die folgenden Beispiele aus Kloeke (1982a: 4):

(20) L[í:]nie   l[i]niíeren
      t[ý:]pisch   T[y]pologíe
      M[ú:]se   M[u]séum
      l[é:]bend   l[e]béndig
      M[ǿ:]bel   m[ø]blíeren
      s[ó:]mit   s[o]mít
      d[á:]rein   d[ɑ]réin

Bei dieser Vokalalternation findet nur quantitativer Wechsel statt, nicht aber qualitativer. Ob man als Basisform einen langen oder einen kurzen Vokal wählt, d.h. ob man die Alternationen in (20) mit einer Längungsregel oder einer Kürzungsregel erklärt, ändert nichts an dieser Tatsache: Vokale bleiben gespannt. Da der Wortakzent nur auf die Segmentposition Bezug nimmt (siehe Abschnitt 2.4), kann er nicht den subsegmentalen Merkmalwechsel von [gesp] bewirken. Keine dieser Alternativen kann die Beibehaltung von [gesp] erklären. Dies ist der Grund, warum die Analyse von Wiese zu einer inadäquaten Beschreibung der phonetischen Fakten führt. Aus den bisherigen Beobachtungen ist die folgende Schlußfolgerung zu ziehen: Im Unterschied zu Wiese (1988) wird hier eine phonologische Repräsentation mit dem Silbentyp [C V]σ für das Deutsche zugelassen. V in Silben dieser Form erhält das Merkmal der Gespanntheit durch die Regel (18), wenn die Silbe metrisch schwach ist. Damit wird erklärt, daß die Spezifizierung von [gesp] auf der Segmentschicht unabhängig von der lexikalischen Silbifizierung ist, die ausschließlich auf der Basis der Segmentposition erfolgt.

3.4 Gleitlaute im Deutschen

Die Distribution und phonemische Wertung der drei Laute [i], [i̯] und [j] stellt ein klassisches Problem dar. Sowohl im Strukturalismus wie auch in der generativen Phonologie ging es weitgehend darum, welches von diesen drei Segmenten als zugrundeliegend anzunehmen ist.

Während Trubetzkoy (1939: 64) das [j] aus dem Konsonantensystem des Deutschen herausnimmt und es als eine kombinatorische Variante des Vokals /i/ erklärt, setzt Moulton (1962: 65-66) einen phonemischen Halbvokal /j/ an, der allerdings in seinem Konsonantensystem des Deutschen eine isolierte Stellung einnimmt. Das unsilbische [i̯] wird bei Moulton als Allophon des silbischen Vokals /i/ betrachtet. Die beiden Laute stehen in freier Variation, sie unterscheiden sich nur auf stilistischer Ebene: Bei schnellerem Sprechtempo kommt [i̯] vor, bei langsamem Sprechen [i]. Hinsichtlich der Silbigkeit stellt das unsilbische [i̯] bei Moulton eine Zwischenstufe dar. Es ist "not as fully syllabic as [i], and not as fully non-syllabic as [j]" (1962: 65) [4].

Nach Moulton kommt [i̯] nach einer "langen" Silbe (Langvokal-Konsonant-Sequenz) vor, [j] nach einer "kurzen" Silbe (Kurzvokal-Konsonant-Sequenz). Wie Kloeke (1982a: 39) erwähnt, kann eine solche Analyse Gegenbeispiele wie Bi[li̯]on, Mi[li̯]arde nicht erklären (Bi[lj]ard 'Kugelspiel, Pl.' und Bi[li̯]arde 'Zahl' bilden ja ein Minimalpaar).

Innerhalb der generativen Phonologie leitet Wurzel (1970: 244-246) die Frikative [v] und [J] (der palatale stimmhafte Frikativ wird bei ihm als [J] transkribiert, um diesen Laut von dem vorderen Glide [j] zu unterscheiden) jeweils aus dem zugrundeliegenden Glide ("Halbvokal") /w/ und /j/ ab [5]. Von den drei stimmhaften Frikativen [v], [J] und [v̰] schreibt er nur dem velaren einen Phonemstatus zu [6]. Die Wertung der Frikative [v] und [J] als abgeleitete Segmente beruht in seiner Analyse (1970: 245) zum Teil auf dem phonotaktischen Verhalten des palatalen [J]. Da dieser Laut distributionell auf den Morphemanlaut (abgesehen von Fällen wie Boje und Koje) beschränkt ist, kann er – anders als z.B. [z] – nie auslautverhärtet werden. Der Ausschluß von [J] aus der Auslautverhärtung ist aber, wie Kloeke (1982a: 37) mit Recht kritisiert, nicht auf das labiale [v] zu übertragen; hier findet regelmäßig Auslautverhärtung statt. Die Argumente für Wurzels Analyse sind insofern unplausibel. Nach seiner Analyse kann außerdem die Auslautverhärtung wie bei kurvst [kʊrfst] nur über einen Umweg erfaßt werden (/kʊrw+st/ -> [kʊrvst] durch die Glide-Konsonantisierung -> [kʊrfst] durch die Auslautverhärtung). Wurzel kann die

---

[4] Vorläufig verwende ich folgende Transkriptionen: [i̯] für das unsilbische [i] und [j] für den palatalen Frikativ.
[5] Kloeke (1982a) leitet das unsilbische [i̯] aus dem Vokal /i/ ab; die Frikative /j/ und /v/ sind bei ihm zugrundeliegende Phoneme. Meinhold/Stock (1982: 87) leiten dagegen das unsilbische [i̯] aus dem zugrundeliegenden /j/ ab.
[6] Zu seiner Analyse des velaren Frikativs und der damit verbundenen Problematik der [x]-[ç]-Alternation vgl. die Diskussion der Auslautverhärtung (Abschnitt 4.3).

Repräsentation der Lexikoneinträge vereinfachen, indem er den zugrundeliegenden Glide /j/, der nur zwei Merkmalmarkierungen ([m kons, - hint]) braucht, ansetzt statt eines Frikativs /J/, der fünf Markierungen (für [±ant], [±kor], [±hint], [±dnd] und [±sth]) erfordern würde; die Ableitung von [v] aus dem zugrundeliegenden palatalen Glide /w/ wird ebenfalls durch die wenigen Markierungen des /w/ begründet. Die einfachere lexikalische Repräsentation muß aber ein recht kompliziertes Regelsystem in Kauf nehmen. (siehe unten seine Regel für die Glide-Konsonantisierung). Außerdem ist der Wechsel zwischen Glide und Frikativ in der synchronen Phonologie schwer motivierbar.

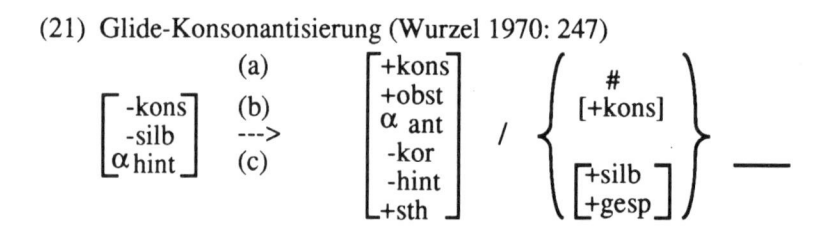

(21) Glide-Konsonantisierung (Wurzel 1970: 247)

$$\begin{bmatrix} -kons \\ -silb \\ \alpha\,hint \end{bmatrix} \begin{matrix} (a) \\ (b) \\ (c) \end{matrix} \longrightarrow \begin{bmatrix} +kons \\ +obst \\ \alpha\,ant \\ -kor \\ -hint \\ +sth \end{bmatrix} / \left\{ \begin{matrix} \# \\ [+kons] \\ \begin{bmatrix} +silb \\ +gesp \end{bmatrix} \end{matrix} \right\} \underline{\quad\quad}$$

Die Regel (21a) leitet morphemanlautendes [J] und [v] jeweils aus dem zugrundeliegenden Glide /j/ und /w/ ab; die Regel (21b) ist für die Ableitung von [v] nach Konsonanten verantwortlich (*Twist*; *Schwarz*; *Zwang*; *Quatsch*), die Regel (21c) für die Ableitung von [J] und [v] nach gespanntem Vokal (*Boje*, *Koje*; *ewig*, *Löwe*). Für die Annahme eines zugrundeliegenden /w/ sind in Wurzel (1970: 204, 246) die folgenden Morphemstrukturbedingungen von besonderer Bedeutung.

(22) (i) Ein morphemanlautendes Cluster aus zwei Obstruenten besteht aus /s/ plus Verschlußlaut.
 (ii) Ein morphemanlautendes dreigliedriges Konsonantencluster besteht aus /s/, einem Verschlußlaut und einem Liquid.
 (iii) In Kombinationen von Obstruenten sind alle einzelnen Segmente stimmlos.

Die Annahme der Obstruentencluster /tv/, /sv/, /t^{s}v/ und /kv/ würde gegen diese MSBen verstoßen (die MSBen (i) und (ii) unterstützen im übrigen die monophonematische Analyse der Affrikaten /p^f/ und /t^s/, vgl. Wurzel 1970: 205). Wurzel versucht, die MSBen in (22) aufrechtzuerhalten, indem er [v] durch die Regel (21b) ableitet. Auch Wörter wie *Boje*, *Koje* können zwar durch die Regel (21c) miterfaßt werden; diese Wörter bilden aber andererseits Ausnahmen zu seiner MSB (Wurzel 1970: 247):

(23) Vor einem Glide sind alle Vokale ungespannt.

Da innerhalb der Lexikalischen Phonologie die Morphemgrenze nicht mehr nötig ist, braucht man auch keine MSBen wie (22) und (23). Die Funktion der MSBen wird innerhalb dieses theoretischen Rahmens durch phonologische Regeln ersetzt. Wie bereits in Kap. 2 diskutiert, sind die MSBen (22i) und (22ii) durch die Silbenstruktur zu erklären. Die MSB (22iii) wird nach der hier vorgelegten Analyse durch eine postlexikalische Assimilation der Stimmhaftigkeit ersetzt (in Abschnitt 4.3 argumentiere ich dafür, daß die Merkmale [±gesp] und [±sth] für die deutschen Konsonanten redundant sind). Der Vorzug einer solchen Analyse läßt sich in der weiteren Diskussion noch erklären. Hier genügt aber, zu erwähnen, daß die von Wurzel vorgeschlagene Repräsentation für den labialen und palatalen Frikativ schwer motivierbar ist. Das von Wurzel (1970: 248) angenommene Konsonantensystem, nach dem für das Deutsche nur drei Artikulationsstellen Labial, Dental und Alveolar zu unterscheiden sind, halte ich für zu abstrakt.

Wie bereits mehrfach betont, ist für eine adäquate phonologische Theorie nicht nur eine einfachere zugrundeliegende Repräsentation der Lexeme von Bedeutung, sondern vielmehr eine adäquate Beschreibung des Regelsystems und damit der Interaktion zwischen phonologischen Regeln. Ein rein zahlenmäßiges Kriterium (z.B. die These, daß die Beschreibung eines phonologischen Systems besser zu evaluieren ist, wenn es weniger zugrundeliegende Phoneme hat) kann kaum dem wesentlichen Charakter der phonologischen Prozesse Rechnung tragen. Im Rahmen der Unterspezifikation ist die Merkmalspezifizierung eines Segments unmittelbar vom phonologischen Regelsystem abhängig. In dieser Hinsicht ist der theoretische Ansatz der Unterspezifikation von der generativen Markiertheitstheorie grundverschieden.

Die drei Segmente [i], [i̯] und [j] lassen sich innerhalb des nichtlinearen Modells folgendermaßen repräsentieren.

(24) a.   V   b.   C   c.   C
          | | |
         /i/   /i̯/   /j/

Das silbische [i] unterscheidet sich von seinem unsilbischen Gegenstück [i̯] nur durch die Silbenstruktur; das erstere ist mit einer V-Position assoziiert, das letztere dagegen mit einer C-Position. Im Vergleich dazu betrifft der Unterschied zwischen [i̯] und [j] die verschiedenen segmentalen Merkmale. Wiese (1988: 214) analysiert das [j] als vokalisches Segment, das mit einer C-Position assoziiert ist. Eine zugrundeliegende Repräsentation wie (24c) (ein Frikativ) existiert daher in seinem Modell nicht; es gibt nur (24a) und (24b). Wiese diskutiert aber nicht, durch welche Regel die unterschiedlichen phonetischen Realisierungen von prävokalischem [j] (wie in *ja, jeder, Junge* usw.) und postvokalischem [j] (der zweite Teil des Diphthongs wie in *Bein*) zu beschreiben sind.

Da der silbische Vokal und dessen unsilbisches Gegenstück durch die Assoziation mit der Segmentposition voneinander deutlich zu unterscheiden sind, brauchen wir nur die Distribution von [i̯] und [j] weiter zu differenzieren. Die folgenden Daten für die Distribution dieser Segmente sind aus Moulton (1962: 65) übernommen.

(25)   [i̯]   [j]
   [dá:li̯ə]   Dahlie   [táljə]   Taille
   [ʃpáni̯ər]   Spanier   [ʃampánjər]   Champagner
   [famí:li̯ə]   Familie   [vaníljə]   Vanille
   [bɪli̯ó:n]   Billion   [bɪljét]   Billet
   [mɪli̯árdə]   Milliarde   [brɪljánt]   brillant

(26)   [i̯]   [i]
   [rá:di̯ʊs]   Radius   [rá:diʊm]   Radium
   [alumí:ni̯ʊm] Aluminium   [aktí:niʊm]   Aktinium
   [peri̯ó:də]   Periode   [periǿ:kə]   Perioke
   [ali̯áⁿs]   Alliance   [aliántˢ]   Allianz
   [pi̯á:no]   Piano   [piástər]   Piaster

Die Daten in (25) zeigen den Kontrast zwischen [i̯] und [j], die Daten in (26) freie Varianten. Abgesehen von sehr wenigen Ausnahmen (z.B. Interjektionen wie [tja]) kann kein Konsonantencluster mit [j] im Silbenonset vorkommen. Vor dem nichtsilbischen [i̯] kann dagegen ein tautosilbischer Konsonant vorkommen (eine C-Position vor [i̯] ist fast obligatorisch). Daraus wird klar, daß die Silbe hier offenbar eine relevante Domäne für die unterschiedliche Realisierung von drei Segmenten ist, nicht die Morphemgrenze, wie Wurzel (1970) annimmt. Wörter wie *Boje, Koje, Kabeljau* brauchen danach gar nicht markiert zu werden. Sie sind genauso wie die Wörter *jagen, Jugend* zu behandeln: Der stimmhafte Frikativ [j] kommt vor, wenn ihm kein tautosilbischer Konsonant vorangeht. Wir können weiter feststellen, daß zwischen einem vorangehenden C und /i/ keine phonotaktische Beschränkung besteht. So können vor [i̯] außer den Sonanten [m, n, l] (siehe (24)) noch Obstruenten vorkommen, z.B. *prinzip[i̯]ell, med[i̯]al, relig[i̯]ös, Miss[i̯]on, glaz[i̯]al* usw. Dies deutet darauf hin, daß der Glide [i̯] als ein Teil des Reims betrachtet werden muß, nicht als ein Teil des Onsets. Die Realisierung von [j] ist durch folgende Regel zu beschreiben:

(27) $\begin{bmatrix} -\text{kons} \\ +\text{hoch} \end{bmatrix}$ -> [+kons] / $_\sigma$[___

Das [-kons, +hoch]-Segment wird silbeninitial als [j] realisiert, sonst (d.h. im Reim) entweder als [i] oder als [i̯]. (28) illustriert drei verschiedene Realisierungen eines zugrundeliegenden [-kons, +hoch]-Segments (O = Onset, R = Reim).

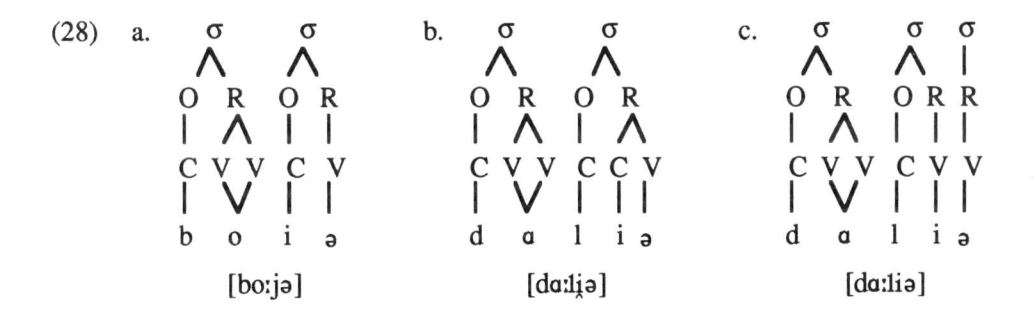

(28) a.

```
      σ     σ
     / \   / \
    O   R O   R
    |  /\ |   |
    C V V C   V
    |  \/ |   |
    b   o i   ə
```
[boːjə]

b.

```
      σ     σ
     / \   / \
    O   R O   R
    |  /\ |  /\
    C V V C C V
    |  \/ |  | |
    d   a l  i ə
```
[daːli̯ə]

c.

```
      σ     σ   σ
     / \   / \  |
    O   R O   R R
    |  /\ |   | |
    C V V C   V V
    |  \/ |   | |
    d   a l   i ə
```
[daːliə]

(28b) und (28c) sind freie Varianten. Bei schnellem Sprechtempo wird *Dahlie* (zweisilbig) mit dem Gleitlaut [i̯] realisiert, bei langsamem Sprechtempo dagegen mit dem silbischen [i]. Die zwei verschiedenen Realisierungen von /i/ in diesem Wort hängen davon ab, ob das /i/ im verzweigenden Reim oder im nichtverzweigenden Reim vorkommt.

Im Rahmen der linearen Phonologie, wo die Silbe für die Regelformulierung nicht berücksichtigt wird, ist die Regel für die verschiedenen Realisierungen von /i/ unnötig kompliziert (vgl. Wurzel 1970, Kloeke 1982a: 38). Mit Hilfe der Silbe können wir die Regel erheblich vereinfachen. Die drei verschiedenen Realisierungen von /i/ lassen sich ausschließlich durch die unterschiedlichen Silbenstrukturen ausdrücken. Die uneinheitlichen Transkriptionen in den Aussprachewörterbüchern selbst sprechen für diese Analyse.

3.5 Umlaut im Deutschen

3.5.1 Vorbemerkung

In Abschnitt 3.1 habe ich angedeutet, daß eine Analyse mit unterspezifizierter Merkmalmatrix den wesentlichen Charakter phonologischer Prozesse besser erfaßt als eine Analyse mit vollspezifizierter Merkmalmatrix. Das Ziel dieses Abschnitts ist es, auf der gleichen Annahme aufbauend den Umlaut des Deutschen zu analysieren. Wie bei der Schwa-Epenthese (vgl. Wiese 1988 Teil II, Kap.2) handelt es sich beim Umlaut um eine hochkomplizierte Interaktion zwischen Phonologie und Morphologie. Argumente für die eine oder andere Analyse müssen daher beide Aspekte einbeziehen: phonologische Repräsentation und Organisation des Lexikons.

Der Umlaut ist eines der Phänomene, die in der Literatur zur deutschen Phonologie am meisten diskutiert worden sind. In seiner ausführlichen Diskussion des Umlauts charakterisiert Wurzel (1970: 105) diesen Prozeß folgendermaßen:

"Der Umlaut beeinflußt, ja dominiert im Grunde das gesamte deutsche Vokalsystem, denn es gibt wirklich keinen einzigen Vokal und keinen einzigen Diphthong, der nicht in irgendeiner Form entweder Eingabe oder Ausgabe des Umlautmechanismus sein kann".

Dementsprechend existieren auch zahlreiche Vorschläge zur Behandlung des Umlautphänomens, sowohl in der diachronischen als auch in der synchronischen Analyse. Dies bedeutet aber nicht, daß die Erklärung dieser Problematik einen zufriedenstellenden Stand erreicht hat. Im Gegenteil: Die phonologische Forschung mußte sich in den letzten Jahren immer wieder der Herausforderung stellen, klassische Probleme unter neuer Perspektive zu betrachten und zu erklären. Dies gilt auch für die Beschreibung der Umlautregularität im Deutschen.

Trotz seiner einfachen phonologischen Regularität (hintere Vokale werden in der relevanten Umgebung zu den entsprechenden vorderen) ist der Umlaut gar nicht so einfach zu beschreiben. Im Mittelpunkt der Kontroverse stehen vor allem die Fragen,

– ob der Umlaut als (rein) phonologisch oder morphologisch bedingt anzusehen ist,
– ob man diakritische Merkmale für die Umlautregel braucht,
– wie die zahlreichen Ausnahmen zu behandeln sind.

Die Frage nach der Bedingtheit des Umlauts hat in der Literatur zu zwei verschiedenen Analysen geführt: einer phonologischen und einer morphologischen. Zur ersteren gehören Bach/King (1970) und Hamans (1985), zur letzteren Wurzel (1970), Lieber (1981; 1987), Kloeke (1982a) Wiese (1987) und Lodge (1989), um nur einige zu nennen (zum Vergleich beider Analysen siehe auch Wiese 1987). Die Auffassung des Umlauts als eines rein phonologisch bedingten Phänomens wird von Wurzel (1970) abgelehnt. Eines seiner Argumente ist, daß eine phonologische Analyse, die das Vorhandensein eines /i/-Affixes als eine Bedingung für das Auftreten des Umlauts annimmt, notwendigerweise zur absoluten Neutralisierung führt und phonologische Merkmale in rein diakritischer Weise verwendet [7]. So ist es in dieser Analyse z.B. notwendig, finale Vokale für die Wörter *Hunde, Fahrer, wolkig* zu postulieren, die jeweils zugrundeliegend distinkt von denen in *Güte, Völker, bärtig* sind. Das Ergebnis ist die absolute Neutralisierung der zugrundeliegenden Distinktionen. In nichtalternierenden Wörtern wie *Bär* und *Tür* muß man z.B. einen zugrundeliegenden vorderen Vokal (*Bari, Turi*) annehmen, der nie an der Oberfläche realisiert wird, was die Alternationsbedingung von Kiparsky (1968) verletzt. Daraus zieht Wurzel den Schluß, daß der Umlaut im Neuhochdeutschen kein phonologischer Prozeß mehr ist (zu weiteren Argumenten gegen die phonologische Analyse des Umlauts siehe Lieber 1981; Strauss 1982; Janda 1983).

Was die Verwendung der diakritischen Merkmale betrifft, ist das Problem viel komplizierter. Wurzel (1970) verwendet in seiner Analyse eine Reihe von nichtphonologischen Merkmalen ([+UE], [+UB], [+Der-Uml], [+ig-Uml] usw.). Abgesehen davon, daß die Verwendung solcher diakritischer Merkmale in der Theorie der Phonologie umstritten ist, liegt die eigentliche Schwäche seiner Analyse darin, daß sich diakritische Merkmale beliebig vermehren lassen, wenn man alle Paradigmen einbezieht, die am Umlaut beteiligt sind. So zeigt Lieber (1981: 179-180), daß die Analyse von Wurzel z.B. Wörter wie *eintönig* (vs. *hochtonig*) und lexikalische Dubletten wie *förmlich* (vs. *formlich*) nicht erklären kann. Innerhalb seiner Analyse muß der Stamm *ton* entweder als [+ig-Uml] oder als [-ig-Uml] spezifiziert werden. Da dieser Stamm gleichzeitig das Merkmal [+Der-Uml] enthält, das immer Umlaut hervorruft, sind die beiden Formen *hochtonig* und *eintönig* ohne Widerspruch nicht zu generieren. Um das Problem zu lösen, müßte man weitere diakritische Merkmale annehmen. Aus diesem Grund schlägt Lieber (1981: 181ff) eine Umlautregel vor, nach der der Stammvokal immer dann umgelautet wird, wenn auf ihn ein Morphem folgt, das das Merkmal [+U] enthält.

---

[7] Vgl. dazu den ausführlichen Kommentar von Wurzel (1970: 110-117) zu den Analysen von Bach/King (1970) und Kiparsky (1968).

Obwohl auch Lieber ein diakritisches Merkmal verwendet, lassen sich viele der von Wurzel (1970) verwendeten diakritischen Merkmale eliminieren, indem die umlautbewirkenden Affixe nur mit zwei Merkmalen [+U] oder [±U] repräsentiert werden (zu diesen diakritischen Merkmalen vgl. Abschnitt 3.4.3).

Eine neue Analyse des Umlauts, die sich in theoretischen Ansätzen von den bisherigen deutlich unterscheidet, stammt von Wiese (1987). Im Rahmen der Nichtlinearen Phonologie und der Lexikalischen Phonologie postuliert er eine Umlautregel, in der Umlaut als ein autosegmental angeordnetes Merkmal [+vorn] aufgefaßt wird (zur autosegmentalen Analyse des Umlauts siehe auch Hamans 1985, Lieber 1987). Ein entscheidender Unterschied seiner Analyse gegenüber denen von Wurzel (1970) und Lieber (1981) liegt darin, daß die autosegmentale Analyse kein diakritisches Merkmal mehr braucht.

Da die autosegmentale Analyse von Wiese einen wesentlichen Fortschritt in der Behandlung des Umlauts gegenüber der segmentalen (oder linearen) darstellt, will ich im folgenden zuerst Grundzüge der autosegmentalen Phonologie im allgemeinen (3.5.2) und dann einige von Wiese (1987) ausgeführte Hauptargumente (3.5.3) für die autosegmentale Behandlung von [-hint] diskutieren. In den Abschnitten 3.5.4 - 3.5.5 will ich zeigen, wie der Umlaut im Rahmen des hier entwickelten Modells zu analysieren ist. Es wird gezeigt, daß einige Probleme, die in den autosegmentalen Analysen (Lieber 1987, Wiese 1987) auftauchen, unter der Annahme der Unterspezifikation besser erklärt werden können.

3.5.2 Autosegmentale Phonologie

In SPE werden alle Merkmale ohne interne Struktur innerhalb einer phonologischen Matrix repräsentiert. Sie sind ungeordnet und stehen in keiner Beziehung zueinander. Die Auffassung der phonologischen Merkmalmatrix als eines Bündels ungeordneter Merkmale erwies sich aber in mancher Hinsicht als unangebracht. Die Mängel des SPE-Konzepts der phonologischen Repräsentation, auf die Literaturwerke der nichtlinearen Phonologie hinweisen, lassen sich in zwei Punkten zusammenfassen (zu diesen und vielen anderen siehe Goldsmith 1976; van der Hulst/Smith 1985a).

Erstens ist es innerhalb von SPE nicht möglich, auszudrücken, daß der Bereich eines Merkmals nicht unbedingt auf ein einziges Segment beschränkt sein muß. Der Bereich eines Autosegments [F] kann größer oder kleiner als ein Segment sein, siehe (29).

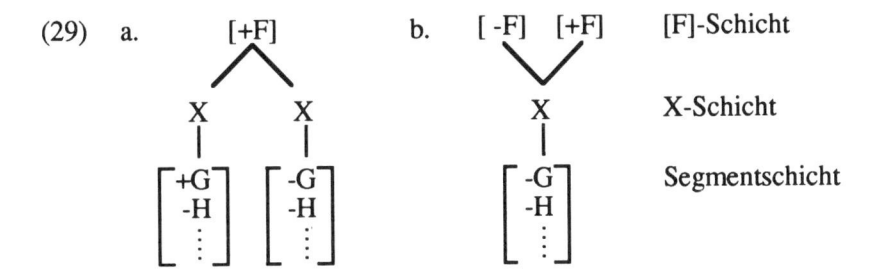

(29) a. [+F]   b. [-F] [+F]   [F]-Schicht
         / \   \ /
        X   X   X   X-Schicht
        | | |
       ⎡+G⎤ ⎡-G⎤   ⎡-G⎤   Segmentschicht
       ⎢-H⎥ ⎢-H⎥   ⎢-H⎥
       ⎣ ⋮⎦ ⎣ ⋮⎦   ⎣ ⋮⎦

Das Merkmal [F] ist von den anderen Merkmalen [G], [H] etc. unabhängig; es konstituiert daher eine separate Schicht. Zwei benachbarte Schichten werden durch eine Reihe von Regeln oder Konventionen miteinander verknüpft. Das Merkmal [F] kann dabei einen größeren Bereich als ein Segment (zwei X für ein Merkmal wie in (29a)) haben, oder einen kleineren als ein Segment (zwei [F] für ein X wie in (29b)). Ein Beispiel für (29a) ist ein harmonisierendes Merkmal wie [+rund] in der Vokalharmonie, ein Beispiel für (29b) ein Konturton [L, H]. Beide Repräsentationen sind innerhalb von SPE nicht möglich. Über den genauen Charakter der Assoziationsregeln oder -konventionen herrschen in der Literatur Unstimmigkeiten. Generell gelten jedoch folgende Prinzipien (vgl. Lieber 1987: 10):

(30) (i) Die Assoziation zwischen Schichten beginnt generell mit dem marginalen Element eines Wortes oder Morphems und verbindet Merkmale einer Schicht mit denen einer anderen Schicht in einem Eins-zú-eins-Verhältnis. In bezug auf die Assoziationsrichtung gibt es zwei Optionen: von links nach rechts oder von rechts nach links [8].
    (ii) Die Assoziation muß nicht eins-zu-eins sein. Es gibt auch eine Mehr-zu-eins-Assoziation, wie in (28) dargestellt. In diesem Fall liegt "spreading" eines Merkmals vor.
    (iii) Assoziationslinien dürfen sich nicht kreuzen.

Zweitens ist in SPE nicht berücksichtigt, daß zwischen Merkmalen eine bestimmte Relation besteht. In der Assimilation des Artikulationsorts werden normalerweise nur die "place"-Merkmale geändert, nicht aber Merkmale wie [nasal] oder [kontinu-ierlich]. Eine bestimmte Gruppe von Merkmalen verhält sich in einem

---

[8] Archangeli/Pulleyblank (1989: 181) folgend nehme ich folgenden universalen Aspekt der Assoziation an: Die Assoziation erfolgt (i) in einer Richtung (von links nach rechts/ von rechts nach links) und (ii) eins-zu-eins. Die Richtung der initialen Assoziation variiert von Sprache zu Sprache.

phonologischen Prozeß anders als die anderen. Die Möglichkeit, Merkmale in einer Gruppe zu repräsentieren, ist jedoch in SPE ausgeschlossen [9].

Die autosegmentale Phonologie (zusammen mit der Theorie der Merkmalhierarchie) bietet in diesen beiden Punkten eine wesentlich bessere Erklärung. Die Grundannahme der autosegmentalen Analyse besteht darin, daß jedes Merkmal oder jede Merkmalgruppe unabhängig von anderen sein kann. Es gibt z.B. Regeln, die nur die segmentalen Informationen betreffen, ohne dabei Tonmelodien zu verändern und umgekehrt. Ein harmonisierendes Merkmal wie [nasal] verhält sich unabhängig von anderen segmentalen Merkmalen. Merkmalen wie Ton und [nasal] muß daher ihr eigener Status (eben als Autosegment) zugewiesen werden. Sie haben jeweils eine Repräsentation, die von anderen Merkmalen unabhängig ist und die mit anderen Merkmalen synchronisiert wird. Die daraus resultierende phonologische Repräsentation ist eine mehrdimensionale, wie in (29) gezeigt. Verschiedene Phänomene wie Ton, Harmonie, Gemination, kompensatorische Längung etc. sind nur adäquat zu erklären, wenn eine solche Multi-Ebenen-Repräsentation angenommen wird (siehe z.B. Clements 1980, Halle/Vergnaud 1981, Clements/Sezer 1982). Die autosegmentale Analyse erwies sich nicht nur in der Phonologie als sinnvoll, sondern auch in der Morphologie. Die Arbeiten von McCarthy (1979; 1981) haben überzeugend gezeigt, daß Wortbildungsprozesse in semitischen Sprachen mit Hilfe einer Reihe von autosegmentalen Repräsentationsebenen plausibel erklärt werden können. Der Kernpunkt seiner Theorie liegt darin, daß einige autosegmentale Schichten ("tiers") den Status von Morphemen erhalten. Im klassischen Arabisch konstituieren z.B. konsonantische Wurzel und vokalisches Flexionssuffix jeweils Morpheme, die auf verschiedenen Schichten repräsentiert und mit anderen Schichten interpoliert werden. (31) illustriert eine solche Repräsentation, in der die Wurzel (/ktb/), das Suffix (/a/) und die CV-Schicht jeweils eine morphologische Schicht darstellen.

Obwohl alle autosegmentalen Analysen die oben skizzierte Grundannahme der autosegmentalen Theorie ("die Repräsentation der distinktiven Merkmale auf mehreren Schichten") teilen, unterscheiden sich einige theoretische Ansätze innerhalb der autosegmentalen Phonologie in Details voneinander. Einer von diesen Unterschieden bezieht sich auf die Frage, ob ein einziges Merkmal auf mehr als einer Schicht repräsentiert werden kann. Phonologische Analysen im Rahmen der autosegmentalen Phonologie lassen eine solche Repräsentation nicht zu (siehe z.B. Clements 1980; 1984; 1985 und Halle 1986). In den morphologischen Analysen (siehe McCarthy 1979; 1981; 1986) ist jedoch die Duplikation eines Merkmals auf mehr als einer Schicht üblich.

---

[9] Zur Theorie der Merkmalhierarchie siehe die Diskussion im Kap. 4.2.

(31)

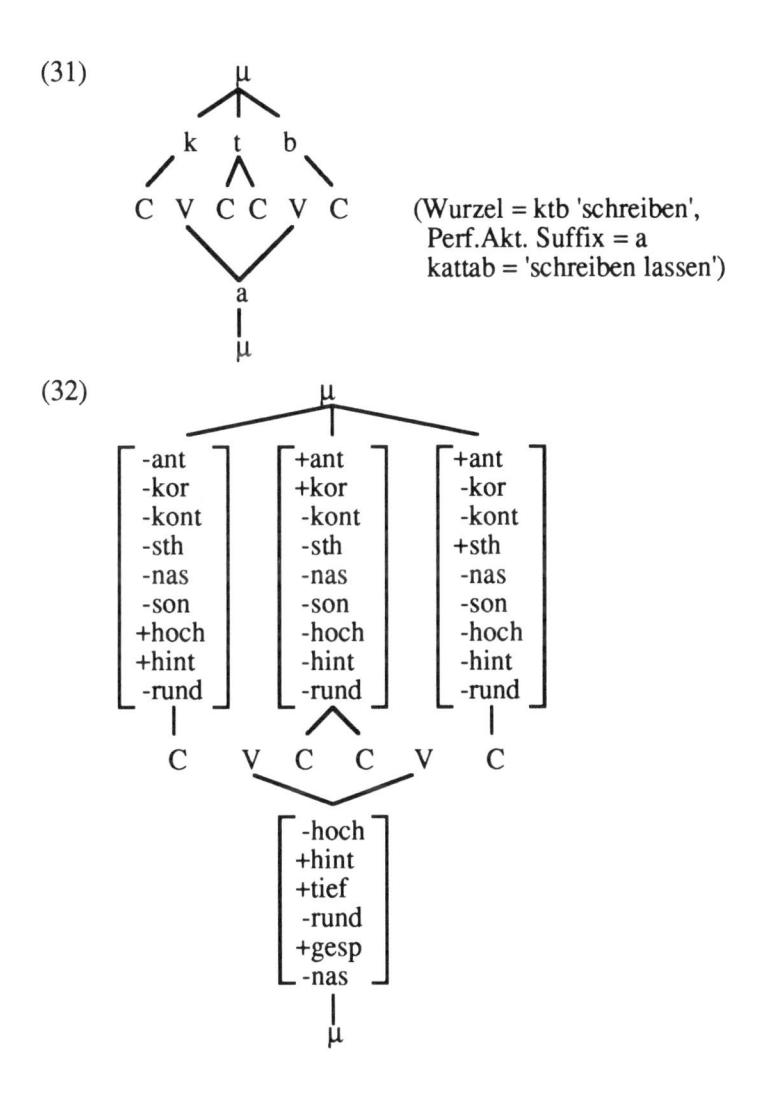

```
            μ
          / | \
         k  t  b
        /  /\  \
       C V C C V C         (Wurzel = ktb 'schreiben',
           |                Perf.Akt. Suffix = a
           a                kattab = 'schreiben lassen')
           |
           μ
```

(32)

$$\begin{bmatrix} -\text{ant} \\ -\text{kor} \\ -\text{kont} \\ -\text{sth} \\ -\text{nas} \\ -\text{son} \\ +\text{hoch} \\ +\text{hint} \\ -\text{rund} \end{bmatrix} \begin{bmatrix} +\text{ant} \\ +\text{kor} \\ -\text{kont} \\ -\text{sth} \\ -\text{nas} \\ -\text{son} \\ -\text{hoch} \\ -\text{hint} \\ -\text{rund} \end{bmatrix} \begin{bmatrix} +\text{ant} \\ -\text{kor} \\ -\text{kont} \\ +\text{sth} \\ -\text{nas} \\ -\text{son} \\ -\text{hoch} \\ -\text{hint} \\ -\text{rund} \end{bmatrix}$$

$$\text{C V C C V C}$$

$$\begin{bmatrix} -\text{hoch} \\ +\text{hint} \\ +\text{tief} \\ -\text{rund} \\ +\text{gesp} \\ -\text{nas} \end{bmatrix}$$

Dies ist leicht zu sehen, wenn die phonetischen Symbole in der Repräsentation (30) mit distinktiven Merkmalen voll spezifiziert werden. In (32) (aus Lieber 1987: 18) sind die Merkmale [nas], [hoch], [hint] und [rund] auf mehr als eine Schicht projiziert. (32) repräsentiert das Wort /kattab/.

Was den Umlaut des Deutschen betrifft, spricht nichts für die Duplikation eines Merkmals auf mehr als einer Ebene. Im Unterschied zu den semitischen Sprachen gibt es im Deutschen auch keine Evidenz dafür, konsonantischer Wurzel und vokalischem Suffix verschiedene Morpheme zuzuweisen. Die Theorie, die die Duplikation eines Merkmals nicht erlaubt, hat auch empirische Evidenz. Sie kann voraussagen, daß der Umlaut strikt lokal ist (vgl. Lieber 1981; 1987, Strauss 1982, Wiese 1987). Nur das erste Suffix, das direkt dem Stamm folgt, kann die Umlautung bewirken. Über ein dazwischen stehendes Suffix hinweg oder auf diesem Suffix findet die Umlautung nicht statt, vgl. *mächt-ig*, *Macht-los-ig-keit*, **Mächt-los-ig-keit*, **Macht-lös-ig-keit*. Mit Lieber (1987: 99ff) nehme ich an, daß der Umlaut durch das autosegmentale Merkmal [-hint] des Suffixes ausgelöst wird. Das freischwebende Autosegment [-hint] kann nicht mit dem Stammvokal assoziiert werden, ohne das Prinzip (30iii) zu verletzen, wie in (33) illustriert.

(33)   C   V   C   V   C   V

          [+hint]   [-hint]   *natürlich (*näturlich)*

Das Autosegment [-hint] kann sich nur auf den unmittelbar vorangenden Vokal ausbreiten. Das universale Prinzip (30iii) operiert nur dann, wenn ein Merkmal nur auf **einer** autosegmentalen Schicht repräsentiert wird. Es hat dagegen keine Bedeutung, wenn man eine phonologische Form zuläßt, in der ein und dasselbe Merkmal auf mehr als einer Schicht repräsentiert wird. Denn unter der Annahme einer solchen phonologischen Repräsentation gibt es keinen Weg, eine phonetische Realisierung wie *näturlich* zu vermeiden. Aus einer Repräsentation wie (34a) kann sich also entweder (34b) oder (34c) ergeben.

(34)   a.   [+hint]   b.   [+hint]   c.   [+hint]

        C V C V C   C V C V C   C V C V C

        [-hint]   [-hint]   [-hint]

        Natur   *natür(-lich)*   **nätur(-lich)*

Man vergleiche (34c) mit (33): In (33) ist das Prinzip (30iii) wirksam, in (34c) nicht.

In einer autosegmentalen Theorie, die die Duplikation der distinktiven Merkmale auf verschiedenen Schichten zuläßt, ist nicht vorauszusagen, warum der Umlaut strikt lokal sein muß [10]. Eine autosegmentale Theorie, die dasselbe Merkmal auf einer Ebene repräsentiert, ist restriktiver als eine Theorie, die es auf mehr als einer Ebene

---

[10] Lieber (1987) beobachtet verschiedene Prozesse der Konsonantenmutation im Fula, in denen auch strikte Lokalität gilt: Konsonantenmutation betrifft nur das initiale oder finale Element eines Morphems, wobei das Mutationsmerkmal durch das unmittelbar benachbarte Element ausgelöst wird. Dies liefert Evidenz dafür, daß der Umlaut des Deutschen keineswegs ein isoliertes Phänomen in den Sprachen der Welt, sondern nur ein Beispiel für lokale Prozesse darstellt, die auch in vielen anderen Sprachen zu beobachten sind.

repräsentiert. Die erstere ist daher sowohl aus theoretischem als auch aus empirischen Gründen gegenüber der letzteren vorzuziehen.

3.5.3 Phonologische Repräsentation des Umlautmerkmals

Wiese (1987: 234-235) betrachtet den Umlaut im Neuhochdeutschen als eine Reanalyse der Vokalharmonie im Althochdeutschen; das Merkmal [+vorn], das im Althochdeutschen Harmonie auslöst, wird durch Schwund der finalen i-Suffixe von der letzten Vokalposition abgekoppelt. Als Folge wird das umlautauslösende Merkmal [+vorn] der Suffixe im Neuhochdeutschen nicht mehr sichtbar. Dieses Merkmal trägt nun der Stamm selber. Die Umlautregel und die Ableitung von *Gäste* sieht nach Wiese (1987: 237) so aus:

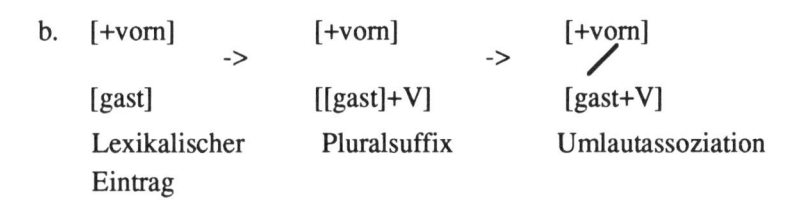

(35) a. Umlautregel
    Ortsschicht

$$[+\text{vorn}] \quad \text{Wort} \Big]^X \Big]_{\text{Wort}}$$

(X ist eine Variable für die Segmente eines Suffixes, kann auch leer sein)

b.   [+vorn]   [+vorn]   [+vorn]
         ⋮   ->   ⋮   ->   ╱
     [gast]   [[gast]+V]   [gast+V]
     Lexikalischer   Pluralsuffix   Umlautassoziation
     Eintrag

Die Regel (35a) besagt, daß Umlaut nur in morphologisch komplexen Wörtern (hier durch eine beliebige Suffigierung, die mit X gekennzeichnet ist) stattfindet. Insofern ("Umlaut im Neuhochdeutschen ist morphologisch bedingt") gleicht die von Wiese vertretene Grundposition der von Wurzel (1970) oder von Lieber (1981). Im Unterschied zu diesen Autoren wird das umlautauslösende Merkmal ([+vorn]) aber in seiner Analyse (neben der autosegmentalen Behandlung) direkt im Stamm repräsentiert. Nach Wiese (1987: 245) ist es nur dadurch möglich, einen Unterschied zwischen umlautenden und nichtumlautenden Wörtern unmittelbar zu erfassen. Der phonologische Charakter dieses Prozesses wird durch die Assoziation des autosegmentalen Merkmals [+vorn] des Stammvokals mit anderen Merkmalen zum Ausdruck gebracht. Wiese (1987: 244) nimmt einen prinzipiellen Unterschied in der lexikalischen Repräsentation zwischen Wurzeln und Suffixen an: Nur eine Wurzel trägt das Autosegment [+vorn], ein Suffix dagegen nicht. Dies begründet er dadurch, daß es im Neuhochdeutschen der Stamm ist, der alterniert, während es niemals Umlaut auf einem Suffix gibt, wenn diesem ein umlautbewirkendes Suffix folgt, z.B. *gedanken + los + er*, *glaub + haft + ig*, *Wissen + schaft + ler* [11].

Die Repräsentation des autosegmentalen Merkmals [+vorn] auf dem Stamm dient andererseits dazu, die Verwendung diakritischer Merkmale wie [+Umlaut] zu vermeiden. So lassen sich Ausnahmen zu der Umlautregel nach seiner Analyse ohne Hilfe eines diakritischen Merkmals behandeln. Wie dies funktioniert, will ich im folgenden kurz erläutern. In bezug auf die Umlautbarkeit werden in Wiese (1987) drei Typen von Stämmen voneinander unterschieden: (a) alle Stämme mit hinterem Vokal, die prinzipiell umlautbar sind, (b) alle Stämme mit hinterem Vokal, die nie umlautbar sind und (c) alle Stämme mit zugrundeliegendem vorderem Vokal. Die Repräsentation des Stammvokals im Lexikon sieht jeweils so aus:

(36) a. [+vorn]   b.   c. [+vorn]
                                      |
          X   X   X

Suffixe erhalten die lexikalische Repräsentation des Typs (36b), da es keine alternierenden Suffixe gibt. (36c) bezieht sich auf einen nichtalternierenden Stamm mit vorderem Vokal wie *Tür*, *Tier* usw. Die gleiche Repräsentation erhält auch ein Teil der Dubletten, Wörter wie *fällen*, *dämpfen*, in denen Umlautalternation nicht möglich ist. Wörter wie *fallen*, *dampfen* werden dagegen mit (36a) repräsentiert.

Es gibt zwei Gruppen von Ausnahmen zur Umlautregel: eine Teilmenge von (a) und alle Wörter von (b) (vgl. Wiese 1987: 240-241). Zur ersten Gruppe gehören Wörter, die nur in Verbindung mit einer bestimmten Klasse von Wurzelmorphemen oder in bestimmten Wortbildungsprozessen umgelautet werden, z.B. *Fahrer* (vs. *Bäcker*, *fährt*), *Hunde* (vs. *Füchse*, *Hündin*) etc. Zur Behandlung exzeptioneller Wörter wie *Fahrer* und *Hunde* schlägt Wiese (1987: 241-242) die folgende Analyse vor: Wörter dieser Art werden als ganze Einheiten in das Lexikon aufgenommen. Die Information, daß sie nicht umgelautet sind, wird dabei im Lexikoneintrag spezifiziert. Das Prinzip der "Elsewhere Condition" blockiert dann die Anwendung der Umlautregel. Bei Wiese ist allerdings nicht geklärt, wie die lexikalische

---

[11] Wörter wie *Altertümer*, *Besitztümer* (Plural), in denen das Suffix *-tum* umgelautet wird, bilden hier offenbar Ausnahmen, die Wiese (1987) nicht berücksichtigt. Wenn das umlautauslösende Merkmal auf dem Suffix, nicht auf dem Stamm, repräsentiert wird, sind diese Wörter kein Problem (vgl. 3.3.4).

Repräsentation dieser Wörter genau aussehen soll [12]. Jedenfalls ist eine Repräsentation wie (36c) ausgeschlossen (vgl. *Hünd). Innerhalb seiner Analyse muß daher ein Lexikoneintrag wie *Hunde* entweder als (36a) oder als (36b) repräsentiert werden. Wenn er als (36a) (d.h. mit einem unassoziierten [+vorn]) repräsentiert wird, gibt es keinen formalen Unterschied des Lexikoneintrags mehr zwischen regulär alternierenden Wörtern und Ausnahmen. Diese Möglichkeit scheidet daher sofort aus. Wenn er dagegen als (36b) (d.h. ohne das unassoziierte [+vorn]) repräsentiert wird, können wir zwischen Wörtern wie *Hunde* (vgl. *Hündin, Hündchen*), die nur in bestimmten Wortbildungen umgelautet werden, und Wörtern wie *rund, stolz*, die niemals umgelautet werden, nicht unterscheiden. Eine mögliche Ableitung von *Hunde* innerhalb seiner Analyse habe ich in (37) illustriert.

(37)　　*Hündin*　　　*Hunde*　　　*rund*

1.　[+vorn]　　　　　　　　　　　　　　: zugrundeliegend

　　　hund　　　　hunde　　　　rund

2.　[+vorn]　　　　　　　　　　　　　　: Morphologie
　　　　　　　　　---　　　　　---
　　hund + in

3.　[+vorn]　　blockiert　　　　---　　　: Phonologie
　　　╱　　　 durch EC　　　　　　　　Umlaut
　　hund + in

　　[hʏndɪn]　　[hʊndə]　　　[rʊnd]

Man vergleiche die Ableitung von *Hunde* mit der von *rund*. Da der Vokal /u/ in beiden Wörtern zugrundeliegend die gleiche Repräsentation hat, wird der markierte

---

[12] Wiese (persönliche Kommunikation) erklärt, daß die Ausnahmeeigenschaften von /hunde/ entweder mit dem Merkmal [-vorn] oder ohne das unassoziierte [+vorn] im Lexikon repräsentiert werden müssen. Mir scheint die erste Option unplausibel zu sein, weil die Verwendung beider Merkmalwerte von [vorn] in der lexikalischen Repräsentation redundant ist. Der Umlaut als eine "strukturbewahrende" Regel (vgl. Wiese 1987: 237) führt im Laufe des Lexikons nur das distinktive Merkmal [+vorn] ein, das redundante Merkmal [-vorn] dagegen später durch die Redundanzregel [ ] -> [-vorn].

vs. unmarkierte Status beider Worttypen nicht mehr erkennbar. Stämme wie *rund* werden nicht umgelautet, egal, welche umlautbewirkenden Suffixe auf sie folgen, vgl. *rundlich, runder* (Komparativ) usw. Wörter dieses Typs müssen von denen unterschieden werden, die abhängig von dem folgenden Suffix umgelautet werden. Die gleiche lexikalische Repräsentation in (37) erfaßt diese Tatsache nicht (es sei daran erinnert, daß die Umlautbarkeit eines Morphems bei Wiese direkt im Stamm charakterisiert wird). Wiese (1987: 241) nimmt an, daß im Lexikon sowohl Morpheme als auch Wörter gespeichert sein können. Dadurch ist es möglich, die Nicht-Anwendung der Umlautregel bei Wörtern wie *Hunde* zu erklären: Der Lexikoneintrag von *Hunde* (eine spezielle Regel) steht zu der Umlautregel (generelle Regel) in "Elsewhere"-Relation, so daß der Umlaut hier blockiert wird (vgl. Wiese 1987: 242). Es ist jedoch fraglich, ob die Strukturbeschreibung von *Hunde* (siehe (38a)) in der Strukturbeschreibung der Umlautregel (siehe (38b)) echt enthalten ist. Denn eine Repräsentation ohne das freischwebende autosegmentale [+vorn] bedeutet nicht, daß sie spezieller als eine Repräsentation mit diesem Autosegment ist.

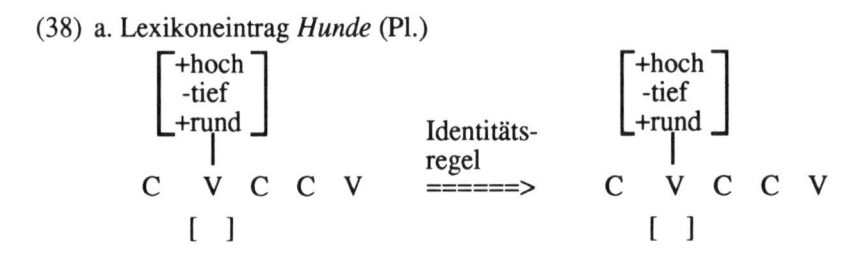

(38) a. Lexikoneintrag *Hunde* (Pl.)

$$\begin{bmatrix} +hoch \\ -tief \\ +rund \end{bmatrix} \quad \text{Identitäts-} \quad \begin{bmatrix} +hoch \\ -tief \\ +rund \end{bmatrix}$$
$$\quad | \quad\quad\quad\quad \text{regel} \quad\quad\quad | $$
$$C \ V \ C \ C \ V \ ======> \ C \ V \ C \ C \ V$$
$$[\ ] \quad\quad\quad\quad\quad\quad\quad\quad [\ ]$$

Hunde -> Hunde

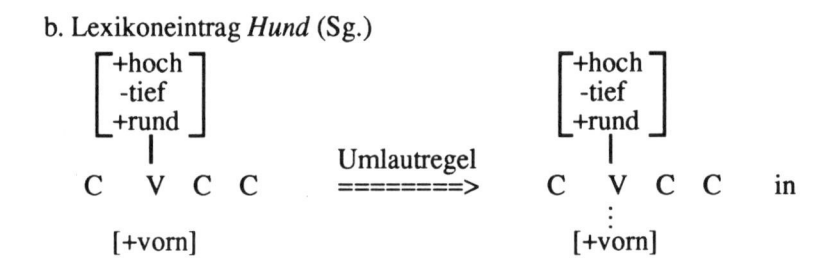

b. Lexikoneintrag *Hund* (Sg.)

$$\begin{bmatrix} +hoch \\ -tief \\ +rund \end{bmatrix} \quad\quad\quad\quad \begin{bmatrix} +hoch \\ -tief \\ +rund \end{bmatrix}$$
$$\quad | \quad\quad\quad \text{Umlautregel} \quad\quad | $$
$$C \ V \ C \ C \ ========> \ C \ V \ C \ C \quad \text{in}$$
$$[+vorn] \quad\quad\quad\quad\quad\quad\quad\quad [+vorn]$$

Hund -> Hündin

(Das Symbol [ ] kennzeichnet das Nichtvorhandensein des freischwebenden [+vorn])

Im Vergleich zur Singularform tritt der Lexikoneintrag [hunde]$_{N, PL}$ gar nicht in die morphologische Operation ein, weil er selbst im Lexikon eingespeichert ist. Das Wort *Hunde* steht daher nicht zur Umlautregel im "Elsewhere"-Verhältnis, sondern zur morphologischen Regel der Pluralbildung, die etwa folgende Form hat:

(39) Füge -e ein in der Umgebung [X__]$_{N, +PL}$ (X = *Bach, Fuchs, Wolf* usw.)

Daraus ergibt sich, daß die Ableitung in (37) falsch ist. Die Elsewhere-Bedingung muß in der morphologischen Operation angewandt werden, nicht in der phonologischen.

Wenn *Hunde* dagegen als abgeleitetes Wort behandelt wird, muß das Lexikon zwei zugrundeliegende Wurzelmorpheme enthalten, ein alternierendes (*Hund - Hündin*) und ein nichtalternierendes (*Hund - Hunde*). Wenn das letztere ohne das autosegmentale [+vorn] repräsentiert wird, tritt auch hier die Elsewhere-Bedingung nicht in Kraft. Die Umlautregel kann einfach deswegen nicht angewandt werden, weil *Hunde* nicht der Kontextbedingung dieser Regel entspricht. Unter dieser Repräsentation oder der von /hunde/ wie (38) entsteht also keine Umgebung, die einen "phonologischen" Elsewhere-Fall bildet.

Eine Alternative zu der phonologischen Form von *Hunde* in (38) wäre, dieses Wort mit [-vorn] im Lexikon einzutragen. Auch diese Lösung ist nicht plausibel. Denn wir brauchen ohnehin eine Redundanzregel wie [ ] -> [-vorn], um den korrekten phonetischen Output von *rund* zu erzeugen. Die Verwendung dieses Merkmals für die zugrundeliegende Form widerspricht dem Prinzip der Strukturbewahrung, nach dem nur distinktive Merkmalswerte im Lexikon repräsentiert werden können [13].

Die Repräsentation des umlautauslösenden Merkmals auf dem Stamm (nicht auf dem Suffix) halte ich außerdem aus dem folgenden Grund für problematisch. Sie erweckt den Eindruck, als ob es im Deutschen eine Klasse von Wurzelmorphemen gäbe, die von vornherein für den Umlaut gesperrt sind (vgl. (40) unten). Die Existenz solcher Morpheme ist jedoch auf eine rein zufällige Lücke der umlautbewirkenden Wortbildungsprozesse zurückzuführen, nicht auf ihre inhärente Umlautunfähigkeit. Eine Analyse, die unterschiedliche Umlautbarkeit direkt durch die Repräsentation

---

[13] Obwohl Wiese (1987) in seiner Analyse nicht explizit angibt, daß das Merkmal [-vorn] durch eine Redundanzregel geliefert wird, ist die Annahme einer solchen Regel notwendig, weil seine Umlautregel eine strukturbewahrende ist, die das distinktive Merkmal [+vorn] im Laufe der lexikalischen Ableitung einführt. Unklar bleibt aber, ob die Merkmale [+vorn] und [-vorn] auf der gleichen Ebene oder jeweils auf einer anderen Ebene repräsentiert werden sollen, siehe auch die Diskussion in 3.3.3

von Wurzelmorphemen erfaßt, würde z.B. das Nichtauftreten des Umlauts im Wort *stolz* so interpretieren, daß dieses Wort trotz der zutreffenden Umgebung in allen morphologischen Operationen nicht umgelautet wird. Tatsache ist jedoch, daß dieser Stamm bei der Wortbildung eine Reihe von Lücken aufweist. Es gibt z.B. keine Derivata wie **Stolzling*, **Stolze* (vgl. *gut - Güte*), **stolzlich* etc (vgl. aber *Stolzer*). Die mit X gekennzeichnete morphologische Umgebung in der Regel (35) führt außerdem zur Übergenerierung. Umlaut wird danach immer auftreten, wenn auf einen Stamm ein Suffix folgt. Suffixe mit hinterem Vokal (*-bar*, *-los*, *-ung* usw.) bewirken jedoch niemals Umlaut. Um dies zu erfassen, braucht man noch eine Extra-Regel.

Mit Lieber (1987) und gegen Wiese (1987) nehme ich daher an, daß das freischwebende Merkmal [-hint] als ein Teil des Suffixes aufgefaßt werden muß, nicht als einer des Stammes. Auch die von mehreren Autoren (Lieber 1981; 1987, Strauss 1982, Wiese 1987) beobachtete Lokalitätsbeschränkung des Umlauts (siehe Abschnitt 3.3.3) läßt sich nach dieser Auffassung besser erklären. Im Unterschied zu Lieber (1987) und Wiese (1987) bietet die hier vorgeschlagene Analyse eine prinzipielle Erklärung dafür, daß hintere Stammvokale durch Umlaut das Merkmal [-hint] zugewiesen bekommen, während vordere Stammvokale, die zugrundeliegend in bezug auf das Merkmal [hint] unspezifiziert sind, der Redundanzregel [0hint] -> [-hint] unterliegen. Während vordere Stammvokale bei Wiese (1987) zugrundeliegend als [+vorn] spezifiziert sind, werden sie in meiner Analyse durch die Default-Regel erfaßt.

Vor diesem Hintergrund wende ich mich nun der Repräsentation der umlautbewirkenden Suffixe und der Natur des frei schwebenden Autosegments [-hint] zu.

3.5.4 Suffixe

In (40) sind Flexions- und Derivationsaffixtypen aufgelistet, die regulär, oft oder niemals den Umlaut hervorrufen (vgl. Wurzel 1970: 108-110).

(40) a. Suffixe, die regulär (d.h. mit wenigen Ausnahmen) Umlaut bewirken (In Klammern stehen Ausnahmen):
Pluralformen auf *-er*: *Männer, Völker, Hölzer*
Deadjektivische Nomina auf *-e*: *Bläue, Güte, Kälte*
Kollektiva auf *Ge___e* : *Gedärm, Gehäuse, Gesträuch*
Diminutives *-chen*: *Hündchen, Väterchen* (*Frauchen*)

Diminutives *-lein*: *Büchlein*
-ling : *Dümmling, Flüchtling* (*Schmalzling, Sonderling; Blauling* neben *Bläuling*)

b. Suffixe, die nicht immer Umlaut bewirken:
Pluralformen auf *-e* : *Füchse* vs. *Hunde*
Feminina auf *-in*: *Hündin* vs. *Beamtin*
Nomina Agentis auf *-er*: *Bäcker* vs. *Fahrer*
-nis: *Begräbnis* vs. *Befugnis*
-lich: *ärztlich* vs. *amtlich*
-isch: *höhnisch* vs. *badisch*
-ig: *bärtig* vs. *wolkig*
Komparativ/Superlativ
-er : *länger* vs. *froher*
-(e)st : *längst* vs. *frohst*
2./3. Pers. Präs. Indikativ: *schläg(s)t* vs. *ruf(s)t*

c. Suffixe, die nie Umlaut bewirken:
Alle Suffixe mit hinterem Vokal: *-bar, -schaft, -sam, -tum, -ung*, usw.

Wie in vielen Analysen gezeigt, ist die Kompliziertheit des Umlauts in der synchronen Grammatik des Deutschen vor allem damit verbunden, wie die Fakten in (40b) - abgesehen von Ausnahmen in (40a) - zu behandeln sind. Es ist hier unvorhersagbar, welche Stämme mit welchen Suffixen umlauten. Auch die Umlautung eines bestimmten Stamms in der Kombination mit verschiedenen Suffixen findet nicht einheitlich statt (vgl. *mündlich - (voll)mundig; eintönig - tonig, tieftonig*).

Für die Analyse dieser Wörter sind zwei Tendenzen zu beobachten. Die eine besteht darin, das Lexikon als den typischen Ort für idiosynkratische Informationen aufzufassen, in dem alle nichtumlautenden Wörter in der Form von Lexikoneinträgen gespeichert werden. Diese Lösung (z.B. Wiese 1987) habe ich im vorigen Abschnitt besprochen. Die andere besteht darin, idiosynkratische Informationen mit Hilfe diakritischer Merkmale zu beschreiben. Lieber (1981) wählt diese Lösung. Die Affixe (40a), die regulär Umlaut auslösen, erhalten in ihrer Analyse das diakritische Merkmal [+U]. Die umlautvariablen Affixe (40b) haben zwei Allomorphe; das eine wird mit [+U] markiert, das andere mit [-U]. Wenn einem Stamm ein Morphem folgt, das [+U] enthält, findet Umlautung statt, die in Lieber (1981: 182) durch die Regel "[+sil] -> [-hint] /__C_0 [+U]" erfaßt wird. Wie Lieber in ihrer späteren Analyse (1987) selber betont, ist das diakritische Merkmal [±U] ein arbiträres Ad-hoc-Mittel, das man nur für die Operation der Umlautregel benötigt, sonst aber nirgendwo [14].

Aus diesem Grund legt Lieber (1987) eine neue Analyse vor, in der Umlaut nicht als ein segmentaler, sondern als ein autosegmentaler Prozeß (wie bei Wiese 1987) aufgefaßt wird. Eine nichtlineare Analyse ist gegenüber der linearen vorzuziehen, vor allem deswegen, weil sie die Verwendung eines diakritischen Merkmals wie [±U] nicht mehr erforderlich macht. Umlaut wird in der nichtlinearen Analyse als ein morphologischer Prozeß aufgefaßt, der durch ein freischwebendes Autosegment ausgelöst wird. Umlaut stellt nach dieser Sichtweise nicht einen isolierten Prozeß in den Sprachen der Welt dar, sondern er gehört zu den generellen "triggering"-Phänomenen, die in vielen Sprachen gut motiviert sind (siehe Lieber 1987: Kap.2).

Zur weiteren Argumentation für die nichtlineare Analyse des Umlauts verweise ich auf die Arbeiten von Wiese (1987) und Lieber (1987). Auch die hier vorgeschlagene Analyse des Umlauts schließt sich an die autosegmentale Auffassung des Umlautmerkmals an. Im Unterschied zu den Analysen dieser beiden Autoren wird aber hier angenommen, daß Merkmale in der zugrundeliegenden Matrix unterspezifiziert sind. Was dieser Unterschied ist und welche Rolle die Unterspezifikation für den Umlaut spielt, ist Gegenstand der folgenden Überlegungen.

Die Prinzipien der Unterspezifikation gelten nicht nur zwischen segmentalen Merkmalen innerhalb einer Repräsentationsebene, sondern auch für die Assoziation zwischen autosegmentalen Schichten [15]. Jedes autosegmentale Merkmal [F] ist zugrundeliegend mit anderen Merkmalen assoziiert oder unassoziiert. Wurzelmorpheme werden danach entweder als (41a) oder (41b) im Lexikon repräsentiert (um das vokalische Segment zu kennzeichnen, verwende ich im folgenden neben X auch V).

Nach meinem Modell haben die Stammvokale /y/ und /u/ in *Würfel* und *Buch* jeweils die zugrundeliegende Repräsentation [+hoch, +rund] und [+hoch, +hint]. Die Merkmale [tief] und [hinten] für das /y/ und die Merkmale [tief, rund] für das /u/ sind unspezifiziert (das Merkmal der Gespanntheit spielt hier keine Rolle; der Kontrast zwischen /u/ und /ʊ/ wird daher bei der Transkription nicht berücksichtigt). Das Merkmal [hint] und die Merkmale [hoch, tief, rund] werden jeweils auf zwei verschiedenen Ebenen repräsentiert, wie in (41) dargestellt.

---

[14] Wie von Wiese (1987: 246) begründet, läßt sich die Verwendung diakritscher Merkmale auch im Hinblick auf die Lernbarkeit nicht rechtfertigen.

[15] Die Frage, ob die Prinzipien der Unterspezifikation für die Assoziation zwischen autosegmentalen Schichten gelten, ist meines Wissens noch nicht ernsthaft untersucht worden. Lieber (1987) schlägt einige Prinzipien vor, die die Assoziation eines auf mehr als einer Ebene repräsentierten Merkmals herstellen. Unterspezifikation hat aber in ihrer Theorie keinen direkten Einfluß auf diese Prinzipien.

(41) (a) *Würfel* (b) *Buch*

$$\begin{bmatrix} +hoch \\ +rund \end{bmatrix}$$

X V X X X   X V X

[+hint]

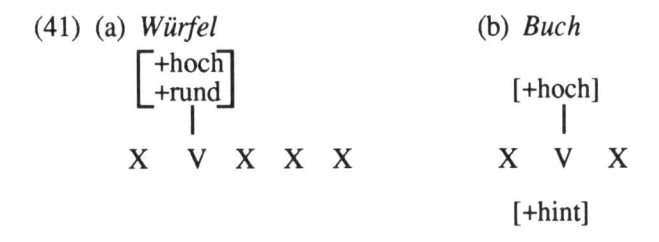

Ob es im Deutschen Evidenz dafür gibt, neben dem [hint] auch die anderen drei Merkmale [hoch, tief, rund] jeweils auf einer eigenen Ebene separat (d.h. autosegmental) zu repräsentieren, will ich offen lassen. Vorläufig gehe ich davon aus, daß eine dreidimensionale Repräsentation wie in (41) für die Analyse des Umlauts notwendig und hinreichend ist. Wichtig ist dabei, daß die Assoziation des Merkmals [hint] mit der V-Position für die alternierenden Wörter mit hinterem Vokal (*Buch - Bücher*) zugrundeliegend unspezifiziert ist und daß sie im Laufe des Lexikons durch eine Umlautregel hergestellt wird. Umlaut ist in dieser Hinsicht eine Regel der initialen Assoziation von [-hinten] mit einem Stammvokal, nicht eine des "spreading", wie sie in der Vokalharmonie zu beobachten ist. Eine Bemerkung zur Technik der Notation ist voranzuschicken: In der folgenden Beschreibung werden einfachheitshalber nur die Segmentposition und die [hint]-Schicht spezifiziert. Die Spezifikation anderer Vokalmerkmale fällt aus, soweit sie für das Umlautphänomen keine wesentliche Rolle spielen.

Für alle nichtalternierenden Wörter mit vorderem Vokal (*Tür, schön, Bär, frisch, schnell*) ist das Merkmal [hint] unspezifiziert. Auf der [hint]-Schicht in der lexikalischen Repräsentation dieser Wörter steht daher gar nichts. Die phonetische Realisierung dieser Vokale als [-hint] erfolgt über die oben erwähnte Default-Regel. Für die alternierenden Wörter mit hinterem Vokal ist dagegen das Merkmal [+hint] zugrundeliegend auf der [hint]-Schicht vorhanden. Aber die Assoziation zwischen X- und [hint]-Schicht fehlt noch. Mit Lieber (1987) und gegen Wiese (1987) nehme ich an, daß der Auslöser des Umlauts, das freischwebende Merkmal [-hint], als Teil des Suffixes repräsentiert wird, nicht als Teil des Stamms. Als generelles Format für die lexikalische Repräsentation der umlautbewirkenden Suffixe ((40a) und (40b)) übernehme ich die von Lieber (1987: 101-102) vorgeschlagene phonologische Form (42).

(42)   V   .... CV-Schicht

    [-hint] [α hint]   .... [hint]-Schicht

Jedes umlautbewirkende Suffixmorphem trägt zusätzlich zu dem [hint]-Merkmal des Suffixvokals ([α hint] in (42)) auf der [hint]-Schicht noch ein freischwebendes [-hint]-Autosegment, das als Auslöser des Umlauts dient. Umlaut kann auch durch ein Suffix ohne Vokal ausgelöst werden. Dazu gehören die Flexionssuffixe *-st* und *-t* und alle Suffixe mit dem Vokal /e/ (*-chen*, *-er*, *-e* usw.), unter der Voraussetzung, daß das /e/ durch die Schwa-Epentheseregel eingeführt wird. Die Annahme eines Autosegments [-hint] scheint auch dadurch begründet zu werden, daß es im extremen Fall ein Morphem ohne jeglichen phonetischen Gehalt geben kann, das Umlaut auslöst. Das Pluralsuffix in Paaren wie *Kloster – Klöster, Vater – Väter* ist ein Beispiel dafür [16].

Während das Merkmal [hint] des Stammvokals in Lieber (1987) zugrundeliegend voll spezifiziert ist, ist es in meiner Analyse unterspezifiziert. Ein weiterer Unterschied zu Liebers Analyse liegt darin, daß hier alle umlautauslösenden Suffixe, d.h. sowohl (40a) als auch (40b), durch die Repräsentation (42) einheitlich beschrieben werden (siehe unten). Das Merkmal [-hint] besitzt innerhalb der Repräsentation (42) einen von den segmentalen Merkmalen ganz unabhängigen Status, darf nicht mit dem [hint]-Merkmal auf der [hint]-Schicht verwechselt werden. Wenn die autosegmentale Repräsentation von Stämmen und Suffixen wie in (41) und (42) gegeben ist, läßt sich

---

16 Lieber (1987: 106) argumentiert dafür, daß das autosegmentale Merkmal [-hint] allein keinen Morphemstatus besitzt. Sie erklärt die Alternationen in *Mann - Männer, Bach - Bäche, Vater - Väter* dadurch, daß die beiden Allomorphe des Nomens im Lexikon eingetragen werden, wobei die Pluralform das freischwebende Merkmal [-hint] trägt. Nach dieser Analyse muß sowohl der Stamm als auch das Suffix in bezug auf das Umlautmerkmal im Lexikon spezifiziert werden. Das freischwebende [-hint] trägt dagegen in meiner Analyse nur das Suffix, nicht aber der Stamm. Im Lexikon wird daher nur ein Morphem (*Mann, Bach, Vater*) eingetragen. Daß das Plural-Allomorph als Input für die Wortbildungsprozesse Derivation & Komposition dienen kann, ist kein Problem, wenn man folgende Ebenenorganisation des Lexikons im Deutschen annimmt: Ebene 1: irreguläre Flexion & Derivation der Klasse I, Ebene 2: Derivation der Klasse II & Komposition, Ebene 3: reguläre Flexion (vgl. Wiese 1988). Ein Kompositum wie *Vätersitte* läßt sich danach folgendermaßen ableiten:

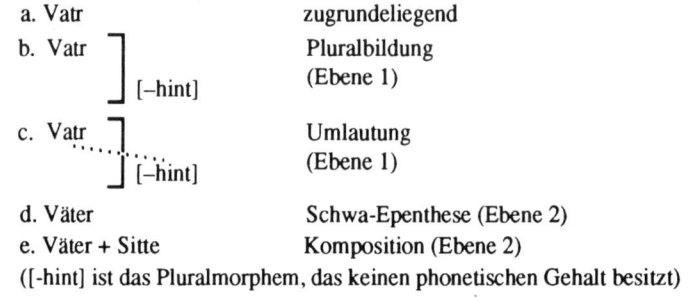

    a. Vatr   zugrundeliegend
    b. Vatr ⎤   Pluralbildung
            ⎦ [−hint]   (Ebene 1)
    c. Vatr ⎤   Umlautung
            ⎦ [−hint]   (Ebene 1)
    d. Väter   Schwa-Epenthese (Ebene 2)
    e. Väter + Sitte   Komposition (Ebene 2)
([-hint] ist das Pluralmorphem, das keinen phonetischen Gehalt besitzt)

der Umlaut ("Frontierung des hinteren Stammvokals") einfach dadurch erklären, daß sich das Merkmal [-hint] des Suffixes bei der zutreffenden Wortbildung mit dem Stammvokal assoziiert. Formal ist diese Regel folgendermaßen zu formulieren:

(43) Umlautregel im Neuhochdeutschen

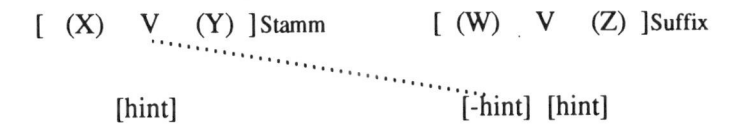

[(X) V (Y)]Stamm   [(W) V (Z)]Suffix

         [hint]   [-hint] [hint]

Das Merkmal [hint] in (43) bezieht sich auf das unterspezifizierte [hint] in der zugrundeliegenden Repräsentation. Wie oben erwähnt, ist dieses Merkmal grundsätzlich distinkt vom freischwebenden Autosegment [-hint]. Die Regel besagt, daß der Stammvokal mit [-hint] assoziiert wird, wenn auf ihn ein Suffix mit diesem Autosegment folgt. Die Operation der Regel (43) will ich anhand folgender zwei Ableitungen illustrieren.

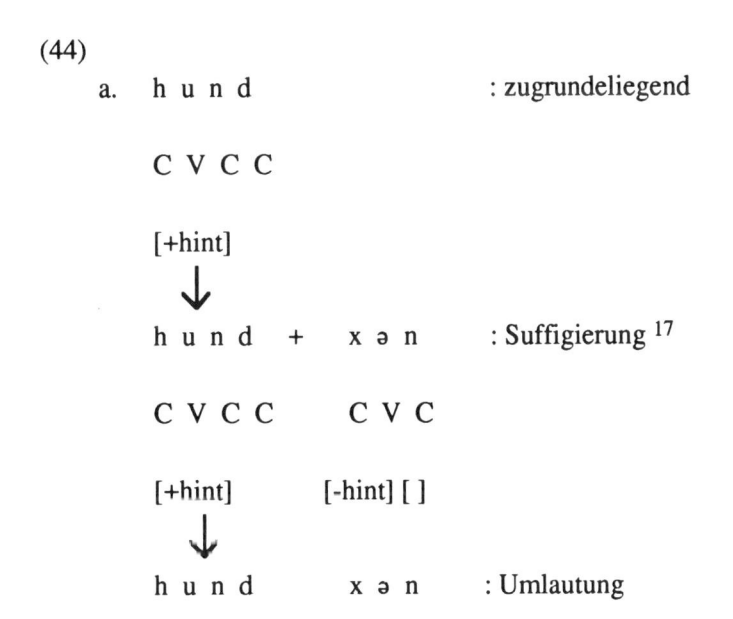

(44)
  a. h u n d   : zugrundeliegend

      C V C C

      [+hint]
      ↓
      h u n d + x ə n   : Suffigierung [17]

      C V C C   C V C

      [+hint]   [-hint] [ ]
      ↓
      h u n d   x ə n   : Umlautung

---

[17] Schwa ist in der zugrundeliegenden Repräsentation des Suffixes -chen nicht vorhanden. Es wird durch die Epenthese-Regel eingeführt (siehe Wiese 1987, Giegerich 1985). Für die zugrundeliegende Repräsentation von [x] bzw. [ç] siehe die Diskussion in 4.6.4).

```
    C V C C      C V C
          ⋰⋰⋰⋰⋰⋰
    [+hint]    [-hint] [ ]
                              = Hündchen
```

b. w ü r f l   : zugrundeliegend

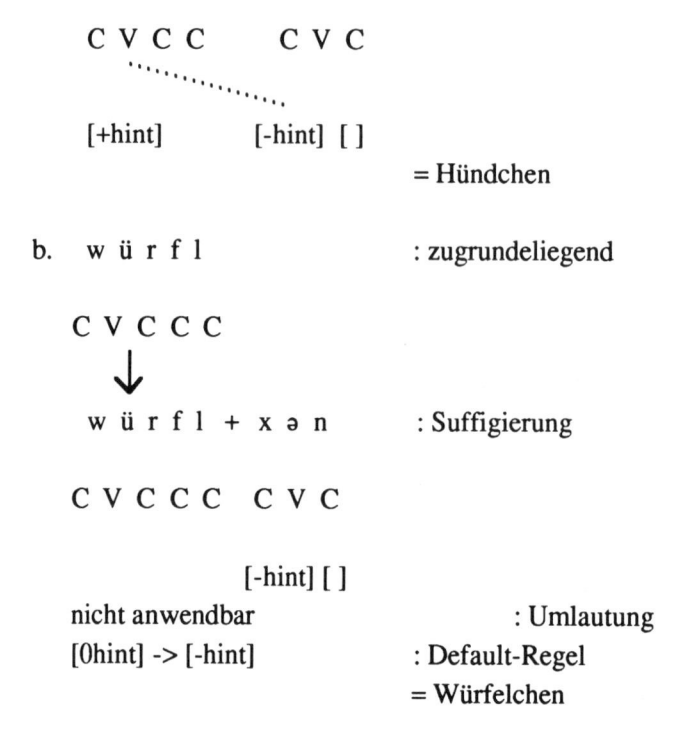

```
    C V C C C
        ↓
    w ü r f l + x ə n        : Suffigierung

    C V C C C   C V C

                [-hint] [ ]
```
nicht anwendbar   : Umlautung
[0hint] -> [-hint]   : Default-Regel
                                       = Würfelchen

Der Stammvokal in *Hund* ist zugrundeliegend als [+hint] spezifiziert. Das Merkmal [+hint] ist aber nicht mit der Segmentposition assoziiert. Die Umlautregel wird als initiale Assoziation im Laufe der lexikalischen Ableitung angewandt, sobald die Suffigierung mit *-chen* die entsprechende Kontextbedingung der Umlautregel (43) erzeugt. (44b) erfüllt nicht die Bedingungen für die Anwendung der Umlautregel, weil es hier keine [hint]-Schicht für den Stammvokal gibt. Die Regel (43) operiert nur dann, wenn das Zielsegment die Schicht hat, auf die sich ein Autosegment ausbreiten kann [18].

---

[18] Die Struktur in *Fürstchen* ist außerdem kein "Elsewhere"-Fall zu der Umlautregel (12). Wenn dies der Fall wäre, würde auch ein Stammvokal des Typs (iv) zu der Umlautregel in "Elsewhere"-Relation stehen. Nach meiner Analyse ist eine zugrundeliegende Repräsentation wie (iv) ausgeschlossen, weil die beiden Merkmalwerte "+" und "-" eines Merkmals nicht verwendet werden dürfen. Die "Elsewhere"-Relation gilt daher nur zwischen zwei Strukturen, von denen die eine assoziiert, die andere unassoziiert ist, wobei der Inhalt der autosegmentalen Schichten für die beiden Strukturen gleich ist. (i) und (iii) erfüllen diese Bedingung.

    (i)   V   (ii)   V   (iii)   V   (iv)   V
                            | | |
          [ ]   [-B]   [ ]   [+B]

Eine ähnliche Regel wie (43) ist von Lieber (1987) vorgeschlagen worden. Im Unterschied zu meiner Analyse ist aber in Lieber (1987) die Merkmalmatrix eines Segments voll spezifiziert. Als Folge geht die Umlautung in ihrer Analyse über zwei Prozesse vor sich, Delinking und Reassoziation. Da die Assoziation des Merkmals [+hint] oder [-hint] mit dem V im Stamm lexikalisch spezifiziert ist, muß diese in der entsprechenden Umgebung zunächst delinkt werden. Es folgt dann die Reassoziation des Stammvokals mit dem freischwebenden [-hint].

Ein entscheidender Nachteil dieser Analyse ist, daß die nie alternierenden Wörter mit vorderem Vokal (*Tier*, *schön*, *Tür* usw.) auch durch die Umlautregel mit erfaßt werden müssen. Der wesentliche Charakter der Umlautung ("Frontierung des **hinteren** Vokals in der relevanten Umgebung") wird damit verdunkelt. Die Delinking-Regel und die Beispiele für die Umlautung aus Lieber (1987: 102-103) sind in (45) gegeben (Die Beispiele sind etwas vereinfacht wiedergegeben; [B] steht für [hint]).

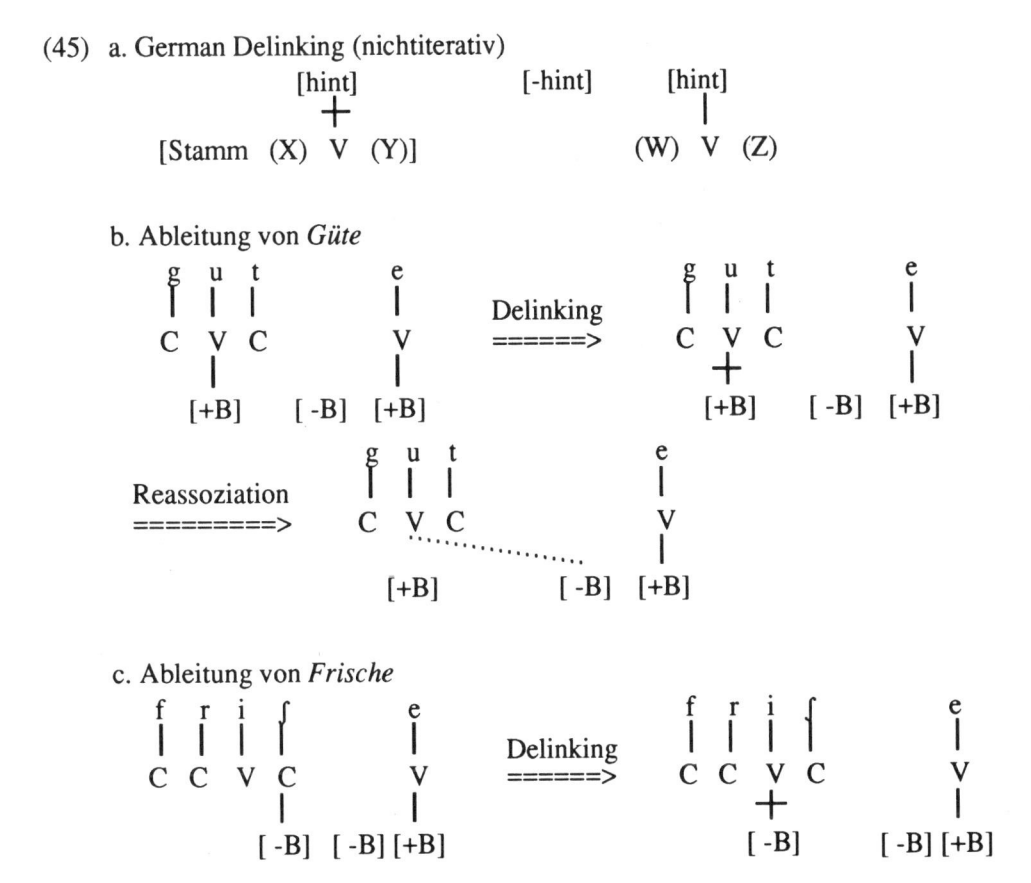

(45) a. German Delinking (nichtiterativ)

```
              [hint]           [-hint]        [hint]
                +                               |
      [Stamm (X) V (Y)]        (W) V (Z)
```

b. Ableitung von *Güte*

```
     g  u  t       e                          g  u  t        e
     |  |  |       |         Delinking        |  |  |        |
     C  V  C       V         ======>          C  V  C        V
     |              |                         |   +          |
    [+B]          [-B] [+B]                  [+B] [-B]     [+B]
```

```
                     g  u  t       e
                     |  |  |       |
  Reassoziation      C  V  C       V
  =========>              ·············
                         [+B]    [-B] [+B]
```

c. Ableitung von *Frische*

```
     f  r  i  ʃ       e                       f  r  i  ʃ       e
     |  |  |  |       |       Delinking       |  |  |  |       |
     C  C  V  C       V       ======>         C  C  V  C       V
           |          |                             +           |
          [-B]     [-B] [+B]                       [-B]      [-B] [+B]
```

```
                              f  r  i  ʃ              e
                              |  |  |  |              |
Reassoziation                 C  C  V  C              V
==========>                         ·········........ |
                                 [-B]        [-B]    [+B]
```

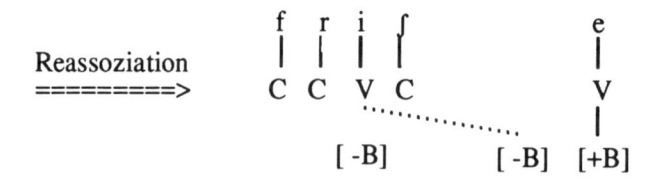

Die Regel (45a) wird blind sowohl für die hinteren als auch für die vorderen Stammvokale angewandt. Die Anwendung bei den vorderen Vokalen zeigt aber bloß den redundanten Charakter dieser Regel: Die Umlautregel wird hier leer durchlaufen [19].

Wenn das Merkmal [hint] dagegen bei den vorderen Vokalen zugrundeliegend unspezifiziert und bei den hinteren Vokalen spezifiziert ist, erklärt sich daraus sofort, daß die Umlautung für die vorderen Stammvokale keine Wirkung hat und daß sie nur die hinteren Stammvokale betrifft, vgl. die Ableitungen aus *Kind: Kinder, kindisch, kindlich, kindhaft, Kindheit.* Das Merkmal [-hint] von /i/ bleibt in allen diesen Ableitungen konstant. Es ist dabei ganz irrelevant, welches Suffix auf den Stamm folgt. Die Unterspezifikation des Merkmals [hint] erfaßt also direkt die Tatsache, daß nur der hintere Vokal alterniert.

Die Assoziationsregel (43) in der Kombination mit der Unterspezifikation macht damit die "Delinking"-Regel (45a) von Lieber (1987) entbehrlich. Der wesentliche Charakter des Umlauts, nämlich daß das zugrundeliegend unspezifizierte Merkmal [hint] des Stammvokals im Laufe der lexikalischen Ableitung spezifiziert wird, wird damit in meiner Analyse direkt erfaßt. Auch die extrinsische Regelordnung zwischen Delinking und Reassoziation, die innerhalb des Systems von Lieber erforderlich ist, erweist sich als überflüssig.

Der zweite Unterschied zu Liebers Analyse besteht darin, daß sie für den Suffixtyp (40b) (umlautvariable Suffixe) zwei Allomorphe erlaubt, das eine mit dem freischwebenden [-hint] und das andere ohne dieses Merkmal, während diese Suffixe nach der hier vorgelegten Analyse nur eine lexikalische Repräsentation haben. Nach Lieber hat z.B. das Suffix *-lich* zwei Allomorphe in (46). Da diese Allomorphe frei an einen geeigneten Nominalstamm angehängt werden können, ergibt sich daraus eine Übergenerierung. So werden z.B. neben *mündlich* auch *mundlich*, neben *mündig* auch *mundig*, neben *Hunde* auch *Hünde* usw. generiert. Lieber (1987: 104) nimmt an, daß eine von diesen beiden Formen typisch lexikalisiert wird, verzichtet aber darauf, vorauszusagen, welche es ist.

---

[19] In ihrer früheren Analyse (1981) macht Lieber den gleichen Vorschlag, daß die Umlautregel für die Wörter mit zugrundeliegendem vorderem Vokal leer angewandt wird.

(46) a. $\left[\begin{array}{c}+H\\-L\\-R\end{array}\right]$ b. $\left[\begin{array}{c}+H\\-L\\-R\end{array}\right]$

      l   x   l   x

     C   V   C   C   V   C

     | | |

  [-B]   [-B]   [-B]

Innerhalb dieser Theorie muß man mit einer ganzen Menge von übergenerierten Formen rechnen, da die Wörter mit umlautvariablen Suffixen weiteren Wortbildungsprozessen wie Derivation und Komposition unterliegen (z.B. *Bücherladen* neben *Buchladen*, *Backermeister* neben *Bäckermeister*, *ämtlicher* neben *amtlicher* (Komparativ) usw.). Da sich übergenerierte Formen bei der Kombination von verschiedenen Derivations- und Kompositionsvorgängen beliebig vermehren können, lehne ich die Analyse von Lieber (1987) ab. Eine alternative Lösung besteht darin, Wörter wie *Hund+e*, *Fahr+er*, *Frau+chen*, die vor den umlautvariablen Suffixen nicht umgelautet werden, als ganze Einheiten in das Lexikon aufzunehmen. Das Lexikon enthält z.B. den Eintrag (47) für die Pluralform *Hunde*.

(47)   H   u   n   d   e
       C   V   C   C   V
              |
          [+hint]

Im Gegensatz zu dem alternierenden Stamm *Hund* (*Hündin*, *Hündchen*) ist das Wort *Hunde* im Lexikon dadurch markiert, daß hier die Assoziation zwischen [hint] und Stammvokal spezifiziert ist. Das unspezifizierte Merkmal [hint] auf der [hint]-Schicht wird dagegen durch die Redundanzregel [0hint] -> [-hint] geliefert. Da Ausnahmen wie *Hunde* direkt im Lexikon eingetragen sind, läßt sich die Übergenerierung in Liebers Analyse vermeiden. Wie in Abschnitt 3.3.1 erwähnt, kann der Lexikoneintrag *Hunde* nicht zur Umlautregel (43) in einer "Elsewhere"-Bedingung stehen, sondern nur zu einer morphologischen Regel wie (39).

Für die Pluralformen *Fahr+er*, *Dampf+er* etc. ist Folgendes zu sagen: Hier findet niemals Umlautung statt (*Fährer*, *Dämpfer*). Formen wie diese sind ebenso wie (47) im Lexikon zu repräsentieren. Bei der Pluralbildung dient dann *Fahrer* mit dem agentiven /r/-Suffix als Input. Da der Stammvokal in *Fahrer* die lexikalische Assoziation von [hint] enthält, findet hier die Umlautung nicht statt. Im Unterschied zu *Hunde* liegt in diesem Fall eine phonologische "Elsewhere"-Beziehung zwischen *Fahrer* (spezielle Regel) und der Umlautregel (43) (generelle Regel) vor. Wiese

(1987: 239-240) erklärt dagegen die Nicht-Anwendung für die Pluralform *Fahrer* durch die Lokalitätsbeschränkung des Umlauts. Die Ableitung von *Fahrer* in seiner Analyse ist in (48) gegeben.

(48) a. [fahr]$_V$ zugrundeliegend
     b. [[fahr]$_V$ r]$_N$ Nomenableitung (Ebene 2)
     c. [[fahr]$_V$ er]$_N$ Schwa-Einfügung (Ebene 2)
     d. [[[fahr]$_V$ er]$_N$,]$_N$ +PL Pluralbildung (Ebene 2)
     e. nicht anwendbar   Umlaut

Nach der Pluralbildung ist der Stamm *fahr* für die Umlautung nicht mehr zugänglich, da die Umlautung über ein Suffix hinweg nicht möglich ist. Wiese (1987: 240) beschreibt diesen Lokalitätseffekt folgendermaßen: "Nur der einem Wortbildungsprozeß unmittelbar vorangehende **Stamm** kann umgelautet werden".

Man beachte, daß seine Umlautregel (siehe (35)) das Wort als Regeldomäne hat. Dies bedeutet, daß die Lokalitätsbedingung als eine Extra-Konvention in seiner Regel angegeben werden muß. Sonst bewirkt das Pluralsuffix den Umlaut für das eingefügte Schwa. Nach meiner Analyse wird das epenthetische Schwa als eine X-Position repräsentiert, die auf der Segmentschicht total unspezifiziert ist. Daraus ergibt sich automatisch, daß das Schwa nicht als ein Zielsegment für die Assoziation von [-hint] fungieren kann.

Die Singularform *Fahrer* (gegenüber *Bäcker*) muß außerdem innerhalb des Systems von Wiese als Ausnahme im Lexikon markiert werden. Wenn *Fahrer* schon im Lexikon enthalten ist, ist eine Ableitung wie (48) nicht mehr möglich.

Aus diesem Grund ziehe ich die oben genannte Lösung vor, Ausnahmen wie *Hunde, Fahrer* einheitlich im Lexikon einzutragen und diese Wörter als unmittelbaren Input für die weiteren Wortbildungsprozesse aufzufassen. Was die Lokalitätsbeschränkung des Umlauts betrifft, brauchen wir keine Konvention anzunehmen. Dieser Effekt ergibt sich aus dem Charakter der hier formulierten Regel ("initiale Assoziation") und aus dem universalen Assoziationsprinzip, nach dem die Assoziation zwischen zwei Schichten im unmarkierten Fall eins-zu-eins und von rechts nach links erfolgt. So betrifft z.B. Umlaut nur den zweiten Vokal in einem zweisilbigen Stamm wie *Natur*, nicht den ersten, vgl. *natürlich*, *näturlich. Wörter wie *mütterlich, Bäuerlein, Trömmelchen, säuberlich*, in denen Umlaut nicht lokal zu sein scheint, sind kein Problem, wenn wir annehmen, daß das Schwa im Moment der Anwendung der Umlautregel nur als eine X-Position repräsentiert wird, die keine

Segmentschicht für die Vokalmerkmale hat [20].

3.5.5 Markiertheitskonvention vs. Unterspezifikation

In SPE ist die Generalisierung einer phonologischen Regel untrennbar mit der Forderung nach der einfacheren Regelformulierung verbunden. Die Generalität und die Einfachheit der phonologischen Regel geraten aber innerhalb dieser Theorie oft in Konflikt. Nach dem Kriterium der Einfachheit ist z.B. eine Umlautregel im Neuhochdeutschen, die keine entrundeten Vokal erzeugt, einfacher als eine mit Entrundung. Ein umgelauteter Vokal /u/ soll [y] heißen, ein umgelautetes /o/ [ø]. Nach der Markiertheitskonvention in dieser Theorie ist aber gerade das Gegenteil zu erwarten, nämlich [i] und [e]. Denn es gibt eine Markiertheitskonvention wie (49), nach der die nichtniedrigen vorderen Vokale [-rund] sind.

(49) $\quad$ [u rund] $\rightarrow$ [α rund] / $\begin{bmatrix} \alpha \text{ hint} \\ -\text{tief} \end{bmatrix}$

Unter der Annahme der Markiertheitskonvention (49) soll eine Umlautregel wie (50a), die entrundete Vokale erzeugt, einfacher (und genereller) sein als eine Umlautregel wie (50b), die gerundete Vokale erzeugt. Dies widerspricht aber der Tatsache, daß die Umlautung in der Standardsprache nicht mit Entrundung einhergeht.

(50) a. [+silb] $\rightarrow$ [-hint] / X
$\quad$ b. $\begin{bmatrix} +\text{silb} \\ \alpha \text{ rund} \end{bmatrix}$ $\rightarrow$ $\begin{bmatrix} -\text{hint} \\ \alpha \text{ rund} \end{bmatrix}$ / X

Um die vorderen gerundeten Vokale abzuleiten, muß die Umlautregel sowohl im Fokus als auch in der strukturellen Veränderung das Merkmal [rund] enthalten, was

---

[20] Strauss (1982: 129) nimmt dagegen als spezielle Bedingung an, daß die Umlautung über das stamminterne Schwa hinweg stattfinden kann. In seiner Analyse wird das Schwa in *Wasser* nicht durch die Epenthese-Regel eingeführt, sondern es existiert zugrundeliegend. Die Umlautung in *wässer+ig* erfolgt über das Wurzelschwa hinweg. Unter der Annahme eines epenthetischen Schwa brauchen wir keine solche spezielle Bedingung, die in bezug auf die lokale Eigenschaft des Umlauts einen Rückschritt bedeutet.

aber nach dem Einfachheitskriterium eine komplexere Regel gegenüber der Regel mit Entrundung darstellt.

Um dies zu vermeiden, erstellt SPE eine spezielle Konvention für die Anwendung der Markiertheitsregeln, die besagt, daß eine Markiertheitsregel entweder auf alle oder auf keines der von einer Regel erzeugten Segmente angewandt wird. Aufgrund dieser Konvention wird die Markiertheitsregel (49) für den Output der Umlautregel nicht angewandt, weil es unter den Umlautprodukten das niedrige [ɛ] gibt. Das umgelautete [y] und [ø] bleiben daher rund. Aufgrund dieser speziellen Konvention wird in SPE behauptet, daß im Standarddeutschen eine Umlautregel ohne Entrundung einfacher und somit genereller ist als eine mit Entrundung.

Diese Auffassung von SPE hält Wurzel (1970: 156f) für eindeutig falsch. Sowohl die Sprachentwicklung als auch dialektale sowie umgangssprachliche Fakten sind nach seiner Meinung darauf zurückführbar, daß die Entrundung der vorderen runden Vokale im Deutschen eine natürliche und das phonologische System vereinfachende Regularität darstellt. Aus einem empirischen Grund (siehe dazu seine Ausführungen S.156f) soll die Regel (51) eine generellere Regel als (50a) darstellen. Unter dem Aspekt der Einfachheit ist (51) dagegen die Degeneralisierung von (50a).

(51) $[+\text{silb}] \rightarrow \begin{bmatrix} -\text{hint} \\ -\text{rund} \end{bmatrix} / \text{X}$

Hier sieht man, daß zwei Aspekte innerhalb der Theorie von SPE, die Generalisierung einerseits und die Einfachheit der phonologischen Regel andererseits, offenbar im Konflikt stehen. Um aus diesem Dilemma herauszukommen, schlägt Wurzel vor, die oben genannte spezielle Konvention in SPE zu modifizieren bzw. zu erweitern. Nach der hier vorgelegten Analyse braucht man keine spezielle Konvention anzunehmen. Der Konflikt zwischen der Generalisierung und der Komplexität der Regel wird einfach gelöst, wenn die Merkmale unterspezifiziert sind. Der Unterschied zwischen Dialekten (Umlaut mit Entrundung) und Standardsprache (Umlaut ohne Entrundung) läßt sich dadurch erklären, daß für sie jeweils zwei verschiedene zugrundeliegende Merkmalsysteme vorliegen.

In den Dialekten mit Entrundung existieren keine zugrundeliegenden Segmente /y/ und /ø/. Das Merkmal [rund] ist daher in dieser Sprachvariante nicht distinkt. Die Redundanzregeln (52b) sind untereinander intrinsisch geordnet. Man braucht z.B. nicht anzunehmen, daß die Regeln (biv) und (bv) vor der Regel (bi) angeordnet werden müssen. Die Ordnung zwischen Redundanzregeln oder zwischen diesen und phonologischen Regeln ergibt sich aus vorher erwähnten universalen Prinzipien wie der Elsewhere-Condition und Redundancy Rule Ordering Constraint (RROC) (vgl. Abschnitt 1.2).

(52) a. zugrundeliegendes Vokalsystem

	i	e	ɛ	a	o	u	ə
hoch	+					+	
vorn	+	+	+				
tief			+	+			

rund => keine Merkmale

b. Redundanzregeln:
   (i) [-tief, α vorn] -> [-α rund]
   (ii) $\begin{bmatrix} \text{-vorn} \\ \text{+tief} \end{bmatrix}$ -> [-rund]
   (iii) [ ] -> [-hoch]
   (iv) [ ] -> [-vorn]
   (v) [ ] -> [-tief]
   (vi) [ ] -> [-rund]

c. Der Default-Vokal ist für die Redundanzregel (bi) nicht zugänglich.

In den Dialekten mit Entrundung weist die Umlautregel den hinteren Vokalen das Merkmal [+vorn] zu. Nach der Umlautung sind die Merkmalspezifizierungen von hinteren Vokalen identisch mit denen von vorderen Vokalen, /u/ mit dem zugrundeliegenden /i/ usw., siehe (53).

(53)   a. Vor dem Umlaut   b. Nach dem Umlaut
       zugrundeliegend

	a	o	u	ɛ	e	i
hoch			+			+
vorn				+	+	+
tief	+			+		

=>

	a	o	u
hoch			+
vorn	+	+	+
tief	+		

Da die hinteren Vokale im Moment der Umlautung die gleiche Merkmalspezifikation wie die zugrundeliegenden vorderen Vokale haben, wird der phonologische Prozeß ("Zuweisung von [+vorn] zu hinteren Vokalen") direkt erfaßt. Auch die Tatsache, daß das Merkmal [rund] im Lexikon dieser Sprache nicht distinkt ist, wird formal ausgedrückt. Dieses Merkmal wird nur durch Redundanzregeln eingeführt und spielt im Laufe der lexikalischen Ableitung keine wesentliche Rolle. Unter der Annahme der voll spezifizierten Vokalmatrix (wie in SPE oder in Wurzel 1970) ist dies jedoch nicht voraussagbar. Unter der Annahme der Unterspezifikation können wir weiterhin feststellen, daß die Umlautregel in den Dialekten mit Entrundung genauso natürlich ist wie die in den Dialekten ohne Entrundung. Der Unterschied liegt nur in dem zugrundeliegenden Vokalsystem einschließlich der Redundanzregeln: In der Standardsprache ist das Merkmal [rund] schon in der zugrundeliegenden Repräsentation vorhanden. Daraus ergeben sich auch andere Redundanzregeln als in Dialekten mit Entrundung. In (54) wird das zugrundeliegende Vokalsystem der Standardsprache wiederholt.

(54) a.

	i	y	e	ɛ	ø	a	o	u	ə
hoch	+	+						+	
tief				+		+			
hint						+	+	+	
vorn				+					
rund		+			+				

b. Redundanzregeln:

[ ] -> [-hoch]

[ ] -> [-tief]

[ ] -> [α rund] / $\begin{bmatrix} \alpha\,\text{hint} \\ -\text{tief} \end{bmatrix}$

[ ] -> [-hint]

[ ] -> [-rund]

Wie in den Dialekten ist auch im Standarddeutschen die Umlautung durch die Zuweisung von [-hint] zu hinteren Vokalen zu beschreiben. Die Merkmale der hinteren Vokale werden auch hier nach dem Umlaut identisch mit den zugrundeliegenden vorderen Vokalen.

Bei der Umlautung des Diphthongs /au/ nehme ich mit Kloeke (1982a) eine Rundungsassimilation an: /au/ -> ay -> ɔy. Die Regel ist wie in (55) zu formulieren. Die Strukturbeschreibung der Rundungsassimilation umfaßt die Merkmalhierarchie zwischen Labial- und Dorsal-Schicht. Das Merkmal [rund] ist terminales Element des Labialknotens, die Merkmale [hoch, tief, hint] sind die des Dorsalknotens (vgl. Sagey 1986). Wenn der zweite Vokal /u/ von /au/ bei der Umlautung das Merkmal [-hint] erhält, breitet sich das Merkmal [+rund] auf den ersten Vokal aus, wobei die ursprüngliche Merkmalspezifikation dieses Segments delinkt wird. Dies wird in (56) illustriert.

(55) Rundungsassimilation

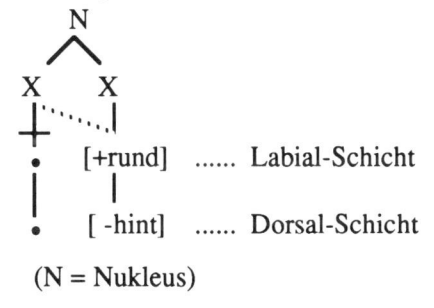

```
          N
         / \
        X   X
        +....|
        •   [+rund] ...... Labial-Schicht
        |    |
        •   [-hint] ...... Dorsal-Schicht
```

(N = Nukleus)

Wenn die Merkmale zugrundeliegend voll spezifiziert wären, wäre nicht erklärbar, warum der Vokal /a/ in /au/ gleichzeitig mit der Rundung zum [-tief]-Vokal wird. Eine Regel mit voll spezifizierter Merkmalmatrix (siehe (57)) ist nicht nur formal aufwendiger, sondern sie verdunkelt gerade den wesentlichen Charakter der Rundungsassimilation.

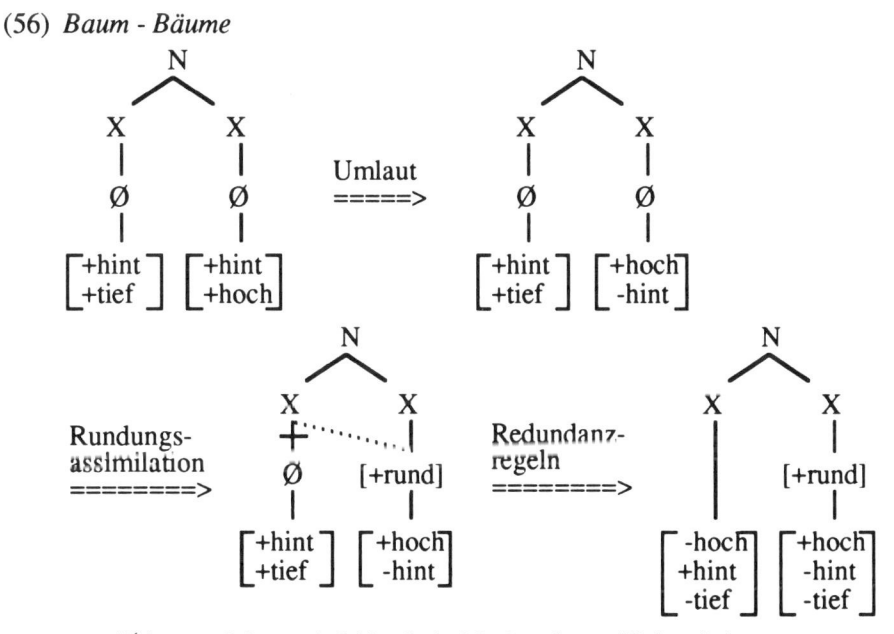

(56) *Baum - Bäume*

$$
\begin{array}{c}
N \\
/ \ \backslash \\
X \quad X \\
| \quad | \\
\emptyset \quad \emptyset \\
| \quad | \\
\begin{bmatrix}+\text{hint}\\+\text{tief}\end{bmatrix} \begin{bmatrix}+\text{hint}\\+\text{hoch}\end{bmatrix}
\end{array}
\quad \xRightarrow{\text{Umlaut}} \quad
\begin{array}{c}
N \\
/ \ \backslash \\
X \quad X \\
| \quad | \\
\emptyset \quad \emptyset \\
| \quad | \\
\begin{bmatrix}+\text{hint}\\+\text{tief}\end{bmatrix} \begin{bmatrix}+\text{hoch}\\-\text{hint}\end{bmatrix}
\end{array}
$$

Rundungs-
assimilation
========>

$$
\begin{array}{c}
N \\
/ \ \backslash \\
X \quad X \\
+\cdots\cdots| \\
\emptyset \quad [+\text{rund}] \\
| \quad | \\
\begin{bmatrix}+\text{hint}\\+\text{tief}\end{bmatrix} \begin{bmatrix}+\text{hoch}\\-\text{hint}\end{bmatrix}
\end{array}
$$

Redundanz-
regeln
========>

$$
\begin{array}{c}
N \\
/ \ \backslash \\
X \quad X \\
| \quad | \\
\quad \quad [+\text{rund}] \\
| \quad | \\
\begin{bmatrix}-\text{hoch}\\+\text{hint}\\-\text{tief}\end{bmatrix} \begin{bmatrix}+\text{hoch}\\-\text{hint}\\-\text{tief}\end{bmatrix}
\end{array}
$$

(Ø kennzeichnet, daß hier kein Merkmal spezifiziert ist)

(57) $[-\text{kons}] \rightarrow \begin{bmatrix} +\text{rund} \\ -\text{tief} \end{bmatrix} / \underline{} \begin{bmatrix} -\text{kons} \\ -\text{hint} \\ +\text{rund} \end{bmatrix}$

Wie ich bei der Umlautregel festgestellt habe, daß sie außer dem Merkmal [hint] kein Merkmal wie [tief] oder [gesp] in der Strukturbeschreibung zu enthalten braucht, liefert die Rundungsassimilation damit eine weitere Evidenz für die Unterspezifikation.

4. Deutsche Konsonanten

4.1 Unterspezifikation der deutschen Konsonanten

Eine voll spezifizierte Merkmalmatrix für das Konsonantensystem ist in (1) gegeben. Sie enthält die in den phonologischen Darstellungen des Deutschen vorkommenden konsonantischen Segmente, stellt aber nicht den Phonemstatus einzelner Segmente fest.

(1) Merkmalmatrix der deutschen Konsonanten

	p b f v m	t d s z	n l r	ʃ ʒ	ç j	k g x ŋ	h ʔ
kons	+ + + + +	+ + + +	+ + +	+ +	+ +	+ + + +	− −
son	− − − − +	− − − −	+ + +	− −	− −	− − − +	− −
kont	− − + + −	− − + +	− + +	+ +	+ +	− − + −	+ −
nas	− − − − +	− − − −	+ − −	− −	− −	− − − +	− −
lat	− − − − −	− − − −	− + −	− −	− −	− − − −	− −
kor	− − − − −	+ + + +	+ + +	+ +	− −	− − − −	− −
ant	+ + + + +	+ + + +	+ + +	− −	− −	− − − −	− −
dist	− − − − −	− − + +	− − −	+ +	+ +	− − + −	− −
hint	− − − − −	− − − −	− − −	− −	− −	+ + + +	− −
hoch	− − − − −	− − − −	− − −	+ +	+ +	+ + + +	− −
SG	− − − − −	− − − −	− − −	− −	− −	− − − −	+ −
CG	− − − − −	− − − −	− − −	− −	− −	− − − −	− +
gesp	+ − + − −	+ − + −	− − −	+ −	+ −	+ − + −	− −

In dieser Matrix sind schon einige redundante Merkmale wie [rund], [stimmhaft], [tief] nicht spezifiziert. Laryngale Laute sind ohne Hilfe des Merkmals [tief] eindeutig von den anderen Konsonantenphonemen abzugrenzen. Außerdem ist [tief], das eigentlich die Zungenhöhe von Vokalen kennzeichnet, für die Charakterisierung der laryngal-pharyngalen Aktivität des /h/ unangebracht (vgl. Meinhold/Stock 1982: 122). Auf den redundanten Charakter der Merkmale [stimmhaft] und [hint] für das deutsche Konsonantensystem werde ich weiter unten zurückkommen.

In Meinhold/Stock (1982) wird neben den vorderen und hinteren Konsonanten noch eine dritte Klasse [-vorn, -hinten] angenommen, die präpalatale Konsonanten (/ʃ, ç-x, j/) charakterisieren soll. Die Verwendung beider Merkmale halte ich für ungünstig, weil sie das Alphabet der zugrundeliegenden Repräsentation um ein Merkmal erweitert. Wie unten gezeigt wird, ist das Merkmal [vorn] für die Unterscheidung der Artikulationsstelle nicht erforderlich. /r/ wird in Meinhold/Stock als Frikativ klassifiziert. Diesen Autoren geht es vor allem um eine auf die phonetische Substanz zurückgreifende Definition des Phonems /r/ (vgl. S.132). Wie aus der Untersuchung von

Ulbrich (1972) hervorgeht, kommt unter den r-Allophonen das Reibe-r (als [ʁ] transkribiert) am häufigsten vor. Dies veranlaßt Meinhold/Stock, ein uvular-postdorsales r mit dem Merkmal [-fortis] als zugrundeliegend anzunehmen und dem homorganen [x] mit dem Merkmal [+fortis] gegenüberzustellen. Alle Verschlußlaute und [+obst, +frikativ]-Segmente (einschließlich /r/) sind nach ihrer Auffassung in die Korrelation fortis vs. lenis einzureihen.

(2) [+fortis] p f t s ʃ ç k (x)
    [-fortis] b v d z ʒ   j g   r

Hier wird im Gegensatz zu Meinhold/Stock (1982) davon ausgegangen, daß r-Laute wie alle anderen Sonoranten zur Klasse [+kons, +son] gehören. Es wird weiter angenommen, daß im Deutschen ein alveolares /r/ (statt eines uvularen /ʁ/) zugrundeliegt. Obwohl diese Analyse der statistischen Untersuchung zur phonetischen Realisierung der r-Laute widersprechen mag, scheint sie mir doch phonologisch begründet zu sein (siehe die Diskussion zur [ç]-[x]-Alternation in 4.6.4). Die Matrix (1) enthält immer noch viele redundante Informationen, die weiter unterspezifiziert werden sollen. Nicht alle "+"- oder "-"-Merkmalwerte sind distinktiv.

4.1.1 Obstruenten

Es sind fünf Reihen des Artikulationsorts zu unterscheiden, siehe (3). Die Merkmale [kor] und [hoch] sind ausreichend, um diese fünf Kategorien voneinander zu unterscheiden. Da es im Deutschen keine zugrundeliegenden Retroflexlaute wie [ʈ] oder [ɖ] gibt, die sich von dem alveolaren [t] oder [d] durch das Merkmal [-ant] unterscheiden, gehe ich davon aus, daß das Merkmal [ant] für die Merkmalspezifikation der deutschen Konsonanten redundant ist. Statt des Merkmals [ant] wird hier das Merkmal [hoch] zugrundeliegend spezifiziert, das für die Merkmalspezifikation der Vokale ohnehin erforderlich ist. Im Deutschen sind die Artikulationsstellen palato-alveolar und palatal durch keinen Verschlußlaut belegt. Koronale Laute sind universal am wenigsten markiert (vgl. Kean 1975). Wie unten gezeigt wird, wird dies im Deutschen weiter durch die /t/-Tilgung motiviert. In der zugrundeliegenden Repräsentation sind daher dentale Laute in bezug auf die Artikulationsstelle unspezifiziert. Die Merkmale der dentalen Laute [+kor, -hoch] werden durch die Default-Regeln in (4) geliefert.

In der Matrix (3) haben palatale und velare Konsonanten die gleiche Merkmalspezifikation für die Artikulationsstelle. Da sie sich aber in der zugrundeliegenden Repräsentation bereits durch das Merkmal [kont] voneinander unterscheiden, braucht man kein zusätzliches Merkmal der Artikulationsstelle für die Unterscheidung dieser Laute.

(3)

	labial	alveolar	palato-alveolar	palatal	velar
	p, b, f, v	t, d, s, z	ʃ, ʒ	j, ç	k, g, x
kor	−			−	−
hoch			+	+	+

(4) Default-Regeln
   a. [ ] -> [+kor]
   b. [ ] -> [-hoch]

[ç] und [x] scheinen nach dieser Merkmalspezifikation problematisch zu sein, weil die beiden Laute mit [+kont] und gleichem Merkmal der Artikulationsstelle spezifiziert sind. Wie in Abschnitt 4.5.4 gezeigt wird, sind jeodch nicht alle diesen Laute zugrundeliegend vorhanden.

Im deutschen Vokalsystem ist der Epenthese-Prozeß ein entscheidendes Kriterium dafür, welches Segment am wenigsten markiert ist. Da Schwa durch eine Epenthese-Regel in die phonologische Repräsentation eingeführt wird, sind die segmentalen Merkmale des Schwa zugrundeliegend total unspezifiziert. Evidenz dieser Art ist jedoch im deutschen Konsonantensystem nicht vorhanden [1]. Da es im Deutschen keinen lexikalischen phonologischen Prozeß gibt, in dem ein Konsonant eingeschoben oder getilgt wird, muß bei der Ermittlung des am wenigsten markierten Konsonanten ein anderer Aspekt herangezogen werden als bei Vokalen [2]. Einen Anhaltspunkt dafür können wir in der Auslautverhärtung finden, einem Neutralisierungsphänomen, in dem die Opposition [±gesp] zugunsten von [+gesp] aufgehoben wird. Von den [+gesp]-

---

[1] Das epenthetische /t/ läßt sich jedoch in Wörtern wie *hoffentlich, ordentlich, öffentlich, wesentlich; sichtbar* feststellen. Obwohl diese /t/ Epenthese in der deutschen Phonologie nicht gerade ein dominantes Phänomen wie die Schwa-Epenthese darstellt, muß sie als ein Teil der lexikalischen Ableitung angesehen werden, weil sie vor bestimmten Suffixen (*-lich* und *-bar*) stattfindet.

[2] Die Einfügung des Glottis-Verschlußlautes vor einem fußinitialem Vokal ist kein lexikalischer Prozeß, weil sie gegen das Prinzip der Strukturbewahrung verstößt (siehe Abschnitt 2.8.1). Positionsbedingte Null-Allophone bei schnellerem Sprechtempo sind im Prinzip für alle Obstruenten möglich (vgl. Meinhold/Stock 1982: 141-144). So wird /s/ vor /ʃ/ an der Morphem- oder Wortgrenze häufig total assimiliert, z.B. *weiß schon* [váʃoːn], *Ausschlag* [áʊʃlaːk]. Auch [h] fällt häufig aus, wenn es zwischen stimmhaften Lauten, vor allem in Adverbien wie *daher, wohin, vorher* sowie in Suffixen wie *-heit, -haft* vorkommt. Die Konsonantentilgung ist hier selbstverständlich nicht lexikalisch.

Obstruenten sind die Verschlußlaute universal weniger markiert als die Frikative(vgl. Greenberg 1966, Kean 1975): Es gibt keine Sprache, die nur einen einzigen Verschlußlaut, aber mehrere Frikative hat. Im Kontrast dazu gibt es Sprachen, die nur einen einzigen Frikativ, aber mehrere Verschlußlaute haben. Dies wird bei Kean (1975: 23) durch folgende zwei Markiertheitskonventionen dargestellt, die besagen, daß ein unmarkierter Konsonant Verschlußlaut ([-son, -kont]) ist.

(5) a. [u son] -> [-son] / $\begin{bmatrix} +\text{kons} \end{bmatrix}$

b. [u kont] -> [+kont] / $\begin{bmatrix} +\text{son} \\ -\text{nas} \end{bmatrix}$

Was die Artikulationsstelle der Obstruenten und der Nasale betrifft, ist nach der universalen Markiertheitskonvention in SPE und Kean 'koronal' weniger markiert als 'labial' oder 'dorsal'. Dies wird im Deutschen durch phonologische Prozesse motiviert. Es sei daran erinnert, daß die Markiertheit eines Merkmals innerhalb der Theorie der Unterspezifikation nicht nur von der universalen Markiertheit dieses Merkmals, sondern auch vor allem von den sprachspezifischen Informationen bestimmt wird, während sie in SPE und Kean ausschließlich universal festgelegt wird. Für die Ermittlung einer zugrundeliegenden Matrix spielen daher in der Theorie der Unterspezifikation phonologische Prozesse in einzelnen Sprachen eine entscheidende Rolle.

Die Evidenz für die Annahme von 'koronal' als am wenigsten markiertem Artikulationsort ist sowohl von phonetischer als auch von phonologischer Bedeutung. Von den drei Verschlußlauten /p, t, k/ ist das dentale /t/ am wenigsten markiert, was sich beim Assimilationsprozeß zeigt. Koronale Verschlußlaute und Nasale werden vor Wort- und Morphemgrenzen an folgende nicht-koronale Konsonanten angeglichen, während nicht-koronale Konsonanten nicht an folgende koronale assimiliert werden [3]. Folgende Daten stammen aus Kohler (1977: 215).

(6) a. geht baden   [tb] -> [pb]
       hat mich   [tm] -> [pm]
    b. mitkommen   [tk] -> [kk]
    c. anbinden   [nb] -> [mb]

---

[3] In Prestoformen kann Lautschwächung (besonders bei komplizierten Häufungen gleichartiger Konsonanten im Silbenauslaut) so weit gehen, daß es zu Null-Allophonen, also zum Ausfall von Lauten kommt, z.B. /t/-Ausfall in Wörtern wie *nicht, sind, ist* in Prestoformen.

d. angeben   [ng] -> [ŋg]
e. bunt machen [ntm] -> [mpm]
f. bunt karieren [ntk] -> [ŋkk]
g. abteilen   [pt] -> *[tt]
h. Tagträume   [kt] -> *[tt]

Die Beispiele in (6a-d) zeigen eine regressive Assimilation, in der die koronalen Laute /t/ und /n/ an die folgenden nicht-koronalen Laute assimiliert werden. Eine koartikulatorisch bedingte komplexere Assimilation zeigen die Beispiele in (6e-f). Die labialen oder velaren Verschlußlaute werden dagegen nicht an den folgenden koronalen angeglichen, wie (6g-h) zeigen. Wie ich später zeigen werde, gilt dasselbe auch für die Nasalassimilation (siehe Abschnitt 4.5.2); Ein alveolarer Nasallaut wird homorgan mit dem folgenden Verschlußlaut, z.B. *anbieten* [anbiːtən] -> [ambiːtən], *denken* [dɛnkən/ -> [dɛŋkən]; Die Assimilation in umgekehrter Richtung findet jedoch nicht statt. So wird *Amt* als [amt] realisiert, nicht als [ant]; *hängt* wird als [hɛŋt] realisiert, nicht als [hɛnt].

Für die Tatsache, daß /t/ am wenigsten markiert ist, spricht auch die koartikulatorisch bedingte /t/-Tilgung, wenn es als der mittlere Konsonant in einem dreigliedrigen Cluster vorkommt; vgl. dazu folgende Beispiele aus Kohler (1977: 216):

(7) a. nach /n/ und /l/ vor /s/:
    Glanz [nts] -> [ns], *erhältst* [ltst] -> [lst]
  b. vor /l/ nach Frikativen, insbesondere nach dem homorganen /s/:
    schriftlich [ftl] -> [fl], *rechtlich* [çtl] -> [çl], *köstlich* [stl] -> [sl]
  c. in der Reihenfolge dentaler Frikativ + /t/ + dentaler Frikativ:
    Szene [sts] -> [ss], *jetzt zu* [tstts] -> [tss], *zumindest zwei* [stts] -> [ss]

In (7c) wird artikulatorische Bewegung zur Veränderung des Öffnungsgrades eingespart. In allen Fällen in (7) wird die /t/-Tilgung durch einen koronalen Laut ("Fokus"-Steuerung) in der linken oder rechten Umgebung ausgelöst. Wenn /t/ nicht das am wenigsten markierte Segment ist, gibt es keine Erklärung dafür, warum das /t/ getilgt wird, und nicht die anderen koronalen Laute wie /s/ oder /l/ [4].

Die fünf Reihen von Obstruenten lassen sich weiter durch die Merkmale der Artikulationsart ([gesp], [kont], [nasal], [lateral]) unterscheiden. Es ergibt sich daraus

---

[4] In den flektierten Verbalformen wird der koronale Stammauslaut /d/, /t/ oder /s/ getilgt, wenn ihm das Suffix /t/ oder /s/ folgt, z.B. *lädt* /laːd+t/, *hält* /halt+t/, *reist* /raɪs+st/.

eine unterspezifizierte Merkmalmatrix wie (8):

(8)

	p	b	f	v	m	t	d	s	z	n	l	r	ʃ	ʒ	j	X	k	g
kons	+	+	+	+	+	+	+	+	+	+	+	+	+	+	+	+	+	+
son												+						
kont		+	+				+	+					+	+	+			
nas					+					+								
lat											+							
kor	−	−	−	−	−											−	−	−
hoch													+	+	+	+	+	+
gesp	−		−			−		−								−	−	

Die Merkmalmatrix (8) enthält nur die für die Phonemunterscheidung notwendigen Merkmale. Alle nichtdistinktiven Merkmale bzw. Merkmalwerte sind unspezifiziert. Von den Zungenstellungsmerkmalen [hoch, tief, hint] ist z.B. nur das Merkmal [hoch] in der zugrundeliegenden Repräsentation spezifiziert; die Merkmale [tief, hint] sind dagegen redundant, weil alle Konsonanten universal unmarkiertweise [-tief] sind. Diese redundante Information muß daher aus der zugrundeliegenden Repräsentation eliminiert und durch die Redundanzregel [+kons] -> [-tief] spezifiziert werden. Auch das Merkmal [hint] ist für das System der deutschen Konsonanten redundant. Eine starke Evidenz dafür liefert die Alternation zwischen Ich- und Ach-Laut. In den früheren Analysen wird davon ausgegangen, daß einer von diesen beiden dorsalen Frikativen ([x, ç]) das zugrundeliegende Phonem ist. Die Entscheidung für ein Phonem – welches auch immer – ist dabei in gewissem Sinne arbiträr zu fällen. Im Gegensatz dazu wird hier argumentiert, daß das zugrundeliegende Phonem (in der obigen Matrix als X gekennzeichnet) für die Laute [x]/[ç] weder /x/ noch /ç/ ist (vgl. auch Jessen 1988, Hall 1989a). Wenn man eine unterspezifizierte Merkmalmatrix wie (8) annimmt, in der das Merkmal [α hint] unspezifiziert ist, läßt sich das Problem der [ç]/[x]-Alternation einfach erklären. Der Merkmalwert "+" oder "-" von [hint] für diese Laute wird durch eine lexikalische Regel geliefert. Auf diese Weise ist das Problem der arbiträren Entscheidung zu vermeiden, die einen merkmalverändernden Charakter der Regel ([α hint] -> [-α hint]) impliziert. Das Problem der [ç]/[x]-Laute wird noch ausführlich in Abschnitt 4.6.4 behandelt. S. 205

Der velare Nasal [ŋ] im Deutschen ist, wie in Abschnitt 4.6.3 dargestellt, kein zugrundeliegendes Phonem. Er wird aus der Phonemsequenz /Ng/ abgeleitet, wobei der Nasal hinsichtlich der Artikulationsstelle unspezifiziert ist.

Die Merkmalmatrix (8) soll in der weiteren Diskussion der segmentalen Regeln im Deutschen begründet werden. Alle Merkmale, die in (8) unspezifiziert bleiben, werden durch die folgenden Redundanzregeln geliefert.

(9) Komplementregeln (Fortsetzung von (4)):
   a. [ ] -> [-kont]
   b. [ ] -> [-nas]
   c. [ ] -> [-lat]

Defaultregeln:

   d. [ ] -> [-son] / [+kons]

   e. [ ] -> [+son] / [+nas]

   f. [ ] -> [+son] / [+lat]

   g. [ ] -> [+kont] / [+son]

   h. [ ] -> [-kont] / $\begin{bmatrix} +son \\ +nas \end{bmatrix}$

   i. [ ] -> [+gesp] / [-son]

Nasale und laterale Laute sind redundanterweise [+son], weil sie immer als [+son] realisiert werden. Unter den [+kons]-Segmenten wird daher nur /r/ zugrundeliegend als [+son] spezifiziert. Alle anderen Konsonanten bleiben dagegen in bezug auf dieses Merkmal unspezifiziert. Sie werden entweder durch die Regel (9d) als [-son] oder durch die Regeln (9e) und (9f) als [+son] spezifiziert. Die Redundanzregel (9h) ist aufgrund der Elsewhere-Bedingung der Regel (9g) vorgeordnet.

Die Merkmalspezifikation von [α gesp] bedarf einiger Kommentare: Dieses Merkmal ist voraussagbar, wie in Abschnitt 4.3 ausgeführt wird. Da die Merkmalspezifikation der Gespanntheit für die Obstruenten dort ausführlich behandelt wird, sollen hier nur die Grundzüge der Annahme einer Merkmalmatrix wie (8) kurz skizziert werden.

Das Merkmal [±gesp] bei Obstruenten ist nur im Silbenonset distinktiv, vgl. *Pein - Bein, Berge - Werke, Bunde -bunte* usw. Nur in dieser Position wird das Merkmal der Gespanntheit zugrundeliegend spezifiziert. Auch da werden aber nicht die beiden Merkmalwerte "+" und "-" spezifiziert: Nur der "-"-Wert für die Lenis-Laute /b, d, g/

wird zugrundeliegend spezifiziert, der "+"-Wert für die Fortis-Laute dagegen durch die Redundanzregel (9i) geliefert. In allen anderen Positionen ist dagegen das Merkmal der Gespanntheit für die Obstruenten voraussagbar. So sind z.B. nach silbeninitialem /s/ und /ʃ/ nur die Fortis-Laute zugelassen: [ʃp] *Sprache*, [ʃt] *Straße* und [sk] *Sklave*. Es gibt keine Sequenz wie [ʃb], [ʃd], oder [sg] im Silbenanlaut. Die einzige Ausnahme ist die Sequenz [ʃv] wie in *schwer, Schwein*. Das zweite Glied dieses Clusters, /v/, ist Lenis. Die Beschränkung auf Fortis-Plosive nach /s/ läßt sich durch folgende Redundanzregel ausdrücken:

(10) Fortsetzung von (4)

$$\begin{bmatrix} -son \\ -kont \end{bmatrix} \rightarrow [+gesp] \ / \quad /s/\underline{\quad\quad}\ \begin{array}{c} \sigma \\ | \\ Onset \\ | \end{array}$$

Auch in der Silbenkoda ist das Merkmal [α gesp] für die Obstruenten nicht distinktiv. In der lexikalischen Derivation gilt daher folgende Markiertheitsbedingung [5]:

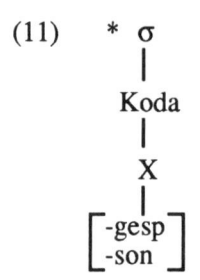

(11)   * σ
        |
       Koda
        |
        X
        |
      $\begin{bmatrix} -gesp \\ -son \end{bmatrix}$

(11) besagt, daß das Merkmal [gesp] für die Obstruenten in der Silbenkoda voraussagbar ist und daß die lexikalische Repräsentation von Obstruenten in der Silbenkoda daher das Merkmal [-gesp] nicht enthalten darf. Die Einführung dieses

---

[5] Kiparsky (1985) beschränkt solche Markiertheitsbedingung nur auf die segmentale Struktur: Im Englischen ist z.B. das Merkmal [stimmhaft] für die Sonoranten redundant. Dies wird in Kiparsky (1985: 92) durch die folgende Markiertheitsbedingung ausgedrückt, die die Kombination [+son, α stimmhaft] ausschließt: * [+son, α stimmhaft]. Ich gehe aber davon aus, daß die Markiertheitsbedingung für den weiteren Bereich gelten kann als die segmentale Struktur. Denn der redundante Charakter des Merkmals [gesp] für die Obstruenten in dem oben genannten Beispiel bezieht sich auf die Silbenstruktur, die ihrerseits nach der hier vorgeschlagenen Analyse voraussagbar ist. Zu einer parallelen Annahme, daß das Prinzip der Strukturbewahrung nicht nur für die segmentalen Regeln, sondern auch für die Silbifizierungsregeln gelten muß, siehe Borowsky (1986).

Merkmals im Laufe der lexikalischen Derivation verstößt gegen das Prinzip der Strukturbewahrung. (11) impliziert eine Redundanzregel wie die folgende, die das lexikalisch unspezifizierte Merkmal [gesp] für die Obstruenten in der Silbenkoda postzyklisch spezifiziert:

(12) Fortsetzung von (4)

$$[-son] \rightarrow [+gesp] \ / \ \underset{\underset{\text{Koda}}{|}}{\overset{\sigma}{|}} \underline{\quad\quad}$$

Die Redundanzregeln (10) und (12) referieren – im Gegensatz zu anderen Redundanzregeln – auf die prosodische Struktur. Sie werden wegen der Elsewhere-Bedingung der Regel (9i) vorgeordnet. Aufgrund dieser Regeln ((10), (12) und (9i)) bleibt das Merkmal der Gespanntheit von Obstruenten außer in der absolut silbeninitialen Position unspezifiziert. In (13) illustriere ich anhand einiger Wörter, wie das Merkmal [±gesp] für die Obstruenten von den oben dargestellten Redundanzregeln geliefert wird. Zur Begründung dieser Analyse siehe Abschnitt 4.3. (Einfachheitshalber bleiben hier irrelevante Merkmale unspezifiziert):

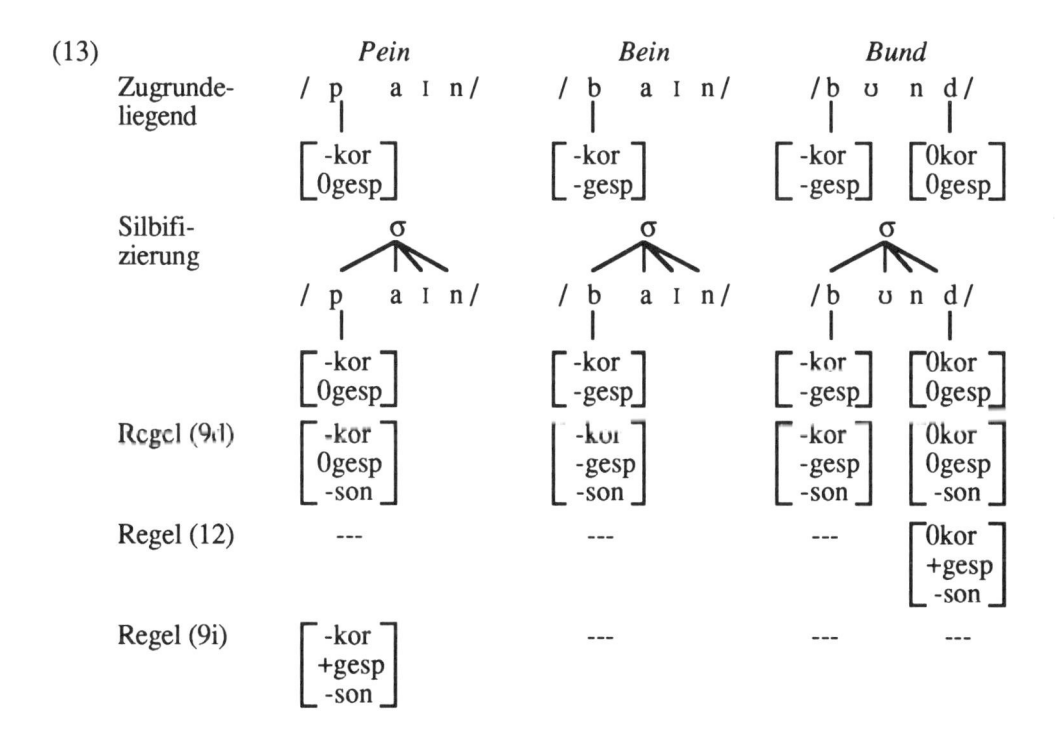

(13) *Pein* *Bein* *Bund*

	Pein	Bein	Bund
Zugrunde-liegend	/p aɪ n/ [-kor, 0gesp]	/b aɪ n/ [-kor, -gesp]	/b ʊ n d/ [-kor, -gesp] [0kor, 0gesp]
Silbifizierung	σ /p aɪ n/ [-kor, 0gesp]	σ /b aɪ n/ [-kor, -gesp]	σ /b ʊ n d/ [-kor, -gesp] [0kor, 0gesp]
Regel (9d)	[-kor, 0gesp, -son]	[-kor, -gesp, -son]	[-kor, -gesp, -son] [0kor, 0gesp, -son]
Regel (12)	---	---	--- [0kor, +gesp, -son]
Regel (9i)	[-kor, +gesp, -son]	---	---

[pa̰ɪn]   [ba̰ɪn]   [bʊnt]

Nur im Silbenonset werden Lenis-Obstruenten als [-gesp] spezifiziert. Das Merkmal [+gesp] für Fortis-Obstruenten im Onset und in der Koda bleibt dagegen unspezifiziert. In der Silbenkoda wird die Gespanntheit der beiden Klassen der Obstruenten neutralisiert. Die Spezifikation von /d/ in *Bund* als [-son, -gesp] verletzt nach der Silbifizierung das Prinzip der Strukturbewahrung (siehe (11)). Die Merkmalmatrix (8), in der das Merkmal [-gesp] spezifiziert ist, repräsentiert in dieser Hinsicht nur die Distinktion dieses Merkmals im Silbenonset. Die Einführung der Redundanzregeln (10) und (12) kommt in der Diskussion der Auslautverhärtung noch zur Sprache. Dort wird auch argumentiert, daß die Auslautverhärtung den Wechsel der Gespanntheit betrifft, nicht den der Stimmhaftigkeit. Das letztere Merkmal ist im Konsonantensystem des Deutschen redundant: Lenis-Obstruenten werden nur in stimmhafter Umgebung als [+sth] realisiert. In allen anderen Umgebungen sind Obstruenten [-sth]. Dies läßt sich durch folgende Redundanzregeln ausdrücken:

(14) Fortsetzung von (4)
 a. $\begin{bmatrix} -\text{son} \\ -\text{gesp} \end{bmatrix}$ -> [+sth] / [+sth] _____ [+sth]
 b. [-son] -> [-sth]

(14a) wird aufgrund der Elsewhere-Bedingung vor (14b) angewandt.

4.1.2 Affrikaten

In Kloeke (1982a: 53) sind Affrikaten als [-kont] spezifiziert. Er nimmt an, daß das deutsche Konsonanteninventar zumindest eine palatoalveolare Affrikata /č/ enthält. Kean (1975) diskutiert in einem Appendix das von ihr aufgestellte Merkmalsystem, das in einigen Punkten von dem des SPE erheblich abweicht. Das Merkmal [+del.rel.], das innerhalb von SPE sowohl Affrikaten als auch Frikative charakterisiert, wird bei Kean nur den Affrikaten zugewiesen. Die akustische Ähnlichkeit von Affrikaten und Frikativen während der Verschlußlösungsphase sei nur auf die nicht-sofortige Lösung zurückzuführen, sei jedoch kein zwingender Faktor dafür, den beiden Lautklassen [+del.rel] zuzuweisen. Im Unterschied zu SPE wird das Merkmal [del.rel.] bei Kean rein artikulatorisch definiert. Die Inadäquatheit einer solchen Merkmalspezifizierung für Affrikaten ist aber innerhalb der nichtlinearen Phonologie von vielen Autoren gezeigt und begründet worden. Denn Affrikaten verhalten sich in bezug auf das Linking mit der X-Position und die Silbifizierung wie ein einziges Segment (für das Deutsche vgl. Wiese 1988). Andererseits kann die Sequenz-Analyse z.B. nicht erklären, warum im Koreanischen /ʃ/ nur in der Affrikata /tʃ/ vorkommt, aber nicht als Einzelsegment.

Hier werden Affrikaten, Archangeli (1984a: 98) folgend, mit einer Doppelassoziation zwischen dem Merkmal [kont] und anderen Merkmalen spezifiziert, um zu zeigen, daß es sich bei diesen Segmenten um eine Kontur-Einheit handelt. D.h. eine Melodie-Einheit enthält zwei sequentiell angeordnete Merkmalwerte für [kont]. Affrikaten sind danach folgendermaßen zu repräsentieren.

(15)   [ ]   andere Merkmale
         ∧
     [ ]   [ ]   kontinuierlich

Universal ist das zweite Segment der Affrikata [+kont], das erste [-kont]. Dies wird durch die folgende DR ausgedrückt.

(16) Fortsetzung von (4)
    [ ] -> [+kont] / [ ]   [__]
                       ∨
                      [ ]

Diese Regel wird wegen der Elsewhere-Bedingung der Komplementregel [ ] -> [-kont] vorgeordnet.

Die bisher diskutierten Redundanzregeln für die Merkmalspezifikation der deutschen Konsonanten sind in (17) zusammengestellt.

(17) Redundanzregeln:

    a. [ ] -> [-son] / $\left[\overline{+kons}\right]$

    b. [ ] -> [+son] / $\left[\overline{+nas}\right]$

    c. [ ] -> [+son] / $\left[\overline{+lat}\right]$

    d. [ ] -> [+kont] / $\left[\overline{+son}\right]$

    e. [ ] -> [-kont] / $\left[\overline{\begin{matrix}+son\\+nas\end{matrix}}\right]$

f. [ ] -> [-kont]
g. [ ] -> [+kont] / [ ] [__]
       ∨
       [ ]

h. [ ] -> [-nas]
i. [ ] -> [-lat]
j. [ ] -> [+kor]
k. [ ] -> [-hoch]

l. [ ] -> [-tief] / $\left[\overline{\text{+kons}} \right]$

m. [ ] -> [+hint] / $\begin{bmatrix} \overline{\text{-son}} \\ \text{-kont} \\ \text{+hoch} \end{bmatrix}$

n. [ ] -> [-hint] / $\left[\overline{\text{+kons}} \right]$

o.
$$\begin{bmatrix} \text{-son} \\ \text{-kont} \end{bmatrix} \rightarrow [\text{+gesp}] \; / \; /s/ \underline{\quad\quad} \overset{\sigma}{\underset{\text{Onset}}{|}}$$

p. [ ] -> [+gesp] / $\left[\overline{\text{-son}} \right]$

q. $\begin{bmatrix} \text{-son} \\ \text{-gesp} \end{bmatrix}$ -> [+sth] / [+sth] ___ [+sth]

r. [ ] -> [-sth] / $\left[\overline{\text{-son}} \right]$

4.1.3 Laryngale Laute /ʔ/ und /h/

Nach SPE werden alle Vokale, Glides (= Halbvokale) und laryngalen Laute (/ʔ, h/) als [+son] klassifiziert. Kean (1975) und Kloeke (1982a) interpretieren dagegen /ʔ/ und /h/ als [-son]. Die Merkmalkonfiguration [-kons, -son] bezeichnet bei diesen Autoren eine natürliche Klasse. Die als nicht-konsonantisch zu spezifizierenden Laryngale (/h, ʔ/) sind markierterweise [-son], siehe folgende Markiertheitsregel nach Kean.

(18)   [m son] -> [-son] / $\left[\overline{\text{-kons}} \right]$

Die beiden Laryngallaute haben nach Kloeke (1982a: 45) folgende Merkmalspezifizierungen:[6]

(19)

	ʔ	h
kons	–	–
son	–	–
kont	–	+

Das Merkmal [obstruent] wird zugunsten des Merkmals [sonorant] aufgegeben. Dadurch können echte Obstruenten, bei deren Erzeugung der Luftstrom im supraglottalen Bereich gehemmt wird, von den laryngalen Lauten unterschieden werden, bei deren Bildung entweder keine Hemmung stattfindet und dennoch die Stimmbildung unterdrückt wird (/h/) oder diese Hemmung durch den glottalen Verschluß verursacht wird (/ʔ/). Dies wird in Kloeke (1982a: 68-71) durch eine Neuinterpretation des Merkmals "sonorant" (siehe (20a)) und die damit verbundenen zwei Implikationsregeln (20b) und (20c) bewerkstelligt.

(20) a. IR   [+SG] -> [-son]

b. IR $\begin{bmatrix} -kons \\ -son \\ +kont \end{bmatrix}$ -> [+SG]   (/h/)

c. IR $\begin{bmatrix} -kons \\ -kont \end{bmatrix}$ -> [+CG]   (/ʔ/)

Durch (20a) wird ausgedrückt, daß die Sonoranten die spontane Stimmbildung, d.h. das Nicht-Spreizen der Stimmbänder als Voraussetzung haben.

Als Argumente dafür, daß die laryngalen Laute als [-son] (im Gegensatz zu SPE) interpretiert werden sollen, erörtert Kloeke einige phonologische Prozesse, die es nahelegen, diese Laute zusammen mit Obstruenten als [-son] zu klassifizieren. Es handelt sich um die Alternationen zwischen Obstruenten und laryngalen Lauten in (21).

(21) a. /p, t, k/ -> /ʔ/ im Englischen
b. /f, θ, s, x/ -> /h/ im Germanischen
c. /ph, th, kh/ -> /h/ im Isländischen

---

[6] Die Spezifizierung [+son] wird bei Kloeke (1982a) als spontane Stimmbildung neu interpretiert, nicht als die Möglichkeit eines Stimmtons.

Der Vorteil der Analyse, /h, ʔ/ als [-son] zu klassifizieren, ist nach Kloeke eine einfachere Regelformulierung für die Prozesse in (21). Unter Verwendung von [-son] in der strukturellen Veränderung wäre die Regel viel komplizierter. Unten zitiere ich eine der von Kloeke vorgeschlagenen Reformulierungen der Regeln für die oben genannten Prozesse. Die Regel für die Präaspiration im Isländischen (vgl. (21c)) läßt sich nach ihm folgendermaßen formulieren.

(22) [+SG] -> [-kons] / ....

Der Wandel von /p^h, t^h, k^h/ -> /h/ wird formal einfacher erfaßt, als wenn man die Laryngale als [+son] interpretiert. Die folgenden Implikationsregeln spezifizieren dann sofort das fragliche Segment als /h/.

(23) Implikationsregeln
   a. [+SG] -> [-CG]
   b. $\begin{bmatrix} \text{-kons} \\ \text{-CG} \end{bmatrix}$ -> [+kont]

Auf den ersten Blick scheint hier nichts einzuwenden. Bei näherem Hinsehen stellt sich jedoch heraus, daß mit der Regelformulierung (22) bloß ein Teil des Prozesses erfaßt ist; die zu erfassende Alternation ist dagegen die zwischen Geminatenplosiven /p^hp^h, t^ht^h, k^hk^h/ und präaspirierten Formen [hp, ht, hk]. Von der Regel (22) wird nur der Wechsel von /p^h/ -> [h] erfaßt, der Wechsel des zweiten Teils der Geminaten, /p^h/, wird vernachlässigt. Dieser Prozeß ist aber vom ersten untrennbar, weil die Geminaten eine Konturstruktur haben.

Andererseits ist die Interpretation der oben aufgeführten Implikationsregeln auch innerhalb seiner Analyse nicht unproblematisch. So stellt er folgende Regel für den Prozeß (21a) auf: [-kont] -> [-kons] / ... IR (20c) spezifiziert dann diese Konfiguration als [+CG]. Die Kontraposition der IR (23a) interpretiert dieses Segment als [-SG]. Man beachte jedoch, daß IR (20a) voraussagt, daß [-SG]-Segmente per Implikation [+son] sind. Dies widerspricht offenbar der Merkmalspezifikation von /ʔ/ als [-kons, -son]. Nach dem hier entwickelten Modell sind die glottalen Merkmale [spread glottis] und [constricted glottis] für alle zugrundeliegenden Segmente nicht distinktiv. Sie sind daher in der zugrundeliegenden Matrix unspezifiziert (siehe (8)). Unter Annahme der Unterspezifikation erweist sich, daß die Merkmalspezifizierungen von [±son] für die beiden laryngalen Laute /ʔ, h/ völlig redundant sind. Entsprechend der Analyse in Clements (1985) und Sagey (1986a) gehe ich davon aus, daß diese Laute nur in bezug auf die laryngalen Merkmale spezifiziert werden, während die gesamten supralaryngalen Merkmale unspezifiziert bleiben (zur phonologischen Repräsentation dieser Laute vgl. Abschnitt 4.2).

Für die oben dargestellten phonologischen Prozesse gilt, daß die oralen Merkmale hier unmarkiert bleiben. Nur die laryngalen Merkmale sind beim Merkmalwechsel beteiligt (die strukturelle Veränderung wird dann durch die Markiertheitskonventionen interpretiert, vgl. dazu die Implikationsregeln in Kloeke 1982a: 69-70). Beispiele für solche Prozesse sind außerdem Voicing-Assimilation, Aspiration, Deaspiration usw. Umgekehrt kommen auch häufig phonologische Prozesse vor, in denen nur supralaryngale Merkmale dem Wechsel unterliegen, laryngale Merkmale aber nicht. Diese Prozesse lassen sich weiter in zwei Gruppen einteilen: die Prozesse, in denen der Wechsel der Merkmale nur die Artikulationsart betrifft, und die, in denen nur die Merkmale der Artikulationsstelle geändert werden. Merkmale verhalten sich in dieser Weise asymmetrisch. Noch wichtiger ist, daß diese phonologischen Prozesse, in denen sich die Asymmetrie der Merkmale offenbart, in einer natürlichen Sprache viel häufiger vorkommen als ein Prozeß, in dem alle Merkmale gleichermaßen betroffen sind. Z.B. ist eine Assimilationsregel, in der nur die Merkmale des Artikulationsorts wechseln, häufig zu beobachten, während eine Regel, in der das Merkmal [nasal] (Artikulationsart) und die Merkmale des Artikulationsorts gleichzeitig wechseln, einen sehr markierten Fall darstellt, wenn sie überhaupt vorkommt. Die Frage ist nun, wie eine phonologische Theorie diese asymmetrische Relation zwischen Merkmalen und Regeln erfassen kann. Die Repräsentation der distinktiven Merkmale in der linearen Phonologie kann dies nicht erklären. Innerhalb von SPE wird eine Sequenz von Segmenten als Kette der ungeordneten Menge von Merkmalen betrachtet, wobei jedes Segment eine diskrete Merkmalmatrix darstellt. Es wird in dieser Theorie keine hierarchische Relation zwischen Merkmalen angenommen. Der erste Grund, warum die lineare Repräsentation der Merkmale inadäquat ist, liegt darin, daß sie kein formales Beschreibungsmittel für eine temporale Sequenz wie Affrikaten, Langvokale, Geminaten usw. bietet.

Die Affrikata /ts/ muß z.B. eine Merkmalspezifizierung enthalten, die der Merkmalspezifizierung von /s/ ([+del rel] oder [+strid]) entspricht, und zwar nach dem Plosivlaut. Diese letztere Bedingung läßt sich aber innerhalb der segmentalen (oder linearen) Repräsentation nicht ausdrücken, da die einzelnen Merkmalmatrizen hier temporal diskontinuierliche Einheiten bilden. Zudem ist die lineare Phonologie nicht in der Lage, zwischen markierten und unmarkierten Regeln zu diskriminieren. Ein Assimilationsprozeß, in dem sich alveolare Laute in bezug auf die Artikulationsstelle an die folgenden labialen oder velaren Laute anpassen, wird in der linearen Phonologie mit Hilfe folgender Merkmaländerung beschrieben (siehe (24)).

(24) $\begin{bmatrix} +\text{ant} \\ +\text{kor} \end{bmatrix} \rightarrow \begin{bmatrix} \alpha \text{ ant} \\ \beta \text{ kor} \end{bmatrix} / \underline{\qquad} \begin{bmatrix} \alpha \text{ ant} \\ \beta \text{ kor} \end{bmatrix}$

Die Regel spezifiziert hier nur die Merkmalwerte des Zielsegments, die durch die Assimilation mit denen des Auslösers identisch werden. Nach dieser Auffassung ist eine Assimilation, in der ein Segment X sowohl in der Nasalität als auch in der Rundung assimiliert wird, ebenso möglich wie (24), siehe (25). In bezug auf die Markiertheit gibt es innerhalb dieses Modells keinen Unterschied zwischen diesen Prozessen: In beiden werden jeweils zwei Merkmale geändert. Ein Assimilationsprozeß wie (25) ist jedoch in einer natürlichen Sprache sehr unwahrscheinlich. Die Behandlung der Assimilation mittels der Merkmaländerung kann aber diesen Unterschied nicht erfassen.

(25) $X \rightarrow \begin{bmatrix} \alpha \text{ nasal} \\ \beta \text{ rund} \end{bmatrix} / \underline{\qquad} \begin{bmatrix} \alpha \text{ nasal} \\ \beta \text{ rund} \end{bmatrix}$

Die nichtlineare Phonologie erklärt Probleme dieser Art eleganter. Halle/Vergnaud (1980), Steriade (1982), Clements (1985), Schein/Steriade (1986), Hayes (1986b) und Sagey (1986a) haben überzeugend gezeigt, daß eine Behandlung der Assimilation mit "feature spreading" gegenüber der segmentalen Analyse mit Merkmaländerungen vorzuziehen ist. Ein großer Vorteil der autosegmentalen Ausbreitung ist, daß sie die relative Natürlichkeit der Assimilationsprozesse erfassen kann. Eine Ausbreitungsregel wie (26) sagt voraus, daß es keinen Assimilationsprozeß geben kann, in dem das Zielsegment ein Merkmal erhält, das im Auslöser nicht vorhanden ist. Sie erklärt auch, warum eine Assimilation wie (25) markierter als eine wie (24) ist. Regeln wie (24) sind auch im Deutschen (Nasal-Assimilation) zu beobachten. Darüber hinaus bietet die nichtlineare Analyse der Assimilation eine prinzipielle Erklärung dafür, warum sich die aus der Ausbreitung entstandenen Cluster in bezug auf die Epenthese wie (echte) Geminaten verhalten (vgl. Hayes 1986a). Die "Feature Spreading"-Hypothese stellt nur zusammen mit einer Hypothese über Merkmalhierarchie eine starke Theorie dar, wie es im folgenden Abschnitt diskutiert wird.

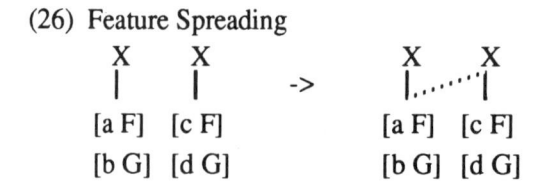

(26) Feature Spreading

```
    X    X              X      X
    |    |       ->     |......|
   [a F] [c F]         [a F]  [c F]
   [b G] [d G]         [b G]  [d G]
```

4.2 Merkmalhierarchie

Clements (1985), Sagey (1986a), Archangeli/Pulleyblank (1986) und McCarthy (1988b) folgend nehme ich an, daß das Segment nicht bloß ein ungeordnetes Merkmalbündel ist, sondern daß es eine hierarchische Struktur hat. Das Modell von McCarthy (1988b) für die interne Segmentstruktur, das ich in Kap. 1 vorgestellt habe, wird in (27) wiedergegeben.

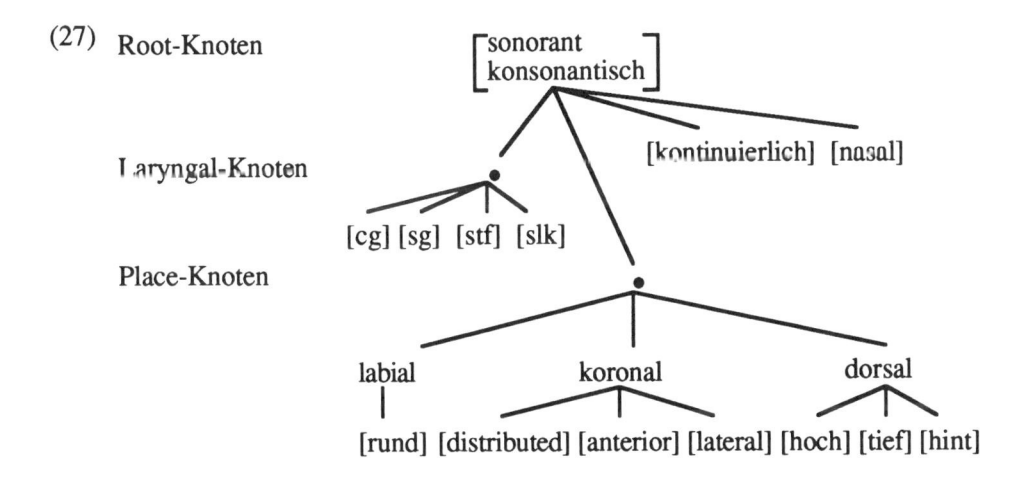

(27) Root-Knoten $\begin{bmatrix} \text{sonorant} \\ \text{konsonantisch} \end{bmatrix}$

[kontinuierlich] [nasal]

Laryngal-Knoten

[cg] [sg] [stf] [slk]

Place-Knoten

labial   koronal   dorsal

[rund] [distributed] [anterior] [lateral] [hoch] [tief] [hint]

Eine hierarchische Struktur wie (27) impliziert verschiedene Relationen zwischen bestimmten Merkmalgruppen. Einzelne Merkmale werden dabei zusammen in eine größere Einheit wie Laryngal-, Supralaryngal-, Sonorant- und Placeknoten (ungefähr äquivalent zu "Klassenknoten" in Clements (1985)) gruppiert. Wie unten dargestellt wird, unterstützen Spreading- und Delinking-Prozesse in der Phonologie die Annahme solcher Konstituenten in der Merkmalhierarchie. Die Gruppierung der Merkmale in Klassenknoten hat aber auch eine phonetische Motivation. Wie Sagey (1986a) zeigt, zeichnen sich die jeweiligen Merkmalknoten durch ihren artikulatorischen oder akustischen Charakter aus. So entspricht der laryngale Knoten einem unabhängigen Artikulator im "vocal tract". Die Gruppierung der laryngalen Merkmale zu einer einzigen phonologischen Konstituente wird daher durch die Anatomie der artikulatorischen Organe motiviert. Der supralaryngale Merkmalknoten wird demgegenüber akustisch motiviert. Im Gegensatz zur laryngalen Artikulation, die keinen Einfluß auf die Formantstruktur hat, ist die supralaryngale Artikulation für die Änderung der Formantstruktur verantwortlich, wobei diese Änderung wiederum durch zwei verschiedene Artikulationen (oral vs. nasal) unterschiedlich beeinflußt wird.

Was die Einteilung der Merkmale angeht, unterscheiden sich die Vorschläge von Clements (1985) und Sagey (1986a) in Einzelheiten. So werden Hauptklassenmerkmale wie [son], [kont] bei Clements unter dem Merkmalknoten "manner" zugewiesen, bei Sagey dagegen direkt unter dem "root"-Knoten. In dem Modell von MaCarthy (1988b) werden die beiden Merkmale [kont] und [nas] – wiederum im Unterschied zu Clements oder Sagey – durch Root-Knoten dominiert. Auch die interne Struktur des "place"-Knotens wird unterschiedlich aufgefaßt: Clements teilt die Place-Merkmale in zwei Klassen ein, die "primären" Merkmale [kor], [ant] und [dist] und die "sekundären" Merkmale [hoch], [tief], [hint], [rund]. In Sagey dagegen wird der Place-Knoten in drei distinkte Artikulator-Knoten "Labial", "Koronal" und "Dorsal" unterteilt, wobei sie jeweils binäre Merkmale [rund]; [anterior] und [distributed]; [hoch], [tief] und [hint] dominieren. In Anlehnung an Sagey (1986a) nehme ich an, daß diese Artikulatorknoten monovalent sind; d.h. sie können nur vorhanden oder nicht vorhanden sein. Anders als bei terminalen binären Merkmalen wie [±anterior] kann z.B. [-koronal] (genauer [-koronal]-Knoten) nicht existieren (zu Argumenten für den monovalenten Charakter der Artikulator-Knoten siehe auch Avery/Rice 1989, Yip 1989b). Im folgenden will ich kurz die Motivation für eine Segmentstruktur wie (27) erörtern, bevor ich weitere Evidenz für das Deutsche präsentiere.

In SPE werden alle Merkmale innerhalb einer phonologischen Matrix repräsentiert, ohne dabei eine interne Struktur aufzuzeigen. Merkmale sind ungeordnet und nicht aufeinander bezogen. Als Folge muß eine phonologische Regel für die Assimilation innerhalb dieser Theorie eine Menge von Merkmalen in ihrer Strukturbeschreibung enthalten, die aber den echten Charakter des Prozesses verdunkeln, wie wir oben gesehen haben. Aus diesem Grund wird in der neueren Theorie der Merkmale (vgl. Clements 1985, Sagey 1986a) die Idee von SPE aufgegeben, daß Laute Bündel von ungeordneten Merkmalen sind.

Wenn sich eine bestimmte Klasse von Merkmalen in bezug auf einen bestimmten Regeltyp (z.B. Assimilation) immer als eine Einheit verhält, haben wir einen guten Grund, anzunehmen, daß sie eine Einheit in der phonologischen Repräsentation konstituiert. Die Annahme solcher Konstituenten wird bei Clements (1985) und Sagey (1986a) durch eine Reihe von Spreading- und Delinkingprozessen motiviert, in denen nur Konstituenten ausgebreitet oder delinkt werden können, nicht aber eine beliebige Menge von Merkmalen. Wenn es zwischen Merkmalen keine interne Struktur gibt, ist diese generelle Erscheinung nicht erklärbar.

So wird z.B. die Zweiteilung der Merkmale in eine laryngale und supralaryngale Gruppe empirisch durch phonologische Prozesse motiviert, die entweder nur laryngale oder nur supralaryngale Merkmale beeinflußen. Die Reduktion der Vollkonsonanten zu [?] und [h] in der Geschichte der englischen Phonologie ist unter Annahme einer

Merkmalhierarchie wie (27) einfach als ein Delinking aller supralaryngalen Merkmale zu beschreiben, wie in (28) dargestellt; siehe auch die Diskussion unten.

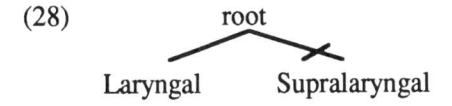

(28)
```
              root
            /      \×
       Laryngal   Supralaryngal
```

Der komplementäre Fall, in dem alle laryngalen Merkmale delinkt werden, läßt sich in der Neutralisierung des laryngalen Kontrasts im Koreanischen beobachten. Im Koreanischen wird der Kontrast der laryngalen Merkmale zwischen drei Gruppen von Obstruenten (aspirierten, unaspirierten und glottalisierten Obstruenten) am Silbenende aufgehoben (zu einem ähnlichen Phänomen im Thai vgl. auch Clements 1985). Dieser Prozeß kann – im Gegensatz zu (28) – durch ein Delinking des laryngalen Knotens ausgedrückt werden.

(29)
```
              root
            ×/    \
       Laryngal   Supralaryngal
```

Merkmale eines Segmentes können nicht nur sequentiell geordnet sein, sondern sie bilden auch eine simultane Strukturierung. Lass (1984: 113-115) spricht in diesem Zusammenhang von dem Konzept "feature gesture". Betrachten wir die im vorigen Abschnitt erwähnte Glottalisierung der stimmlosen Plosivlaute. In vielen dialektalen Varianten des Schottischen werden /p, t, k/ in bestimmter Umgebung als [ʔ] realisiert. Das gleiche Phänomen ist auch im Deutschen zu beobachten: /p, t, k/ werden vor silbischem Nasal in der Umgangssprache oft als Glottisverschlußlaut realisiert, z.B. /bɪtn̩/ *bitten* -> bɪtn̩ -> [bɪʔn̩] , /kɪpn̩/ *kippen* -> [kɪpm̩] -> [kɪʔm̩], /ʃɪkn̩/ -> ʃɪkŋ̍ -> [ʃɪʔŋ̍] usw. (Der Punkt über oder unter dem Nasallaut symbolisiert, daß der Nasallaut hier silbig ist; zur Aussprachevariante mit Glottisverschlußlaut vgl. auch Ramers/Vater 1988: 120-121). Auf dieses Problem komme ich noch in Abschnitt 4.4 zurück.

Eine Regel für die Glottalisierung im Schottischen könnte innerhalb der Standardtheorie folgendermaßen aussehen [7]:

(30) $\begin{bmatrix} +\text{obs} \\ +\text{oral} \\ -\text{kont} \\ -\text{sth} \end{bmatrix}$ -> [-oral] / ....

(Lass 1984:114)

---

[7] Die Regelumgebung ist in der vorliegenden Diskussion irrelevant und weggelassen.

Wie Lass anmerkt, ist eine Regel wie (30) inadäquat, weil es im Schottischen neben dieser Regel noch eine gibt, die den Wechsel [+oral] -> [-oral] enthält: /θ/ -> [h] in bestimmten Kontexten. Dieser Prozeß wird aber durch die Regel (30) nicht erfaßt. Denn dafür muß sowohl der Fokus wie auch die strukturelle Veränderung zwei widersprüchliche Merkmalwerte enthalten: Das ersetzte Segment ist einerseits [-kont], andererseits [+kont]. Bei der Artikulation von [h] ist die Glottis offen, beim [ʔ] dagegen geschlossen. Um die beiden Prozesse durch eine generelle Regel zu erfassen, sieht Lass die Lösung darin, die supraglottalen und laryngalen Merkmale auseinanderzuhalten und sie jeweils als eine unabhängige Einheit zu betrachten. Unter dieser Annahme wird ein Segment als eine Menge von hierarchisch geordneten Submatrizen aufgefaßt, die zumindest aus "oral gesture" und "laryngeal gesture" besteht [8].

Was in den beiden Prozessen ausgedrückt werden sollte, ist die Tilgung der gesamten oralen "gesture", wobei nur die laryngalen Merkmale als Basis für die Unterscheidung zwischen Plosiven und Frikativen übrig bleiben. Lass (1984: 115) formuliert diesen Effekt wie in (31) [9]:

(31) [oral]   →   Ø
      [laryn]   [laryn]

Er nimmt dabei ein Zwei-Phasen-Lenisierungsschema ("Lenisierung" bedeutet hier Konsonanten-Abschwächung) für Obstruenten an: "Merkmaländerung" (32a) und "Matrixänderung" (32b).

(32) a. Lenisierung I   b. Lenisierung II
        [-kont] -> [+kont]
              oder   [oral]   →   Ø   →   Ø
        [-sth] -> [+sth]   [laryn]   [laryn]   Ø

---

[8] Das von Lass (1984: 115) vorgesehene Modell für die hierarchische Struktur der Merkmale weicht in einigen Punkten von dem Modell von Clements (1985) ab. Das Merkmal [kont] fällt z.B. bei Lass unter laryngale Merkmale, bei Clements aber unter supralaryngale, und zwar unter dem Knoten Artikulationsart. Das Merkmal [kont] wird bei Lass redundant benutzt, weil er es sowohl für die Spezifizierung der oralen Merkmale wie auch der laryngalen Merkmale verwendet.

[9] Lass (1984: 179) betrachtet nicht-orale Segmente als 'defekt'. So ist ein glottaler Frikativ [h] defekt in dem Sinne, daß eine Submatrix (hier die Matrix [oral]) fehlt. Evidenz für diese Annahme liefern der synchronische Prozeß im Schottischen (/θ/ -> [h]) und die historische Quelle des /h/ in vielen Sprachen, die auf die Abschwächung von Obstruenten zurückzuführen ist. So stammen alle germanischen /h/ von /x/, das wiederum von indoeuropäischem /k/ stammt.

Lenisierung (I) erfaßt den Wechsel zwischen oralen Plosiven und Frikativen, während Lenisierung (II) "Deartikulation" beschreibt.

Obwohl das Modell von Lass das asymmetrische Verhalten von laryngalen und supralaryngalen Merkmalen in der phonologischen Regel erfaßt, bleibt es aber in seinen Grundzügen innerhalb der Tradition der linearen Phonologie. Es gibt daher in seinem Modell kein Mittel, eine hierarchische Relation zwischen Merkmalen der Artikulationsstelle und denen der Artikulationsart formal auszudrücken. Da der unabhängige Status der laryngalen und supralaryngalen Merkmale in diesem Modell linear repräsentiert wird, ist die formale Repräsentation einer phonologischen Regel nicht nur komplizierter, sondern sie verfehlt auch signifikante Generalisierungen, die in der nichtlinearen Phonologie möglich sind. Für die eben diskutierte Reduktion der Vollkonsonanten zu /ʔ/ scheint noch die von Lass (1984) formulierte Regel (31) mit einer entsprechenden nichtlinearen Version (siehe die Regel (28)) kompatibel zu sein. Betrachtet man aber einen anderen Prozeß wie die Assimilation der Artikulationsstelle, erweist sich eine lineare Regelformulierung als unzulänglich. So formuliert Lass (1984: 117) für die Nasalassimilation im Kannada die Regel (33): Nasale werden hinsichtlich der Artikulationsstelle an den folgenden Verschlußlaut assimiliert.

(33)
$$[+nas] \rightarrow [\ \alpha\ [oral]\ ]\ /\ \underline{\quad}\ \begin{bmatrix} \alpha \begin{bmatrix} oral \\ -nas \\ -kont \end{bmatrix} \end{bmatrix}$$

Mit Hilfe einer Variablen α und des Merkmals [oral] kann die Regel zwar auf viele Merkmale ([ant, kor, hint]) (vgl. auch die Regel (24) oben) verzichten, die sonst in der Standardnotation benötigt werden. Ihr fehlt aber folgende Generalisierung: Die homorganen Nasal + Plosiv-Cluster [mp, mb, nt, nd, ŋg, etc.] zeigen, daß Nasale nur in bezug auf die Merkmale der Artikulationsstelle assimiliert werden, nicht in bezug auf die Merkmale der Artikulationsart. Ein Frikativ /f/ löst z.B. einen labialen Nasal-Verschluß aus, nicht einen labialen Nasal-Frikativlaut.

Die Strukturbeschreibung der Regel (33) enthält aber die Merkmale der Artikulationsart [-nas, -kont], die gar nicht am Prozeß beteiligt sind. Insofern verfehlt die Regel den zugrundeliegenden Charakter des Prozesses, die Assimilation der Artikulationsstelle. Dieser Charakter läßt sich aber unmittelbar ausdrücken, wenn die Assimilation, wie oben erwähnt, als ein Spreading-Prozeß aufgefaßt wird und wenn die Merkmale unterspezifiziert sind. Unter Verwendung der Merkmalhierarchie sieht dann die Regel wie in (34) aus: Unter der Annahme der Merkmalhierarchie können wir nun die beiden laryngalen Laute wie (35) repräsentieren:

(34)   [+nas]
    Root   •   [-son]
                       |
    Place   •

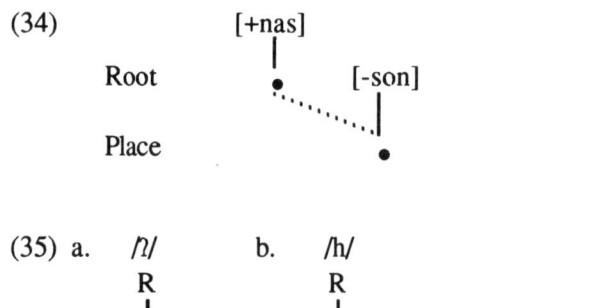

(35) a.   /ʔ/   b.   /h/
          R   R
          | |
          L   L
          | |
        [+CG]   [+SG]

(R = Root, L = Laryngal, CG = Constricted Glottis, SG = Spread Glottis)

Wie diese Repräsentationen zeigen, sind die laryngalen Laute defekt im Sinne von Lass (1984). Sie enthalten nur die Spezifizierung des laryngalen Merkmalknotens. Es fehlen alle supralaryngalen Merkmale. Selbst die laryngalen Merkmale sind unterspezifiziert; das redundante Merkmal [sth] bleibt in der zugrundeliegenden Repräsentation unspezifiziert. Der Glottis-Laut enthält nur das Merkmal [+CG], /h/ nur das Merkmal [+SG]. Eine Repräsentation wie (35) bringt die Eigenschaften der Laryngallaute direkt zum Ausdruck, nämlich daß /h/ ein stimmloses Gegenstück, /ʔ/ ein "fester Einsatz" des folgenden Vokals ist. Der intervokalische feste Einsatz ist danach folgendermaßen zu beschreiben (zur genauen Darstellung des Glottis-Einsatzes siehe Abschnitt 2.8.1): Da der Glottislaut nur als [+constricted glottis] im laryngalen Merkmalknoten spezifiziert ist und ihm supralaryngale Merkmale fehlen, können sich die supralaryngalen Merkmale des folgenden Vokals auf diese Leerstelle ausbreiten, wobei der feste Einsatz die Artikulationsstelle des folgenden Vokals antizipiert, siehe (36).

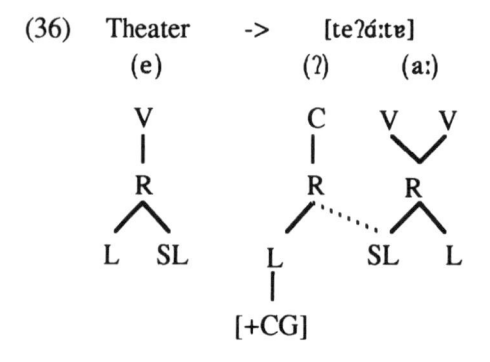

(36)   Theater   ->   [teʔɑ́:tɐ]
        (e)   (ʔ)   (a:)
         V   C   V   V
         | | \ /
         R   R   R
        / \   / ⋯   / \
       L   SL   L   SL   L
                      |
                    [+CG]

4.3 Auslautverhärtung

4.3.1 Entstimmlichung ("devoicing") oder Fortisierung?

In der Literatur findet man eine Auslautverhärtungsregel wie (37) für das Deutsche. Obwohl Vorschläge sich hinsichtlich der Strukturbeschreibung bzw. Regeldomäne (Silben- oder Morphemgrenze?) voneinander unterscheiden, haben sie fast ohne Ausnahme den Input und Output in dieser Form. Die Kontextbeschreibung der Regel wird hier vorläufig vernachlässigt.

(37)   [-son] -> [-sth] / .....

Ein Obstruent wird in relevanter Umgebung stimmlos. In die relevante Umgebung gehören die Morphem- oder Silbengrenze, z.B. *Dieb - Diebe, Hund - Hunde, Tag - Tage, jagen - Jagd*. Der Stimmton wird aber nicht nur im Wortauslaut, sondern auch im absoluten Anlaut weitgehend neutralisiert [10], so daß hier die stimmlose Realisierung der Obstruenten überwiegend – wenn auch nicht ausschließlich – ist. v. Essen (1979: 100) sagt in diesem Zusammenhang:

"Steht eine Media (= Lenis – S.-T. Yu) im absoluten An- oder Auslaut, so hat sie [...], wenn überhaupt, so nur geringe Stimmhaftigkeit".

Die von ihm aufgeführten Beispiele wie [b̥ɪtə-red̥ nɪçt] *Bitte, red nicht* oder [zɑːɡ̥-mir] *Sag mir* zeigen, daß die stimmlose Realisierung der Verschlußlaute innerhalb der Rede ein weit verbreitetes Phänomen darstellt. Daneben gibt es noch apokopierte Formen, die in der Umgangssprache (vornehmlich die 1.Pers. Sing. der Verben mit auslautendem /b, d, g/) häufig auftreten; *habe* wird z.B. als [hɑːp] oder als [hɑːb̥] realisiert. Es erweist sich also, daß die Stimmhaftigkeitsdistinktion weitgehend voraussagbar ist und daß sie nicht durch eine Regel in der phonologischen Komponente wie (37), sondern eher durch eine Regel in der phonetischen Komponente zu beschreiben ist. Daß die Realisierung der Stimmhaftigkeit von Obstruenten tatsächlich mit einem "low level"-Phänomen zu tun hat, zeigen eine Reihe von phonetischen Untersuchungen

---

[10] Artikulatorisch wird der Stimmton durch die annähernd periodische Unterbrechung der ausströmenden Luft durch die Öffnungs- und Schließbewegung der Stimmlippen charakterisiert. Akustisch manifestiert sich das Merkmal "stimmhaft" bei Konsonanten als das spektrale Vorkommen von Ansatzrohrresonanzen ("voiced bar"), die vom (laryngalen) Phonationsschall angeregt sind (vgl. Jakobson/Fant/Halle 1951: 26).

(vgl. O'Dell/Port 1983): Das "finale Devoicing" der Obstruenten im Deutschen stellt nach diesen Untersuchungen nur eine inkomplette Neutralisierung dar. Die Frage, welche phonetischen Parameter für die Stimmhaftigkeitsopposition relevant sind, ist nicht unproblematisch. Eine Gruppe von Parametern wie relative Dauer, Frequenz und Intensität des Stimmtons kommt in Frage. Unter phonetischem Gesichtspunkt ist außerdem die Stimmtondistinktion kontextabhängig. Die Stimmhaftigkeit eines Obstruenten interagiert z.B. mit der Vokallänge: Am Wortende ist der Vokal vor zugrundeliegenden stimmhaften Obstruenten etwas länger (um 10 %) als vor den stimmlosen. Auch in bezug auf die gesamte Verschlußdauer finaler Obstruenten ist der phonetische Unterschied zu bestätigen: Bei den zugrundeliegend stimmhaften Obstruenten ist sie länger als bei den stimmlosen (vgl. Dinnsen 1985). Eine phonetische Darstellung der Stimmhaftigkeit ist nicht Gegenstand dieser Arbeit, es sei auf Stock (1971) verwiesen, der eine ausführliche signalphonetische Analyse zu dieser Thematik bietet.

Aus den phonetischen Fakten können wir feststellen – und dies ist der Ausgangspunkt für die weitere Diskussion –, daß die Stimmhaftigkeit der Obstruenten phonologisch als redundant auszuweisen ist. Diese Position wird auch durch eine Reihe von Alternationen unterstützt, in denen nur das Merkmal der Artikulationsspannung wechselt, nicht aber das der Stimmhaftigkeit. Die folgenden Beispiele aus Kloeke (1982a: 32) sind fast Minimalpaare:

(38) Ja [kt]   –   Ja [kd̥]en
      Ma [kt]   –   Mä [kd̥]e
      Smara [kt] –   Smara [kd̥]e

In dem Wortpaar [jɑːkt] vs. [jɑːkd̥ən] sind die beiden dentalen Verschlußlaute stimmlos. Die Stimmhaftigkeit der Lenis-Laute ist weitgehend voraussagbar: Sie werden nur in stimmhafter Umgebung als stimmhaft realisiert, sonst als stimmlos. Dies kann durch eine Redundanzregel wie (39) ausgedrückt werden:

(39) $\begin{bmatrix} -son \\ -gesp \end{bmatrix}$ -> [+sth] / [+sth] ___ [+sth]

Die Opposition für die oben genannten Wortpaare betrifft daher nur die Gespanntheit. Aus diesem Grund hält Kloeke (1982a: 32) die strukturelle Veränderung in der Regel (37) und den damit implizierten Charakter dieses Prozesses ("final devoicing") für "unangebracht". Stattdessen muß die Regel nach seiner Meinung die Merkmaländerung der Gespanntheit enthalten. Meine Analyse der Auslautverhärtung im Deutschen folgt der Auffassung von Kloeke (1982a), daß Obstruenten zugrundeliegend als [±gesp] zu spezifizieren sind, nicht als [±sth]. Das Merkmal [±sth] ist redundant, es wird aus der Merkmalmatrix eliminiert. Einen Unterschied zwischen meiner und Kloekes Analyse will ich aber vorwegnehmen: Während Kloeke die Morphemgrenze als Domäne für die Auslautverhärtung betrachtet, gehe ich mit anderen Autoren (z.B. Vennemann 1972, Wiese 1988, Giegerich 1989, Rubach 1990 und Hall 1991a) davon aus, daß die Auslautverhärtung ein ausschließlich silbenbezogenes Phänomen ist. Was die Domäne für die Auslautverhärtung betrifft, sind Analysen aber auch innerhalb der Silben-Lösung unterschiedlich. Ich gehe davon aus, daß die relevante Domäne für die Auslautverhärtung die Silbenkoda ist. Diese Analyse scheint mir problematische Fälle, in denen mehr als zwei Segmente auslautverhärtet werden (z.B. *Jagd, Magd* usw.), besser in den Griff zu bekommen als eine Analyse mit absoluter Silbengrenze (vgl. Wiese 1988 und Hall 1991a). Das Ziel dieses Kapitels ist, im Rahmen der Unterspezifikation eine alternative Lösung zur Auslautverhärtung vorzuschlagen.

4.3.2 Auslautverhärtung als eine Delinking-Regel

In Abschnitt 4.1.1 habe ich angenommen, daß das Merkmal [α gesp] für die Obstruenten weitgehend voraussagbar ist. Die einzige Umgebung, in der dieses Merkmal phonemisch ist, wird auf die silbeninitiale Position beschränkt, vgl. *Pein - Bein, Alpen - halben*. Das Merkmal [α gesp] ist in dieser Position nicht voraussagbar, es muß daher zugrundeliegend spezifiziert werden. Genau genommen gilt aber auch hier die Unterspezifikation. D.h. nur das Merkmal [–gesp] wird spezifiziert; [+gesp] wird durch eine Redundanzregel geliefert (siehe unten). In nichtsilbeninitialen Positionen dagegen ist das Merkmal [α gesp] voraussagbar. Das sind die Position nach dem initialen /s/ oder /ʃ/ im Silbenanlaut und die nach einem vokalischen Kern im Silbenauslaut. Hier werden Obstruenten an der Oberfläche invariabel als [+gesp] realisiert, vgl. *Spiel, Straße, Skat; hat, Trick, Schnipp; Papst*. Es gibt im Deutschen keine Sequenz wie [sb], [sg], [sd], V̆[b] oder V[b][-son] an der Oberfläche (vgl. Giegerich 1989. 52). Nach dem hier entwickelten Modell müssen alle voraussagbaren Merkmale aus dem Lexikoneintrag eliminiert werden. Das Merkmal [α gesp] von Obstruenten in der oben genannten Position muß – diesem Axiom folgend – unspezifiziert sein. Dies kann durch die folgende Markiertheitsbedingung ausdrückt werden, die besagt, daß das Merkmal [±gesp] im Lexikon für die Obstruenten in nichtsilbeninitialer Position nicht spezifiziert werden darf (vgl. auch (11)).

(40) * $\begin{bmatrix} \alpha \text{ gesp} \\ \text{-son} \end{bmatrix}$

(Bedingung: in nichtsilbeninitialer Position)

Eine Merkmalspezifizierung von /p/ und /t/ in /ʃpi:l/ (*Spiel*) und /kapʊt/ (*kaputt*) als [-son, +gesp] verletzt das Prinzip der Strukturbewahrung (vgl. Kiparsky 1985). Dieses Prinzip verhindert die Merkmalspezifizierung von [+gesp] für die Obstruenten im Lauf der lexikalischen Derivation, wenn sie in nichtsilbeninitialer Position stehen [11]. In nichtvoraussagbarer Umgebung wird dagegen das Merkmal der Gespanntheit direkt in den Lexikoneintrag aufgenommen. Das ist die silbeninitiale Position, die entweder wortinitial (z.B. *Pein, Tag, kam*) oder wortmedial (z.B. *Raupen, Alpen, hatten, Haken*) sein kann. Auch hier werden aber wegen des Prinzips der Unterspezifikation nicht beide Merkmalwerte der Gespanntheit spezifiziert. Nur Lenis-Laute /b, d, g,.../ in der genannten nichtalternierenden Umgebung werden zugrundeliegend als [-gesp] spezifiziert. Die zugrundeliegenden Fortis-Laute /p, t, k,.../ bleiben dagegen in bezug auf die Gespanntheit unspezifiziert. Die Redundanzregel (41) weist diesen Lauten den Default-Wert [+gesp] zu.

(41) Default-Regel
     [-son] -> [+gesp]

In der oben genannten voraussagbaren Umgebung gelten dagegen die lexikalischen Regeln (42a) und (42b), die jeweils im Silbenonset und in der Silbenkoda das Merkmal der Gespanntheit liefern.

(42) a.
                                        σ
                                        |
                                      Onset
                                        |
      $\begin{bmatrix} \text{-son} \\ \text{-kont} \end{bmatrix}$ -> [+gesp] /   /S/ _____

---

[11] Innnerhalb des Modells von Kiparsky (1985) gilt eine Markiertheitsbedingung wie (40) nur für die segmentalen Merkmale. Ich halte es aber für richtig, das Konzept der Strukturbewahrung etwas breiter zu fassen und es auch für die prosodische Struktur anzuwenden. Denn die minimale Spezifikation eines Lexikoneintrags, die sich unmittelbar aus der Strukturbewahrung ergibt, ist nicht nur für die segmentalen Merkmale, sondern auch für die prosodische Struktur erforderlich. Ohne Bezug auf eine höhere Ebene ist eine redundante Information der segmentalen Merkmale nicht zu eliminieren, wie es in (30) und bei der Gespanntheitsdistinktion von Vokalen (siehe Abschnitt 2.6) der Fall ist.

b.   σ
     |
    Koda
     |
   [-son]   Root-Knoten
    +
   [-gesp]   Laryngal-Knoten

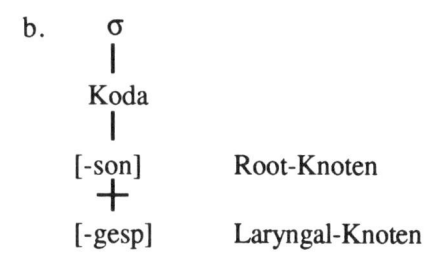

Die Regel in (42a) ist eine merkmalerfüllende Regel, die das zugrundeliegend unspezifizierte Merkmal [+gesp] liefert. Die Regel in (42b) ist dagegen eine strukturverändernde Regel, die die Assoziation des Merkmals [-gesp] mit dem Root-Knoten delinkt, wenn ein Obstruent in der Silbenkoda erscheint.

Das Merkmal [+gesp] kann innerhalb dieser Analyse auf drei verschiedene Weisen ermittelt werden; es wird entweder durch die Default-Regel (41) (wie [k] in *kam*, *Haken*) oder durch die Regel in (42a) spezifiziert, wenn es zugrundeliegend unspezifiziert ist (z.B. /p/, /t/, /k/ in *Sprache*, *Straße*, *Skelett*). Schließlich wird die Alternation der Gespanntheit in Wörtern wie *Rad* [rɑːt] vs. *Räder* [rɛːdər] durch die Regeln (42b) und (41) erfaßt. Zugrundeliegend ist das /d/ in *Rad* als [-gesp] spezifiziert (im Gegensatz zu /t/ in *Rat*, das zugrundeliegend hinsichtlich des [gesp] unspezifiziert ist). Die Merkmalspezifikation [+gesp] in der zugrundeliegenden Form verletzt die Bedingung in (40) nicht, weil diese Bedingung auf eine abgeleitete Umgebung, nämlich auf die Silbenstruktur Bezug nimmt. Nach der Silbifizierung verletzt aber die Assoziation des [-gesp] mit der Koda bei Obstruenten die Markiertheitsbedingung in (40). Die Assoziationslinie zwischen [-gesp] und Root-Knoten wird daher durch die Regel (42b) getilgt. Das deassoziierte Merkmal [gesp] wird dann durch die Default-Regel (41) als [-gesp] interpretiert. Die Regel (42b) hat folgende theoretische Konsequenz: Die Auslautverhärtung im Deutschen wird in meiner Analyse explizit als eine strukturverändernde Regel, Delinking, aufgefaßt. Sie kann keine merkmalerfüllende Regel sein. Denn für das /t/ in *Rat* kann eine Auslautverhärungsregel wie (43) (siehe unten) die merkmalerfüllende Funktion ausführen, weil /t/ zugrundeliegend für das Merkmal [gesp] unspezifiziert ist. Im Kontrast dazu kann diese Regel für das /d/ in *Rad* nicht in der gleichen Funktion angewandt werden, weil /d/ zugrundeliegend als [-gesp] spezifiziert ist. Hier muß die Regel für die Auslautverhärtung als eine merkmalverändernde Regel (bzw. als eine strukturverändernde Regel nach der oben vorgeschlagenen Analyse) betrachtet werden [12].

---

[12] Zur anderen Auffassung siehe jedoch Wiese (1990), der dafür argumentiert, daß Regeln in der nichtlinearen Phonologie normalerweise nicht merkmalverändernd ist, besonders wenn die Theorie der Unterspezifikation zugrundegelegt wird. Die Auslautverhärtung im Deutschen ist nach seiner

Die Regeln (42) sind wegen der Elsewhere-Bedingung der Regel (41) vorgeordnet. Zwischen (42a) und (42b) gibt es keine Ordnung, da sie auf eine komplementäre Kontextbedingung referieren. Sie werden daher gleichzeitig angewandt. Die Regel (42a) spezifiziert das Merkmal [+gesp] für die Onsetcluster /ʃp, ʃt, sk/ [13]. Man beachte, daß das zweite Element der Cluster /ʃv/ und /sf/ (*Schwein, schwer; Sphäre, Sphinx*) von dieser Regel nicht erfaßt wird, da /v/ und /f/ zugrundeliegend als [+kont] spezifiziert sind, vgl. auch /tsv/ *Zwei*, /kv/ *Quatsch*, /tv/ *Twist*. In bezug auf die Gespanntheit wird /v/ zugrundeliegend als [-gesp] spezifiziert.

Das sog. "final devoicing", das aus dem oben genanntem Grund besser als "obstruent tensing" aufgefaßt werden sollte, wird in meiner Analyse durch die strukturelle Veränderung von [+gesp] in der Regel (42b) zum Ausdruck gebracht. Ein formales Problem in den Regeln (42) ist, ob die Verwendung der subsilbischen Konstituenten Onset und Koda hier erforderlich ist und ob nicht die Kontextbedingung einfach durch die Silbengrenze ersetzt werden kann [14]. Zu dieser Frage ist Folgendes

---

Meinung eine von diesen Regeln.

[13] Wurzel (1970: 226) leitet das präkonsonantische [ʃ] im Silbenonset von dem zugrundeliegenden /s/ ab, und zwar aus folgenden Gründen: (i) Es gibt keinen Kontrast zwischen [ʃt] und [st], zwischen [ʃp] und [sp]. (ii) In einigen nördlichen Dialekten werden Wörter wie *Spiel* und *Stein* jeweils mit initialem [sp-] und [st-] gesprochen. (iii) Unassimilierte Lehnwörter im Standarddeutschen wie *Stil* und *Spezies* werden als [st-] und [sp-] realisiert. Ich schließe mich dieser Position an. Da es kein Cluster [ʃk] an der Oberfläche gibt, kann die betreffende Regel für die Ableitung von [ʃ] aus /s/ wie folgt formuliert werden:

$$\begin{bmatrix} +gesp \\ +kont \end{bmatrix} \rightarrow [+hoch] \:/\: \sigma \: [\: \_\_ \: \begin{matrix} C \\ | \\ \begin{bmatrix} +gesp \\ -hoch \end{bmatrix} \end{matrix}$$

Im Gegensatz zu Wurzel (1970) nehme ich aber nicht an, daß alle Vorkommen von [ʃ] aus einem zugrundeliegenden /s/ abzuleiten sind, was eine zu abstrakte lexikalische Repräsentation (z.B. /skif/ für Schiff, /hʏpsk/ für hübsch, /dɔytsk/ für deutsch usw.) zuläßt. Eine solche abstrakte lexikalische Repräsentation, die niemals an der Oberfläche realisiert wird, ist innerhalb der lexikalischen Phonologie schon aus theorieinternem Grund unmöglich. Denn in diesem theoretischen Rahmen enthalten Lexikoneinträge nur diejenigen Phoneme oder Merkmale, die im Laufe der lexikalischen Derivation als distinktiv fungieren. In der synchronen Phonologie des Deutschen gibt es aber keine Evidenz für die /k/-Tilgung, die Wurzels Annahme bestätigen würde (vgl. auch Kloeke 1982a: 35).

[14] Nespor/Vogel (1986: Kap. 3.1.2) argumentieren gegen die Annahme subsilbischer Konstituenten. Mehrere phonologische Regeln im Spanischen, für die Harris (1983) den Reim als relevante Domäne annimmt, lassen sich nach diesen Autoren ohne Bezug auf die subsilbischen Konstituenten formulieren. Als Konsequenz stellen sie die Hypothese auf, daß die kleinste Einheit für die segmentalen phonologischen Regeln die Silbe ist, während eine subsilbische Konstituente wie Reim nicht als Input für segmentale Regeln dienen kann. Ob dies auch für das Deutsche zutrifft, bleibt noch zu klären.

zu sagen: Unter Annahme der phonologischen Einheit "Silbenkoda" können wir nicht nur die Auslautverhärtung in silbenfinaler Position (*Hand - Hände*), sondern auch die in der zweitletzten Position (*die Wege - des Wegs, die Hunde - des Hunds, kurven - (du) kurvst*) erklären. Genaugenommen werden in der letztgenannten Wortgruppe alle Konsonanten (nicht nur der zweitletzte) in der Silbenkoda durch die Regel (41b) erfaßt. So werden z.B. /v/, /s/ und /t/ in *kurvst* als [+gesp] realisiert. Wenn die Auslautverhärtung ausschließlich nur für einen am Silbenende stehenden Konsonanten anzuwenden wäre, wäre die [+gesp]-Realisierung von mehr als einem Konsonanten in den genannten Wörtern problematisch. Eine solche Regel (siehe (43)) ist von Wiese (1988: 80) vorgeschlagen worden.

(43) [+obstruent] -> [-stimmhaft] / __] σ

Die Flexionssuffixe /s/, /t/, /st/ in den oben genannten Wörtern werden von Wiese als Appendix analysiert. Damit kann er erklären, daß Wörter wie *Herbst, magst, Passivs* keine Gegenbeispiele für die Auslautverhärtungsregel (43) sind. Appendices gehören gar nicht zur Silbe. Die genannten Wörter unterliegen daher ganz regulär der Regel (43), vgl. (44).

(44)

```
      σ    App           σ    App              σ      σ   App
     /|\    |           /|\    |              /|\    /|\   |
    C V C C  C         C V C C  C            C V  C V C C  C
    | | | |  /\        | | | |  /\           | | | | | |   |
    h ɛ r b  s t        m a g   s t           p a  s i v   s
```

Problematisch sind in dieser Analyse Wörter wie *Mond, Magd*. Im ersten Wort unterliegt das /d/ der Auslautverhärtung (*Mond - Monde*). Die Regel (43) kann aber Fälle wie diese nicht erfassen, weil /d/ innerhalb von Wieses Modell, das nach einem langen Vokal oder Diphthong nur einen Konsonanten zuläßt, als extrasilbisch behandelt werden muß. Um dieses Problem zu lösen, schlägt Wiese (1989) eine postlexikalische Resilbifizierung vor, die das extrasilbische /d/ in *Mond* wieder in die Silbe aufnimmt. Da /d/ jetzt am Silbenende steht, kann die Regel (43) angewandt werden, wie in (45a) illustriert. Die Lösung mit einer postlexikalischen Silbifizierung ist aber ad hoc und unplausibel. Sie impliziert, daß die Auslautverhärtung zyklisch zu applizieren ist. Man betrachte dabei Wörter wie *Magd* oder *Jagd*. Bei diesen Wörtern muß die Auslautverhärtung nach der Analyse von Wiese (1989) zweimal stattfinden, und zwar einmal nach der lexikalischen Silbifizierung, wobei das silbenfinale /g/ auslautverhärtet wird, und einmal nach der postlexikalischen Resilbifizierung, wobei das /d/ auslautverhärtet wird, siehe (45b). Die zyklische Anwendung widerspricht dem Charakter der Auslautverhärtungsregel. Sie ist postlexikalisch und daher nichtzyklisch (vgl. Rubach 1990). Der Grund ist einfach: Die Auslautverhärtung im Deutschen kennt keine Ausnahmen, was eine typische Eigenschaft einer postlexikalischen Regel ist.

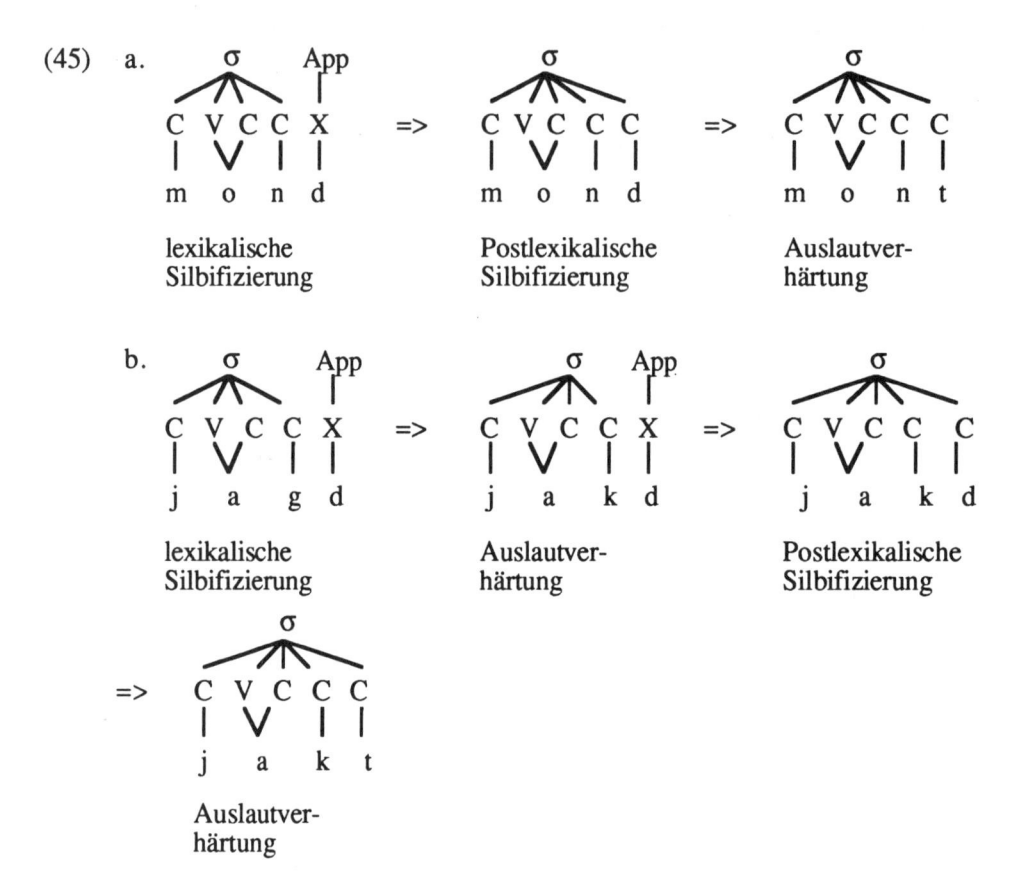

(45) a.

```
    σ     App              σ                    σ
   /|\     |              /|\                  /|\
  C V C C  X    =>    C V C C C      =>    C V C C C
  | V | |              | V | |              | V | |
  m o n d              m o n d              m o n t
```

    lexikalische   Postlexikalische   Auslautver-
    Silbifizierung   Silbifizierung   härtung

b.

```
    σ     App              σ    App              σ
   /|\     |              /|\    |              /|\
  C V C C  X    =>    C V C C    X    =>    C V C C C
  | V | |              | V | |              | V | |
  j a g d              j a k d              j a k d
```

    lexikalische   Auslautver-   Postlexikalische
    Silbifizierung   härtung   Silbifizierung

```
              σ
             /|\
  =>    C V C C
         | V | |
         j a k t
```

    Auslautver-
    härtung

Für die Appendix-Lösung von Wiese (1988) gibt es noch ein anderes Problem. Wie in *Mond* und *Jagd* gezeigt, ist ein zugrundeliegendes /d/ nach seiner Analyse bei der lexikalischen Silbifizierung Appendix. Auf der anderen Seite läßt aber Wiese (1988: 100) nur die Segmente /t/, /s/ oder /st/ als wortfinale Appendices zu, nicht aber das /d/. Dies zeigt, daß der Begriff "Appendix" auch innerhalb seines Modells ambig verwendet wird. Wie in den Abschnitten 2.5 und 2.6 diskutiert, ist außerdem die Belegung der Appendices mit konkreten Segmenten für die Beschreibung der Wortakzentregel im Deutschen problematisch. Unter Annahme der Konstituente "Silbenkoda" lassen sich dagegen die oben genannten Fälle ohne weiteres erklären. Eine weitere Eigenschaft der Regeln (42) ist signifikant. Innerhalb meiner Analyse ist das Merkmal [±gesp] für alle

Obstruenten – außer denen am Silbenanfang – voraussagbar. Auslautverhärtung stellt damit in meiner Analyse nur einen Teilaspekt dieser Regularität dar. Die Regeln in (41) und (42) erfassen nicht nur alternierende Wörter wie die oben genannten, sondern auch nichtalternierende Formen wie *Stahl* oder *kaputt*. Das Merkmal [+gesp] von /t/ und /p/ in diesen Wörtern ist aufgrund der zwei Redundanzregeln (41) und (42a) voraussagbar. Ich illustriere in (46) die Ableitungen relevanter Merkmale in diesen Wörtern.

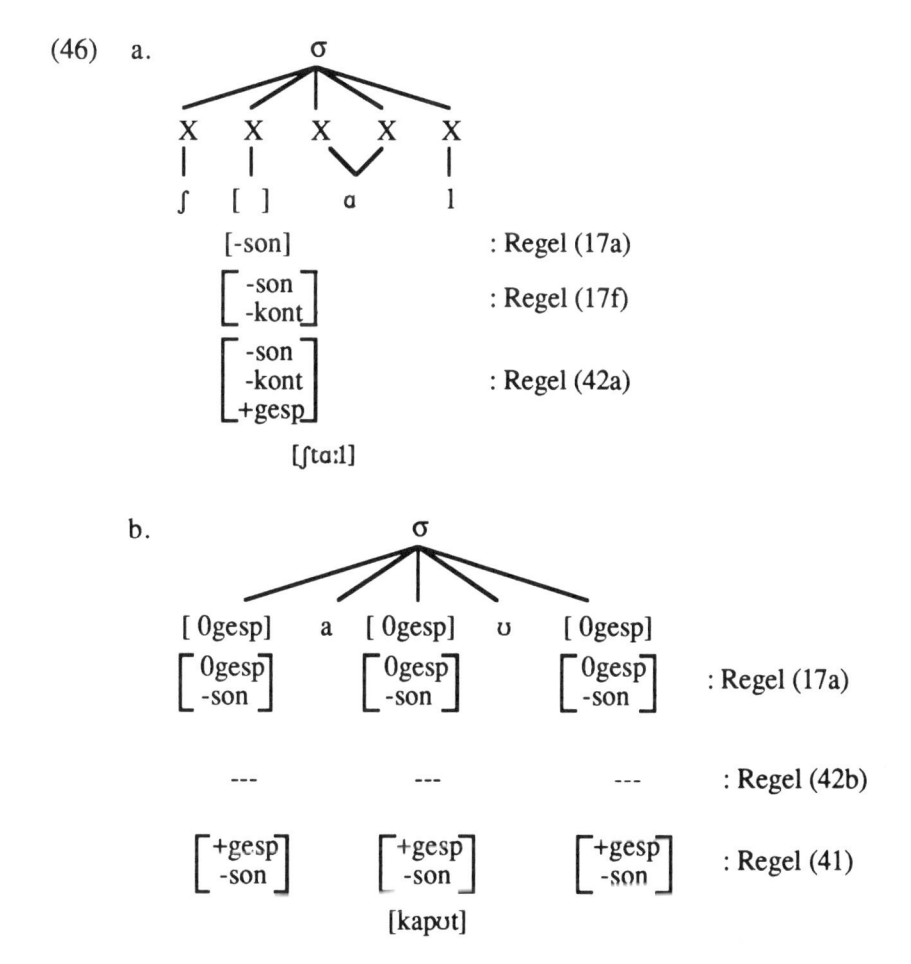

(46) a.

```
            σ
       ╱ ╱ │ ╲
      X X X X X
      │ │  ∨  │
      ʃ [ ] a  l
```

[−son]   : Regel (17a)

$\begin{bmatrix} -son \\ -kont \end{bmatrix}$: Regel (17f)

$\begin{bmatrix} -son \\ -kont \\ +gesp \end{bmatrix}$: Regel (42a)

[ʃtaːl]

b.

```
            σ
       ╱ ╱ │ ╲
```

[0gesp]   a   [0gesp]   ʊ   [0gesp]
$\begin{bmatrix} 0gesp \\ -son \end{bmatrix}$ $\begin{bmatrix} 0gesp \\ -son \end{bmatrix}$ $\begin{bmatrix} 0gesp \\ -son \end{bmatrix}$: Regel (17a)

---   ---   ---   : Regel (42b)

$\begin{bmatrix} +gesp \\ -son \end{bmatrix}$ $\begin{bmatrix} +gesp \\ -son \end{bmatrix}$ $\begin{bmatrix} +gesp \\ -son \end{bmatrix}$: Regel (41)

[kapʊt]

Der Kontrast zwischen Ja[kt] / *(er) jagt* und Ja[kd̥]en läßt sich nun durch die folgende Ableitung erklären [15] (große Buchstaben stehen jeweils für die Obstruenten, die

---

[15] In Giegerich (1989: 56) sind ähnliche Ableitungen vorgeschlagen. Der Unterschied zu seiner Analyse liegt in der Silbifizierung. In seinem Modell kann ein Silbenreim höchstens einen Konsonanten enthalten. Die übrigen Konsonanten, die am Ende der Ebene 3 unsilbifiziert bleiben,

hinsichtlich der Gespanntheit unspezifiziert sind). Wie wir in Abschnitt 2 gesehen haben, gilt auf der Ebene 1 das Syllable-Template CCVC, nach der Ebene 2 dagegen CCVCC. Konsonanten, die am Ende der Ebene 2 unsilbifiziert bleiben, werden durch die Konvention "Stray Segment Adjunction" in die Silbe integriert. /D/ in *Jagd* und *jagt* bleibt daher auf der Ebene 2 unsilbifiziert. Am Ende der Ebene 2 wird es dann als Koda resilbifiziert. Die Regel (42b) wird für die Segmente /g/ und /d/ in der Silbenkoda angewandt, für das Onset-/d/ in *Jagden* aber nicht. Dieses /d/ wird durch die spätere postlexikalische Regel der Stimmhaftigkeitsassimilation zum [ɖ].

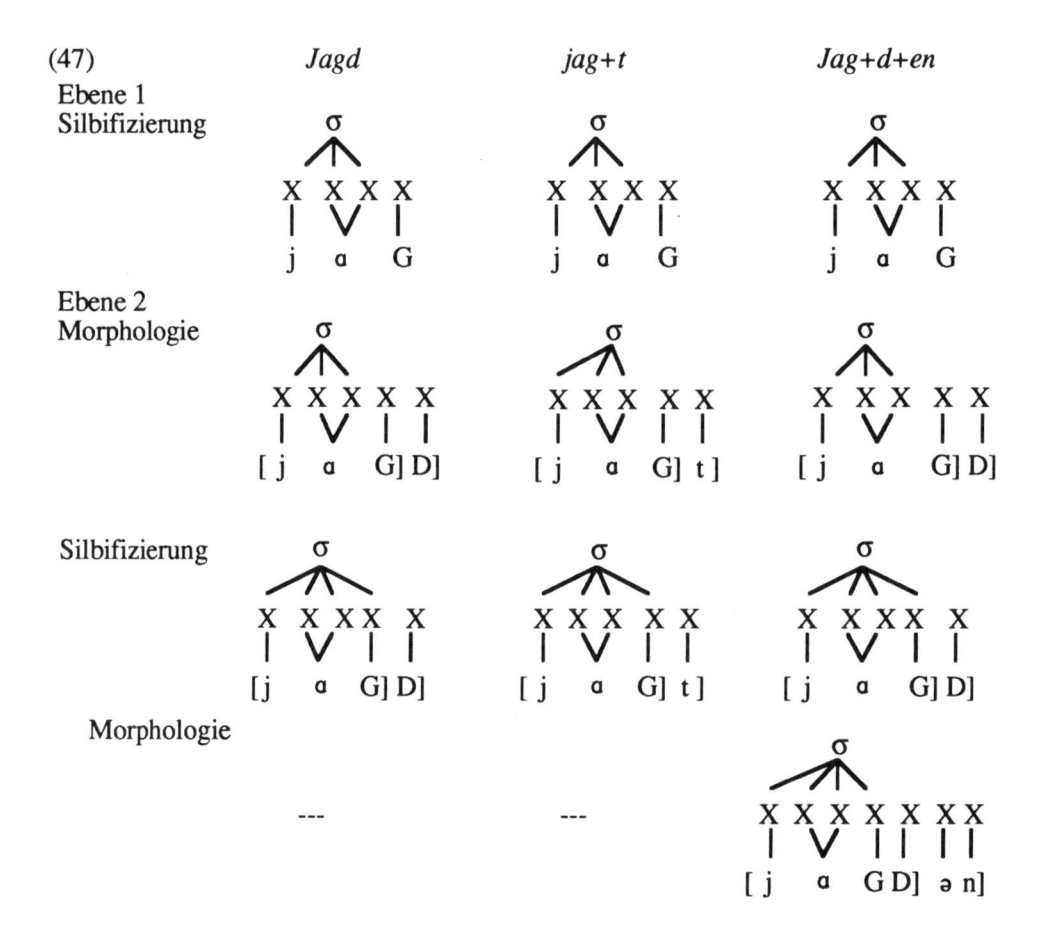

(47) *Jagd* *jag+t* *Jag+d+en*

Ebene 1
Silbifizierung

Ebene 2
Morphologie

Silbifizierung

Morphologie

---

werden mit Hilfe der "Stray Segment Adjunction" in die Silbe aufgenommen. In meinem Modell gilt dagegen die Reim-Struktur XC nur innerhalb der Ebene 1. Die Silbifizierung auf Ebene 2 erzeugt eine Reimstruktur wie VCC, weil die Kodabedingung hier außer Kraft gesetzt wird (siehe Abschnitt 2.4). Mit Giegerich (1989: 55) nehme ich an, daß /d/ in *Jagden* ein Ebene-2-Suffix ist. Schwa-Epenthese wird hier nicht berücksichtigt.

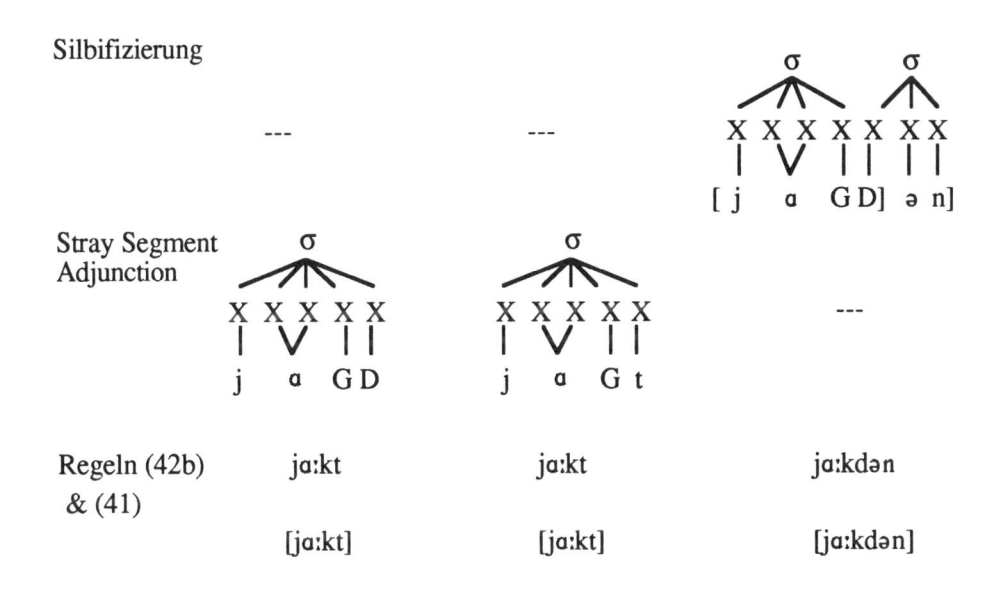

Silbifizierung

```
                                                              σ       σ
                                                             /|\     /|\
                                                            X X X X X X X
                                                            | \/  | | | |
         ---                        ---                   [ j  ɑ  G D] ə n]
```

Stray Segment
Adjunction
```
                    σ                      σ
                   /|\                    /|\
                  X X X X X              X X X X X
                  | \/  | |              | \/  | |
                  j ɑ   G D              j ɑ   G t              ---
```

Regeln (42b)   jɑ:kt   jɑ:kt   jɑ:kdən
& (41)

                   [jɑ:kt]   [jɑ:kt]   [jɑ:kdən]

Strukturbewahrung als ein dominantes Prinzip in der lexikalischen Phonologie ermöglicht vor allem eine restriktive phonologische Repräsentation. Alle redundanten Merkmale bleiben im Lexikon unspezifiziert. Eine Regel, die lexikalisch nichtdistinkte Merkmale einführt, muß konsequenterweise postlexikalisch sein. Die Regel für die Auslautverhärtung im Deutschen ist in diesem Sinne postlexikalisch. Sie liefert das nichtdistinktive Merkmal [+gesp] in der Silbenkoda.

4.3.3 Vergleich mit anderen Analysen

Wie oben diskutiert, ist die Auslautverhärtung im Deutschen ein ausschließlich silbenbezogenes Phänomen. Es erwies sich auch, daß die relevante Domäne für die Auslautverhärtung die Silbenkoda ist, nicht die Silbengrenze (Wiese 1988).

Eine Analyse, in der Auslautverhärtung als ein morphembezogenes Phänomen aufgefaßt wird, bringt dagegen mehrere Probleme mit sich. Im folgenden betrachte ich zwei Vorschläge unter diesem Ansatz.

In Wurzel (1970: 260) wird "phonologisches Wort" als die Domäne für die Auslautverhärtung herangezogen. Die Auslautverhärtung kennzeichnet nach ihm "das Ende eines auf stimmhaften Obstruenten endenden *phonologischen Wortes* im Deutschen" (ebda.). Dies wird in seiner Auslautverhärtungsregel (siehe (48)) durch die zwei Teilregeln (a) und (b) ausgedrückt. Komposita wie *Handarbeit* (Hand##arbeit), in denen eine "echte" Wortgrenze vorliegt, werden durch die Regel (a) erfaßt, Derivativa wie *Gesundheit* (Gesund#heit), in denen eine "einfache" Wortgrenze vorliegt, dagegen durch die Regel (b). Flektierte Wörter wie *gib+st, (des) Hund+s*, in denen eine Morphemgrenze "+" liegt, werden getrennt von den beiden oben genannten Gruppen behandelt. Hier handelt es sich nach seiner Analyse um einen Assimilationsprozeß, in dem ein stimmloser Obstruent vor einem stimmlosen stimmlos wird (siehe die Teilregel (c)) [16].

(48)
$$[+\text{obst}] \xrightarrow{\substack{(a)\\(b)\\(c)\\(d)}} [-\text{sth}] \ / \ \left\{ \begin{array}{l} \underline{\quad} \left\{ \begin{array}{l} \# \ \left\{ \begin{array}{l} \# \\ [-\text{silb}] \end{array} \right\} \\ [-\text{sth}] \end{array} \right\} \\ [-\text{sth}] \ \# \ \underline{\quad} \left[\begin{array}{l} +\text{sil} \\ -\text{bet} \end{array} \right] \end{array} \right\}$$

Diese Analyse hat zwei Nachteile. Erstens führt sie zum Duplikationsproblem: Innerhalb seiner Analyse haben wir ohnehin eine Morphemstrukturbedingung, die besagt, daß die Obstruentensequenz immer stimmlos ist. Die Annahme einer phonologischen Regel wie (48c) neben dieser MSB ist redundant. Nach dem hier entwickelten Modell ist eine solche lexikalisch redundante Regel nicht zugelassen. Es sei darauf hingewiesen, daß Morphemstrukturbedingungen, deren Status in der Phonologie umstritten ist (Regeln oder Bedingungen?), im Modell der Lexikalischen Phonologie gar nicht erforderlich sind. Kiparsky (1982) argumentiert, daß MSBen zugunsten von phonologischen Regeln aus der Grammatik eliminiert werden müssen (zur Diskussion des Duplika-tionsproblems im Zusammenhang mit MSBen siehe auch Kenstowicz/Kisserberth 1977: Kap. 3). In meiner Analyse entsteht eine solche Duplikation nicht, weil die Auslautverhärtung als eine merkmalerfüllende Redundanzregel aufgefaßt wird.

Zweitens ist die Annahme einer "assimilatorischen Verhärtung" (vgl. Wurzel 1970: 259-260) in Paaren wie *kurven - kurv(s)t, geben - gib(s)t* usw. unplausibel. Sie zwingt dazu, die spezielle Konvention einzuführen, daß die Assimilation nur in einer Richtung (von rechts nach links) erfolgt, siehe die Teilregel (c). Die Assimilation der Stimmhaftigkeit findet jedoch nicht regressiv, sondern progressiv statt. Es heißt ja

---

[16] In seiner neuen Version der Auslautverhärtungsregel schlägt Wurzel (1981: 954) ebenfalls vor, zwei getrennte Prozesse (Auslautverhärtung und Assimilation der Stimmhaftigkeit) in einer Regel zu formulieren, siehe unten.

$$[+\text{obst}] \rightarrow [-\text{sth}] \ / \ \underline{\quad} \left\{ \begin{array}{l} \& \\ [-\text{sth}] \end{array} \right\}$$
(& steht für die Silbengrenze)

[vitvə] *Witwe* und [tvist] *Twist*, nicht [vidvə] und [dvist]. Fälle wie *Jagd*, in denen eine Morphemgrenze vor /d/ liegt, können außerdem durch die Regel (48) nicht erfaßt werden. Der Stammauslaut /g/ unterliegt der Teilregel (b), wird zu [k]. /d/ bleibt aber unverändert. Die Auslauverhärtung von /g/ kann nicht durch die Teilregel (c) erfaßt werden, weil /d/ zugrundeliegend stimmhaft ist. In *Ja[kd̥]en* wird /g/ auslautverhärtet, obwohl ihm ein (zugrundeliegend) stimmhaftes /d/ folgt. Wie dieses Beispiel zeigt, hat die Auslautverhärtung offenbar nichts mit der Assimilation der Stimmhaftigkeit an den folgenden Konsonanten zu tun. Sie ist, wie oben diskutiert, eine Regel für den Wechsel von [±gespannt]. Zwei verschiedene Prozesse, die bei Wurzel (1970) in einer Regel zusammengefaßt sind, müssen daher separat behandelt werden. Auslautverhärtung, die von mir als eine merkmalerfüllende Redundanzregel aufgefaßt wird, findet postzyklisch statt. Die Assimilation der Stimmhaftigkeit wird dagegen postlexikalisch angewandt, da das Merkmal [±sth] völlig redundant ist [17]. Auf diese Weise können wir der Tatsache Rechnung tragen, daß die Auslautverhärtung (der Wechsel der Gespanntheit von Obstruenten) schon im Lexikon stattfindet, während die Zuweisung vom [α sth] zu Obstruenten nach dem Lexikon durch Redundanzregeln erfolgt. Im Gegensatz zu Wurzel (1970) ist das Merkmal [α sth] in meinem Modell nicht lexikalisch. Die von mir vorgeschlagene Auslautverhärtungsregel ist im Vergleich zu (48) formal einfacher. Innerhalb der Lexikalischen Phonologie sind außerdem morphologische Grenzen wie + und # nicht mehr nötig. Auch eine disjunkte

---

[17] Die Alternationen, in denen nur das Merkmal [±sth] wechselt, nicht aber [±gespannt] (z.B. [b]au - A[p̥]au, [d]arm - Di[kd̥]arm, [g]ang - Rü[kg̊]ang usw.), lassen sich durch die folgende postlexikalische Regel beschreiben:

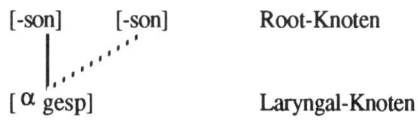

[-son] [-son]   Root-Knoten

[α gesp]   Laryngal-Knoten

Die Regel besagt, daß Obstruentencluster den gleiche Merkmalwert für Stimmhaftigkeit haben. Da diese Regel postlexikalisch angewandt wird, können wir eine gewisse Redundanz vermeiden, die sich aus der Interaktion zwischen der lexikalischen Regel und der Morphemstrukturbedingung ergibt. Vgl. dagegen Kloeke (1982a: 31), der die Stimmlosigkeit der Obstruentencluster mit Hilfe einer Morphemstrukturbedingung beschreibt. Die stimmlose Realisierung der Obstruentencluster gilt ja nicht nur innerhalb eines Morphems, sondern auch über die Morphemgrenze hinaus, z.B. *[b]au* vs. *Au[fp̥]au*, *[d]ach* vs. *A[pd̥]ach*. Meine Analyse hat einen weiteren Vorteil: Die stimmhafte Realisierung von Clustern wie [dʒ], [vj] (z.B. *[dʒ]ungel, [dʒ]ohnson, So[vj]et, Inter[vj]ew* etc.) ist nach der oben dargestellten Regel ohne weiteres zu erklären. Das Merkmal der Stimmhaftigkeit, das übrigens autosegmental repräsentiert und von der [±gespannt]-Spezifizierung unabhängig ist, erfaßt somit nicht nur die stimmlosen Sequenzen, sondern auch die stimmhaften. In Kloeke müssen dagegen die letzteren als Ausnahmen zu seiner Morphemstrukturbedingung markiert werden.

Regelumgebung erweist sich als überflüssig, wenn eine prosodische Domäne wie Silbenkoda bei der Beschreibung der Auslautverhärtung herangezogen wird.

Eine andere Analyse der Auslautverhärtung unter Verwendung der Morphemgrenze stammt aus Kloeke (1982a: 32):

(49)
$$[-\text{son}] \rightarrow [+\text{tns}] / \_\_ \; [-\text{segm}] \; \left\{ \begin{array}{c} [-\text{segm}] \\ [+\text{kons}] \\ [-\text{son}] \end{array} \right\}$$

Diese Regel enthält eine recht suspekte disjunkte Umgebung [+kons] und [-son]. Die letztere Umgebung ist eigentlich überflüssig. Denn die Auslautverhärtung findet nicht nur vor den [-son]-Segmenten statt, sondern auch vor den [+son]-Segmenten, z.B. *Hal[p]mond*. Die Umgebung [-son] ist aber innerhalb seines Systems unerläßlich, um die Auslautverhärtung vor den laryngalen Lauten /h, ʔ/ zu beschreiben, die Kloeke als [-kons, -son] klassifiziert, z.B. *kin[th]aft, kin[tʔ]ähnlich*. Diese Beispiele zeigen aber gerade, daß sich die laryngalen Laute in bezug auf die Auslautverhärtung wie echte Konsonanten verhalten. Wichtig ist hier nicht die Existenz der Laute /h, ʔ/ nach der Morphemgrenze, sondern die Tatsache, daß sie mit dem folgenden Vokal tautosilbisch sind. Man vergleiche [hant-ʔarbai̯t] und (??)[han-darbai̯t], wobei der Strich eine Silbengrenze kennzeichnet. Die letztere Form ist bei weniger präzisem Sprechen zu hören. Eine Form wie [han-dʔarbai̯t] oder [han-tʔarbai̯t] ist dagegen ganz ausgeschlossen. D.h. entscheidend für die Anwendung der Auslautverhärtungsregel ist die Silbengrenze, nicht "Morphemgrenze plus /ʔ/ oder /h/". Die Existenz dieser Laute hat keinen direkten Einfluß auf die Auslautverhärtung. Die disjunktiven Regelumgebungen in (48), [+kons] und [-son], müssen daher in einer zusammenfallen. Der Glottis-Einsatz bildet nach meinem Modell einen Teil der Silbifizierung (siehe Abschnitt 2.8.1). Da die Auslautverhärtung auf der Basis der Silbenstruktur angewandt wird, ist nur die Silbengrenze für die Auslautverhärtung relevant. Die Morphemgrenze spielt dabei keine Rolle.

Ob die Merkmalkonfiguration [-kons, -son] eine natürliche Klasse bildet, ist in der Diskussion um die laryngalen Laute (siehe Abschnitt 1.3) behandelt worden. Dort wurde gezeigt, daß das ohnehin problematische Merkmal [son] für die Merkmalspezifizierung von Laryngalen nicht gebraucht wird und daß diese Lautklasse nur die Komponente der laryngalen Merkmale ("Phonationsmerkmale") enthält, während die artikulatorische Komponente unter dem supralaryngalen Knoten sämtlich unspezifiziert bleibt.

Das Hauptargument von Kloeke (1982a: 130) gegen eine Auslautverhärtungsregel mit der Silbengrenze ist das folgende: Sie könne den Kontrast zwischen Wortpaaren wie in (50) nicht erklären, in denen eine identische Segmentsequenz in einem Fall der Auslautverhärtung unterliegt, im anderen aber nicht.

(50) a. gie/blɪç/ [b]   b. lie/blɪç/ [p]
     hü/glɪç/ [g]   fü/glɪç/ [k]

Der bedingende Faktor für diesen Kontrast ist nach Kloeke die verschiedene Position der Segmente innerhalb eines Morphems: In *giebelig* und *hügelig* sind /b/ und /g/ Morpheminlaut. Sie unterliegen nicht der Auslautverhärtung. Auslautverhärtung findet aber in *lieblich, füglich* statt, weil /b/ und /g/ hier Morphemauslaut sind. Kloeke geht offenbar hier davon aus, daß *lieblich* als [liː.blɪç] und *füglich* als [fyː.glɪç] silbifiziert wird. Die Standardaussprache ist aber jeweils [liːb.lɪç] und [fyːg.lɪç]. Umgangssprachliche Varianten wie [giːp.lɪç] und [hyːk.lɪç] unterstützen im übrigen, wie Kloeke selber hervorhebt, daß die Auslautverhärtung tatsächlich vor der Silbengrenze stattfindet. Die Silben-Lösung lehnt er aber trotzdem ab, weil sie Wörter wie *le[k]t* und *Ja[k]d* nicht erfassen kann, in denen Nicht-Silbenauslaut verhärtet wird. Wie im vorangegangenen Abschnitt gezeigt, löst sich dieses Problem auf, wenn wir die Konstituente Silbenkoda annehmen. Obstruenten, die nicht am absoluten Silbenende, sondern in der Koda stehen, werden damit einfach erfaßt. Die verschiedenen Realisierungen von /b/ in *giebelig* und *lieblich* lassen sich durch die Interaktion zwischen Silbifizierung und Auslautverhärtung erklären. Wenn eine zyklische Anwendung der Silbifizierung angenommen wird, erübrigt sich eine disjunkte Regelumgebung wie in (49).

4.4 Sonorant-Glottalisierung

In der nichtlinearen Phonologie wird ein Assimilationsprozeß als ein "feature spreading"-Prozeß aufgefaßt, nicht als ein merkmalverändernder Prozeß. Der grundlegende Charakter der Assimilation wird dadurch auf eine elegante Weise erfaßt (siehe Abschnitt 4.2). Die stilistisch bedingte Realisierung der homorganen Verschlußlaut-Sonorant-Sequenz im Deutschen liefert uns ein weiteres Beispiel für den theoretischen Vorzug einer nichtlinearen Regelformulierung. Die Sequenzen /pən, tən, kən/ werden im Andante-Sprechstil nach dem Schwa-Ausfall homorgan und als [pm̩, tn̩, kŋ̩] realisiert. Diese assimilierten Formen sind im übrigen in der Standardsprache am häufigsten zu beobachten. Die betreffende Regel für die Assimilation der Artikulationsstelle formuliere ich folgendermaßen:

(51) $\begin{bmatrix} -\text{son} \\ -\text{kont} \end{bmatrix}$ [+nas]

　　　|⋯⋯⋯⋯⋯⋯
　　　•　　　　Place-Knoten

In der Umgangssprache (im Presto-Sprechstil) geht der Prozeß einen Schritt weiter: Der Vollkonsonant (Verschlußlaut) wird zum Glottislaut reduziert, wie in (52) dargestellt.

(52) bitten　　kippen　　schicken
　　 bɪtn̩　　 kɪpn̩　　　ʃɪkn̩　　　　Silbifizierung
　　 bɪtn̩　　 kɪpm̩　　 ʃɪkŋ̩　　　　Nasal Assimilation
　　 bɪʔn̩　　 kɪʔm̩　　 ʃɪʔŋ̩　　　　Plosive Reduktion

Hooper (1976: 56) formuliert innerhalb der Standardtheorie eine Regel für die Plosiv-Reduktion wie (53).

(53) $\begin{bmatrix} -\text{son} \\ -\text{cont} \\ -\text{voice} \\ \alpha\ \text{Point} \end{bmatrix} \begin{bmatrix} +\text{nasal} \\ +\text{syll} \end{bmatrix} \Rightarrow \text{ʔ} \begin{bmatrix} +\text{nasal} \\ +\text{syll} \\ \alpha\ \text{Point} \end{bmatrix}$

Diese Regel faßt zwei verschiedene Operationen (Nasal-Assimilation und Plosiv-Reduktion) in eine zusammen. Sie impliziert, daß es keine Zwischenstufe mit der Realisierung [kɪpm̩] oder [ʃɪkŋ̩] gibt. Wie Kloeke (1982a: 123) anmerkt, stimmt dies nicht mit den Fakten überein. Die letzteren Formen sind nicht nur in der Umgangssprache, sondern auch in der Standardsprache üblich. Die Nasalassimilation beschränkt sich dabei nicht auf die Position nach Verschlußlauten. Sie findet generell nach Obstruenten statt, z.B. *Löwen* [løːvn̩] *Rachen* [raxŋ̩] usw. (vgl. Höhle/Vater 1978). Kloeke (1982a: 124) bemängelt außerdem die Art der Regelformulierung in (53): Die strukturelle Veränderung enthält keine Merkmalspezifizierungen, sondern bloß ein Symbol aus dem phonologischen Alphabet, /ʔ/. Die Inadäquatheit der Hooperschen Regel (sowohl unter formalem als auch unter derivationellem Aspekt) können wir dadurch vermeiden, daß die Reduktion der Vollkonsonanten (hier Verschlußlaute) zu /ʔ/ als ein Delinkingprozeß aller Merkmalknoten außer dem Root-Knoten dargestellt wird. Die spätere Redundanzregel spezifiziert dann diesen Root-Knoten als [ʔ] (siehe unten). Die Verschlußlaute sind zugrundeliegend in bezug auf die Mekmale [nas] und [kont] unspezifiziert. Nach dem hier angenommenen Modell für die

Merkmalhierarchie braucht man daher diese Merkmale nicht in der Regel anzugeben. Die Regel für die Reduktion der Verschlußlaute vor dem silbischen Nasal formuliere ich in (54). Die zwei Merkmalknoten [laryngal] und [place] von Verschlußlauten werden durch diese Regel delinkt.

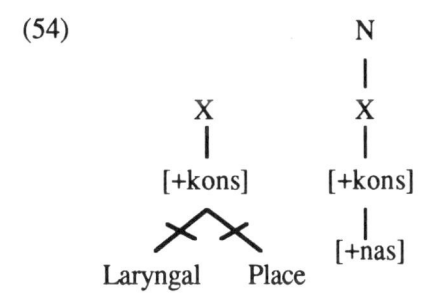

(54)
```
                        N
                        |
         X              X
         |              |
       [+kons]       [+kons]
        ╳╳             |
                     [+nas]
     Laryngal  Place
```

Wie in Abschnitt 4.2 dargestellt, verhält sich ein Merkmal oder eine Merkmalgruppe in bezug auf phonologische Regeln asymmetrisch. Nicht alle Merkmale sind mit gleicher Gewichtung an einem phonologischen Prozeß beteiligt. In der Nasalassimilation werden nur die Place-Merkmale geändert, nicht aber die Manner-Merkmale. Die Reduktion der Vollkonsonanten beeinflußt nur die supralaryngalen Merkmale, nicht die laryngalen Merkmale. Ohne die Annahme einer Merkmalhierarchie ist eine solche Asymmetrie nicht erklärbar.

Mit Hilfe der Merkmalhierarchie und der Unterspezifikation können wir nun den graduellen Realisierungsunterschied in (52) direkt erfassen. Unten illustriere ich diese vom Sprechtempo abhängigen Abstufungen beim Wort *kippen*. Aus der zugrundeliegenden Form (55a) entstehen zwei Varianten in (55b). Einfachheitshalber wird die Ableitung der silbischen Nasale hier vernachlässigt. Auch die Merkmalspezifikationen der für die Prozesse irrelevanten Segmente sind weggelassen. Die Merkmale sind unterspezifiziert. /p/ hat z.B. in der zugrundeliegenden Repräsentation nur das Merkmal [-kor]. Alle anderen Merkmale sind unspezifiziert.

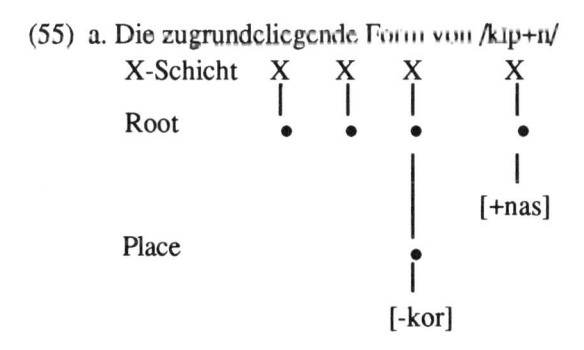

(55) a. Die zugrundeliegende Form von /kɪp+n̩/
```
X-Schicht   X    X    X         X
            |    |    |         |
Root        •    •    •         •
                      |         |
                              [+nas]
                      |
Place                 •
                      |
                    [-kor]
```

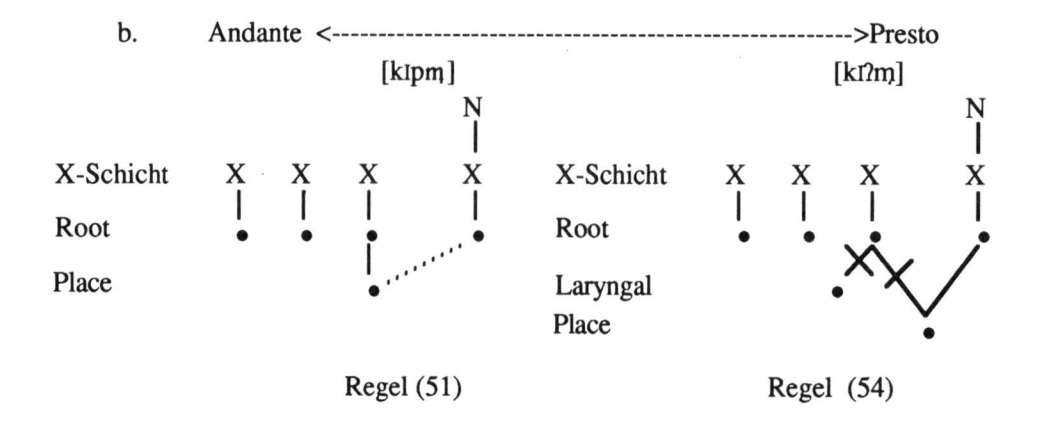

b.   Andante <-->Presto
                         [kɪpm̩]   [kɪʔm̩]
                            N   N
                            | |
X-Schicht   X   X   X   X   X-Schicht   X   X   X   X
              | | | | | | | |
Root   •   •   •   •   Root   •   •   •   •
                          |
Place   •········•   Laryngal   • ⨯ •
                                      Place
                                                        •   •

          Regel (51)   Regel (54)

Die Abstufung der Varianten läßt sich damit einfach erklären: Formen wie [kɪpm̩] unterliegen nur der Regel (51), Formen wie [kɪʔm̩] dagegen den beiden Regeln (51) und (54). Der markierte Status der letzteren Variante wird nach der hier vorgeschlagenen Analyse durch die Regelformulierung selbst ausgedrückt: Für diese Formen findet sowohl Spreading als auch Delinking statt, während bei Formen wie [kɪpm̩] nur Spreading angewandt wird.

Ein Problem dieser Analyse ist es, wie die Repräsentation nach dem Delinking des supralaryngalen Knoten zu interpretieren ist. /ʔ/ ist im Deutschen kein zugrundeliegendes Segment. Da dieser Laut außerdem nur hinsichtlich der laryngalen Merkmale spezifiziert wird (siehe die Repräsentation des /ʔ/ in (35)), liegt es nahe, eine Redundanzregel wie (56) anzunehmen. Sie weist einem Segment, das nur den Root-Knoten hat, das Merkmal [+Constricted Glottis] zu [18].

(56)   [+kons]   ->   [+kons]   Root
                            |
                            •   Laryngal
                            |
                         [+CG]

---

[18] Da ein leeres X vor einem Vokal auf der Oberfläche als Glottisverschlußlaut realisiert wird (siehe die Diskussion über die Distribution des /ʔ/ in Abschnitt 2.8.1), nehme ich an, daß das Merkmal [+kons] für ein leeres X vorher spezifiziert wird, damit die Regel (56) angewandt werden kann. Eine Redundanzregel, die dem leeren X vor einem vokalischen Segment das Merkmal [+kons] zuweist, ist leicht zu formulieren, wenn die Silbenstruktur vorhanden ist: Ein leeres X, das mit Nukleus verbunden ist, wird als [-kons] spezifiziert, sonst als [+kons]. Im ersteren Fall wird das Segment als Schwa realisiert (In Abschnitt 3.2 habe ich gezeigt, daß das Schwa im Gegensatz zu allen anderen Vollvokalen keinen Root-Knoten hat), im letzteren als [ʔ].

4.5 Assimilationsprozesse

Das Ziel dieses Abschnitts ist es, einige Assimilationsprozesse im Deutschen mit Hilfe der in der nichtlinearen Phonologie entwickelten neueren Beschreibungsmittel zu analysieren und zu zeigen, daß die Asymmetrie zwischen Merkmalen in bezug auf eine bestimmte phonologische Regel die Annahme der Merkmalhierarchie und Unterspezifikation unerläßlich macht. So verhält sich z.B. bei der Nasalassimilation der gesamte Place-Knoten wie eine Einheit (siehe 4.5.2 und 4.5.3). Es gibt auch phonologische Prozesse, in denen die Assimilation nur ein einziges Merkmal betrifft, z.B. die Ausbreitung von [+vorn] bei der Umlautung (siehe 3.5) und der Alternation von dorsalen Reibelauten ([ç] vs. [x]) (siehe 4.5.4).

4.5.1 Asymmetrien der Merkmale

Wie in Abschnitt 4.2 dargestellt, können bestimmte Merkmale oder Merkmalgruppen in bezug auf phonologische Regeln als Einheiten fungieren. Anders ausgedrückt: Es gibt phonologische Prozesse, deren strukturelle Veränderung nur bestimmte Merkmale betrifft, nicht die anderen. Eine plausible Erklärung ist nur möglich, wenn eine hierarchische Struktur der Merkmale angenommen wird (siehe (27)). Eine solche Asymmetrie gilt nicht nur zwischen Merkmalen innerhalb eines Segmentes, sondern auch zwischen Segmenten, also zwischen Konsonanten und Vokalen. Eine Reihe von phonologischen Prozessen wie Vokalharmonie, Tonphänomene etc. (die sog. "long distance"-Assimilationsprozesse) zeigen, daß nur Vokale als relevante Zielsegmente fungieren, während die dazwischen stehenden Konsonanten (ganz gleich, wie viele) von den Regeln ignoriert werden. In der linearen Analyse wird dies durch die Variable C_0 in der Regelformulierung ausgedrückt.

Im Gegensatz zur Vokalassimilation finden wir aber kaum (wenn überhaupt) eine gut motivierte Verwendung der Variable 'V_0' in einer Regel der Konsonantenassimilation. Nehmen wir ein Beispiel aus der Nasalassimilation des Deutschen. Der Dentalnasal /n/ wird in der Artikulationsstelle an den vorangehenden Konsonanten assimiliert, z.B. [kɔmm̩] *kommen*, [liːbm̩] *lieben*, [ɔfn̩] *offen*, [løːvn̩] *Löwen*, [reːgŋ̩] *Regen*, [kuːxŋ̩] *Kuchen*, [laxŋ̩] *lachen* usw. (vgl. Höhle/Vater 1978). Alle diese Formen enthalten im Auslaut einen silbischen Nasal, der zusammen mit dem vorangehenden Konsonanten eine homorgane Sequenz bildet. Dagegen ist eine Assimilation der Artikulationsstelle über einen dazwischenstehenden Vokal hinweg unmöglich. So gibt es z.B. eine assimilierte Form [haːbm̩] *haben*, aber keine mit dazwischenstehendem Vokal *[habəm].

Eine adäquate Theorie der Phonologie muß erklären, warum es diese Asymmetrie zwischen Konsonanten und Vokalen in bezug auf phonologische Regeln gibt.

Einer der Hauptgründe für die Entwicklung der autosegmentalen Phonologie besteht in der Forderung, eine solche Lokalitätsbedingung für die Anwendung phonologischer Regeln formal adäquat zu repräsentieren. Wenn wir eine Klasse von Segmenten bestimmen, mit denen ein bestimmtes Autosegment P (z.B. Ton, Harmoniemerkmal etc.) assoziiert werden kann, und wenn wir eine Assoziation zwischen P und P-enthaltenden Einheiten annehmen, können wir eine generelle Lokalitätsbedingung angeben, die die Nachbarschaft innerhalb einer Klasse der P-enthaltenden Einheiten erfordert. Um eine solche Bedingung zu charakterisieren, müssen wir zuerst die Nachbarschaft definieren. In Anlehnung an Archangeli/Pulleyblank (1986) nehme ich die folgende Definition der "Adjazenz" an [19]:

(57) Adjazenz
α ist mit β benachbart nur dann,
(i) wenn α und β auf derselben Schicht X (X kann Merkmalgehalt oder Struktur sein) stehen und
(ii) wenn es kein G auf der X-Schicht gibt, das nach α und vor β vorkommt, oder umgekehrt.

Wenn "Adjazenz" so definiert ist, können wir die Asymmetrien zwischen Konsonanten und Vokalen in phonologischen Regeln erklären. Unten illustriere ich dies an einem einfachen Beispiel. Betrachten wir eine CVCVCVC-Sequenz. Diese Sequenz kann in der zugrundeliegenden Repräsentation oder nach der partiellen Silbifizierung folgendermaßen repräsentiert werden [20].

(58)   R1   R2   R3   Reim-Schicht
       | | |
    X$_1$ X$_2$ X$_3$ X$_4$ X$_5$ X$_6$ X$_7$ X-Schicht
    (R = Reim, X = Segmentposition)

X$_1$ ist mit X$_2$ benachbart, X$_2$ mit X$_3$ usw. Unter der Bedingung (57) können aber die Segmentpositionen X$_1$ und X$_3$ keine Nachbarklasse bilden, weil es zwischen ihnen

---

[19] Zur genaueren Beschreibung des Merkmalgehalts und der Struktur siehe die genannte Arbeit.
[20] Zu einem Modell der Silbifizierung, in dem die Silbe als eine Projizierung des Reim-Knotens aufgefaßt wird, siehe Levin (1985). Silbenkern vs. Nicht-Silbenkern unterscheiden sich in diesem Modell nur in der Assoziation von X mit Reim-Knoten ("Nukleus" in Levin 1985).

eine Segmentposition X$_2$ gibt, die von einem Reim-Knoten dominiert wird und damit eine andere Struktur aufweist als die Segmentpositionen X$_1$ und X$_2$, die nicht von einem Reim-Knoten dominiert werden. Dies gilt auch zwischen X$_3$ und X$_5$, zwischen X$_5$ und X$_7$. Als Folge kann sich ein Autosegment P der Konsonanten, das mit Xs assoziiert wird, nicht über einen dazwischenliegenden Vokal hinweg ausbreiten. Denn dies verletzt das universale Assoziationsprinzip, das besagt, daß Assoziationslinien sich nicht kreuzen dürfen (siehe (59a)). Im Gegensatz dazu genießen Regeln, die Vokale über Konsonanten hinweg beeinflussen, große Freiheit, weil Reim-Knoten hier eine Nachbarklasse bilden, auch wenn ihre Nicht-Reimknoten (X-Positionen) selber keine Nachbarklasse sind. So breitet sich im Tonprozeß, der ja ein typischer Vokal-Vokal-Prozeß ist, ein Ton (Autosegment) frei auf Vokale aus, ohne dabei auf die dazwischenliegenden Konsonanten zu achten (siehe (59b)).

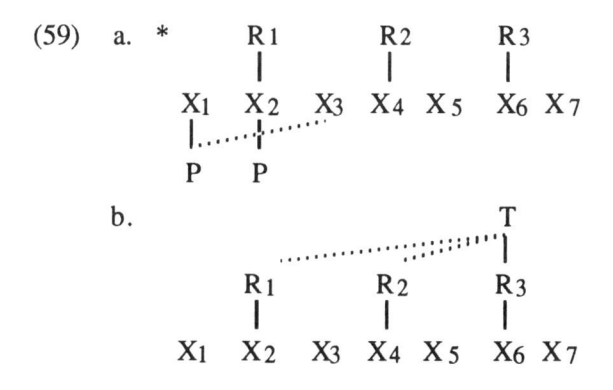

(59) a. *   R1   R2   R3
             | | |
         X$_1$ X$_2$ X$_3$ X$_4$ X$_5$ X$_6$ X$_7$
         |......|
         P   P

    b.   T
             ....|
             R1   R2   R3
             | | |
         X$_1$ X$_2$ X$_3$ X$_4$ X$_5$ X$_6$ X$_7$

Es ist wichtig, festzustellen, daß sich Vokale in Tonprozessen so verhalten, als wären sie miteinander benachbart, trotz der Tatsache, daß sie durch nicht-tonenthaltende Segmente (Konsonanten) voneinander getrennt sind. Dies ist in der linearen Phonologie formal nicht auszudrücken. Unter Annahme einer nichtlinearen Repräsentation, in der phonologische Regeln durch die Assoziation zwischen Autosegment und X- oder Reimschicht manipuliert werden, können wir dagegen unmittelbar erklären, warum Asymmetrie zwischen Konsonanten und Vokalen existiert. Wenn wir davon ausgehen, daß Regeln nur auf benachbarte Merkmale oder Merkmalknoten referieren können [21], erklärt sich daraus sofort die Blockierung oder Nicht-Blockierung der Ausbreitung eines Autosegments in (59) und die Tatsache, daß es z.B. eine assimilierte Form [ha:bm̩] *haben* gibt, aber keine mit dazwischen stehendem Vokal *[habəm].

---

[21] Alle phonologische Regeln sind danach rein lokale Effekte (zu dieser Auffassung siehe Archangeli/Pulleyblank 1986).

Die nichtlineare Repräsentation hat gegenüber der linearen einen weiteren Vorteil: Ein nicht zugelassener Assimilationsprozeß wird durch universale Prinzipien vorhergesagt.

Für die Beschreibung der Assimilationsprozesse stehen zwei Methoden zur Verfügung. Die eine ist, wie in der Standardtheorie (SPE) üblich, eine merkmalverändernde Regel. Die andere, im Rahmen der nichtlinearen Phonologie entwickelte, ist Spreading. Für die letztere Alternative spricht die Tatsache, daß der Output der Assimilation typischerweise eine geminatenähnliche Eigenschaft aufweist. Die Möglichkeit, eine solche strukturelle Eigenschaft der Segmente durch eine Regel zu formulieren, ist in der Standardtheorie schon aus theorieinternen Gründen ausgeschlossen, weil hier distinktive Merkmale ungeordnet sind und weil es keine Relation zwischen ihnen gibt. Spreading ist aber nicht nur plausibler als eine merkmalverändernde Regel. Das universale "Obligatory Contour Principle" (im folgenden OCP) [22] erfordert, daß Spreading das einzig mögliche Beschreibungsmittel für die Assimilation ist.

(60) OCP (McCarthy 1986: 208)
Auf der Melodie-Ebene sind zwei benachbarte identische Elemente verboten.

Nimmt man das OCP an, dann verletzt der Output einer merkmalverändernden Regel wie (61) das OCP. Diese Regel muß daher blockiert werden. Das OCP sagt also voraus, daß keine Sprache eine Assimilationsregel des Typs (61) haben kann, die in der traditionellen Beschreibung selbstverständlich erschien.

(61) $-\alpha F \rightarrow \alpha F / \underline{\quad} \alpha F$

Im Kontrast dazu läßt sich Assimilation auf eine natürliche Weise erklären, wenn sie als ein Spreading-Prozeß aufgefaßt wird (vgl. Halle/Vergnaud 1980; Steriade 1982; McCarthy 1984). Schematisch kann er wie in (62) dargestellt werden. Nach der Ausbreitung von A auf einer autosegmentalen Schicht wird A mit zwei Positionen der benachbarten Schichten assoziiert. Es ergibt sich daraus eine geminaten-ähnliche Struktur.

---

[22] McCarthy (1986) argumentiert dafür, daß OCP nicht nur als Morphemstrukturbedingung, sondern auch als eine Wohlgeformtheitsbedingung während der Derivation operiert. Wenn der Output einer lexikalischen Regel gegen dieses Prinzip verstößt, wird sie nicht angewandt. OCP fungiert nach McCarthy als eine universale Bedingung für phonologische Regeln (zur weiteren Argumenten vgl. auch Schein/Steriade 1986, Yip 1988a).

(62) X Y   X Y
      | | -> |..·'
      A B   A

Betrachten wir noch einmal die oben genannte unkorrekte Form *[haːbəm]. Der Output aus der lexikalischen Schwa-Epenthese kann einer optionalen (postlexikali-schen) Schwa-Tilgung unterliegen, wobei der Nasal silbisch wird. Wiese (1988: 169) formuliert die Regel für diesen Prozeß wie in (64a). Ich gebe seine Regel in einer leicht modifizierten Form wieder, weil das Schwa m.E. im Laufe der lexikalischen Derivation einfach als X repräsentiert werden muß, das mit keinerlei Merkmalen auf der Segmentschicht assoziiert ist (siehe Abschnitt 3.2). Die von Wiese (1988: 144) formulierte Schwa-Epenthese-Regel enthält zwei Teilregeln, siehe (63).

(63) a. ø -> V / __ X]Wort
      b. Ein leeres V wird mit Schwa assoziiert.

Die erste Teilregel fügt eine V-Position vor einer wortfinalen unsilbifizierten X-Position ein. Die zweite Teilregel weist der eingefügten V-Position die Merkmale des Schwa zu. Im Gegensatz zu Wiese nehme ich an, daß die zweite Teilregel nur postlexikalisch stattfinden kann (zu dieser Auffassung vgl. auch Giegerich 1987). Ein Grund dafür hängt mit dem Modell der Unterspezifikation zusammen; Schwa wird in meiner Analyse als ein total unspezifiziertes Segment angenommen. D.h. alle Merkmale von Schwa [-hoch, -tief, -hint, -rund] sind redundant. Wenn die Zuweisung dieser Merkmale zu Schwa lexikalisch stattfindet, verstößt dies gegen das Prinzip der Strukturbewahrung. Einen zweiten Grund sehe ich in dem asymmetrischen Verhalten von Schwa in bezug auf die Umlaut-Regel. Schwa ist der einzige [-vorn]-Stammvokal, der nie von der Umlautregel (zur Umlautregel siehe Abschnitt 3.5, vgl. auch Wiese 1987) beeinflußt wird, auch wenn umlauterzwingende Suffixe an den Stamm angehängt werden. Wenn die Merkmalmatrix des Schwa durch die Epenthese lexikalisch eingeführt wird, ist schwer zu erklären, warum das Schwa von der Umlautregel unbeeinflußt bleibt. Wenn das Schwa dagegen nach der Epenthese nur als eine X-Position repräsentiert wird, erklärt sich daraus unmittelbar das asymmetrische Verhalten von Schwa: Da X keinen Merkmalknoten dominiert, kann sich das Merkmal [-hint] von umlautbewirkenden Suffixen nicht auf X ausbreiten.

Ich komme jetzt zurück zur oben erwähnten Alternation zwischen [haːbən] und [haːbn̩]. Der Output mit silbischem Nasal kann weiter einer postlexikalischen Nasalassimilation (zur genaueren Regelformulierung siehe 4.5.2) unterworfen werden, wobei eine homorgane Sequenz Verschlußlaut + Nasal entsteht. Die Ableitungsprozesse sind in (64b) gegeben.

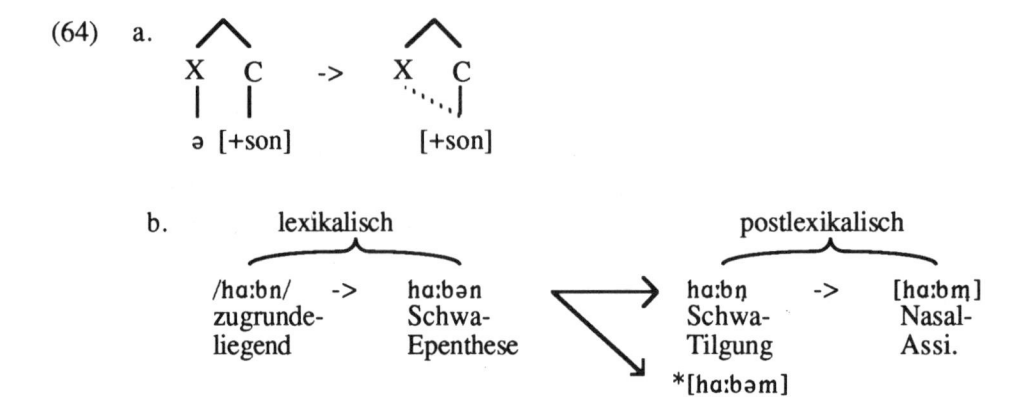

(64) a.
```
    ⋀              ⋀
   X  C    ->    X  C
   |  |              ⋱|
   ə [+son]        [+son]
```

b. lexikalisch   postlexikalisch

```
/ha:bn/  ->  ha:bən  ⟶  ha:bn̩  ->  [ha:bm̩]
zugrunde-    Schwa-      Schwa-         Nasal-
liegend      Epenthese   Tilgung        Assi.
                    ↘
                    *[ha:bəm]
```

Die Nasalassimilation vor der Schwatilgung erzeugt eine unkorrekte Form wie [ha:bəm] an der Oberfläche. Für den Input /ha:bən/ muß daher die Nasalassimilation blockiert werden. Dies ist vorausgesagt, wenn die oben dargestellte "Adjazenz"-Bedingung gegeben ist. Im Moment der Ausbreitung des Place-Knotens (von Konsonanten auf Konsonanten) ist der Place-Knoten von Schwa schon in der Repräsentation spezifiziert. Die Ausbreitung über dieses Schwa hinweg wird blockiert, weil sich dann die Assoziationslinien kreuzen würden. Der strikte Lokalitätseffekt der phonologischen Regeln wird auf diese Weise aus universalen Prinzipien abgeleitet.

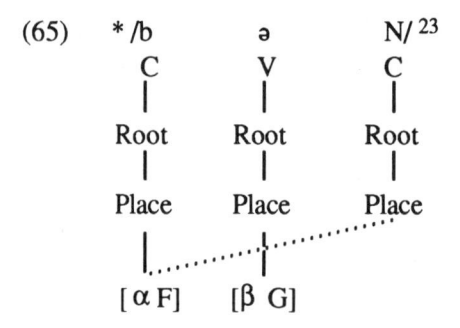

(65)   */b   ə   N/ [23]
        C   V   C
        | | |
       Root   Root   Root
        | | |
       Place   Place   Place
        |........|⋯⋯⋯⋯⋯⋯⋯
       [α F]   [β G]

---

[23] Das Symbol /N/ kennzeichnet, daß der dentale Nasal /n/ in bezug auf die Artikulationsstelle unspezifiziert ist, siehe 4.5.2.

4.5.2 Nasalassimilation [24]

Im Deutschen gleicht sich ein Nasal hinsichtlich des Artikulationsortes einem benachbarten Obstruenten an. Die Assimilation findet sowohl progressiv als auch regressiv statt.

In (66) sind Beispiele für die Assimilation verschiedener Artikulationsorte zusammengestellt (zu weiteren Beispielen vgl. auch Höhle/Vater 1978). Alle Beispiele sind mit silbischem Nasal transkribiert, statt mit einer Sequenz /ə/ + Nasal. Der velare Nasal wird hier vorläufig als /ŋ/ transkribiert, ist aber kein selbständiges Phonem (siehe dazu 4.5.3).

(66) a. dental - labial
    /nb/   anbieten   [ambi:tn̩]
    /tm/   ---   vgl. Atem [a:tm̩] *[a:tŋ]

  b. labial - dental
    /mt/   ---   vgl. Amt [amt] *[ant]
    /pn/   wippen   [vɪpm̩]
    /vn/   Löwen   [lø:vm̩] oder [lø:vn̩]
    /fn/   rufen   [ru:fm̩] oder [ru:fn̩]

  c. dental - dorsal
    /nk/   denken   [dɛŋkŋ̩]
    /tŋ/   ---

  d. dorsal - dental
    /ŋt/   ---   vgl. langte [laŋtə] *[lantə]
    /xn/   Rachen   [raxŋ̩]
    /kn/   Socken   [zɔkŋ̩] vgl. Knie [kni:], *[kŋi:]
    /gn/   Regen   [re:gŋ̩]
                                      vgl. Gnade [gna:də], *[gŋa:də]

  e. labial - dorsal
    /mk/   ---   vgl. Imker [ɪmkər] *[ɪŋkər]
    /pŋ/   ---

---

[24] Eine phonetische Darstellung der Assimilation geht von zwei grundlegenden Tatsachen aus: der synchrone Ablauf verschiedener Lautungsbewegungen (sog. Koartikulation) und die Gesamtinnervierung eines als Begriffssymbol dienenden Lautkomplexes (vgl. von Essen: 1979). Der erste Aspekt, das Ineinandergreifen der Artikulationsbewegungen, wird ausführlich in Menzerath/Lacerda (1934) und Kohler (1977) behandelt.

f. dorsal - labial
/ŋp/   ---
/km/   ---

Der alveolare Nasal /n/ wird optional an einen labialen oder velaren Obstruenten assimiliert. Dieser Prozeß muß postlexikalisch sein, da die Assimilation nicht nur innerhalb eines Morphems, sondern auch über eine Morphem- oder Wortgrenze hinaus stattfindet, vgl. /leb+en/ [leːbm̩], *gehen wir* [géːmːviːɐ], *man kommt* [maŋkɔ́mt]. Der Assimilationsprozeß in (66) ist in zweierlei Hinsicht einseitig: Erstens wird die Assimilation von Verschlußlauten ausgelöst, nicht von Nasalen. Eine assimilierte Form von Wörtern wie *krankem* heißt [kraŋkm̩], nicht *[kraŋpm̩]. Zweitens kann die koronale Artikulationsstelle nicht als Auslöser fungieren: Wenn der Nasal einem dentalen Obstruenten folgt oder vorangeht, verändert sich seine Artikulationsstelle nicht, vgl. [ɑːtm̩] *Atem* (nicht *[ɑːtn̩]), [amt] *Amt* (nicht *[ant]). Ein dentaler Nasal wird dagegen an einen vorangehenden labialen oder velaren Obstruenten assimiliert, vgl. [vɪpm̩] *wippen*, [reːgŋ̍] *Regen*.

Die phonologische Komponente der deutschen Grammatik muß diese beiden Grundzüge der Assimilation in einer adäquaten Form enthalten.

Innerhalb von SPE, wo die Assimilation mit einer merkmalverändernden Regel beschrieben wird, ist es nicht zu erklären, warum diese einseitige Assimilation existiert und warum die Assimilation des Artikulationsorts wie in *denken* viel häufiger vorkommt als die Assimilation der Artikulationsart wie in *eben* ([bm̩] -> [mm̩]): in *denken* betrifft die Assimilation nur die Artikulationsstelle ([dɛŋkŋ̍] -> *[dɛŋŋ̍]), in *eben* [emm̩] dagegen sowohl die Artikulationsstelle als auch die Artikulationsart. Innerhalb der linearen Analyse ist eine Assimilationsregel, die einige Merkmale in Artikulationsort und -art verändert, genauso natürlich wie eine Regel, die die gleiche Anzahl von Merkmalen nur in der Artikulationsart ändert. Es besteht keine Relation zwischen der Repräsentation und der Funktion der Merkmale in der formalen Regelbeschreibung. Nach dieser Auffassung können wir keine prinzipielle Erklärung dafür bieten, daß eine Regel wie (67a), die die Assimilation bei *denk+en* (/nk/ -> [ŋk]) beschreibt, in einer natürlichen Sprache sehr häufig vorkommt, während eine hypothetische Regel wie (67b), in der ein Nasal an das folgende nichtnasale Segment assimiliert wird, nicht existiert, obwohl sie die gleiche Anzahl von Merkmalen wie die Regel (67a) enthält.

(67) a. $\begin{bmatrix} +\text{ant} \\ +\text{kor} \\ +\text{nas} \end{bmatrix} \rightarrow \begin{bmatrix} \alpha \text{ ant} \\ \beta \text{ kor} \end{bmatrix} / \underline{} \begin{bmatrix} \alpha \text{ ant} \\ \beta \text{ kor} \end{bmatrix}$

b. $\begin{bmatrix} +\text{ant} \\ +\text{kor} \\ +\text{nas} \end{bmatrix} \rightarrow \begin{bmatrix} -\text{nas} \\ +\text{kont} \end{bmatrix} / \underline{\quad} \begin{bmatrix} -\text{nas} \\ +\text{kont} \end{bmatrix}$

Eine Autosegmentale Theorie der Assimilation – in Verbindung mit der Merkmalhierarchie und Unterspezifikation – kann dagegen den Unterschied zwischen einer natürlichen Regel wie (67a) und einer unnatürlichen wie (67b) erklären.

Mit Hilfe einer hierarchischen Repräsentation der Merkmale läßt sich die Regel für die progressive Nasal-Assimilation (NA) folgendermaßen formulieren (Die regressive NA unterscheidet sich von der progressiven sowohl in der Ausbreitungsrichtung des [Place]-Knotens als auch in der Domäne für die Regelanwendung; zu dem letzteren Unterschied siehe Abschnitt 4.5.3):

(68)   X   X] σ
       | |
       [-son]   •   Root-Knoten
                   [+nas]
       |........
       •   Place-Knoten

Ein Nasal wird in der Artikulationsstelle an einen vorausgehenden Obstruenten assimiliert. Die Domäne für die Regelanwendung ist die Silbe. Die Assimilation tritt nur bei silbenfinalem /n/ ein. Das nichtsilbenfinale /n/ wie in *ebnen* [eːbn̩ən] (vgl. *eben* [eːbm̩]), *regnen* [reːgnən] (vgl. *Regen* [reːgŋ̍]), *Knie* [kniː] (*[kɲiː]) wird von der Regel nicht erfaßt.

Von den Artikulationsstellen ist [dental] am wenigsten markiert. Nach der hier vorgeschlagenen Analyse sind dentale Laute in bezug auf die Artikulationsstelle unspezifiziert. Dies ist wichtig, weil das oben erwähnte asymmetrische Verhalten der [+ant, +kor]-Lautklasse in bezug auf den phonologischen Prozeß der Place-Assimilation dadurch erklärbar ist. Ein dentaler Laut kann kein Place-Merkmal auf das benachbarte Segment ausbreiten, weil er unter dem [Place]-Knoten kein Merkmal besitzt. Aufgrund dieser Unterspezifikation findet kein Spreading statt.

Innerhalb der unterspezifizierten Merkmalmatrix ergeben sich folgende Merkmalspezifizierungen für die Artikulationsstelle der Konsonanten:

(69)

	labial	alveolar	palato-alveolar	palatal	velar
kor	–			–	–
hoch			+	+	+

Mit Hilfe einer hierarchischen Repräsentation und der Unterspezifikation lassen sich die eingangs erwähnten zwei Grundzüge des Assimilationsprozesses in einer adäquaten Form (Regel (68)) erfassen: Die Tatsache, daß nur Obstruenten die Assimilation auslösen, wird in der Regel (68) durch die Ausbreitungsrichtung ausgedrückt. Wegen des unspezifizierten [Place]-Knotens können dentale Laute kein Spreading auslösen (siehe (69)). Eine nichtlineare Repräsentation der Assimilationsregel wie (68) hat einen weiteren Vorteil: Diese Regel enthält nur Spreading, kein Delinking. Nach Archangeli/Pulleyblank (1986) hat die Universale Grammatik zwei Parameter für die Unterscheidung der Regeltypen: Einfügung oder Tilgung. Phonologische Prozesse können danach Merkmale oder Struktur einfügen oder tilgen. Die Einfügung/Tilgung der Struktur kommt durch die Einfügung/Tilgung der Assoziationslinie zustande. Von diesen beiden Parametern ist Einfügung universal unmarkierter als Tilgung. Die in (68) formulierte Assimilationsregel im Deutschen stellt in dieser Hinsicht einen unmarkierten Fall dar: Sie sagt voraus, daß nur der dentale Nasal /n/ an einen vorangehenden nichtdentalen Obstruenten assimiliert wird, nicht aber das labiale /m/. So heißen die reduzierten Formen von Wörtern wie *diesem*, *Atem* und *krankem* jeweils [diːzm̩], [ɑːtm̩] und [kraŋkm̩], nicht [diːzn̩], [ɑːtn̩] und [kraŋkŋ̩] (Vgl. das letzte auch mit [dɛŋkŋ̩] *denken*). Wenn der labiale Nasal an ein nichtlabiales Nachbarsegment assimiliert werden soll, würde ein markierter Fall der Assimilationsregel entstehen, in dem nicht nur Spreading, sondern auch Delinking stattfindet (siehe auch unten).

Im Rahmen der linearen Phonologie versucht Lenerz (1985), eine allgemeine phonologische Theorie der Assimilation des Deutschen herauszuarbeiten. Er diskutiert dabei u.a. Probleme, die sich auf die adäquate Merkmalwahl und die Bewertung von Assimilationsregeln im Hinblick auf die Markiertheitstheorie beziehen. Zwei Punkte stellt Lenerz als generelle Eigenschaften des Assimilationsprozesses fest:

(i) Es wird nur ein Merkmal oder eine Kombination **notwendigerweise verbundener** Merkmale assimiliert, nicht aber beliebige Merkmalkombinationen.

(ii) Bei der Assimilation wird die **Markiertheit des assimilierten Elementes** erhöht.

Der erste Punkt ist nach der Theorie der Merkmalhierarchie, die in meiner Arbeit zugrundeliegt, vorausgesagt. Wie in Abschnitt 4.2 dargestellt, werden nach dieser Theorie distinktive Merkmale oder Merkmalgruppen als funktionale Einheiten betrachtet. Die funktionale Einheit der Place-Merkmale wird z.B. dadurch ausgedrückt, daß ihnen eine unabhängige Konstituente "Place-Knoten" zugewiesen wird. Da die Beschränkungen über mögliche Gruppierungen von Merkmalen von der Universalen

Grammatik definiert werden, brauchen sie nicht in einzelnen Sprachen stipuliert zu werden.

Was den zweiten Punkt betrifft, scheint bei der Bewertung der phonologischen Regeln eine "phonetische" Natürlichkeit nicht mit einer "phonologischen" Natürlichkeit im Einklang zu stehen. So schreibt Lenerz (1985: 32):

"Einerseits sind es phonetisch gesehen "natürliche" Regeln, da sie (= die Assimilationsregeln, S.-T. Yu) häufig in gleicher oder ähnlicher Form in den unterschiedlichsten Sprachen auftreten und zudem artikulatorisch begründet sind. Andererseits aber erhöhen sie die Markiertheit der betroffenen Elemente und könnten deshalb in gewissem Sinne als *phonologisch* "unnatürliche" Regeln betrachtet werden"

Um diesen Konflikt zwischen phonetischer und phonologischer Natürlichkeit der Segmente zu lösen, schlägt Lenerz vor, zwei verschiedene Begriffe der "Markiertheit" zu unterscheiden und für die kontextfreien Elemente (zugrundeliegendes Phoneminventar) und für die kontextsensitiven Elemente (Output der phonologischen Regeln) unterschiedliche Markiertheitskonventionen gelten zu lassen. Ein kontextfreies alveolares /n/ ist danach als unmarkiert anzusehen, denn nach den universalen Markiertheitskonventionen von SPE ist ein Konsonant unmarkierterweise [+ant, +kor]. Kontextsensitiv erweist sich dagegen ein labialer bzw. velarer Nasal als unmarkiert, wie es sich in der Nasalassimilation wie [haːbn̩] -> [haːbm̩] und [ʊnklar] -> [ʊŋklar] zeigt.

Die Zunahme der Markiertheit bei der Assimilation wird bei Lenerz (1985: 26) formal durch das folgende Regelschema ausgedrückt:

(70) [α F] -> [β G] / [β G]
     m   u

Wie im vorangegangenen Abschnitt dargestellt, ist eine merkmalverändernde Regel wie (70) wegen des OCP prinzipiell ausgeschlossen. Ein anderes Problem für eine lineare Regelformulierung wie (70) ist, daß sich bei der Assimilation nicht nur die für den Prozeß relevanten Merkmale, sondern auch die Merkmale, die für den Prozeß keine direkte Bedeutung haben, verändern können (siehe (71aii)), was eine unplausible Assimilation darstellt. In den beiden Regeln (71ai) und (71aii) ist nicht erklärbar, warum nur einige bestimmte Merkmalwerte eines Segments, das die Assimilation auslöst, dem Wechsel unterliegen, während die anderen davon unbeeinflußt bleiben. Zu dieser Frage bietet uns die autosegmentale Auffassung der Assimilation eine

Lösung, nach der sich Assimilationsmerkmale des Quellsegments auf das Zielsegment ausbreiten, siehe Regel (71b).

(71) a. Assimilation als eine merkmalverändernde Regel

(i) $\begin{bmatrix} a & F \\ b & G \end{bmatrix} \begin{bmatrix} c & F \\ d & G \end{bmatrix} \Rightarrow \begin{bmatrix} c & F \\ d & G \end{bmatrix} \begin{bmatrix} c & F \\ d & G \end{bmatrix}$

(ii) $\begin{bmatrix} a & F \\ b & G \end{bmatrix} \begin{bmatrix} c & F \\ e & H \end{bmatrix} \Rightarrow \begin{bmatrix} c & F \\ d & G \end{bmatrix} \begin{bmatrix} c & F \\ e & H \end{bmatrix}$

(F, G und H sind Merkmale; a, b, c und d sind Variablen für den Merkmalwert "+" oder "-")

b. Assimilation als Spreading

$\begin{array}{cc} X & X \\ | & | \\ \begin{bmatrix} a & F \\ b & G \end{bmatrix} & \begin{bmatrix} c & F \\ d & G \end{bmatrix} \end{array} \Rightarrow \begin{array}{cc} X & X \\ | \cdots\cdots\cdots | \\ \begin{bmatrix} a & F \\ b & G \end{bmatrix} & \begin{bmatrix} c & F \\ d & G \end{bmatrix} \end{array}$

Als ein Standardbeispiel für den Regeltyp (72aii) gebe ich in (72) die von Wurzel (1970: 210) formulierte Regel für die regressive Assimilation.

(72) $[+nas] \rightarrow \begin{bmatrix} -ant \\ +hoch \\ +hint \end{bmatrix} / \underline{\quad} \begin{bmatrix} +obst \\ +hint \end{bmatrix}$ (K) +

In dieser Regel ist es bloß zufällig, daß sich neben dem Merkmal [+hint] auch die Merkmale [ant] und [hoch] bei der Assimilation verändern.

Der von Lenerz (1985) beobachtete Widerspruch zwischen einer phonetisch natürlichen und einer phonologisch natürlichen Regel kann aufgehoben werden, wenn die Assimilation als ein "Spreading"-Prozeß behandelt wird. Unter dieser Annahme stellt sich eine "phonetisch" natürliche Regel als auch "phonologisch" natürlich dar. Die relative Natürlichkeit der Assimilationsprozesse wird innerhalb der autosegmentalen Theorie durch die formale Repräsentation phonologischer Regeln direkt zum Ausdruck gebracht. Keine besonderen Konventionen für die Unterscheidung der phonetischen und phonologischen Natürlichkeit sind erforderlich [25].

---

[25] Lenerz (1985: 17f) nimmt eine Reihe von Konventionen an, die als Teil der universalen Grammatik (UG) zu verstehen sind: (i) Die regressive Assimilation stellt gegenüber der progressiven einen unmarkierten Fall dar, (ii) der Grad der Assimilation ist von den phonologisch relevanten Grenzen (Silben-, Morphem-, Wortgrenze) abhängig, z.B. [ankɔmən] -> [aŋkɔmən] (+),

Unter der Annahme der unterspezifizierten hierarchischen Merkmale können wir die Natürlichkeit bzw. Nicht-Natürlichkeit der Assimilation durch eine formale Repräsentation wie in (73) erfassen, in der sich die Merkmalknoten [lab] und [dor] auf das benachbarte Segment ausbreiten. Der Merkmalknoten [kor] bleibt unspezifiziert (hier durch [ ] gekennzeichnet), weil die koronale Artikulationsstelle am wenigsten markiert ist. Bei Lenerz wird die Markiertheit nur in bezug auf das assimilierte Element bewertet, so daß labiale bzw. velare Konsonanten im Output markierter sind als die koronalen. Nach der hier vorgelegten Analyse wird dagegen die Markiertheit der Assimilation direkt durch die Regelformulierung widergespiegelt.

(73) a. X   X   b. X   X   c. * X   X
          |‥‥.| |‥‥.| ┼‥‥.|
          [ ] [lab]   [ ] [dor]   [lab] [dor]
Beispiele: *anbieten* [mb]   *Enkel* [ŋk]   *Imker* [mk] (*[ɪŋkər])

Man beachte, daß die Regel (73c) sowohl Spreading als auch Delinking der Merkmale enthält, während die Regeln (73a) und (73b) nur das Spreading enthalten. Das heißt, daß die Regeln (73a,b) natürlicher als die Regel (73c) sind. Die Tatsache, daß eine Assimilation labialer Laute an dorsale (oder umgekehrt) viel weniger häufig vorkommt als eine Assimilation der koronalen an labiale oder dorsale, wird durch die Regelformulierung direkt erfaßt. Daß koronale Obstruenten oder Nasale weniger markiert sind als labiale bzw. velare, wird mit Hilfe der Unterspezifikation der Merkmale ausgedrückt. Man vergleiche dazu die in (66) aufgeführten homorganen

---

[vainkelə] -> [?] [vaiŋkelə] (#), [ain kønɪç] -> [??] [aiŋ kønɪç] (##), (iii) Assimilation findet leichter in informellem Stil statt als in formellem, (iv) eine Assimilationsregel erfaßt leichter sonore Laute als weniger sonore, (v) eine Assimilation des velaren Artikulationsortes ist leichter als die des labialen, und diese ist leichter als eine Assimilation des dentalen Artikulationsortes, vgl. /dɛnkən/ -> [dɛŋkən], /ʊnbɪlɪç/ -> [ʊnbɪlɪç] oder [ʊmbɪlɪç]. Obwohl die Konventionen (i) bis (v) den grundlegenden Charakter der Assimilation richtig erfassen, liegt der wesentliche Nachteil solcher Konventionen darin, daß sie formal nicht auszudrücken sind. Demgegenüber sind die generellen Eigenschaften der Assimilation nach dem hier entwickelten Modell aus den theorieinternen Prinzipien abzuleiten. So läßt sich z.B. der unterschiedliche Grad der Assimilation in bezug auf den Artikulationsort (siehe (v)) nach der hier vorgelegten Analyse durch die Unterspezifikation der Merkmale erklären: Velare sind als [-kor, +hoch] spezifiziert, Labiale als [-kor]. Dentale sind dagegen voll unspezifiziert. Damit wird die in (v) ausgedrückte Hierarchie der Artikulationsorte direkt erfaßt. Der Unterschied zwischen dieser Analyse und der von Lenerz (1985) ist signifikant: Die relative "Natürlichkeit" verschiedener Assimilationsprozesse wird nach dem hier angenommenen Modell in ihrer formalen Repräsentation direkt ausgedrückt, was für eine lineare Analyse mit vollspezifizierter Merkmalmatrix nicht möglich ist.

Nasal-Obstruent-Sequenzen: Das [+kor]-Segment /n/ wird vor oder nach einem labialen oder dorsalen Obstruenten labial oder dorsal, z.B. *a[mb]ieten, Lö[vɱ], u[ŋk]lar, den[kŋ]*. Das labiale /m/ wird aber vor einem dorsalen Obstruent nicht dorsal, vgl. *[ʊŋkeːrən] umkehren*, *[ɪŋkər] Imker*. Auch das dorsale [ŋ] wird vor einem labiodentalen Obstruenten nicht homorgan, vgl. *[ɪɱvər] Ingwer*. Nach der hier vorgeschlagenen Analyse wird diese asymmetrische Relation zwischen den Merkmalen der Artikulationsstelle dadurch ausgedrückt, daß die Regel für die (progressive oder regressive) Nasalassimilation nur das Spreading enthält, kein Delinking.

In (74a) formuliere ich die Regel für die regressive Nasalassimilation. Die Domäne für diese Regel ist im Unterschied zu der progressiven Nasalassimilation das phonologische Wort (zu Argument für diese Annahme, siehe folgendes Abschnitt). (74b) illustriert die Ableitungen der Wörter *Lappen* und *denken*. Einfachheitshalber bleiben irrelevante Merkmalknoten und Merkmale unspezifiziert. Für die Merkmalknoten werden folgende Abkürzungen verwendet: R = Root, P = Place)

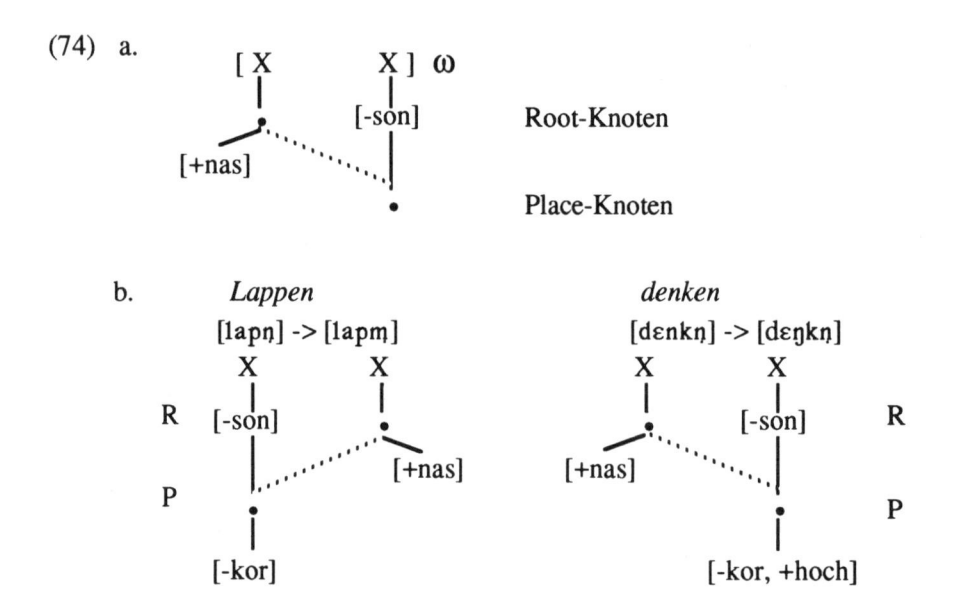

(74) a.

[X   X] ω
 | |
 •·······•   [-son]   Root-Knoten
 | |
[+nas]   •   Place-Knoten

b.   *Lappen*   *denken*
         [lapn̩] -> [lapm̩]   [dɛnkn̩] -> [dɛŋkn̩]
          X   X   X   X
          | | | |
    R   [-son]   •   •········ [-son]   R
          |········|[+nas]   [+nas] | |
    P   •   •   P
          | |
        [-kor]   [-kor, +hoch]

Wie oben dargestellt, ist es charakteristisch für einen Spreading-Prozeß, daß sich die zugrundeliegend spezifizierten (markierten) Merkmale/Merkmalknoten auf die unspezifizierten ausbreiten. Wenn sich dagegen markierte Merkmale eines Segments auf das Nachbarsegment ausbreiten, dessen Merkmale ebenfalls markiert sind, müssen die ursprünglichen Merkmale des Zielsegments delinkt werden. Dieser Prozeß stellt im Vergleich zu dem ersten einen markierten (unnatürlichen) Fall dar. In diesem Zusammenhang müssen wir zwei Regeltypen innerhalb der postlexikalischen Komponente unterscheiden; Regeln, die nur (lexikalisch) unspezifizierte Merkmalwerte spezifizieren (sog. "fill in-rules") (hierzu gehören Defaultregeln und die oben diskutierte Regel für die regressive Nasalassimilation) und Regeln, die lexikalische Distinktionen neutralisieren (vgl. Pulleyblank 1983, Kiparsky 1985). Damit läßt sich die Frage beantworten, warum nur das dentale [n] an alle Artikulationsstellen assimiliert wird, während [m] und [ŋ] nicht assimiliert werden. Da der dentale Nasal unmarkiert ist, ist er für die Artikulationsstelle unspezifiziert in dem Moment, in dem die regressive Nasal-Assimilation appliziert. Die Regel der Nasal-Assimilation assoziiert dann Place-Merkmale (durch Spreading) mit dem dentalen Nasal, der diese Merkmale nicht trägt.

Die Theorie der Unterspezifikation (in Verbindung mit der hierarchischen Repräsentation der Merkmale) sagt auf diese Weise voraus, welcher Assimilationsprozeß natürlicher als die anderen ist. Sie erklärt auch, warum die Assimilation eines (in der zugrundeliegenden Matrix spezifizierten) Merkmals oder mehrerer Merkmale natürlicher ist als der umgekehrte Fall.

Betrachten wir zum Schluß die stilistisch bedingten Realisierungen der assimilierten Formen. In einer formellen Rede findet normalerweise nur die Assimilation der Artikulationsstelle statt (Eine Form wie [haːbm̩] ist durchaus als Standardaussprache akzeptabel). In einer weniger formellen Rede tritt dazu noch die Assimilation der Artikulationsart ein, vgl. [haːmm̩]. Hier liegt eine totale Assimilation vor. In einer informalen Rede (oft umgangssprachlich) folgt darauf eine Geminatenvereinfachung. [haːmm̩] wird weiter zu [haːm] reduziert. In (75) sind Beispiele für diese Abstufungen der stilistisch bedingten Variante gegeben.

(75) *haben* [haːbn̩] -> [haːbm̩] -> [haːmm̩] -> [haːm]
 geben [geːbn̩] -> [geːbm̩] -> [geːmm̩] -> [geːm]
 zum Beispiel -> [mb] -> [mm] -> [m]
 kommen [kɔmn̩] -> [kɔmm̩] -> [kɔm]
 singen [zɪŋn̩] -> [zɪŋŋ̍] -> [zɪŋ]
 rennen [rɛnn̩] > [rɛn]

Um die Fakten in (75) zu erklären, verwendet Wurzel (1970: 220-23) neben einer Nasal-Assimilationsregel noch zwei zusätzliche Regeln in (76). Die Regel (76a) beschreibt einsilbige Formen wie [geːm] und [traːŋ] (aus [traːgŋ̍] *tragen*), in denen der Verschlußlaut eliminiert wird. Die Regel (76b) beschreibt einsilbige Formen von Verben wie *kommen, rennen, singen*, in denen einer von beiden Nasalen eliminiert wird.

(76) a. b/g-Eliminierung

$$\begin{bmatrix} -kor \\ +sth \end{bmatrix} \xrightarrow[(b)]{(a)} \emptyset \ / \ \left\{ \begin{matrix} \begin{bmatrix} +silb \\ +gesp \end{bmatrix} \\ [-silb] \end{matrix} \right\} \ \underline{\quad} \ [+nas]$$

b. Geminatenvereinfachung

$$\begin{bmatrix} +seg \\ \beta \ dnd \end{bmatrix}' \rightarrow \emptyset \ / \ \begin{bmatrix} +seg \\ \alpha \ dnd \end{bmatrix}'' \ \#_0^2 \ \underline{\quad}$$

Bedingung:
(i) Wenn α = +, dann β = +; wenn α = -, dann β beliebig
(ii) Spezifizierung von [±silb] in beiden Segmenten beliebig, ansonsten [+seg]' und [+seg]" identisch.

In dreifacher Hinsicht sind diese Regeln inadäquat: Erstens handelt es sich bei der Elision um ein und denselben Prozeß: Von den zwei aufeinander folgenden Nasalen, die außer der Silbigkeit die gleichen Merkmale haben, wird einer getilgt. Die zwei getrennten Regeln in (76) lassen offenbar diese Generalisierung vermissen. Zweitens kann die Regel (76a) nicht erklären, warum der labiale und velare Verschlußlaut getilgt werden, nicht aber der dentale, vgl. *reden* [reːdn̩] (nicht [reːn]). Drittens bilden die Umgebungen, die die Regel (76a) auslösen, keine natürliche Klasse. Sie enthalten; (i) nach gespanntem Vokal ([geːm]), (ii) nach Diphthong ([glawm] *glauben*) und (iii) nach Konsonanten ([ʃterm] *sterben*).

Nach dem hier entwickelten theoretischen Modell lassen sich diese Inadäquatheiten vermeiden. Ich formuliere die betreffenden Regeln folgendermaßen:

(77)

```
    X X              X X              X X              X X
    | |       (a)    | |       (b)    | |       (c)    + |
    R R      ===>    R R      ===>    R R      ===>    R R
     \                \  .              \ .:             \ .:
      [+nas]          .--[+nas]         [+nas]           [+nas]
    P                P                P                P
   <--- formell                                          informell --->
```

Die Regeln in (77) spiegeln verschiedene Stufen der Assimilation wider. In (a) findet die Assimilation der Artikulationsstelle statt (ha[bm̩]). Obstruenten sind hinsichtlich der Merkmale der Artikulationsart unspezifiziert, d.h. sie tragen keine Merkmale unter dem Root-Knoten. Das Merkmal [+nas] des [m] breitet sich dann auf das vorangehende [b] (ha[mm̩], siehe (b)) aus. Nach der Anwendung der beiden Regeln (a) und (b) werden zwei Segmente identisch. Da das "Obligatorische Kontur"-Prinzip (siehe (61)) zwei benachbarte identische Segmente verbietet, müssen zwei Root-Knoten zu einem vereinigt werden, was zur Folge hat, daß eine von beiden X-Positionen delinkt wird (ha[m], siehe (c)). Die Ableitungsprozesse in (77) erfassen damit alle Varianten in (75). Die von Wurzel (1970) formulierten zwei getrennten Regeln für die Geminaten-Tilgung werden hier mit einem generellen Prozeß (c) erfaßt. Dieser Prozeß ergibt sich automatisch aus dem universalen "Obligatorische Kontur"-Prinzip (zu dem Effekt des OCP, das phonologische Regeln blockieren oder auslösen kann, siehe Yip 1988a). Er braucht daher nicht eigens formuliert zu werden.

Die hier vorgeschlagene Analyse erklärt außerdem, warum der dentale Verschlußlaut wie in [reːdn̩] nicht eliminiert wird. Die Antwort ist einfach: Da der dentale Verschlußlaut kein Place-Merkmal trägt, findet hier der Prozeß (a) nicht statt, dessen Output den Input zu dem Prozeß (b) liefert [26]. Als Folge kann auch keine Tilgung stattfinden. Die Beschreibung der Assimilation mittels des autosegmentalen Spreadings schließt auch die Umgebungen in der Regelformulierung aus, die keine natürliche Klasse bilden.

4.5.3 Der velare Nasal im Deutschen

Daß der Velarnasal sich phonotaktisch wie ein Konsonantencluster verhält, ist aus den Untersuchungen von Isačenko (1963), Vennemann (1970), Wurzel (1970, 1981) und Kloeke (1982a, 1982b) bekannt. Aufgrund der beschränkten Distribution analysieren diese Autoren [ŋ] biphonematisch, also als /Ng/. Der velare Nasal kann nur nach einem kurzen Vokal vorkommen. Nach langen Vokalen und Diphthongen kommen nur [m] und [n] vor. Es gibt im Deutschen keine Oberflächenform wie [kai̯ŋ]. Auch im Anlaut kommen nur [m] und [n] vor. Der velare Nasal ist hier nicht zugelassen. In (78) wird das Distributionsverhältnis der Nasale gezeigt.

(78) a. *hemmen, Hennen, hängen*
 b. *Keim, kein,* *[kai̯ŋ]*
 c. *Miete, Niete,* *[ŋiːtə]*

In Anlehnung an die oben genannten Autoren gehe ich davon aus, daß die

---

[26] Die Morphemstrukturbedingung (21) in Abschnitt 2.3.2 liefert eine weitere Evidenz dafür, daß alveolare Laute zugrundeliegend nicht als [+kor] spezifiziert sind.

zugrundeliegenden Nasale im Deutschen /n/ und /m/ sind und daß [ŋ] aus einem zugrundeliegenden Cluster /Ng/ abzuleiten ist [27]. Ein Unterschied zu diesen Autoren betrifft die Repräsentation des /N/ in einem /Ng/-Cluster: Das Nasalsegment, das dem velaren Verschlußlaut vorangeht, ist in meiner Analyse nur für die Nasalität spezifiziert. Es ist für andere Merkmale total unspezifiziert (siehe Merkmalmatrix in (8)).

Ein Wort wie *lang* wird danach im Lexikon als /laNg/ repräsentiert. Der Nasal /N/ wird in der Artikulationsstelle an den folgenden Obstruenten assimiliert. Nach der Assimilation wird dann /g/ getilgt. Die dafür benötigten zwei Regeln formuliert Hall (1989b: 819) folgendermaßen:

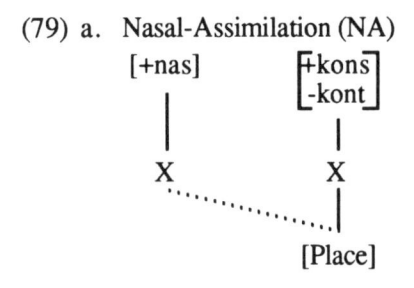

(79) a. Nasal-Assimilation (NA)

$$\begin{matrix} [+\text{nas}] & \begin{bmatrix} +\text{kons} \\ -\text{kont} \end{bmatrix} \\ | & | \\ X & X \\ & | \\ & [\text{Place}] \end{matrix}$$

b. g-Tilgung

g -> Ø / [+nas] ___] σ

Wie Hall (1989b) überzeugend demonstriert, wird /g/ nur dann getilgt, wenn es mit /N/ tautosilbisch ist. Die g-Tilgungsregel (79b) hat gegenüber einer Analyse, in der nicht auf die phonologische Einheit der Silbe bezuggenommen wird, einen großen Vorteil: Sie hat viel weniger Ausnahmen. Sie beschreibt auch die scheinbar nicht miteinander zusammenhängenden Umgebungen, die die Regel auslösen, einheitlich (zu den beiden Punkten siehe die Diskussion in Hall 1989b: 839).

Phonotaktische Besonderheiten des velaren Nasals werden in Kloeke (1982a: 116-120) mit Hilfe verschiedener Morphemstrukturbedingungen beschrieben. Die meisten der von ihm angeführten Morphemstrukturbedingungen lassen sich aber durch die Regularität der Silbenstruktur im Deutschen erklären. So schließt bei Kloeke eine Morphemstrukturbedingung (MSB) wie (80) ein anlautendes Cluster */+nC/ aus, und damit anlautendes */+ŋ/.

---

[27] Gegen eine biphonematische Wertung siehe Meinhold/Stock (1982: 131). In Anlehnung an Morciniec (1968) argumentieren sie dafür, daß [ŋ] durch Kommutation nicht weiter segmentierbar und somit als ein Phonem zu werten ist.

(80) MSB wenn: + $\begin{bmatrix} +\text{kons} \\ +\text{son} \end{bmatrix}$ [ ]
         dann: ∪
                                                    [-kons]

Das Nichtvorkommen von [ŋ] im Anlaut ist aber nach der Regularität der deutschen Silbenstruktur (siehe Kap.2) voraussagbar; die Sequenz /Ng/, aus der [ŋ] abgeleitet wird, ist im Deutschen kein wohlgeformter Onset, weil ein Nasal sonorer als ein Obstruent ist.

Kloeke (1982a: 117) beschreibt die Distributionsbeschränkung der Nasale in silbeninitialem Onsetcluster mit zwei MSBen: (i) Nach einem anlautenden Verschlußlaut ist nur /n/ (marginal auch /m/ wie in *Gmunden, Gmünd, Tmesis, Dmitri*) zugelassen (siehe (81a)); (ii) nach einem anlautenden Frikativ kommen /n/ und /m/ vor (z.B. *Smoking, Snob, schmeißen*) (siehe (81b)). In beiden Fällen ist der velare Nasal in zweiter Position ausgeschlossen.

(81) a. MSB wenn: + $\begin{bmatrix} +\text{kons} \\ -\text{kont} \end{bmatrix}$ $\begin{bmatrix} +\text{kons} \\ +\text{nas} \end{bmatrix}$
                                                                    ∪
         dann: [+kor]

    b. MSB wenn: + $\begin{bmatrix} +\text{kons} \\ +\text{kont} \end{bmatrix}$ $\begin{bmatrix} +\text{kons} \\ +\text{nas} \end{bmatrix}$
                                                                    ∪
         dann: [-hint]

Auch hier sind die Effekte der beiden MSBen durch die Silbenstruktur des Deutschen vorhersagbar. Wenn man eine zugrundeliegende Sequenz /Ng/ für den velaren Nasal annimmt, die mit zwei X-Positionen assoziiert ist, erklärt sich daraus sofort, warum der velare Nasal kein Onsetcluster bilden kann. Man vergleiche Onsetcluster wie *Gnade, Knoten, Pneu, schmal, Snob, Schnuppe* etc. mit den Clustern * σ [/g, k, p, s, ʃ/+/ŋg/+V...]. Die letzteren verletzen nicht nur das Prinzip der Sonoritätshierarchie, sondern auch das generelle Silbenschema des Deutschen, das maximal zwei X-Positionen vor dem Nukleus erlaubt (siehe die Onset-Bedingung in Abschnitt 2.3.1). Wenn der velare Nasal zugrundeliegend als /Ng/, d.h. mit zwei X-Positionen repräsentiert wird, läßt sich diese Distributionsbeschränkung einfach auf die Regularität der Silbenstruktur im Deutschen zurückführen.

Postvokalisch sind die Sequenzen /ln/, /rn/, /lm/ und /rm/ (z.B. *Köln, Farn, Film, Arm*) zugelassen, nicht aber die Sequenzen */lŋ/ oder */rŋ/. Diese phonotaktische Beschränkung wird in Kloeke (1982a: 117) durch folgende MSB ausgedrückt:

(82) MSB wenn: [-kons] $\begin{bmatrix} +\text{kons} \\ +\text{son} \\ +\text{kont} \end{bmatrix}$ $\begin{bmatrix} +\text{kons} \\ +\text{nas} \end{bmatrix}$

∪

dann: [-hint]

Das Nicht-Vorkommen von Clustern wie *[lŋ] und *[rŋ] läßt sich ebenfalls aus der Regularität der Silbenstruktur ableiten, wenn man eine zugrundeliegende Repräsentation /Ng/ für den velaren Nasal annimmt.

Die distributionelle Beschränkung des velaren Nasals nach einem Sonoranten läßt sich aber auch durch die bestimmte Bedingung für die Segmente in der Silbenkoda erklären. Mit Hilfe einer Konstituentenstruktur der Silbe können wir zwei Typen der Kodastruktur unterscheiden: Die eine enthält ein Sonorantencluster und weist eine sich nach links verzweigende Struktur auf (siehe 83b). Die andere enthält kein Sonorantencluster und weist eine sich nach rechts verzweigende Struktur auf (siehe 83a). Den beiden Strukturen ist gemeinsam, daß das letzte Segment in einer maximalen Koda koronal sein muß, wie [s], [t] und [st] in den folgenden Beispielen zeigen:

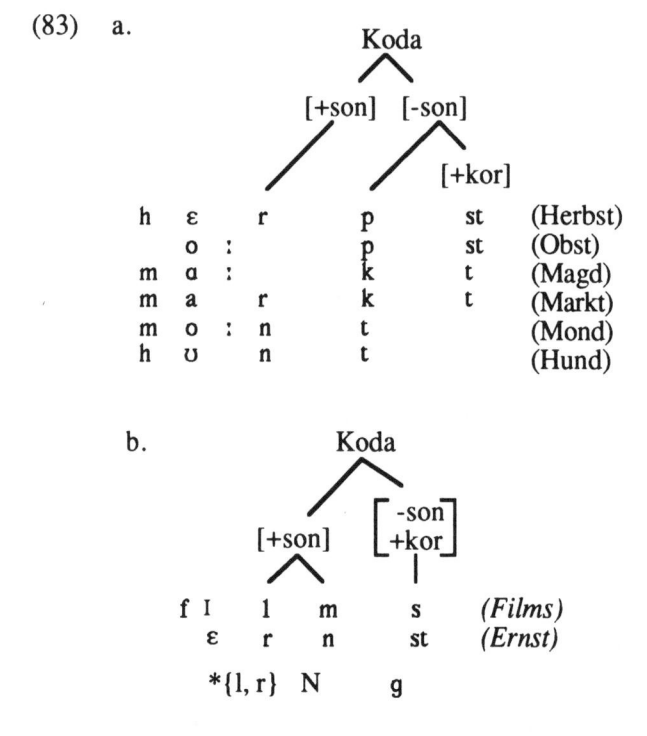

(83) a.

```
              Koda
             /    \
         [+son]  [-son]
          /       / \
                    [+kor]

  h  ε  r     p    st    (Herbst)
     o:        p    st    (Obst)
  m  a:        k    t     (Magd)
  m  a  r     k    t     (Markt)
  m  o: n           t     (Mond)
  h  ʊ  n           t     (Hund)
```

b.

```
            Koda
           /    \
       [+son]  [-son]
        / \    [+kor]
                 |

  f  I  l  m     s    (Films)
     ε  r  n     st   (Ernst)
  *{l, r}  N     g
```

Der Knoten mit der Merkmalspezifizierung [+son] kann durch nur eine Segmentposition besetzt werden, oder er kann sich verzweigen. Jedenfalls muß die letzte

Segmentposition in beiden Koda-Templates durch ein [+kor]-Segment gefüllt werden. Die oben erwähnte MSB über die Sequenzen *[lŋ] und *[rŋ] erklärt sich daraus: Da den Sequenzen /Vlm/, /Vln/, /Vrm/ und /Vrn/ nur noch ein [+kor]-Obstruent folgen kann, sind Sequenzen wie /Vlŋg/ und /Vrŋg/ ausgeschlossen. /g/ ist nicht [+kor]. Die Repräsentation des velaren Nasals als /Ng/ und die Silbenstrukturbedingungen ersparen damit die Angabe verschiedener Morphemstrukturbedingungen in der Grammatik.

Betrachten wir jetzt die Regel für die Nasal-Assimilation. Kloeke (1982a: 120) formuliert sie folgendermaßen:

(84) $\begin{bmatrix} +nas \\ -lab \end{bmatrix}$ -> [+hint] / X ―― $\begin{bmatrix} -son \\ +hint \end{bmatrix}$ Y

Bedingung: X ... Y ≠ ... [-segm] ...

Die Regel (84) leitet innerhalb eines Morphems [ŋ] aus dem zugrundeliegenden /n/ ab. In dieser Regel wird nur ein Teil der Assimilation ausgedrückt, nämlich die [+hint][+hint]-Sequenz. Die vordere Sequenz, die sich ebenfalls aus der Assimilation ergibt, wird von der Regel nicht erfaßt. Die Generalisierung für die Nasal-Assimilation ist jedoch, daß der dentale Nasal im Artikulationsort an einen folgenden Obstruenten assimiliert wird. Ob der folgende Obstruent [+hint] oder [-hint] ist, braucht man nicht in der Regel zu spezifizieren, wie die Wörter a[ŋk]ommen, a[mb]ieten, Ba[mb]us zeigen.

Um die Sequenz [-hint][-hint] zu erfassen, braucht Kloeke (1982a: 120) noch eine MSB, die besagt, daß ein Cluster nichtlabialer Nasal plus Verschlußlaut fast immer homorgan ist. Diese MSB ist nicht mehr nötig, wenn ein unterspezifizierter Nasal (/N/) als das erste Element des zugrundeliegenden Velarnasals angenommen wird. Das /N/ wird nur als [+nas] spezifiziert. Die Merkmale der Artikulationsstelle bleiben dabei unspezifiziert. Sie werden durch die Regel (74a) geliefert. Wie im vorangegangenen Abschnitt dargestellt, ist ein nichtlinearer Spreading-Prozeß wie (74a) gegenüber der linearen Regelformulierung vorzuziehen. Dadurch kann man vermeiden, daß die distributionelle Regularität der Segmente auf einer unbegründeten Weise durch zwei verschiedene Kategorien (einmal durch eine lexikalische phonologische Regel und einmal durch eine Morphemstrukturbedingung) in der Grammatik ausgedrückt wird, wobei die eigentliche Generalisierung, die die Distributionsbeschränkungen des betreffenden Segments erfassen soll, entweder dupliziert oder verfehlt wird. Die Regel (74a) erklärt außerdem, warum es einen hypothetischen Prozeß im Deutschen nicht gibt, wo der labiale Nasal an den folgenden velaren oder koronalen Obstruenten assimiliert wird.

(85) Umkehr -> *[ʊŋkeːɐ], Umgang -> *[ʊŋgaŋ]

```
    X      X
    +┄┄┄┄┄┘
  [lab]  [velar]
```

Umtausch -> *[ʊntauʃ], Amt -> *[ant]

```
    X      X
    +┄┄┄┄┄┘
  [lab]   [ ]
```

Wie diese Beispiele zeigen, spielt das Konzept der Unterspezifikation hier eine signifikante Rolle (vgl. Abschnitte 4.5.1 und 4.5.2). Asymmetrien zwischen Segmenten oder zwischen Merkmalen lassen sich dadurch ausdrücken. Auch in bezug auf die g-Tilgung erweist sich die Annahme der Unterspezifikation als unerläßlich. Das /g/ im Cluster /Ng/ wird getilgt, wenn dieses Cluster vor der Silbengrenze steht (z.B. *lang, Hang, jung, Angst, hängt*). Beim intervokalischen /Ng/ wird /g/ nur vor Schwa getilgt (z.B. *Mangel, Finger, sing-e, sing-en, Ding-e*). Vor allen anderen Vokalen bleibt /g/ dagegen erhalten, vgl. *Kongreß, Tango, Ungarn, Kongo, Ganges* etc. Es ist hier auffällig, daß diese Asymmetrie zwischen Schwa und allen anderen Vokalen existiert. Wie Hall (1989b) argumentiert, ist eine Erklärung dafür nur dann möglich, wenn das Schwa lexikalisch als ein total unspezifizierter Vokal repräsentiert wird. Das Schwa wird danach als eine leere Segmentposition repräsentiert, die auf der Segmentschicht keine Merkmalspezifizierungen trägt. Das Schwa kann daher im Laufe der lexikalischen Derivation nicht silbifiziert werden, weil die lexikalische Silbifizierung auf die Merkmalspezifizierung [±kons] Bezug nimmt (siehe Abschnitt 2.1). Die Zuweisung der Merkmale von Schwa erfolgt durch Default-Regeln, wie sie in Abschnitt 3.2 dargestellt sind. Dies erklärt, warum das /g/ im /Ng/-Cluster in Wörtern wie *Mangel, Finger* getilgt wird, während es in Wörtern wie *Ungarn, Tango* nicht getilgt wird. In den ersteren wird das /g/ nach der lexikalischen Silbifizierung silbenfinal. Es kann nicht zum Onset der zweiten Silbe werden, weil das Schwa in diesem Moment nicht silbifiziert werden kann. /g/ wird daher getilgt. In den letzteren wird /g/ nicht getilgt, weil die lexikalische Silbifizierung das /g/ zum Onset der zweiten Silbe macht. Die Umgebung für die g-Tilgungsregel wird damit nicht erfüllt. Ohne Annahme der Unterspezifikation ist diese Asymmetrie zwischen Schwa und anderen Vokalen nicht erklärbar. Wenn die Merkmale der Vokale im Lexikon voll spezifiziert wären, hätte man keinen Grund, nur das Schwa von der lexikalischen Silbifizierung auszuschließen. Außerdem müßte die Regel (79b) so modifiziert werden, daß sie neben der Silbengrenze zusätzlich noch eine Umgebung "vor Schwa" enthält. Eine solche disjunktive Umgebung kann jedoch den wesentlichen Charakter der Asymmetrie zwischen Schwa und anderen Vokalen nicht zum Ausdruck bringen (siehe die Diskussion in Hall 1989b: 824-30). Die g-Tilgung liefert damit eine weitere Evidenz für die hier vorgeschlagene Analyse der deutschen Vokale.

Abschließend will ich im folgenden der Frage nachgehen, wo die beiden Regeln in (79) im Lexikon angewandt werden. Hall (1989b) argumentiert dafür, daß sie "early at level 2 and early at level 3" angewandt werden. Im Gegensatz zu Hall nehme ich an, daß diese Regeln am Ende des Lexikons angewandt werden [28]. Die Argumente von Hall für die Blockierung der beiden Regeln auf Ebene 1 beruhen teils auf der Bedingung der "Strikten Zyklizität", teils auf der Strukturbewahrung. Die beiden Regeln werden in seinem Modell folgendermaßen angewandt (die Silbifizierung wird hier weggelassen).

(86)		Angl-ist /aNgl/	Spreng-ung /ʃprɛNg/	sing-t /zINg/
Ebene 1				
	Morph.	[[aNgl]ɪst]	---	---
Ebene 2				
	NA	ŋ	ŋg	ŋg
	g-Tilg.	---	ŋ	ŋ
	Morph.	---	[[ʃprɛŋ]ʊNg]	---
Ebene 3				
	NA	---	ŋg	---
	g-Tilg.	---	ŋ	---
	Morph.	---	---	[[zIŋ]t]
Output		[aŋglɪst]	[ʃprɛŋʊŋ]	[zIŋt]

Die Anwendung der Regel der Nasalassimilation (im folgenden NA) muß auf Ebene 1 blockiert werden, weil sie ein lexikalisch nichtdistinktives Segment ([ŋ]) erzeugt. Nach der hier vorgelegten Analyse ist die Blockierung der NA eine Konsequenz aus der Strukturbewahrung. Denn das Prinzip der Strukturbewahrung gilt nur auf Ebene 1. Auf Ebene 2 gilt die Strukturbewahrung nicht mehr (für weitere Argumente zu diesem Punkt siehe Kap. 2).

---

[28] Im Unterschied zu Wiese (1988) und Hall (1989b) wird hier davon ausgegangen, daß das Lexikon des Deutschen aus zwei Ebenen besteht, statt drei. Das Prinzip der Strukturbewahrung gilt nach meinem Modell nur für Ebene 1, nicht für Ebene 2 (siehe Abschnitt 2.2).

Hall (1989b: 820) argumentiert dafür, daß die NA und die g-Tilgung auch "early at level 3" angewandt werden, weil /g/ in den Suffixen *-ung* und *-ling* vor der Pluralbildung auf Ebene 3 getilgt werden muß. Betrachten wir die von ihm angeführte Ableitung von *Sprengungen* (Pl.). Die Ableitungsprozesse vor der Ebene 3 sind hier weggelassen. X im Kreis kennzeichnet die Repräsentation des Schwa [29].

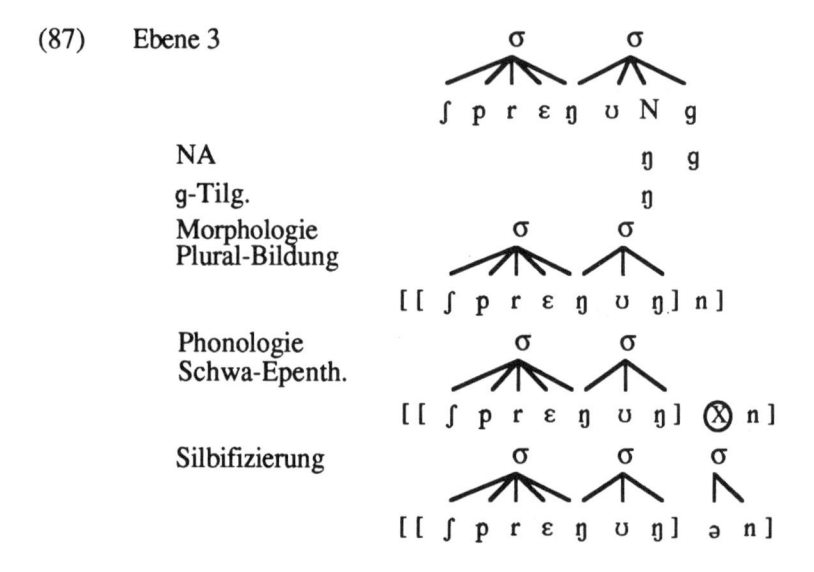

(87)　　Ebene 3　　　　　　　　　σ　　σ
　　　　　　　　　　　　　　　　ʃ p r ɛ ŋ ʊ N g
　　　　NA　　　　　　　　　　　　　　　ŋ　g
　　　　g-Tilg.　　　　　　　　　　　　　ŋ
　　　　Morphologie　　　　　　σ　　σ
　　　　Plural-Bildung
　　　　　　　　　　　　　　[[ʃ p r ɛ ŋ ʊ ŋ] n]
　　　　Phonologie　　　　　　σ　　σ
　　　　Schwa-Epenth.
　　　　　　　　　　　　　　[[ʃ p r ɛ ŋ ʊ ŋ] ⊗ n]
　　　　Silbifizierung　　　　　σ　　σ　　σ
　　　　　　　　　　　　　　[[ʃ p r ɛ ŋ ʊ ŋ] ə n]

Wenn die NA und die g-Tilgung nach der Pluralbildung stattfinden würden, würde die Silbifizierung auf Ebene 3 das /g/ im Cluster /Ng/ zum Onset der folgenden Silbe machen, wobei eine unkorrekte Form wie [ʃprɛŋʊŋgən] entsteht.

Wenn wir aber das phonologische Wort als die Domäne für die Anwendung der NA annehmen, entsteht dieses Problem nicht. D.h. unter dieser Annahme braucht man nicht zu stipulieren, daß die NA vor der morphologischen Operation auf Ebene 3 angewandt werden muß.

Nach der Pluralbildung und Schwa-Epenthese haben wir die Struktur [[ʃprɛŋʊŋ]Xn], wobei die Konstituente [ʃprɛŋʊŋ] ein eigenes phonologisches Wort (= ω) bildet (zur Zuweisung des phonologischen Wortes siehe Abschnitt 1.3.2). Was die Silbifizierung der Sequenz Schwa + Sonorant betrifft, nehme ich an, daß sie postlexikalisch ist, weil die Zuweisung der Default-Vokalmerkmale zu Schwa postlexikalisch stattfindet (diese Annahme entspricht der von Giegerich (1987) vertretenen Position, vgl. dagegen Hall (1989b), der die Assoziation des X mit Schwa der Ebene 2

---

[29] In Hall (1989: 821) und Vennemann (1982) wird ein intervokalisches [ŋ] als ambisilbisch analysiert.

zuweist). Die Silbifizierung auf Ebene 3 erzwingt unter dieser Annahme nicht, daß die NA und die g-Tilgung vor der Ebene 3-Morphologie angewandt werden müssen. In [ʃprɛNgʊNg] unterliegt das Cluster /Ng/ sowohl in der Wurzel als auch im Suffix der NA, da es innerhalb eines phonologischen Wortes steht.

Diese Lösung hat einen weiteren Vorteil: Die Nicht-Anwendung der NA in Wörtern wie *ungenau* [ʊngənaʊ̯] läßt sich adäquat erklären, wenn die Domäne für die NA als das phonologische Wort angenommen wird. Das Präfix /ʊn/ wird auf Ebene 2 an den Stamm /gənaʊ̯/ angehängt. Da Präfixe ein eigenes phonologisches Wort bilden (siehe Kap. 2), entsteht aus der morphologischen Operation eine Struktur mit zwei phonologischen Wörtern: *(ʊn)ω (gənaʊ̯)ω*. Die NA wird daher blockiert. Für die optionale postlexikalische Anwendung der NA, die sich z.B. in Aussprachen wie [ʊŋgənaʊ̯] oder [iŋ kœln] *in Köln* zeigen, handelt es sich vermutlich um die Klitisierung, bei der zwei phonologische Wörter optional in eins vereinigt werden.

Um die Anwendung der NA für das präfixfinale /N/ zu blockieren, führt Hall (1989b: 821) eine spezielle Konvention ein, daß NA auf Ebene 3 nur dann angewandt wird, wenn das /N/ mit /g/ tautosilbisch ist. Nach der hier vorgeschlagenen Analyse braucht man eine solche Konvention nicht zu stipulieren.

4.5.4 Das Problem von Ich- und Ach-Laut [30]

Die Alternation zwischen Ich- und Ach-Laut im Deutschen ist ein klassisches Beispiel, in dem es nicht leicht zu entscheiden ist, welches Segment (/x/ oder /ç/) als zugrundeliegend angenommen werden soll. Vorschläge zu diesem Problem haben denn auch eine lange Geschichte. Ein ausführlicher Kommentar zu Analysen im Rahmen der traditionellen linearen Phonologie findet sich in Werner (1972: 46-50) und Griffen (1985: 53-72). Die Diskussion der einzelnen Probleme, die in den früheren linearen Analysen auftauchen, kann daher erspart werden; ich verweise auf die genannten Arbeiten. Ich will in diesem Abschnitt zu zeigen versuchen, daß die Problematik der [ç]-[x] Alternation im Rahmen des hier entwickelten nichtlinearen Modells eine viel adäquatere Erklärung findet. Wie sich auch in der Diskussion anderer Probleme zeigte, sind zwei Subtheorien für die Behandlung der [x]-[ç]-Alternation von besonderer

---

[30] Zur gleichen Thematik siehe auch die Arbeit von Hall (1989a). Die Grundannahme, daß die zugrundeliegende Form für den palatalen Frikativ [ç] und den velaren [x] in bezug auf das Merkmal [±vorn] unspezifiziert sein muß, ist in den beiden Arbeiten gleich. Dies ist kaum überraschend, weil die beiden Analysen das Problem der [x]-[ç]-Alternation mit Hilfe der Unterspezifikation zu lösen versuchen. In Einzelheiten unterscheidet sich jedoch meine Analyse von seiner. Dies wird weiter unten diskutiert.

Bedeutung, nämlich die Theorie der Merkmalhierarchie und die der Unterspezifikation. Diese beiden Theorien – die miteinander eng verbunden sind – dienen als Grundlage für die folgende Diskussion. Im Gegensatz zu früheren Analysen, in denen entweder /x/ oder /ç/ als zugrundeliegendes Phonem angenommen wird, will ich im folgenden argumentieren, daß das zugrundeliegende Phonem für die dorsalen frikativen Laute im Deutschen weder mit /ç/ noch mit /x/ identifiziert werden darf und daß zugrundeliegend nur die Merkmalkombination [+kons, +kont, -kor, +hoch] existiert (siehe die Merkmalmatrix (8) in Abschnitt 4.1.1; hier wird das unspezifizierte Segment als /X/ notiert), aus der die Allophone [x] und [ç] abzuleiten sind [31].

Abgesehen von bekannten Minimalpaaren wie *Kuchen* [ku:xən] vs. *Kuhchen* [ku:çən], *tauchen* [tau̯xən] vs. *Tauchen* [tau̯çən] usw. ist die Distribution der dorsalen frikativen Laute vollkommen voraussagbar. [x] erscheint nur nach hinterem Vokal /a, o, u/. In allen anderen Positionen erscheint [ç], nämlich in silbeninitialer Position, nach vorderem Vokal und nach den Konsonanten /n, l, r/. Die relevanten Daten für die positionsbedingte Realisierung von dorsalen Frikativen sind in (88) gegeben.

(88) a. Bach, Loch, Spruch, Bauch;　　[x]
　　　　Buche, Knochen, Sprache
　　b. China, Chemie, Chirurg　　　　[ç]
　　c. ich, Pech, reich;
　　　　Bäche, Löcher, Sprüche, Bäuche
　　d. manch, solch, durch;
　　　　manche, solche, Furche

Postvokalisch kommt [ç] nach einem vorderen Vokal vor, [x] nach einem hinteren. Dies gilt sowohl für das silbenfinale /X/ (*Bach* vs. *ich*) als auch für das silbeninitiale (*Buche* vs. *Sprüche*). Nach einem Konsonant wird /X/ immer als [ç] realisiert.

Es ist diese Voraussagbarkeit der Distribution, die in früheren Analysen dazu führt, die beiden Laute [x] und [ç] als Allophone eines zugrundeliegendem Phonems zu behandeln. Das Problem ist aber, welches von diesen beiden Allophonen als Basissegment angenommen werden muß. Innerhalb der Analyse mit einer vollspezifizierten Merkmalmatrix ist es unvermeidbar, eine von beiden Oberflächenformen als Basis zu identifizieren; d.h. in dieser Analyse muß das zugrundeliegende Phonem entweder als

---

[31] In einem anderen theoretischen Rahmen ("dynamische Phonologie") vertritt auch Griffen (1985: Kap. 3) die Position, daß das zugrundeliegende Phonem weder /x/ noch /ç/ ist. Die hier angeführten Argumente sind jedoch grundsätzlich anders als bei Griffen. Die Notation /X/ als zugrundeliegende Form für die frikativen dorsalen Laute ist hier natürlich arbiträr gewählt. Sie kennzeichnet bloß, daß das Merkmal [±hint] für diese Laute zugrundeliegend unspezifiziert ist.

die Merkmalmatrix [+kon, -son, +kont, -kor, +hoch, -hint, -sth] (/ç/) oder als die Merkmalmatrix [+kon, -son, +kont, -kor, +hoch, +hint, -sth] (/x/) identifiziert werden. Man muß eine Wahl zwischen diesen beiden Formen treffen, wie es auch in früheren Analysen getan wurde. Die meisten Analysen (z.B. Bloomfield 1930, Moulton 1947, Trimm 1951, Wurzel 1970, Kloeke 1982a etc.) behandeln /x/ als zugrundeliegendes Phonem, weil es weniger markiert als /ç/ ist [32]. Andere Analysen (Dressler 1976, Wurzel 1981, Basbøll 1984) nehmen dagegen /ç/ als Basis an, weil es distributionell weiter verbreitet ist als /x/.

Die Argumente für die eine oder die andere Position sind komplementär. Sie beziehen sich jeweils auf einen anderen Aspekt (universale Markiertheit vs. sprachspezifische Distribution). Welcher von beiden Frikativen die Basisform ist, bleibt daher ungelöst.

Das Problem kann aber gelöst werden, wenn man annimmt, daß die zugrundeliegende Form für die dorsalen Frikative in bezug auf das Merkmal [α hint] unspezifiziert ist (siehe (89)) und daß die phonetischen Realisierungen von [ç] oder [x] in den oben genannten Daten aus diesem unterspezifizierten /X/ abzuleiten sind. Wenn die Merkmale unterspezifiziert sind, muß man nicht /x/ oder /ç/ als zugrundeliegendes Phonem identifizieren. Die Regel für die [x]-[ç]-Alternation läßt sich unter Verwendung der Merkmalhierarchie (siehe (27) in Abschnitt 4.2) wie (90) formulieren. Einige Kommentare zur Regelformulierung: In der folgenden Analyse vereinfache ich die Repräsentation der Segmentstruktur, indem ich alle Merkmalknoten weglasse, die für die Regel irrelevant sind. Ich verwende folgende Abkürzungen für die Klassenknoten: r = root-Knoten; pl = place-Knoten; kor = koronal-Knoten; dor = dorsal-Knoten; lab = labial-Knoten. Arabische Nummern stehen für Variablen des jeweiligen Knotens.

(89) zugrundeliegendes /X/

$$\begin{bmatrix} +\text{kons} \\ +\text{kont} \\ -\text{kor} \\ +\text{hoch} \\ 0\text{hint} \end{bmatrix}$$

---

[32] Innerhalb der Markiertheitstheorie von SPE und Kean (1975) entspricht die Komplexität eines Segments der Summe der 'm' (= markiert)-Werte, wobei die Markiertheit der Merkmale universal festgelegt wird. Kloeke (1982a: 109) (ähnlich auch bei Wurzel 1970: 234) leitet [ç] aus zugrundeliegendem /x/ ab, weil /x/ in seinem System zwei Markierungen hat, während /ç/ eine Komplexität von 3 hat.

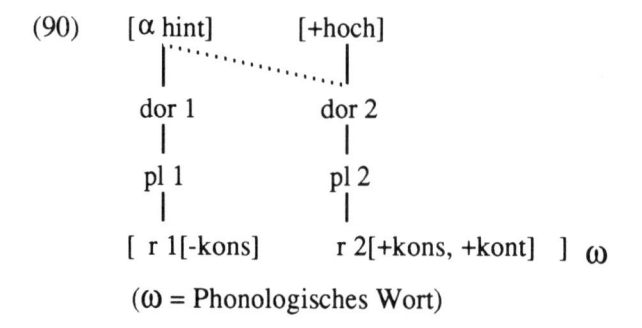

(90) [α hint]   [+hoch]
      |⋯⋯⋯⋯⋯⋯⋯|
      dor 1   dor 2
      | |
      pl 1   pl 2
      | |
      [r 1[-kons]   r 2[+kons, +kont]] ω

(ω = Phonologisches Wort)

Die Regel (90) breitet innerhalb eines phonologischen Wortes das Merkmal [α hint] vom Vokal auf den folgenden dorsalen Frikativ aus. Unter Annahme einer Merkmalhierarchie und der Unterspezifikation wird der wesentliche Charakter des Prozesses direkt erfaßt; die für das Merkmal [hint] unspezifizierten dorsalen Frikative werden in bezug auf die Artikulationsstelle an den vorangehenden Vokal assimiliert [33]. In der Strukturbeschreibung des /X/ brauchen wir nicht den Merkmalknoten [lab], weil er für die dorsalen Frikativen zugrundeliegend unspezifiziert ist. Wie in Abschnitt 4.2 erwähnt, sind die Artikulator-Knoten [lab], [kor] und [dor] monovalent. Es ist nur der Kontrast zwischen Vorhandensein oder Nicht-Vorhandensein, der den binären Charakter dieser Knoten bestimmt. Mit Hilfe der Unterspezifikation lassen sich daher die vier Artikulationsstellen für Frikative folgendermaßen repräsentieren (im Deutschen gibt es zugrundeliegend keinen velaren ungespannten Frikativlaut /ɣ/).

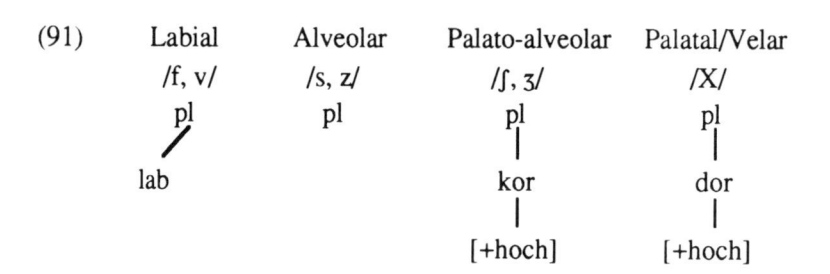

(91)   Labial   Alveolar   Palato-alveolar   Palatal/Velar
       /f, v/   /s, z/   /ʃ, ʒ/   /X/
        pl   pl   pl   pl
       / | |
       lab   kor   dor
                              | |
                            [+hoch]   [+hoch]

---

[33] Eine lineare Analyse, in der Assimilation nicht als ein Spreading-Prozeß dargestellt wird, kann dagegen diesen wesentlichen Charakter nicht erfassen. Sie enthält in der Regelformulierung oft Merkmale, die am Prozeß nicht beteiligt sind. Man vergleiche dazu die von Wurzel (1970: 234) vorgeschlagene Regel für die [x]-[ç]-Alternation, die in der strukturellen Veränderung neben dem [hint] auch das Merkmal [kor] enthält:

$$\begin{bmatrix} +obst \\ -ant \\ +dnd \end{bmatrix} \rightarrow \begin{bmatrix} -hint \\ -kor \end{bmatrix} / \ {}^{*}[-hint] \_\_\_ (K) +$$

Die strukturelle Veränderung in meiner Analyse betrifft dagegen nur den Dorsal-Knoten.

Mehrere Phonologen haben explizit dafür argumentiert oder angenommen, daß die koronalen Laute (Dentale, Alveolare und Retroflexe) universal am wenigsten markiert sind (vgl. Kean 1975, Yip 1988a, Paradis/Prunet 1989; zu dem spezielen Status des Merkmals [kor] innerhalb der Place-Merkmale siehe vor allem Paradis/Prunet 1991). Sie sind daher in bezug auf die Artikulationsstelle total unspezifiziert. Der Place-Knoten von /s, z/ dominiert kein Merkmal Labiale Laute werden nur in bezug auf den [lab]-Knoten spezifiziert. Dadurch unterscheiden sie sich von alveolaren, palatoalveolaren und velaren Lauten. Um die hohen Frikative [ʃ, ʒ, j, ç, x] voneinander zu unterscheiden, müssen die Artikulator-Knoten [kor] und [dor] repräsentiert werden. Denn die Distinktion betrifft sowohl das dorsale Merkmal [hint] als auch das koronale Merkmal. Das palatoalveolare [ʃ] unterscheidet sich von den dorsalen Frikativen [ç] und [x] nur durch das Merkmal [kor]; das erste ist [+kor] und die letzteren sind [-kor]. Obwohl sich /ʃ/ in der zugrundeliegenden Repräsentation von den dorsalen Frikativen unterscheidet (siehe die Merkmalmatrix in (8), in der /ʃ/ als [0kor, +hoch] und /X/ als [-kor, +hoch] jeweils spezifiziert ist, lassen sich diese Segmente aber mit Hilfe der Artikulator-Knoten nicht voneinander unterscheiden. Denn innerhalb des Modells der Merkmalhierarchie kann es kein Merkmal wie [-kor] geben, wie oben dargestellt. Die Merkmalspezifikation für das /X/ innerhalb dieses Modells hätte nur noch [+hoch], das durch den dorsalen Knoten dominiert wird, wobei das Merkmal [-kor], das einzige distinktive Merkmal für die Unterscheidung zwischen /ʃ/ und /X/, in der Repräsentation unterdrückt bleibt. /ʃ/ und /X/ wären dann mit dem gleichen Merkmal der Artikulationsstelle (beide als [+hoch]) spezifiziert.

Um diesen Konflikt zwischen binärer und monovalenter Merkmalspezifikation zu vermeiden, nehme ich an, daß die Abwesenheit des Merkmals [+kor] nur in der zugrundeliegenden Repräsentation gilt. Dieses Merkmal wird aber im Laufe der lexikalischen Ableitung (wahrscheinlich früh im Lexikon) durch die Redundanzregel in (92) wieder spezifiziert.

(92) [+hoch] -> [+kor]

Durch diese Regel erhalten die Segmente /ʃ/ und /ʒ/, die zugrundeliegend als [+hoch] spezifiziert sind, das Merkmal [+kor]. Die dorsalen Frikative (/X/ und /j/) oder die velaren Verschlußlaute /k/ und /g/ werden von dieser Regel nicht betroffen, weil sie zugrundeliegend als [-kor] spezifiziert sind. Wegen der "Distinctness Condition" (siehe (6) in Abschnitt 1.2) bleibt die Anwendung der Regel (92) auf diese Segmente aus. Alveolare Laute werden ebenfalls von der Regel (92) nicht erfaßt. Die Merkmalspezifikation für diese Laute ([-hoch, +kor]) erfolgt durch die anderen Redundanzregeln, die ich in Abschnitt 4.1.2 besprochen habe.

Wenn die Redundanzregel (92) im Lexikon angewandt wird, muß das Merkmal [hoch] auch im Lexikon spezifiziert werden. Denn die "Redundency Rule Ordering Constraint" (siehe (8) in Abschnitt 1.2) besagt, daß eine Redundanzregel, die einem Merkmal [F] "a" ("a" ist "+" oder "-") zuweist, automatisch vor der ersten Regel angeordnet wird, die in der Strukturbeschreibung auf [aF] referiert. Die Redundanzregel [ ] -> [-hoch] wird daher vor der Regel (92) angewandt. Diese Annahme läßt sich dadurch begründen, daß es im Deutschen lexikalische Regeln gibt, deren Kontext auf das Merkmal [-hoch] oder auf das Merkmal [+kor] Bezug nimmt. Die beiden Merkmale sind zugrundeliegend unspezifiziert. Ein Beispiel für den ersteren Fall ist die Dissimilationsregel, die die Distribution von /s/ und /ʃ/ in den Clustern /ʃp/, /ʃt/ und /sk/ beschreibt. Das zugrundeliegende /S/ wird vor einem [-hoch]-Segment (/p/ oder /t/) zu [+hoch] (siehe die Regelformulierung in Fußnote 13, Abschnitt 4.3.2; zur ähnlichen Regelformulierung vgl. auch Wiese 1991a). Ein Beispiel für den letzteren Fall ist die lexikalische Schwa-Epenthese vor einem Obstruenten. Vor dem Flexionssuffix -*st* (2. Pers. Sg.) oder -*t* (3. Pers. Sg.) wird das Schwa nur eingefügt, wenn der Verbstamm auf einen [+kor]-Verschlußlaut endet, z.B. *arbeit-est, arbeit-et, red-est, red-et*; vgl. dagegen *lob-st, sag-st*. Wie die letzteren Beispiele zeigen, ist die wichtige Kontextbedingung für diese Schwa-Epenthese das Merkmal [+kor] (zur ausführlichen Darstellung siehe Hall (1991b)). Für die Anwendung dieser lexikalischer Regeln müssen daher die Merkmale [-hoch] und [+kor] im Lexikon eingeführt werden.

Unter der Annahme einer Repräsentation wie (91) und der Regel (90) wird der grundlegende Charakter der Alternationen in (88) unmittelbar erfaßt: Das zugrundeliegend unspezifizierte Merkmal [α hint] für die dorsalen Frikative wird durch die Regel (90) spezifiziert. Sie leitet aus einem zugrundeliegendem /X/ den velaren Frikativ [x] ab. Sie kann aber den palatalen Frikativ [ç] nicht ableiten. Der Grund dafür ist einfach: Nach der hier vorgeschlagenen Analyse wird in der zugrundeliegenden Matrix der vokalischen Segmente nur das Merkmal [+hint] spezifiziert (siehe Abschnitt 3.2). Das Merkmal [-hint] für die Vokale wird durch eine Redundanzregel geliefert. D.h. dieses Merkmal ist für eine lexikalische Regel nicht zugänglich. Aus diesem Grund kann sich nur das Merkmal [+hint] vom Vokal ausbreiten, wenn die Regel (90) angewandt wird.

Alle Realisierungen von [ç] an der Oberfläche, die durch diese Regel nicht erfaßt werden, sind dagegen durch die folgende Default-Regel abzuleiten (siehe die Regel (17n) in Abschnitt 4.1.2).

(93) [+kons] -> [-hint]

Von der Regel (93) betroffen sind das silbeninitiale [ç] wie in *[ç]emie, [ç]ina, [ç]irurg,* [ç]aron, das [ç] nach einem Konsonant wie in S[ç]isma, s[ç]izophren, Mil[ç], Mön[ç] und das [ç] nach einem vorderen Vokal wie in Be[ç]er, Sprü[ç]e.

Die Regel (90) hat das phonologische Wort als ihre Regeldomäne. Dies ist wichtig, weil sich Alternationen wie in *Kuchen* vs. *Kuhchen*, *tauchen* vs. *Tauchen* unter dieser Annahme unmittelbar erklären. *Kuchen* ist ein phonologisches Wort. Die Regel (90) wird daher hier angewandt. Im Kontrast dazu bilden *(Kuh)ω (chen)ω* zwei phonologische Wörter [34]. Die Regel wird daher hier blockiert. Da die Existenz des phonologischen Wortes als einer Einheit aus unabhängigen Gründen (z.B. als Domäne für die Silbifizierung, siehe Abschnitt 2.2.2) motiviert ist, braucht man keine ad-hoc-Bedingung zu stipulieren, um Fälle wie *Kuchen* vs. *Kuhchen* zu erklären. Meine Analyse ist in dieser Hinsicht den Analysen vorzuziehen, in denen die Frikativ-Assimilation mit Hilfe einer Morphemgrenze (z.B. Wurzel 1970, 1981; Kloeke 1982a) oder einer ähnlichen Bedingung beschrieben wird. Hall (1989a: 6) schlägt im Rahmen der Lexikalischen Phonologie die folgende Regel für die [ç]/[x]-Alternation vor:

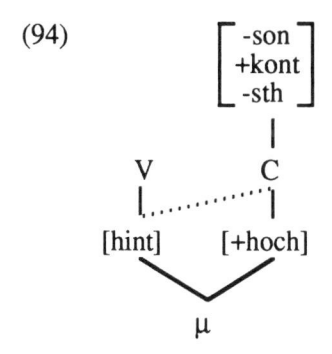

(94)
$$\begin{bmatrix} \text{-son} \\ \text{+kont} \\ \text{-sth} \end{bmatrix}$$
$$| $$
$$\text{V} \quad\quad \text{C}$$
$$| \cdots\cdots\cdots |$$
$$[\text{hint}] \quad [\text{+hoch}]$$
$$\searrow\swarrow$$
$$\mu$$

Die Regel wird innerhalb seines Systems auf Ebene 2 angewandt, auf der morphologische Operationen wie Klasse II-Derivation und Komposition stattfinden (zu unterschiedlichen Auffassungen der Ebenenorganisation des Lexikons im Deutschen siehe 2.2.1).

Abgesehen von der Merkmalspezifikation der dorsalen Frikative ist die Regel (94) im wesentlichen mit meiner identisch. Im Unterschied zu meiner Analyse enthält die Regel (94) aber die spezielle Bedingung, daß sie nur dann angewandt wird, wenn Vokal und Frikativ tautomorphemisch sind (hier durch μ symbolisiert). Dadurch wird die Anwendung der Regel für die oben genannten Wörter mit dem Diminutiv-Suffix -

---

[34] Das Suffix *-chen* ist innerhalb meiner Analyse ein phonologisches Wort, siehe dazu Abschnitte 1.3.2 und 2.2.2

chen blockiert. Wie oben erwähnt, ist eine solche Stipulation nicht erforderlich, wenn man als Domäne für die Regelanwendung das phonologische Wort annimmt. Ein zweiter Unterschied zwischen seiner Analyse und meiner betrifft die Operation der Regel innerhalb des Lexikons. Im System von Hall (1989a) muß die Regel (94) auf Ebene 2 nach der morphologischen Operation stattfinden, weil sonst unkorrekte Formen an der Oberfläche erzeugt werden: Wenn sie eine Ebene-1-Regel (siehe (95a)) oder eine Ebene-2-Regel vor der Morphologie (siehe (95b)) wäre, wäre z.B. aus /baX+lein/ eine unkorrekte Form wie [bɛxlaen] abzuleiten; eine unkorrekte Form wie [kuːxən] (für *Kuhchen*) entsteht ebenfalls, wenn die Regel (94) eine Ebene-3-Regel wäre (siehe (95c)). Denn auf Ebene 3 wird die morphologische Klammer in *Kuh] chen* getilgt ("Bracket Erasure Convention" = BEC), so daß die Regel (94) nicht blockiert werden kann.

(95) a. *Bächlein*   b. *Bächlein*
         /baX/   /baX/
   Ebene 1:   Ebene 1:
     Regel (94)   bax   ---

   Ebene 2:   Ebene 2:
     Morphologie   bax]laen   Regel (94)   bax
     Umlaut   bɛx]laen   Morphologie   bax]laen
                                    Umlaut   bɛx]laen
                   *[bɛxlaen]
   c.   *Kuhchen*   *[bɛxlaen]
                 /kuː/
   Ebene 1:   ---
   Ebene 2:
     Morphologie   kuː]Xən
     BEC   kuːXən
   Ebene 3:
     Regel (94)   kuːxən
                   *[kuːxən]

Wie (95a) und (95b) zeigen, muß die Regel (94) nach dem Umlaut appliziert werden, weil der Umlaut den Merkmalwert von [hint] des Wurzelvokals ändert. Die Domäne für die Regel (94) muß also bei Hall in zweierlei Hinsicht stipuliert werden: (i) sie wird nur dann angewandt, wenn Vokal und Frikativ tautomorphemisch sind; (ii) sie muß "late at level 2" (Hall 1989a: 5), d.h. nach dem Umlaut, angeordnet werden.

Zu (i) ist Folgendes zu sagen: Unter Annahme des phonologischen Wortes als Domäne für die [ç]/[x]-Alternation brauchen wir nicht an die morphologische Grenze (und damit an die "Bracket Erasure Convention") zu appellieren. Denn innerhalb meines Modells bleibt die Struktur (*Kuh*)ω (*chen*)ω auf Ebene 2 (auf Ebene 3 bei Hall) unverändert, so daß die Anwendung der Regel für die Frikativ-Assimilation nicht blockiert wird. Es ergibt sich daraus, daß die Zuweisung dieser Regel zu Ebene 2 nicht notwendig ist, wenn man eine Regel wie (90) annimmt.

Im Unterschied zu Hall nehme ich an, daß diese Regel am Ende des Lexikons auf der Wortebene angewandt wird. Sie operiert in meinem Modell als eine lexikalische postzyklische Regel wie die Regel für die Auslautverhärtung. Sie liefert das Merkmal [hint] für die zugrundeliegend unspezifizierten dorsalen Frikative.

Die Regel für die [ç]/[x]-Alternation nimmt somit in meiner Analyse eine andere Stellung im Lexikon ein als bei Hall. Eine Konsequenz daraus ist, daß die beiden Analysen unterschiedliche Voraussagen über das Prinzip der Strukturbewahrung (vgl. Kiparsky 1985) machen: Hall (1989a: 13) argumentiert dafür, daß die Regel für die Frikativ-Assimilation ein Gegenbeispiel zu diesem Prinzip darstellt, weil sie das zugrundeliegend nichtdistinktive Merkmal [hint] für die Merkmalmatrix [+kont, -son, -sth, +hoch] im Laufe der lexikalischen Derivation einführt und somit nicht strukturbewahrend ist. Im Kontrast dazu ist die Regel innerhalb meiner Analyse kein Gegenbeispiel gegen die Strukturbewahrung, weil sie am Ende des Lexikons appliziert wird, wo das Prinzip der Strukturbewahrung nicht mehr gilt [35].

Unter der Annahme, daß die Frikativ-Assimilation am Ende des Lexikons angewandt wird, brauchen wir auch die Bedingung (ii) nicht zu stipulieren, die die relative Ordnung zwischen der Umlautregel und der Frikativ-Assimilation angibt.

Im Folgenden illustriere ich die Ableitungen von *Kuchen* und *Kuhchen* innerhalb des hier vorgeschlagenen Modells.

(96)   Kuchen   Kuhchen
                 /ku:Xən/   /ku:/
Ebene 1:
  Morphologie   ---   ---
  Phonologie   (ku:Xən)ω   ---

---

[35] In meinem Modell gilt das Prinzip der Strukturbewahrung nicht für die Ebene 2. Eine Reihe von phonologischen Regeln sprechen dafür, daß die Strukturbewahrung ein nur für eine frühere Ableitungsstufe im Lexikon geltendes Prinzip ist. In der späteren Ableitung wird dieses Prinzip oft verletzt. Auf Ebene 2 führen z.B. mehrere lexikalische Regeln nichtdistinktive Merkmale ein. Auch die Silbifizierung unterliegt auf Ebene 2 anderen Bedingungen als auf Ebene 1 (siehe die Diskussion in Abschnitt 2.2).

Ebene 2:
Morphologie	---	[[kuː]Xən]
Phonologie	---	(kuː)ω (Xən)ω
Regel (90)	kuːxən	nicht angewandt
Regel (93)	---	kuːçən
	[kuːxən]	[kuːçən]

Wie in der Einleitung dargestellt, steht die prosodische Struktur einer Segmentkette mit ihrer morpho-syntaktischen Struktur nicht im Eins-zu-eins-Verhältnis. Es wird hier daher angenommen, daß eine morphologische Hierarchie auf jeder Ebene in eine prosodische Hierarchie umgewandelt wird, bevor sie den lexikalischen Regeln unterliegt (zu dieser Auffassung siehe auch Nespor/Vogel 1986). Der Kontrast zwischen *Kuchen* und *Kuhchen* wird durch diesen Mechanismus unmittelbar erfaßt. Nach der morphologischen Operation und im Moment der Anwendung der phonologischen Regel ist nur die phonologische Struktur (ein phonologisches Wort vs. zwei phonologische Wörter) sichtbar, die morphologische Struktur dagegen nicht. Das /X/ im Suffix *-chen*, das von der Regel (90) nicht erfaßt wird, wird durch die Default-Regel (93) als [-hint] spezifiziert.

Die in Abschnitt 4.1 vorgeschlagene Merkmalmatrix, nach der das Merkmal [-hint] für die deutschen Konsonanten unspezifiziert ist, wird damit durch die [ç]-[x]-Alternation motiviert [36].

Betrachten wir jetzt die dialektale Varianten mit [ʃ]-Realisierung. Für diese Dialekte alterniert das [x] mit [ʃ] (statt [ç]).

(97) *Bach* [bax] - *Becher* [bɛʃər]; *Loch* [lɔx] - *Löcher* [lœʃər]; *Sprache* [ʃpraxə] - *sprechen* [ʃprɛʃn̩]

Kloeke (1982a: 208) erklärt den Unterschied zwischen der Standardsprache und den Dialekten, die diese Alternation kennen, dadurch, daß die strukturelle Veränderung für den Wechsel /x/ -> [ç] [-hint] ist, während sie für den Wechsel /x/ -> [ʃ] [+kor] ist. In Anlehnung an WdA ("Großes Wörterbuch der deutschen Aussprache") charakterisiert er den /x/ -> [ç] Wechsel als eine "grundsätzliche Vorverlagerung der Artikulation".

---

[36] Bei der Spezifizierung von Vokalen habe ich das Merkmal [+hint] in der zugrundeliegenden Repräsentation verwendet. Das Merkmal [-hint] wird durch eine "Default"-Regel ermittelt. Eine Grammatik ist nach Archangeli (1984a: 54) höher zu bewerten, wenn sie die gleichen Merkmale bzw. Merkmalwerte für die Repräsentation von Konsonanten verwendet wie für die Repräsentation von Vokalen. Dies ist eine Konse-quenz aus dem Prinzip "Feature-Minimalization" (vgl. Archangeli 1984a).

Eine solche Vorverlagerung läßt sich aber durch eine Regel nicht ausdrücken, die [+kor] als ihre strukturelle Veränderung hat. Denn der Merkmalwert [α kor] entspricht nicht [α hint] ([x] ist [-kor, +hint]). Wurzel (1970: 234) beschreibt dagegen den Wechsel /x/ -> [ʃ] als eine Regelvereinfachung. Die strukturelle Veränderung für die [x]/[ʃ]-Alternation enthält nur [-hint], während die für die [x]/[ç]-Alternation sowohl [-hint] als auch [-kor] enthält. Ein Nachteil dieser Analyse ist es, daß die Regel für die [x]/[ç]-Alternation das Merkmal [-kor] in der strukturellen Veränderung enthalten muß, das gar nicht am Prozeß beteiligt ist; sowohl der velare als auch der palatale Frikativ sind [-kor].

Im Unterschied zu Wurzel (1970) und Kloeke (1982a) nehme ich an, daß bei der [x]/[ʃ]-Alternation ein anderer Prozeß ("Tilgung") vorliegt als bei der [x]/[ç]-Alternation ("Spreading") vorliegt. Dieser Prozeß ist eine Art der Dissimilation, in der einer von zwei aufeinanderfolgenden Dorsal-Artikulatoren zum koroanlen Artikulator wird. Die Regel ist folgendermaßen zu formulieren:

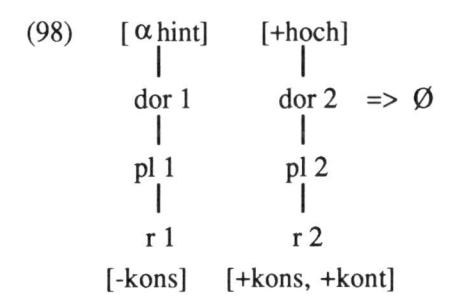

(98)   [α hint]   [+hoch]
         | |
        dor 1   dor 2   => Ø
         | |
        pl 1   pl 2
         | |
         r 1   r 2
       [-kons]   [+kons, +kont]

Nach der Tilgung des Dorsal-Knotens von /X/ wird das übriggebliebene Merkmal [+hoch] durch die Redundanzregel (92) als [+kor] spezifiziert, wobei [ʃ] an der Oberfläche erzeugt wird:

Bevor ich diesen Abschnitt beende, möchte ich meine Analyse mit der von Jessen (1988) vergleichen. Trotz der methodischen Ähnlichkeit (z.B. die Beschreibung der Frikativ-Assimilation mittels Spreading) unterscheidet sich mein Vorschlag in wesentlichen Punkten von seinem. Jessen (1988: 386) gibt für die [x]/[ç]-Alternation folgende informelle Regel an:

(99) DORSALER REIBELAUT
   Der dorsale Reibelaut trägt einen Dorsalknoten, der zugrundeliegend nicht für die dorsalen Merkmale [tief, hint, hoch] spezifiziert ist. Diese Merkmale werden durch *Spreading* des Dorsalknotens eines angrenzenden Segments übertragen.

Im Unterschied zu meiner Regel breitet die Regel (99) den ganzen Dorsal-Knoten eines benachbarten Segments auf den dorsalen Frikativ aus. Als Folge haben wir ein unerwünschtes Ergebnis: Wenn der dorsale Frikativ nach einem [+tief]-Vokal (z.B. *Krach*) oder [-hoch]-Vokal (z.B. *Docht, Echo*) vorkommt, erzeugt die Regel (99) unkorrekterweise einen [+tief]- oder [-hoch]-Frikativ an der Oberfläche. Um dies zu vermeiden, nimmt Jessen (1988: 387-388) zwei Redundanzregeln an:

(100) a. [+kons] -> [-tief]
     b. [DO +kons] -> DO
                                 |
                                [+hoch]

Ein Wort wie *Krach* wird nach seiner Analyse folgendermaßen abgeleitet (die Merkmalhierarchie wird hier vereinfacht wiedergegeben; "PE" (Peripheral)-Knoten kennzeichnet sekundäre Place-Merkmale):

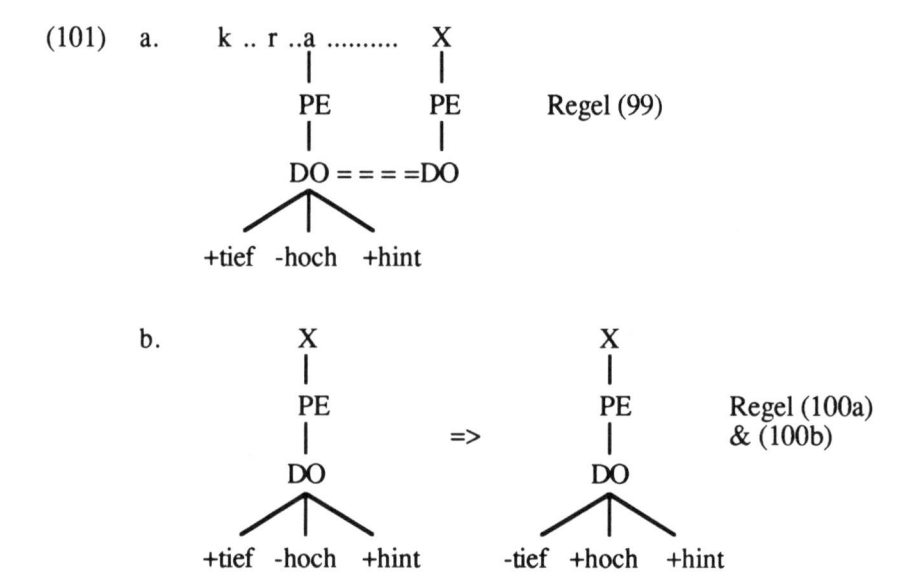

(101) a.   k .. r ..a X
                       | |
                   PE   PE   Regel (99)
                   | |
                DO = = = =DO
                   / | \
             +tief -hoch +hint

     b.   X   X
                 | |
                PE   PE   Regel (100a)
                 | => | && (100b)
                DO   DO
              / | \   / | \
          +tief -hoch +hint   -tief +hoch +hint

Die Redundanzregeln in (100) haben innerhalb der Analyse von Jessen eine merkmalverändernde Funktion: Sie überschreiben einfach die vorher durch die Anwendung der lexikalischen Regel (99) entstandenen Merkmalwerte des dorsalen Frikativs. Dies widerspricht dem wesentlichen Charakter der Redundanzregeln, die nur die zugrundeliegend unspezifizierten Merkmalwerte liefern. Sie können die zugrundeliegende oder abgeleitete Repräsentation nicht ändern ("Strukturbewahrung"). Außerdem gibt es keine Evidenz dafür, daß ein [+tief, -hoch, +hint]-Frikativ im Laufe der lexikalischen Ableitung entstehen kann.

Auf der anderen Seite erlaubt die Regel (99) ein simultanes beidseitiges Spreading, wobei der Auslöser sowohl ein Vokal als auch ein Konsonant sein kann. Wenn die Auslöser zu beiden Seiten des dorsalen Frikativs gegensätzliche Werte für [hint] ausbreiten, löst eine spezielle Konvention (siehe (102)) diesen Konflikt. Die von Jessen (1988: 389) dafür angeführten Beispiele sind in (103) (ebenfalls vereinfacht) angegeben.

(102) PRÄZEDENZREGEL

Entsteht durch beidseitiges Spreading das Ergebnis
```
    DO
    |
 [+/- hint]
```
so wird der Einfluß des nachfolgenden Segments blockiert.

(103) a. *Licht*

```
        i              X           t
        |              |           |
       DO  = = = = =  DO  = = =   DO
       ⋀                           |
  -tief +hoch -hint               -hint
```

b. *Docht*

```
        o              X           t
        |              |           |
       DO  = = = = =  DO = || =   DO
       ⋀                           |
  -tief -hoch +hint               -hint
```

c. *Echo*

```
        c              X           o
        |              |           |
       DO  = = = = =  DO = || =   DO
       ⋀                           ⋀
  -tief -hoch -hint         +hint -hoch -tief
```

Wenn die Ausbreitung zu beiden Seiten des dorsalen Frikativs stattfindet, können wir nicht erklären, warum das wortinitiale /X/ als [ç] realisiert wird, und zwar unabhängig von der Merkmalspezifizierung für [hint] des folgenden Vokals (Vgl. *[ç]irurg*, *[ç]emie*; *[ç]olesterin*, *[ç]arisma* etc.). Aus den Fakten (einschließlich Fällen wie *Echo*) wird klar, daß der folgende Vokal für die Realisierung des dorsalen Frikativs irrelevant ist. Die Argumentation von Jessen für eine beidseitige Assimilation wird daher ad absurdum geführt. Innerhalb seiner Analyse ist auch nicht begründet, warum ein universal unmarkierter alveolarer Laut für das Merkmal [hint] zugrundeliegend spezifiziert ist, während ein markierter dorsaler Laut unspezifiziert ist. Die Ausbreitung des Merkmalwerts [-hint] von einem alveolaren Konsonanten auf den Frikativ ist nach meiner Analyse prinzipiell ausgeschlossen, weil er zugrundeliegend für den Place-Knoten gar nicht spezifiziert ist (siehe (91)). Schließlich muß Jessen noch eine ad-hoc-Konvention einführen, um die Opposition *Kuchen* /*Kuhchen* zu beschreiben: Morphemgrenzen blockieren das Spreading des Merkmals [hint]. Diese Konvention muß vor der Präzedenzregel operieren, weil sonst eine unkorrekte Form wie [kuːxən] für *Kuhchen* an der Oberfläche erzeugt wird. Wie wir oben gesehen haben, ist eine solche Konvention unnötig, wenn das phonologische Wort als Domäne für die [x]/[ç]-Alternation angenommen wird.

Zusammenfassend läßt sich Folgendes sagen: Während in traditionellen Analysen mit vollspezifizierter Merkmalmatrix eine zugrundeliegende Form entweder als /x/ oder als /ç/ identifiziert werden muß, um daraus Oberflächenformen zu generieren, ist eine solche Festlegung unter Annahme der Unterspezifikation nicht notwendig. Dies wird in dieser Arbeit weiter dadurch begründet, daß das Merkmal [hint] für das deutsche Konsonantensystem zugrundeliegend gar nicht spezifiziert ist. Dieses Merkmal wird entweder durch eine lexikalische Regel (Frikativ-Assimilation) oder durch Redundanzregeln spezifiziert. Die Opposition *tauchen* /*Tauchen* läßt sich einfach erklären, wenn das phonologische Wort als Domäne für die [x]/[ç]-Alternation angenommen wird. Dadurch erübrigt sich eine ad-hoc-Bedingung, die auf die Morphemgrenze bezugnimmt.

Literaturverzeichnis

Abaglo, P./Archangeli, D. (1989) Language-Particular Underspecification: Gengbe /e/ and Yoruba /i/. *Linguistic Inquiry* 20, 457-480.

Allen, M.R. (1978) *Morphological Investigations*. Ph.D. Dissertation, University of Connecticut.

Anderson, J./Ewen, C./Staun, J. (1985) Phonological structure: segmental, suprasegmental and extrasegmental. *Phonology Yearbook* 2, 203-224.

Archangeli, D. (1983) The root CV template as a property of the affix: evidence from Yawelmani. *Natural Language and Linguistic Theory* 1, 347-384.

Archangeli, D. (1984a) *Underspecification in Yawelmani Phonology and Morphology*. Ph.D. Dissertation, MIT.

Archangeli, D. (1984b) Extrametricality in Yawelmani. *The Linguistic Review* 4, 101-120.

Archangeli, D. (1985a) Underspecification in underlying representation. In: G. Youmans (ed.) *In memory of Roman Jakobson: papers from the 1984 Mid-America Linguistics Conference*. Columbia, Mo.: Linguistic Area Program, 3-15.

Archangeli, D. (1985b) An Overview of the Theory of Lexical Phonology and Morphology. *MIT Working Papers in Linguistics* 7, 1-14.

Archangeli, D. (1986) The OCP and Nyangumarta Buffer Vowels. *Proceedings of the 17th Annual Meeting of NELS, GLSA*, University of Massachusetts, Amherst, 34-46.

Archangeli, D. (1988) Aspects of underspecification theory. *Phonology* 5, 183-207.

Archangeli, D./Pulleyblank, D. (1986) *The Content and Structure of Phonological Representation*. Cambridge, Mass., ms.

Archangeli, D./Pulleyblank, D. (1987) Maximal and minimal rules: effects of tier scansion. *Proceedings of the 17th Annual Meeting of NELS, GLSA*, University of Massachusetts, Amherst, 16-35.

Archangeli, D./Pulleyblank, D. (1989) Yoruba vowel harmony. *Linguistic Inquiry* 20, 173-217.

Aronoff, M. (1976) *Word Formation in Generative Grammar*. Cambridge, Mass.: MIT Press.

Askedal, J.O. (1984) Über anlautende Konsonantenverbindungen im Deutschen. *Neuphilologische Mitteilungen* 85, 369-374.

Avery, P./Rice, K. (1989) Segment structure and coronal underspecification. *Phonology* 6, 179-200.

Bach, E./King, R.D. (1970) Umlaut in modern German. *Glossa* 4, 3-21.

Basbøll, H. (1984) Review of I. Maddieson (1984) Pattern of sounds. Cambridge: Cambridge University Press. *Phonology Yearbook* 2, 343-354.

Bloomfield, L. (1930) German [ç] and [x]. *Le Maître Phonétique* 30, 358-380.

Bloomfield, L. (1933) *Language*. London: George Allen.

Booij, G.E. (1983) Principles and parameters in prosodic phonology. *Linguistics* 21, 249-280.

Booij, G.E. (1984a) Neutral vowels and the autosegmental analysis of Hungarian vowel harmony. *Linguistics* 22, 629-641.

Booij, G.E. (1984b) French C/Ø-Alternations, Extrasyllabicity and Lexical Phonology. *The Linguistic Review* 3, 181-207.

Booij, G.E. (1985) Coordination reduction in complex words: A case for prosodic phonology. In: H. van der Hulst/N. Smith (eds.) *Advances in Nonlinear Phonology*. Dordrecht: Foris, 143-160.

Booij, G.E. (1988a) *Phonology and Morphology: the Dutch contribution*. Amsterdam (= *Vrije Universiteit Working Papers in Linguistics* 29).

Booij, G.E. (1988b) Review of Nespor, M./Vogel, I. (1986) Prosodic Phonology. Dordrecht: Foris.. *Journal of Linguistics* 24, 515-525.

Booij, G.E./Rubach, J. (1984) Morphological and prosodic domains in Lexical Phonology. *Phonology Yearbook* 1, 1-27.

Booij, G.E./Rubach, J. (1987) Postcyclic versus postlexical rules in Lexical Phonology. *Linguistic Inquiry* 18, 1-44.

Borowsky, T.J. (1983) On glide insertion in Luganda. *Chicago Linguistic Society* 19, University of Chicago, 39-51.

Borowsky, T.J. (1984) On Resyllabification in English. *Proceedings of 3rd West Coast Conference on Formal Linguistics*, 1-15.

Borowsky, T.J. (1985) Empty and Unspecified Segments. *Proceedings of the 4th West Coast Conference on Formal Linguistics*, 46-57.

Borowsky, T.J. (1986) *Topics in the lexical phonology of English*. Ph.D. Dissertation, University of Massachusetts, Amherst.

Borowsky, T.J. (1987) Antigemination in English Phonology. *Linguistic Inquiry* 18, 671-690.

Borowsky, T.J. (1989) Structure Preservation and the Syllable Coda in English. *Natural Language and Linguistic Theory* 7, 145-166.

Borowsky, T.J./Mester, R.-A. (1983) Aspiration to roots: Remarks on the Sanskrit disaspirates. *Chicago Linguistic Society* 19, University of Chicago, 52-63.

Borowsky, T.J./Itô, J./Mester, R.-A. (1984) The formal representation of ambisyllabicity: Evidence from Danish. *Proceedings of the 14th Annual Meeting of NELS*, University of Massachusetts, Amherst, 34-48.

Cairns, C.E./Feinstein, M. (1982) Markedness and the theory of syllable structure. *Linguistic Inquiry* 13, 193-225.

Cairns, C.E. (1988) Phonotactics, markedness and lexical representation. *Phonology* 5, 209-236.

Chomsky, N./Halle, M. (1968) *The sound pattern of English*. New York: Harper & Row.

Christdas, P. (1988) *The Phonology and Morphology of Tamil*. Ph.D. Dissertation, Cornell University.

Clements, G.N. (1980) *Vowel harmony in nonlinear generative phonology: an autosegmental model*. Bloomington, Indiana: Indiana University Linguistics Club.

Clements, G.N. (1981) Akan vowel harmony: a nonlinear analysis. *Harvard Studies in Phonology* 2, 108-177.

Clements, G.N. (1984) Principles of Tone Assignment in Kikuyu. In: G.N. Clements/J. Goldsmith (eds.) *Autosegmental Studies in Bantu Tone*, Dordrecht: Foris.

Clements, G.N. (1985) The geometry of phonological features. *Phonology Yearbook* 2, 225-252.

Clements, G.N. (1987) Phonological feature representation and the description of intrusive stops. In: A. Bosch/B. Need/E. Schiller (eds.) *Papers from the parasession on autosegmental and metrical phonology*. Chicago: Chicago Linguistic Society, 29-50.

Clements, G.N. (1988) Toward a substantive theory of feature specification. *Proceedings of the North Eastern Linguistic Society* 18, 79-93.

Clements, G.N. (1989) *A unified set of features for consonants and vowels*. Cornell University, ms.

Clements, G.N. (1990) The Role of the Sonority Cycle in Core Syllabification. In: J. Kingston/M. Beckman (eds.) *Papers in Laboratory Phonology I. Between the Grammar and Physics of Speech*. Cambridge: Cambridge University Press, 283-333.

Clements, G.N./Keyser, S.J. (1981) A three-tiered theory of the syllable. *Occasional Paper* No. 19, Center for Cognitive Science, MIT.

Clements, G.N./Keyser, S.J. (1983) *CV phonology: a generative theory of the syllable*. Cambridge, Mass.: MIT Press.

Clements, G.N./Sezer, E. (1982) Vowel and consonant disharmony in Turkish. In: H. van der Hulst/ N. Smith (eds.) *The Structure of Phonological Representations (Part II)*. Dordrecht: Foris, 213-255.

Davis, S. (1985) *Topics in Syllable Geometry*. Ph.D. Dissertation, University of Arizona

Davis, S. (1989a) On a non-argument for the Rhyme. *Journal of Linguistics* 25, 211-217.

Davis, S. (1989b) The Location of the Feature [continuant] in Feature Geometry. *Lingua* 78, 1-22.

Davis, S. (1990) An Argument for the Underspecification of [coronal] in English. *Linguistic Inquiry* 21, 301-306.

Dinnsen, D.A. (1985) A re-examination of phonological neutralization. *Journal of Linguistics* 21, 265-279.

Dikken, den M./Hulst, H. van der (1988) Segmental hiaritecture. In: H. van der Hulst/N. Smith (eds.) *Features, segmental structure, an harmony processes*. Dordrecht: Foris, 1-78.

Dogil, G. (1984) On the evaluation measure for prosodic phonology. *Linguistics* 22, 281-311.

Dogil, G. (1988a) Phonological configurations: Natural classes, sonority and syllabicity. *Wiener Linguistische Gazette* 40-41, 93-106.

Dogil, G. (1988b) *Linguistic Phonetic Features: A study in systematic phonetics*. Universität Duisburg, Duisburg (= *LAUD*, A 209).

Dogil, G/Jessen, M. (1989) Phonologie in der Nähe der Phonetik: die Affrikaten im Polnischen und im Deutschen. In: M. Prinzhorn (ed.) *Phonologie*. Opladen: Westdeutscher Verlag (= *Linguistische Berichte Sonderheft* 2/1989), 223-279.

Dressler, W.U. (1976) Morphologization of phonological processes: are there distinct morphological processes? In: A. Juilland (ed.) *Linguistic studies offered to Joseph Greenberg. Vol. 2.* Saratoga: Anma Libri, 313-337.

Dressler, W.U. (1981) External Evidence for an abstract analysis of the German velar nasal. In: D.L. Goyvaerts (ed.) *Phonology in the 1980's.* Ghent: Story-Scientia, 445-467.

Dressler, W.U. (1984) Explaining Natural Phonology. *Phonology Yearbook* 1, 29-51.

Eisenberg, P./Ramers, K.H. /Vater, H. (eds.) (zu erscheinen) *Die Silbenphonologie des Deutschen.* Tübingen: Narr.

Essen, O. von (1979[5]) *Allgemeine und angewandte Phonetik.* Berlin: Akademie-Verlag.

Ewen, C.J. (1982) The Internal Structure of Complex Segments. In: H. van der Hulst/N. Smith (eds.) *The Structure of Phonological Representations (Part II).* Dordrecht: Foris, 27-67.

Feinstein, M.H. (1979) Prenasalization and Syllable Structure. *Linguistic Inquiry* 10, 245-278.

Féry, C. (1989) *Prosodic and tonal structure of standard German.* Ph.D. Dissertation, Universität Konstanz. (= *Fachgruppe Sprachwissenschaft der Universität Konstanz Arbeitspapier* Nr. 9)

Fleischer, W. (1969, 1982[5]) *Wortbildung der deutschen Gegenwartssprache.* Tübingen: Niemeyer.

Fudge, E. (1969) Syllables. *Journal of Linguistics* 5, 253-286.

Fudge, E. (1987) Branching Structure within the syllable. *Journal of Linguistics* 23, 359-377.

Giegerich, H.J. (1985) *Metrical phonology and phonological structure. German and English.* Cambridge: Cambridge University Press.

Giegerich, H.J. (1987) Zur Schwa-Epenthese im Standarddeutschen. *Linguistische Berichte* 112, 449-469.

Giegerich, H.J. (1988) Strict cyclicity and elsewhere. *Lingua* 75, 125-134.

Giegerich, H.J. (1989) *Syllable structure and lexical derivation in German.* Bloomington, Indiana: Indiana University Linguistics Club.

Giegerich, H.J. (1991) Onset Maximasation in German: the case against resyllabification rules. Erscheint in: P. Eisenberg/K.H. Ramers/H. Vater (eds.)

Goldsmith, J.A. (1976) *Autosegmental Phonology.* Ph.D. Dissertation, MIT. Bloomington, Indiana: Indiana University Linguistics Club.

Goldsmith, J.A. (1985) Vowel Harmony in Khalkha Mongolian, Yaka, Finnish and Hungarian. *Phonology Yearbook* 2, 253-275.

Goldsmith, J.A. (1987) Vowel systems. *Chicago Linguistic Society* 23, University of Chicago, 116-133.

Goldsmith, J.A. (1990) *Autosegmental & Metrical Phonology.* Oxford, Cambridge: Basil Blackwell.

Greenberg, J.H. (1966) *Language universals.* Den Haag: Mouton. Auch in: T.A. Sebeok (ed.) 1980. *Current trends in linguistics. III: Theoretical foundations.* Den Haag: Mouton, 2.A. 61-112.

Griffen, T.D. (1985) *Aspects of dynamic phonology.* Amsterdam: Benjamins.

Haas, W.G. de (1986) A CV analysis of vowel hiatus in Kasem. In: F. Beukema/A. Hulk (eds.) *Linguistics in the Netherlands 1986.* Dordrecht: Foris, 61-69.

Haas, W.G. de (1987) An autosegmental approach to vowel coalescence. *Lingua* 73, 149-181.

Haas, W.G. de (1988a) *A Formal Theory of Vowel Coalescence: A Case Study of Ancient Greek*. Dordrecht: Foris.

Haas, W.G. de (1988b) Phonological implications of skeleton and feature underspecification in Kasem. *Phonology* 5, 237-254.

Hall, T.A. (1989a) Lexical Phonology and the distribution of German [ç] und [x]. *Phonology* 6, 1-17.

Hall, T.A. (1989b) German syllabification, the velar nasal, and the representation of schwa. *Linguistics* 27, 807-842.

Hall, T.A. (1991a) *Syllable Structure and Syllable-Related Processes in German*. Eine überarbeitete Fassung der Ph.D. Dissertation, University of Washington, Seatle.

Hall, T.A. (1991b) Syllable Final Clusters and Schwa Epenthesis in German. Erscheint in: P. Eisenberg/K.H. Ramers/H. Vater (eds.)

Halle, M. (1959) *The Sound Pattern of Russian*. The Hague: Mouton.

Halle, M. (1986) *On Speech Sounds and Their Immanent Structure*. Unveröffentlichtes Manuskript. MIT, Cambridge, Mass.

Halle, M./Mohanan, K.P. (1985) Segmental Phonology of Modern English. *Linguistic Inquiry* 16, 57-116.

Halle, M./Vergnaud, J.R. (1978) *Metrical Structures in Phonology*. MIT, Cambridge, Mass., ms.

Halle, M./Vergnaud, J.R. (1980) Three dimensional phonology. *Journal of Linguistic Research* 1, 83-105.

Halle, M./Vergnaud, J.R. (1981) Harmony processes. In: W. Klein/W. Levelt (eds.) *Crossing the Boundaries in Linguistics. Studies Presented to Manfred Bierwisch*. Dordrecht: Reidel, 1-22.

Halle, M./Vergnaud, J.R. (1982) On the framework of autosegmental phonology. In: H. van der Hulst/N. Smith (eds.) *The Structure of Phonological Representations (Part I)*. Dordrecht: Foris, 65-82.

Hamans, C. (1985) Umlaut in a Dutch dialect. In: H. van der Hulst/N. Smith (eds.) *Advances in Nonlinear Phonology*. Dordrecht: Foris, 381-396.

Hammond, M. (1984a) Level ordering, inflection, and the righthand head rule. *MIT Working Papers in Linguistics* 7, 33-52.

Hammond, M. (1984b) *Constraining Metrical Theory: A modular Theory of Stressing and Destressing* Ph.D. Dissertation, UCLA.

Hammond, M./ Noonan, M. (1988) Morphology in the Generative Paradigm. In: M. Hammond/M. Noonan (eds.), *Theoretical Morphology*. San Diego et al.: Academic Press, 1-19.

Hankamer, J./Aissen, J. (1974) The sonority hierarchy. In: A. Bruck et al. (eds.) *Papers from the Parasession on natural phonology*. Chicago Linguistic Society 10, 131-145.

Harris, J. (1980) Nonconcatenative Morphology and Spanish Plurals. *Journal of Linguistic Research* 1, 15-31.

Harris, J. (1983) *Syllable structure and stress in Spanish: a nonlinear analysis*. Cambridge, Mass.: MIT Press.

Harris, J. (1987) Non-structure-preserving rules in Lexical Phonology: Southeastern Bantu Harmony. *Lingua* 72, 255-292.

Harris, J. (1989) Towards a lexical analysis of sound change in progress. *Journal of Linguistics* 25, 35-56.

Hayes, B. (1980) *A metrical theory of stress rules*. Ph.D. Dissertation, MIT. Distributed 1981, Indiana University Linguistics Club.

Hayes, B. (1982) Extrametricality and English stress. *Linguistic Inquiry* 13, 227-276.

Hayes, B. (1986a) Inalterability in CV Phonology. *Language* 62, 321-352.

Hayes, B. (1986b) Assimilation as spreading in Toba Batak. *Linguistic Inquiry* 17, 467-499.

Hayes, B. (1986c) Review of H. Giegerich (1985) *Journal of Linguistics* 22, 229-235.

Hayes, B. (1989) Compensatory Lengthening in Moraic Phonology. *Linguistic Inquiry* 20, 253-306.

Hockett, Ch.F. (1955) *A Manual of Phonology*. Baltimore: Waverly Press.

Hooper, J.B. (1972) The syllable in phonological theory. *Language* 48, 525-540.

Hooper, J.B. (1976) *An introduction to natural generative phonology*. New York, San Francisco, London: Academic Press.

Höhle, T.N. (1982a) Markiertheit, Linking, Regelformat. –Evidenz aus dem Deutschen. In: T. Vennemann (Hrsg.) *Silben, Segmente, Akzente*. Tübingen: Niemeyer, 99-139.

Höhle, T.N. (1982b) Über Komposition und Derivation: Zur Konstituentenstruktur von Wortbildungsprodukten im Deutschen. *Zeitschrift für Sprachwissenschaft* 1, 76-112.

Höhle, T.N./Vater, H. (1978) Derivational constraints und die silbischen Konsonanten im Deutschen. In: *Studia linguistica alexandro vasilii filio Issatschenko a collegis amicisque oblata*. Lisse: Peter de Ridder, 169-186.

Hulst, H. van der (1984) *Syllable structure and stress in Dutch*. Dordrecht: Foris.

Hulst, H. van der (1989) Atoms of segmental structure: components, gestures and dependency. *Phonology* 6, 253-284.

Hulst, H. van der/Smith, N. (1982) Autosegmental and metrical phonology. In: H. van der Hulst/N. Smith (eds.) *The Structure of Phonological Representations (Part I)*. Dordrecht: Foris, 1-45.

Hulst, H. van der/Smith, N. (1985a) The framework of nonlinear generative phonology. In: H. van der Hulst/N. Smith (eds.) *Advances in nonlinear phonology*. Dordrecht: Foris, 3-55.

Hulst, H. van der/Smith, N. (1985b) Vowel features and umlaut in Djingili, Nyangumarda and Warlpiri. *Phonology Yearbook* 2, 277-303.

Hulst, H. van der/Smith, N. (eds.) (1988) *Features, Segmental Structure and Harmony Processes (Part I & II)*. Dordrecht: Foris.

Hyman, L.M. (1985) *A theory of phonological weight*. Dordrecht: Foris.

Hyman, L.M. (1988) Underspecification and vowel height transfer in Esimbi. *Phonology* 5, 255-273.

Inkelas, S. (1989) *Prosodic Constituency in the Lexicon*. Ph.D. Dissertation, Stanford University.

Isačenko, A.V. (1963) Der phonologische Status des velaren Nasals im Deutschen. *Zeitschrift für Phonetik, Sprachwissenschaft und Kommunikationsforschung* 16, 77-84.

Isačenko, A.V. (1974) Das 'Schwa mobile' und 'Schwa constans'im Deutschen. In: U. Engel/P. Grebe (eds.) *Sprachsystem und Sprachgebrauch: Festschrift für Hugo Moser zum 65. Geburtstag* (= Sprache der Gegenwart 33), Düsseldorf: Schwann, 142-171.

Itô, J. (1986) *Syllable theory in prosodic phonology*. Ph.D. Dissertation, University of Massachusetts, Amherst.

Itô, J. (1989) A Prosodic Theory of Epenthesis. *Natural Language and Linguistic Theory* 7, 217-260.

Itô, J./Mester, A. (1986) The phonology of voicing in Japanese: theoretical consequences for morphological accessibility. *Linguistic Inquiry* 17, 49-73.

Iverson, G.K. (1987) The revised alternation condition in Lexical Phonology. *Nordic Journal of Linguistics* 10, 151-164.

Iverson, G.K. (1989) On the category Supralaryngeal. *Phonology* 6, 285-303.

Iverson, G.K./Wheeler, D.W. (1988) Blocking and the Elsewhere Condition. In: M. Hammond/M. Noonan (eds.) *Theoretical Morphology*. San Diego et al.: Academic Press, 325-338.

Iverson, G.K./Kesterson, C.A. (1989) Foot and Syllable Structure in Modern Icelandic. *Nordic Journal of Linguistics* 12, 13-45.

Jakobson, R./Fant, G./Halle, M. (1951) *Preliminaries to speech analysis*. Cambridge, Mass.: MIT Press.

Janda, R.D. (1983) Two umlaut-heresies and their claim to orthodoxy. *Coyote Working Papers in Linguistics from A-Z* 4, University of Arizona, Tucson, Arizona, 59-71.

Jessen, M. (1988) Die dorsalen Reibelaute [ç] und [x] im Deutschen. *Linguistische Berichte* 117, 371-396.

Kager, R./Zonneveld, W. (1985) Schwa, Syllables and Extrametricality in Dutch. *The Linguistic Review* 5, 197-221.

Kahn, D. (1976) *Syllable-based generalizations in English phonology*. Ph.D. Dissertation, MIT.

Kaisse, E. (1985) *Connected Speech. The Interaction of Syntax and Phonology*. New York: Academic Press.

Kaisse, E. (1987) Rhythm and the Cycle. *Chicago Linguistic Society* 23, University of Chicago, 199-209.

Kaisse, E.M./Shaw, P.A. (1985) On the theory of lexical phonology. *Phonology Yearbook* 2, 1-30.

Kaye, J. (1989) *Phonology: A Cognitive View*. Hilsdale, New Jersey: Lawrence Erlbaum Associates.

Kaye, J./Lowenstamm, J./Vergnaud, J.R. (1985) The internal structure of phonological elements: a theory of charm and government. *Phonology Yearbook* 2, 305-328.

Kean, M.L. (1975) *The Theory of Markedness in Generative Grammar*. Ph.D. Dissertation, MIT. Distributed 1980, Indiana University Linguistics Club.

Kenstowicz, M./Kisseberth, C.W. (1977) *Topics in phonological theory*. New York: Academic Press.

Kenstowicz, M./Rubach, J. (1987) The phonology of syllabic nuclei in Slovak. *Language* 63, 463-497.

Kettemann, B. (1977) Lexikoneinträge mit dem deutschen velaren Nasal in einer natürlichen generativen Phonologie. *Linguistics* 197, 33-47.

Kiparsky, P. (1966) Über den deutschen Akzent. In: *Studia Grammatica VII. Untersuchungen über Akzent und Intonation im Deutschen*. Berlin: Akademie-Verlag, 69-98.

Kiparsky, P. (1968, 1973) How abstract is phonology? In: O. Fujimura (ed.) *Three Dimensions of Phonological Theory*. Tokyo: TEC, 1-136.

Kiparsky, P. (1979) Metrical structure assignment is cyclic. *Linguistic Inquiry* 10, 421-442.

Kiparsky, P. (1982a) From cyclic phonology to lexical phonology. In: H. van der Hulst/N. Smith (eds.) *The Structure of Phonological Representations (Part I)*. Dordrecht: Foris, 131-175.

Kiparsky, P. (1982b) Lexical morphology and phonology. In: I.-S. Yang (ed.) *Linguistics in the Morning Calm*. Seoul: Hanshin, 3-91.

Kiparsky, P. (1984) On the Lexical Phonology of Icelandic. In: C.-C. Elert (ed.) *Nordic Prosody III. Papers from a Symposium*. Stockholm: Almqvist & Wiksell, 135-164.

Kiparsky, P. (1985) Some consequences of lexical phonology. *Phonology Yearbook* 2, 83-138.

Kloeke, W.U.S. van Lessen (1982a) *Deutsche Phonologie und Morphologie: Merkmale und Markiertheit*. Tübingen: Niemeyer (= *Linguistische Arbeiten* 117).

Kloeke, W.U.S. van Lessen (1982b) Externe Argumente in der Sprachbeschreibung. In: T. Vennemann (Hrsg.) *Silben, Segmente, Akzente*. Tübingen: Niemeyer, 171-182.

Kohler, K.J. (1977) *Einführung in die Phonetik des Deutschen*. Berlin: Schmidt.

Kohrt, M. (1980) Rule Ordering, rule extension, and the history and present state of /ng/ clusters in German. *Linguistics* 18, 777-802.

Krech, E.-M. et al. (eds.) (1982) *Großes Wörterbuch der deutschen Aussprache*. Leipzig: VEB Bibliographisches Institut.

Laeufer, C. (1985) *Some language-specific and universal aspects of syllable structure and syllabification: evidence from French and German*. Ph.D. Dissertation, Cornell University.

Lass, R. (1984) *Phonology. An introduction to basic concepts*. Cambridge University Press.

Laubstein, A.S. (1988) *The Nature of the 'Production Grammar' Syllable*. Bloomington, Indiana: Indiana University Linguistics Club.

Leben, W. (1973) *Suprasegmental phonology*. Ph.D. Dissertation, MIT. Distributed by Indiana University Linguistics Club.

Lenerz, J. (1985) Phonologische Aspekte der Assimilation im Deutschen. *Zeitschrift für Sprachwissenschaft* 4, 5-36.

Levin, J. (1983) *Reduplication and prosodic structure*. MIT, ms.

Levin, J. (1984) Conditions on Syllable Structure and Categories in Klamath Phonology. *Proceedings of WCCFL* 3, 158-169.

Levin, J. (1985) *A Metrical Theory of Syllabicity*. Ph.D. Dissertation, MIT.

Levin, J. (1987) Between Epenthetic and Excrescent Vowels (or what happens after redundancy rules). *Proceedings of WCCFL* 6, 187-201.

Levin, J./Sproat, R./Katanatale, P. (1984) *Three Heads are Better than One*. MIT, ms.

Liberman, M./Prince, A. (1977) On stress and linguistic rhythm. *Linguistic Inquiry* 8, 249-336.

Lieber, R. (1981) *On the Organization of the Lexicon*. Ph.D. Dissertation, MIT. Reproduced by the Indiana University Linguistics Club.

Lieber, R. (1987) *An integrated theory of autosegmental processes*. Albany: State University of New York Press.

Lightner, T.M. (1963) A note on the formulation of phonological rules. *MIT Quarterly Progress Report of the Research Laboratory of Electronics* 68, 187-189.

Lodge, K. (1989) A non-segmental account of German Umlaut: diachronic and synchronic perspectives. *Linguistische Berichte* 124, 470-491.

Lombardi, L. (1990) The Nonlinear Organization of the Affricate. *Natural Language and Linguistic Theory* 8, 375-425.

Maddieson, I. (1984) *Patterns of sounds*. Cambridge: Cambridge University Press.

Mascaró, J. (1976) *Catalan phonology and the phonological cycle*. Ph.D. Dissertation, MIT. Bloomington, Indiana: Indiana University Linguistics Club.

Mascaró, J. (1987) Strict-Cyclic Effects by Rule Application and Lexical Phonology. In: W.U. Dressler et al. (eds.) *Phonologica 1984*. London et al.: Cambridge University Press, 148-151.

McCarthy, J. (1979) *Formal problems in semitic phonology and morphology*. Ph.D. Dissertation, MIT.

McCarthy, J. (1981) A Prosodic theory of nonconcatenative morphology. *Linguistic Inquiry* 12, 373-418.

McCarthy, J. (1982) Prosodic Templates, Morphemic Templates, and Morphemic Tiers. In: H. van der Hulst/N. Smith (eds.) *The Structure of Phonological Representations (Part I)*. Dordrecht: Foris, 191-223.

McCarthy, J. (1984) Prosodic Organization in Morphology. In: M. Aronoff/R. Oehrle (eds.) *Language Sound Structure*, 299-317.

McCarthy, J. (1986) OCP effects: Gemination and antigemination. *Linguistic Inquiry* 17, 207-263.

McCarthy, J. (1988a) Tone and the Morphemic Tier Hypothesis. In: M. Hammond/M. Noonan (eds.) *Theoretical Morphology*. San Diego et al.: Academic Press, 353-370.

McCarthy, J. (1988b) Feature Geometry and Dependency: A Review. *Phonetica* 43, 84-108.

McCarthy, J. (1989) Linear order in phonological representation. *Linguistic Inquiry* 20, 71-99.

McCarthy, J./Prince, A. (1986) *Prosodic Morphology*. University of Massachusetts, Amherst and Brandeis University, ms.

Meinhold, G. (1973) *Deutsche Standardsprache. Lautschwächungen und Formstufen*. Jena: Friedrich-Schiller-Universität Jena.

Meinhold, G./Stock, E. (1982) *Phonologie der deutschen Gegenwartssprache.* Leipzig: VEB Bibliographisches Institut.

Menzerath, P./de Lacerda, A. (1934) *Koartikulation, Steuerung und Lautabgrenzung.* Bonn, Berlin.

Mester, R.A. (1988) *Studies in Tier Structure.* New York, London: Garland.

Mester, R.A./Itô, J. (1989) Feature predictability and underspecification: palatal prosody in Japanese mimentics. *Language* 65, 258-293.

Mohanan, K.P. (1982) *Lexical Phonology.* Ph.D. Dissertation, MIT.

Mohanan, K.P. (1985) Syllable structure and lexical strata in English. *Phonology Yearbook* 2, 139-155.

Mohanan, K.P. (1986) *The theory of lexical phonology.* Dordrecht: Reidel.

Mohanan, K.P./Halle, M. (1985) Segmental Phonology of Modern English. *Linguistic Inquiry* 16, 57-116.

Mohanan, K.P./Mohanan, T. (1984) Lexical Phonology of the Consonant System in Malayalam. *Linguistic Inquiry* 15, 575-602.

Mohanan, T. (1989) Syllable Structure in Malayalam. *Linguistic Inquiry* 20, 589-625.

Morciniec, N. (1968) *Distinktive Spracheinheiten im Niederländischen und Deutschen.* Wroclaw.

Moulton, W.G. (1947) Juncture in modern standard German. *Language* 23, 212-226. Zitiert nach Moulton, W.G. (1970) Phonemische Segmentierungsmerkmale in der deutschen Hochsprache der Gegenwart. In: H. Steger (ed.) *Vorschläge für eine strukturale Grammatik des Deutschen.* Darmstadt: Wissenschaftliche Buchgesellschaft, 429-453.

Moulton, W.G. (1956) Syllabic nuclei and final consonant clusters in German. In: M. Halle/H.G. Lunt/H. McLean/Ch.van Schooneveld (eds.) *For Roman Jakobson. Essays on the occasion of his sixth birthday 11. October 1956,* The Hague: Mouton, 372-381.

Moulton, W.G. (1962) *The sounds of English and German.* Chicago: University of Chicago Press.

Murray, R./Vennemann, T. (1983) Sound change and syllable structure in Germanic Phonology. *Language* 59, 514-528.

Myers, S. (1985) The long and the short of it: a metrical theory of English vowel quality. *Proceedings of the 21st Meeting of the Chicago Linguistic Society,* 275-288.

Nespor, M./Vogel, I. (1986) *Prosodic phonology.* Dordrecht: Foris.

O'Dell, M./Port, R. (1983) *Discrimination of word-final voicing in German.* Paper presented at the Acoustical Society of America, Cincinnati.

Odden, D. (1986) On the Role of Obligatory Contour Principle in Phonology. *Language* 62, 353-383.

Odden, D. (1988) Anti Antigemination and the OCP. *Linguistic Inquiry* 19, 451-475.

Olsen, S. (1986) *Wortbildung im Deutschen. Eine Einführung in die Theorie der Wortstruktur.* Stuttgart: Kröner.

Olsen, S. (1988) Flickzeug vs. Abgasarm: eine studie zur Analogie in der Wortbildung. In: F.G. Gentry (ed.) *Semper idem et novus. Festschrift for Frank Banta.* Göppingen: Kümmerle. (= *Göppinger Arbeiten zur Germanistik* 481), 75-97.

Paradis, C. (1987) On phonological constraints. *McGill Working Papers in Linguistics* 4(2), McGill University, Montréal, 141-167.

Paradis, C. (1988) Towards a theory of constraint violations. *McGill Working Papers in Linguistics* 5(1), McGill University, Montréal, 1-43.

Paradis, C./Prunet, J.-F. (1989) On coronal transparency. *Phonology* 6, 317-348.

Paradis, C./Prunet, J.-F. (eds.) (1991) *The special Status of Coronals: Internal and External Evidence.* New York: Academic Press. (= *Phonetics and Phonology.* Vol. 2).

Pesetsky, D. (1979) *Russian Morphology and Lexical Theory.* MIT, ms.

Piggot, G.L. (1988) The Parameters of Nasalization. *McGill Working Papers in Linguistics* 5(2), McGill University, Montréal, 128-177.

Port, R./Mitleb, F./O'Dell, M. (1981) *Neutralization of obstruent voicing in German is incomplete.* Paper presented at the Acoustical Society of America, Miami.

Poser, W.J. (1986) Diyari Stress, Metrical Structure Assignment, and the Nature of Metrical Representation. *Proceedings of 5th West Coast Conference on Formal Linguistics*, 178-191.

Prince, A. (1987) Planes and Copying. *Linguistic Inquiry* 18, 491-509.

Prinz, M./Wiese, R. (1991) Die Affrikaten des Deutschen und ihre Verschriftung. *Linguistische Berichte* 133, 165-189.

Pulleyblank, D. (1986a) *Tone in Lexical Phonology.* Dordrecht: Reidel.

Pulleyblank, D. (1986b) Underspecification and low vowel harmony in Okpe. *Studies in African Linguistics* 17, 119-153.

Pulleyblank, D. (1986c) Rule Application on a Noncyclic Stratum. *Linguistic Inquiry* 17, 573-580.

Pulleyblank, D. (1989) Underspecification, the feature hierarchy and Tiv vowels. *Phonology* 5, 299-326.

Pulleyblank, D. (1988) Vocalic Underspecification in Yoruba. *Linguistic Inquiry* 19, 233-270.

Pulleyblank, E.G. (1989) The role of coronal in articulator based features. *Chicago Linguistic Society* 25, 379-393.

Ramers, K.H. (1991) Ambilbische Konsonanten im Deutschen. Erscheint in: P. Eisenberg/K.H. Ramers/H. Vater (eds.)

Ramers, K.H./Vater, H. (1988) *Einführung in die Phonologie.* Köln (= *KLAGE* 16).

Rice, K. (1986) The Function of Structure Preservation: Derived environments. *Proceedings of the 17th Annual Meeting of NELS*, University of Massachusetts, Amherst, 501-519.

Ringen, C. (1975) *Vowel harmony: theoretical implications.* Ph.D. Dissertation, Indiana University.

Ringen, C.O. (1988) Transparency in Hungarian vowel harmony. *Phonology* 5, 327-342.

Rubach, J. (1984) *Cyclic and Lexical Phonology: the Structure of Polish.* Dordrecht: Foris.

Rubach, J. (1985) Lexical Phonology: Lexical and Postlexical Derivations. *Phonology Yearbook* 2, 157-172.

Rubach, J. (1990) Final devoicing and cyclic syllabification in German. *Linguistic Inquiry* 21, 79-94.

Sagey, E. (1986a) *The Representation of Features and Relations in Nonlinear Phonology*. Ph.D. Dissertation, MIT.

Sagey, E. (1986b) On the Representation of Complex Segments. In: E. Sezer/L. Wetzels (eds.) *Compensatory Lengthening*. Dordrecht: Foris, 251-295.

Sagey, E. (1988) On the Ill-Formedness of Crossing Association Lines. *Linguistic Inquiry* 19, 108-118.

Scalise, S. (1984) *Generative Morphology*. Dordrecht: Foris.

Schein, B./Steriade, D. (1986) On Geminates. *Linguistic Inquiry* 17, 691-744.

Selkirk, E.O. (1980a) *On prosodic structure and its relation to syntactic structure*. Bloomington, Indiana: Indiana University Linguistics Club.

Selkirk, E.O. (1980b) The role of prosodic categories in English word stress. *Linguistic Inquiry* 11, 563-605.

Selkirk, E.O. (1982a) The syllable. In: H. van der Hulst/N. Smith (eds.) *The Structure of Phonological Representations (Part II)*. Dordrecht: Foris, 337-383.

Selkirk, E.O. (1982b) *The Syntax of Words*. Linguistic Inquiry Monograph 7, Cambridge, Mass.: MIT Press.

Selkirk, E.O. (1984a) On the major class features and syllable theory. In: M. Aronoff/R.T. Oehrle (eds.) *Language Sound Structure*. Cambridge, Mass.: MIT Press, 107-136.

Selkirk, E.O. (1984b) *Phonology and Syntax: The Relation between Sound and Structure*. Cambridge, Mass.: MIT Press.

Shannon, T.F. (1987) The syllable as a descriptive and explanatory parameter in German phonology. In: W.U. Dressler et al. (eds.) *Phonologica 1984*. London et al.: Cambridge University Press, 235-239.

Siegel, D. (1974) *Topics in English Morphology*. Ph.D. Dissertation, MIT.

Sievers, E. (1901^5) *Grundzüge der Phonetik*. Wiesbaden: Breitkopf & Härtel.

Stanley, R. (1967) Redundancy rules in phonology. *Language* 43, 393-436.

Stemberger, J.P. (1983) *Speech errors and theoretical phonology: A Review*. Bloomington, Indiana: Indiana University Linguistics Club.

Stemberger, J.P. (1984) Length as a suprasegmental: Evidence from speech errors. *Language* 60, 895-913.

Stemberger, J.P. (1988) Underspecification and Constraints on Geminates. *Linguistic Inquiry* 19, 154-161.

Steriade, D. (1979) Vowel harmony in Khalkha Mongolian. *MIT Working Papers in Linguistics* 1, 25-50.

Steriade, D. (1982) *Greek Prosodies and the Nature of Syllabification*. Ph.D. Dissertation, MIT.

Steriade, D. (1984a) Glides and Vowels in Romanian. *Berkley Linguistic Society*, University of Berkley, 47-75.

Steriade, D. (1984b) Review of G.N. Clements/S.J. Keyser (1983) CV Phonology: A generative theory of the syllable. Cambridge, Mass.: MIT Press, *Language* 64, 118-129.

Steriade, D. (1986) Yokuts and the Vowel Plane. *Linguistic Inquiry* 17, 129-146.

Steriade, D. (1987a) Redundant values. In: A. Bosch/B. Need/E. Schiller (eds.) *Papers from the parasession on autosegmental and metrical phonology.* Chicago: Chicago Linguistic Society, 339-362.

Steriade, D. (1987b) Locality conditions and feature geometry. *Proceedings of the 17th Annual Meeting of NELS, GLSA,* University of Massachusetts, Amherst, 595-617.

Steriade, D. (1988) Reduplication and syllable transfer in Sanskrit and elsewhere. *Phonology* 5, 73-155.

Stevens, K.N./Keyser, S.J. (1989) Primary features and their enhancement in consonants. *Language* 65, 81-106.

Stock, D. (1971) *Untersuchungen zur Stimmhaftigkeit hochdeutscher Phonemrealisationen.* Hamburg.

Strauss, S.L. (1982) *Lexicalist phonology of English and German.* Dordrecht: Foris.

Szpyra, J. (1989) *The Phonology-Morphology Interface: Cycles, levels and words.* London, New York: Routledge.

Trim, J.L.M. (1951) German h, ç and x. *Le Maître Phonétique* (3rd series) 96, 41-42.

Trubetzkoy, N.S. (1939) *Grundzüge der Phonologie.* Göttingen: Vandenhoeck und Ruprecht, 4.A. 1967.

Twaddell, W. (1939) Combinations of consonants in stressed syllables in German. *Acta Linguistica* 1, 189-199.

Twaddell, W. (1940) Combinations of consonants in stressed syllables in German. *Acta Linguistica* 2, 31-50.

Ulbrich, H. (1972) Instrumentalphonetisch-auditive R-Untersuchungen im Deutschen. *Zeitschrift zur Phonetik, Sprachwissenschaft und Kommunikationsforschung* 13. Berlin: Akademie-Verlag.

Vago, R.M. (1988). Underspecification in the height harmony system of Pasiego. *Phonology* 5, 343-362.

Vennemann, T. (1970) The German velar nasal: A case for abstract phonology. *Phonetica* 22, 65-81.

Vennemann, T. (1972) On the theory of syllabic phonology. *Linguistische Berichte* 18, 1-18.

Vennemann, T. (1978) Universal syllabic phonology. *Theoretical Linguistics* 5, 175 215.

Vennemann, T. (1982) Zur Silbenstruktur der deutschen Standardsprache. In: T. Vennemann (Hrsg.) *Silben, Segmente, Akzente.* Tübingen: Niemeyer, 261-305.

Vennemann, T. (1986) *Neuere Entwicklungen in der Phonologie.* Berlin et al.: Mouton de Gruyter.

Vennemann, T. (1988) *Preference Laws for Syllable Structure and the Explanation of Sound Change. With Special Reference to German, Germanic, Italian, and Latin.* Berlin et al.: Mouton de Gruyter.

Vennemann, T. (1990a) Syllable structure and syllable cut prosodies in modern standard German. In: P.M. Bertinetto/M. Kenstowicz/M. Loporcaro (eds.) *Certamen Phonologicum II: Papers from the Cortona Phonology Meeting 1990,* Torino: Rosenberg & Seiler. Demnächst erscheint.

Vennemann, T. (1990b) Syllable Structure and Simplex Accent in Modern Standard German. *Chicago Linguistic Society* 26 II. Demnächst erscheint.

Vögeding, J. (1981) *Das Halbsuffix "-frei". Zur Theorie der Wortbildung.* Tübingen: Narr (= *Studien zur deutschen Grammatik* 14).

Werner, O. (1972) *Phonemik des Deutschen.* Sammlung Metzler 108. Stuttgart: Metzler.

Wetzels, L. (1986) Phonological Timing in Ancient Greek. In: E. Sezer/L. Wetzels (eds.) *Compensatory Lengthening.* Dordrecht: Foris, 279-344.

Wiese, R. (1986a) Zur Theorie der Silbe. *Studium Linguistik* 20, 1-15.

Wiese, R. (1986b) Schwa and the structure of words in German. *Linguistics* 24, 695-724.

Wiese, R. (1987) Phonologie und Morphologie des Umlauts im Deutschen. *Zeitschrift für Sprachwissenschaft* 6, 227-248.

Wiese, R. (1988) *Silbische und lexikalische Phonologie: Studien zum Chinesischen und Deutschen.* Tübingen: Niemeyer (= *Linguistische Arbeiten* 211).

Wiese, R. (1989) "Lexikalische Phonologie". Handout für das Seminar in Hamburger-Sommerschule 1989.

Wiese, R. (1990). Towards a unification-based phonology. In: Hans Karlgren (ed.) *Coling-90. Papers presented to the 13th International Conference on Computational Linguistics,* Vol. 3., Helsinki: Universität Helsinki, 283-286.

Wiese, R. (1991a) Was ist extrasilbisch im Deutschen und warum? Erscheint in: *Zeitschrift für Sprachwissenschaft* 10.

Wiese, R. (1991b) *The Phonology of German.* Unveröffentlichtes Manuskript. Düsseldorf.

Wurzel, W.U. (1970) *Studien zur Deutschen Lautstruktur.* Berlin: Akademie-Verlag (= *Studia grammatica* VIII).

Wurzel, W.U. (1980) Der deutsche Wortakzent: Fakten-Regeln-Prinzipien. Ein Beitrag zu einer natürlichen Akzenttheorie. *Zeitschrift für Germanistik* 3, 299-318.

Wurzel, W.U. (1981) Phonologie: Segmentale Struktur. In: K.E. Heidolph et al. (eds.) *Grundzüge einer deutschen Grammatik.* Berlin: Akademie-Verlag. 898-990.

Wurzel, W.U. (1984) Was bezeichnet der Umlaut im Deutschen? *Zeitschrift für Phonetik, Sprachwissenschaft und Kommunikationsforschung* 37, 647-663.

Yip, M. (1987) English Vowel Epenthesis. *Natural Language and Linguistic Theory* 5, 463-484.

Yip, M. (1988a) The obligatory contour principle and phonological rules: a loss of identity. *Linguistic Inquiry* 19, 65-100.

Yip, M. (1988b) Template Morphology and the Direction of Association. *Natural Language and Linguistic Theory* 6, 551-577.

Yip, M. (1989a) Contour tones. *Phonology* 6, 149-174.

Yip, M. (1989b) Feature geometry and cooccurrence restrictions. *Phonology* 6, 349-374.

Yu, S.-T. (1991) Silbeninitiale Cluster und Silbifizierung im Deutschen. Erscheint in: P. Eisenberg/K.H. Ramers/H. Vater (eds.)